rororo

«Gott geht in den Schuhen des Teufels. Dieser Gedanke bestimmte meine Arbeit, mein Leben», schreibt Karlheinz Deschner im Nachwort zum ersten Band der *«Kriminalgeschichte des Christentums»*, der 1986 erscheint. Und jetzt, mehr als ein Vierteljahrhundert später, hat er es beendet! Von der heidnischen und antisemitischen Vorgeschichte des Christentums über die Alte Kirche zu den Kreuzzügen; von der Hexenjagd im Mittelalter über den Völkermord in Lateinamerika bis zur schließlichen Trennung von Kirche und Staat präsentiert Deschners Opus Magnum auf rund 6000 Seiten eine einzigartige Forschungsarbeit.

Band 10 wendet sich dem Niedergang des Papsttums und der allmählichen Trennung von Kirche und Staat zu, in deren Vorgeschichte in fortwährenden Konflikten abermals Ströme von Blut vergossen werden, so beim Kampf christlicher und weltlicher Mächte um Skandinavien oder in den Schlachten des Prinzen Eugen weiter im Süden, dem goldgierigen «Bewahrer der Christenheit». Auch dieser Band bekräftigt mit seiner Detailfreude, Exaktheit und kritischen Schärfe, dass Karlheinz Deschner zu Recht als der «wohl kompromißloseste Denker im deutschsprachigen Raum» (Die Weltwoche) gilt – und als der bedeutendste Kirchenkritiker der Gegenwart.

Karlheinz Deschner, geboren 1924 in Bamberg, im Krieg Soldat, studierte Jura, Theologie, Philosophie, Literaturwissenschaft und Geschichte. Seit 1958 veröffentlicht er seine entlarvenden und provozierenden Geschichtswerke zur Religions- und Kirchenkritik. Die *«Kriminalgeschichte des Christentums»* ist in zehn Bänden zwischen 1986 und 2014 gebunden und als Taschenbuch erschienen. Ausführlichere Angaben zu Autor und Werk finden sich im Anhang.

Siehe auch: www.deschner.info/

KARLHEINZ DESCHNER

Kriminalgeschichte des Christentums

BAND 10

18. JAHRHUNDERT
UND AUSBLICK AUF
DIE FOLGEZEIT

Könige von Gottes Gnaden
und Niedergang des Papsttums

ROWOHLT TASCHENBUCH VERLAG

Veröffentlicht im Rowohlt Taschenbuch Verlag,
Reinbek bei Hamburg, Mai 2014

Umschlaggestaltung ZERO Werbeagentur, München,
nach einem Entwurf von any.way, Hamburg
(Umschlagabbildung: Collection Dupondt/akg-images)
Satz Sabon Postscript (InDesign)
bei Pinkuin Satz und Datentechnik, Berlin
Druck und Bindung Druckerei C. H. Beck, Nördlingen
Printed in Germany
ISBN 978 3 499 63020 0

Gewidmet besonders meinen Freunden Alfred Schwarz und Herbert Steffen sowie allen, deren selbstlosen Beistand ich, nach dem steten meiner Eltern, dankbar erfuhr:

Joachim Ackva
Wilhelm Adler
Prof. Dr. Hans Albert
Lore Albert
Klaus Antes
Else Arnold
Josef Becker
Karl Beerscht
Dr. Wolfgang Beutin
Dr. Otto Bickel
Prof. Dr. Dieter Birnbacher
Dr. Eleonore Kottje-Birnbacher
Kurt Birr
Dr. Otmar Einwag
Dr. Sylvia Engelfried
Dr. Hartmut Felbinger
Dieter Feldmann
Dr. Karl Finke
Franz Fischer
Kläre Fischer-Vogel
Dr. Ing. Johannes Gärtner
Henry Gelhausen
Dr. Helmut Häußler
Prof. Dr. Dr. Norbert Hoerster
Prof. Dr. Walter Hofmann
Dr. Stefan Kager und Frau Lena
Hans Kalveram
Karl Kaminski und Frau
Dr. Hedwig Katzenberger
Dr. Klaus Katzenberger
Hilde und Lothar Kayser
Prof. Dr. Christof Kellmann
Prof. Dr. Hartmut Kliemt
Dr. Fritz Köble
Hans Koch
Hans Kreil
Ine und Ernst Kreuder
Eduard Küsters
Robert Mächler
Jürgen Mack
Volker Mack
Dr. Jörg Mager
Prof. Dr. H. M.
Nelly Moia
Fritz Moser
Theo Müller
Regine Paulus
Jean-Marc Pochon
Arthur und Gisela Reeg
Hildegunde Rehle
M. Renard
Gabriele Röwer
German Rüdel
Dr. K. Rügheimer u. Frau Johanna
Heinz Ruppel und Frau Renate
Martha Sachse
Hedwig und Willy Schaaf
Friedrich Scheibe
Else und Sepp Schmidt
Dr. Werner Schmitz
Norbert Schneider
Alfred Schwarz
Dr. Gustav Seehuber
Dr. Dr. Gunter F. Seibt

Dr. Michael Stahl-Baumeister
Herbert Steffen
Prof. Dr. Dr. Dr. h. c.
Wolfgang Stegmüller
Almut und Walter Stumpf
Assunta Tammelleo
Artur Uecker
Dr. Bernd Umlauf
Helmut Weiland
Klaus Wessely
Richard Wild
Lothar Willius
Dr. Elsbeth Wolffheim
Prof. Dr. Hans Wolffheim
Franz Zitzlsperger
Dr. Ludwig Zollitsch

INHALT

1. KAPITEL: Aus der Skandalchronik des Nordens 11

«... denn es gibt keine Obrigkeit ohne von Gott, und wo immer eine besteht, ist sie von Gott verordnet ...» 15 · Mord und Totschlag der Eliten 19 · Die Kalmarer Union (1397) 22 · Das Stockholmer Blutbad (1520) 24 · Gustav I. Vasa und «Gottes reines Wort» 28 · Dänische Zustände 36 · Krieg auf Krieg (2) oder «Wie ein christlicher König zu steuern und zu regieren» 42

2. KAPITEL: Karl XII. von Gottes Gnaden (1697–1718) und der Große Nordische Krieg (1700–1721) 49

«... bey gutem Gemüthe» oder «... daß sie wie Schlachtschafe übereinanderfielen» 52 · «Herr Jesu Dir leb ich ...» 56 · Krieg als «Sport des Königs» 58 · «Eine kleine Armee schwedischer Feldgeistlicher war immer dabei» 61

3. KAPITEL: «Lichter als die Sonne ...» Seitenblicke auf das orthodoxe Christentum 67

Die «heilige Stadt» Moskau, «das Dritte Rom» 71 · Foltern, Pfählen, Köpfen, Beten oder «Laßt uns alle einig sein in christlicher Liebe!» 73 · «In Deinem Namen Herr ...» oder Die wahren Namen des Herrn 80 · Die «Zeit der Wirren» 85 · Aufstand auf Aufstand; Thron und Altar oder «... mergelte er ihnen gar das Marck aus den beinen» 88

4. KAPITEL: Prinz Eugen, «der edle Ritter», und der Spanische Erbfolgekrieg 93

Prinz Eugen und «unsere christlichen Werte» 96 · Wechsel zum Haus Habsburg 98 · Attacke in der Hauptstadt 103 · «‹Genie› für den Krieg», «Raserei gegen den Frieden» 106 · Die christlichen Werte machen sich bezahlt 111 · Sternstunden über Leichenhaufen 114 · Haupt der Hochverräter 118

5. Kapitel: Der Siebenjährige Krieg 123

Staatsallmacht wider vatikanische Zentralgewalt 125 · Gallikanismus, Episkopalismus, Jansenismus und staatlicher Absolutismus 128 · Krieg selbst zwischen Papst und katholischem Kaiser 130 · Noch immer die Tradition der Kreuzzüge? 135 · Die «diplomatische Revolution» 138 · Zur humanisierten Kriegführung der Aufklärungszeit 143 · Heuchelei in beiden Lagern 148

6. Kapitel: Der Niedergang des Papsttums 153

Im Sumpf des Nepotismus 155 · Wachsend verfeindet mit dem katholischen Frankreich 157 · Der allerchristlichste König demütigt Innozenz XI. (1676–1689) 160 · «... der würdigste Kandidat» 166 · Weitere «würdigste» Figuren des Heiligen Kollegiums 169 · «... ein einziger Leidensweg» 171

7. Kapitel: Die Jesuitenverfolgung. Interner Machtkampf 175

In Portugal 178 · In Frankreich 180 · In Spanien 183 · Lieber Krieg mit einer Großmacht als ein Jesuitenpapst 186

8. Kapitel: Der Josephinismus – «Revolution von oben»? 191

Staatskirchen bis zu Joseph II. 193 · Die «Mutter des Josephinismus» 196 · Joseph II. oder «Die Herabsetzung der Großen ...» 200 · Toleranzpatente und «Verminderung der Mönche» 203 · «Das riecht nach Despotismus ...» 206

9. Kapitel: Armut als Massenphänomen im absolutistischen Zeitalter 211

«... und dicke Finsternis ruht über dem Lande» 213 · Lasset die Kleinen zu mir kommen 215 · «Disziplin des Stocks» 216 · Verdienstspannen 219 · «Wer den Nächsten liebt wie sich selbst, hat nicht mehr als der Nächste.» (Kirchenlehrer Basilius) 221 · Es muß ein eigentümliches Vergnügen sein 224

NACHBEMERKUNG 227

HERMANN GIESELBUSCH

Eine unwiderstehliche Mischung: Karlheinz Deschner und Rowohlt 229

ANHANG

Anmerkungen 247 · Benutzte Sekundärliteratur 258 · Abkürzungen 267 · Kriminalgeschichte des Christentums. Übersicht über Band 1 bis 9 269 · Register 307 · Über den Autor 315 · Werkeverzeichnis 317

1. KAPITEL

AUS DER SKANDALCHRONIK DES NORDENS

«Mehrere Jahrhunderte ging es darum, wer seinen Herrschaftsanspruch über die Ostsee durchsetzen konnte: Dänemark, die Hanse oder Schweden. In Norwegen war die Zentralmacht noch schwächer ... 1130 bis 1240 gilt als die Zeit der Bürgerkriege ... Dänemark geriet in der ersten Hälfte des 14. Jh.s in Erbfolgekriege ... Gegen Mitte des 13. Jh.s versuchten die Herrscher die Zentralmacht zu stärken, indem sie ein von Gott gegebenes Königtum propagierten. Nach dieser Auffassung stellten sich alle, die den König kritisierten, indirekt gegen Gott. Dieses neue Verständnis von Königsmacht wurde von der Kirche grundsätzlich unterstützt, denn es machte den Monarchen strukturell von der Kirche abhängig.»
Harm G. Schröter[1]

«Schon am dritten Tage nach der Krönung wurden die Thore von Stockholm geschlossen; Trolle (Erzbischof von Uppsala) trat als Kläger auf u. forderte vom König die Vollziehung des Bannes, u. der König ließ am 8. Nov. (1520) ohne Urtheil u. Recht 94 hohe Geistliche, Reichsräthe, Rathsherren u. Bürger hinrichten *(Stockholmer Blutbad)*. Auch in den Provinzen wurden viele einflußreiche Personen, unter ihnen in Finnland der alte Hemming Gadd (Dompropst von Linköpping) hingerichtet, viele Beamte eingekerkert, der Leichnam des Reichsvorstehers Sten Sture ausgegraben u. verbrannt, die Häuser der Hingerichteten geplündert, ihre Frauen geschändet etc. An 600 Personen verloren bei diesem schrecklichen Gericht das Leben deshalb, weil sie od. die Ihrigen sich an der Entsetzung des Erzbischofs Trolle betheiligt hatten.»
Pierer's Universal-Lexikon[2]

«Die ständige Bedrohung durch Dänemark und die günstige Konjunktur, die sich aus Christians IV. selbstverschuldeter außenpolitischer Isolierung eben damals ergab, hatten in Oxenstierna den Plan reifen lassen, den nach seiner Auffassung doch unvermeidlichen *Endkampf mit Dänemark* in dem Augenblick zu provozieren, der für Schweden vorteilhaft war ... Noch im Dezember 1643 stand Torstenson in Holstein, im Januar 1644 in Jütland, gleichzeitig fiel Horn von Norden her in Schonen ein. Schon wenig später gingen auch die ersten dänischen Inseln verloren, und alle noch dänischen Positionen in Norddeutschland fielen in schwedische Hand. Im Juli 1644 erlitt die von Christian IV. geführte dänische Flotte eine taktische Niederlage im Fehmarnbelt, wobei der König selbst verwundet wurde; im August erschien neben der schwedischen eine holländische Flotte im Sund. Die zeitweise offenbar geplante gänzliche Auslöschung des dänischen Staates wurde durch das Eingreifen Frankreichs und der Niederlande verhindert, denen an längerer Fortsetzung des Kampfes im Norden ebensowenig gelegen war wie an einer allzu großen Machtverstärkung Schwedens. Gleichwohl hat der *Frieden von Brömsebro* (13. VIII. 1645) für Schweden die Erfüllung jahrhundertealter politischer und territorialer Wunschträume, für Dänemark den zwangsläufigen Verzicht auf seinen ebenso alten nordischen Vormachtanspruch gebracht ...»

Ahasver von Brandt (HEG III)[3]

Das 17. Jahrhundert hatte dem christlichen Europa Krieg auf Krieg gebracht (IX 376ff.). Und im 18. Jahrhundert mit immerhin fast siebzig Kriegsjahren sah es nicht sehr viel besser aus. Die «Staaten» waren eben, wie seit je, ja sozusagen von Natur aus, auf zwei Verfahren extrem fixiert: waren sie mächtig, auf Eroberung; waren sie es nicht, so wenigstens auf den Erhalt des Status quo. Das heißt, das Prinzip, das sie trieb und treibt, das ihnen zutiefst zugrundeliegt und die Geschichte kontinuierlich beherrscht, ist Konkurrenz, ist Rivalität und läuft früher oder später stets auf Gewalt und Krieg hinaus.

Ausgedehnte, jahrzehntelange Konflikte eröffnen die Epoche: der Zweite oder Große Nordische Krieg (1700–1721), nach Zählung der polnischen Historiographie der Dritte, sowie der Spanische Erbfolgekrieg (1701–1714). Und unmittelbar zuvor erst führt man, mit schweren Blutopfern auf beiden Seiten, den fünften, den Großen Türkenkrieg (1683–1699), die Offensive Österreichs und Polens gegen das Osmanische Reich, übrigens noch durchgehend als «Kampf um die Christlichkeit des Abendlandes und als Kreuzzug stilisiert» (Duchhardt).

Nahe Zenta an der Theiß (Serbien) hatte man unter dem neuen Oberkommandierenden des Kaisers, seinem «ersten Soldaten» und «ersten Minister nicht nur dem Range nach» (Braubach), Prinz Eugen von Savoyen (1663–1736), dem «edlen Ritter», einem Verwandten Kardinal Mazarins, sich gewaltig geschlagen, hatte am 11. September 1697 mehr als 20000 Osmanen «weit über die Notwendigkeit des unmittelbaren Kampfgeschehens hinaus ... aus Mordlust ausgelöscht» (Kroener). Der «Gebhardt», das vielbändige Handbuch der deutschen Geschichte, spricht von 25000 «ohne jede Chance» hingemetzelten Muslimen. Wie ja auch 1717 die Eroberung Belgrads immerhin 10 000 Türkenleben kostet. Friedrich «der Große» rühmt den Sieger später als «fortuné triomphateur», als den Atlas der österreichischen Monarchie, den eigentlichen Kaiser. Und Historiker feiern die Einnahme der Stadt noch heute als «grandios».

Verlustreich für die «Ungläubigen» war freilich schon 1691 das Blutbad bei Slankamen mit allerdings auch 5000 kaiserlichen Toten: Wie überhaupt dieser Krieg im ausgehenden 17. Jahrhundert Menschen massenweise verschlingt, bei den hartumkämpften Festungen Gran, Neuhäusel, bei Ofen, wo allein das explodierende Pulvermagazin riesige Mengen Unglücklicher zerreißt, wo ganze Heereseinheiten zugrundegehen, bei Belgrad ferner, das mehrmals den Besitzer wechselt, in den Schlachten von Parkani (1683), Mohács (1687), Niš (1689). Doch derart hatte Österreich, als es 1699 mit dem Sultan den Frieden von Karlowitz (nordwestlich Belgrad) schließt, endgültig fast ganz Ungarn, ohne das Gebiet von Temesvár, gewonnen, dazu die Erblichkeit der ungarischen Krone im Haus Habsburg, auch Siebenbürgen sowie den größten Teil Slawoniens (bis 1918); Österreich war nun endgültig europäische Großmacht geworden. Daß das alles nicht nur der «Rettung des Abendlandes» diente, sondern zumindest ebenso handfesten dynastischen Interessen, etwa diversen Thronfolgerechten, wie im Pfälzischen Erbfolgekrieg, im Spanischen Erbfolgekrieg, im Polnischen Thronfolgekrieg, versteht sich von selbst.

Wurde aber damals der Kampf gegen den «Erzfeind der Christenheit», den «Erbfeind christlichen Namens», den «Todfeind», den «Bluthund», ein Kampf, zu dem vor allem Innozenz XI. unablässig trieb, mitunter «Tag und Nacht», ein Heiliger Vater, der, nach von Pastor, gar keine weiteren politischen Ziele kannte (IX 388 f.) – wurde also der Krieg um die Vormacht im Südosten, im Donaugebiet, gerade beendet, entbrannte im Nordosten das lange Ringen um die Hegemonie im Ostseeraum, das dominium maris Baltici.[4]

«... DENN ES GIBT KEINE OBRIGKEIT OHNE VON GOTT, UND WO IMMER EINE BESTEHT, IST SIE VON GOTT VERORDNET ...»

Von der ältesten Geschichte Skandinaviens, seit der Antike Insel Scandia genannt, ist wenig bekannt. Im Lauf des Frühmittelalters entstanden da aus vielerlei kleineren Sippen, Stämmen, Landschaften, aus Kleinstherrschaften allmählich ausgedehntere Volksgruppen, Länder, die vier skandinavischen Nationalstaaten Dänemark, Schweden, Norwegen, Island. Manches wird greifbarer in der Wikingerzeit, der Zeit der «Reichssammlung» (rikssamling), der Epoche fortwährender Kämpfe nach innen und außen; beginnend 793 mit dem Überfall auf das Inselkloster Lindisfarne an der englischen Nordostküste und Mitte des 11. Jahrhunderts endend (V 100 ff.! 470 ff.!).

In Norwegen, in Dänemark kommt es dabei zu Versuchen erster Herrschaftsbildungen, erster ambitionierter Zentralisierungen, der Schaffung einheitlicher Reiche. Große Heere werden gegeneinander aufgeboten, Eroberungszüge zu See und Land geführt, mit Hunderten von Schiffen, Tausenden von Kämpfern. Geht es innenpolitisch um das Unterdrücken von Widersachern, Beseitigen von Nebenbuhlern, um das Einspannen, das Ausbeuten abhängiger Massen, so außenpolitisch um Expansionen oft eng verwandter Herrschaftshäuser. Die «illegalen» Wikingerstürme, die vielbeklagten Raubfahrten bäuerlicher Krieger werden durch scheinbar legale militärische Expeditionen, durch «herkömmliche» Kriege der Könige ersetzt. Norwegen hatte in einem Jahrhundert neun Könige, «alle als Wikinger von auswärts gekommen», alle «vom nächsten König vertrieben» und alle von «Dänemark gestützt oder gestürzt» (Handbuch der europäischen Geschichte I).

Es war, woraus Geschichte, politische Geschichte, im hohem Grade besteht, worauf sie letzten Endes immer hinausläuft, ein unentwegtes Konkurrieren, ein stetes Hintergehen, Tricksen, Täuschen, Verträgeschließen und Verträgebrechen, ein Halsabschneiden im übertragenen, im buchstäblichen Sinn, ein fortgesetzter Mord und Totschlag im Dienste also jener hohen, höchsten, von Gottes

Gnaden den Menschen vorgesetzten Obrigkeiten – gibt es doch bekanntlich laut Paulus, dem hl. Völkerapostel (und seinen notorischen Nachbetern durch Jahrtausende!) «keine Obrigkeit ohne von Gott, und wo immer eine besteht, ist sie von Gott verordnet» (Röm. 13,1), woraus dann eben die so blutige wie kontinuierliche Kollaboration, die absolute Gehorsamspflicht der Untertanen folgt.

Um ihre Macht zu stärken, zu steigern, taten die Monarchen alles Mögliche.

Zum Beispiel grenzten sie sich zeitweise gegen lokale Magnaten, überhaupt gegen alle ungekrönten Edelmenschen ab, indem sie Ehen nur unter ihresgleichen, nur unter den königlichen Familien zu stiften suchten. Oder sie kooperierten, war es opportun, mit dem Hochadel gegen das Bauern-, das Bürgertum; doch auch umgekehrt mit den Unterschichten gegen den Adel. Sie kämpften, schien es vorteilhaft, gegen die Kirche, häufiger freilich noch strebten sie mit dieser die Macht zu mehren, ihre Glorie, ihren Glanz. So ließen sie sich, zwecks augenscheinlicher Demonstration ihres metaphysischen Konnexes, nach abendländischem Vorbild auch krönen, in Norwegen erstmals 1163/1164, in Dänemark wenige Jahre darauf, in Schweden erstmals 1210. Das zeremonielle Bekrönen der Königinnen folgte. Und um die Majestäten der Gottheit noch näher zu adjustieren, sprach man schließlich auch einige heilig. Jedes Königreich bekam seinen heiligen König, Norwegen bekam St. Olav, Dänemark St. Knud, Schweden St. Erik.[5]

Betrachten wir, bloß punktuell, wie im Schattenriß, einige dieser von Gott gegebenen, von Gott verordneten Herrscher im skandinavischen Norden, den historischen Hintergrund also erst jener Epoche der Neuzeit, die wir danach näher ins Auge fassen.

Etwa zur selben Zeit wie die norwegischen Wikingerzüge begannen die der Dänen, hatten aber schon früh auch ambitioniertere Ziele als nur Raub, nur Plünderung (besser gesagt, nämlich Raub und Plünderung viel größeren Stils). So wurde das seit 834 von ihnen heimgesuchte Friesland praktisch über vier Jahrzehnte in ihren Herrschaftsbereich einbezogen, bis Kaiser Karl III. anno 885 den arglosen Dänenkönig Gottfried – sein Taufkind! – im schönsten Zusammenspiel mit dem Kölner Erzbischof Willibert bei einem Treffen auf der Insel Betuwe samt seinen Begleitern meuchlings abstechen läßt (V 283 ff.!).

In Norwegen schlägt seinerzeit Harald I. Schönhaar (Hårfagre) bei Stavanger ein vereinigtes Heer der Kleinkönige, wird erster Alleinherrscher eines Reiches, das freilich gleich wieder zerfällt unter seinem Sohn und Nachfolger Erik I. mit dem sprechenden Beinamen «Blodöx» (Blutaxt), hat er doch die meisten seiner Brüder und Miterben erschlagen, bevor man auch ihn 954 in der Schlacht bei Stainmoor in Northumbria erschlägt.

Eriks jüngster Halbbruder Håkon I. «der Gute» (ca. 935–959) fällt gegen Eriks Söhne bei Fitje, Eriks Sohn Harald II. Graufell (Gråfell) erledigt zwar seinen Rivalen Sigurd Ladejarl, wird aber dann selbst von dessen Sohn Håkon Sigurdsson in der Schlacht bei Hals im Limfjord vernichtet, wie schließlich wieder der Sieger um 990 von aufständischen Bauern.

Schon in den nächsten Jahren unternimmt Olaf I. Tryggvasson, ein Urenkel Haralds I. (Schönhaar), Heerfahrten gegen die britische Insel, läßt sich dort 994 taufen, führt auch in Norwegen das Christentum ein, wobei er, verstümmelnd, tötend, «unter ausgesuchten Martern» dem Heidentum «echte Märtyrer» verschafft (Gerhardt). Er regt auch die «Bekehrung» Islands noch an, verliert indes anno 1000 in der Seeschlacht bei Svolder gegen eine schwedisch-dänische Streitmacht sein Leben, wie schon sein Vater Tryggvi Oláfsson, der Kleinkönig von Oppland, eines gewaltsamen Todes gestorben war und dann, durch ihn, Olaf selbst, auch sein Konkurrent, der Kronprätendent Erlend Håkonson eines gewaltsamen Todes stirbt.

Der Gewinner der Seeschlacht, Dänenkönig Sven Gabelbart, schickt mehrere Jahre Flotte auf Flotte gegen England, expandiert auch nach Süden, nach Holstein, und überzieht mit Krieg noch den eigenen Vater, Harald Blauzahn (Blåtand) Gormsson, den ersten, um 960 getauften christlichen König Skandinaviens, der schwer verwundet auf der Flucht umkommt.

Sven Gabelbart nimmt 1013 den größten Teil Englands ein, dann setzt sein Sohn Knud «der Große» die väterlichen Offensiven fort und gebietet schließlich über England, Dänemark, Norwegen, Teile Schwedens. Nicht umsonst hatte den «Großen», den treuen Sohn der Kirche, sein Weg von Gnadenort zu Gnadenort geführt, zuweilen gar auf bloßen Füßen, freilich auch über Blut und Leichen, hatte er englische Magnaten, Mitglieder der Königsfamilie über die Klinge gejagt oder ins Exil, hatte er selbst den eigenen Schwager und Lebensretter meuchlerisch umbringen lassen.

Nicht genug. Knud «der Große» attackiert auch König Olaf II. Haraldsson den Dicken (1015–1030), einen veritablen Heiligen doch, ja beide, der «Große» und der «Heilige», führen miteinander «fortwährend Krieg», wie Domscholar Adam von Bremen betont, «ihre ganze Lebenszeit hindurch». Dabei ist der Norweger ein noch besserer Christ als sein Gegenspieler. Läßt Olaf ja, der die Alleinherrschaft im Land wieder herstellt und das Christentum als einzig erlaubte Religion mit aller Härte etabliert, die Heiden oft so grausam wie möglich blenden, foltern, töten, bis ihn Knud Ende Juli 1030 in der Schlacht von Stiklestad im Drontheim-Fjord durch rebellierende Bauern beseitigt, und Olaf – unmittelbar vor dem eignen Heldentod angeblich noch eine Seelenmesse für die gefallenen Feinde stiftend – Symbol des Widerstandes gegen die Dänen wird, Nationalheiliger, Schutzpatron ganz Nordeuropas, Mirakelhistörchen von der Königsleiche auf dem Schlachtfeld an; Legenden und Lügen schießen nur so ins christliche Kraut (VI 153 ff.!)

Endgültig vereinigt wird Norwegen durch König Harald den Harten (Hardråde, 1047–1066), eine «Kämpfernatur», wie das Epitheton ornans andeutet, die gegen die eigenen Untertanen ebenso wütet wie nach außen, wo er noch die dänische und die englische Krone an sich zu reißen sucht. Nach seiner Landung aber auf der begehrten Insel 1066 unterliegt er bei Stamfordbridge, verliert er gegen den englischen König Harald II. Godwinson Schlacht und Leben; bekanntlich kurz vor der Schlacht bei Hastings am 14. Oktober 1066, in der Wilhelm der Eroberer die Angelsachsen schlägt und nun der britische König den Todesstoß erhält – blutiger Schlußstrich unter einem zweihundertjährigen Kampf zwischen England und Skandinavien.[6]

Doch Jahr um Jahr, ja Jahrzehnt, Jahrhundert um Jahrhundert geht es weiter so im Text, nach innen, nach außen, im Machtrausch, Gewalttat um Gewalttat, Heerfahrt auf Heerfahrt, Westmeerfahrt,

Ostmeerfahrt, Krieg jedenfalls. Könige, Thronprätendenten, Magnaten werden liquidiert; von denen, die nicht zählen, die nie zählten, den namenlosen Massen, zu schweigen.

MORD UND TOTSCHLAG DER ELITEN

Es spricht für sich, daß fünf der Vorgänger Waldemars I. auf dem dänischen Thron gewaltsam ums Leben kommen; daß zwischen dem 11. und 14. Jahrhundert in Schweden fünf verschiedene Adelssippen die Könige stellen.

Man schlägt sich und man erschlägt ...

Erschlägt am 10. Juli 1086 den Dänenkönig Knud IV. den Heiligen in der St. Albanikirche zu Odense; erschlägt am 7. Januar 1131 Herzog Knud Laward, den Sohn König Eriks I. von Dänemark; erschlägt den Dänenkönig Niels 1134 in Schleswig, den Norweger Sigurd Munn 1155 in Bergen, erschlägt zwei Jahre darauf König Øystein in Viken, 1240 Jarl Skule, seit dem Vorjahr auch den Königstitel tragend, an der Pforte des brennenden Elgeseterklosters in Nidaros. König Erik IV. von Dänemark, der fromme Kreuzfahrer, wird 1250 in einem Boot auf der Schlei erschlagen, das Opfer seines Bruders Abel, des Herzogs von Schleswig, der jetzt König wird und zwei Jahre später auf einem Zug gegen die Friesen zu Tode kommt. Andere bleiben in Seegefechten, wie 1162 König Håkon Herdebrei bei der Insel Sekken im Romsdalfjord oder König Magnus Erlingsson, Norwegens erster gekrönter König, 1184 bei Fimreite im Sognefjord. Norwegerkönig Magnus III. Barfuß fällt nach Kriegszügen auf den Britischen Inseln kaum dreißigjährig 1103 in einer Schlacht in Irland. Norwegerkönig Håkon IV. (der Alte) stirbt 1263 auf einem Waffengang gegen Schottland. Andere werden erhängt, wie Goldharald, der ehrgeizige Neffe des Dänenkönigs, dem er angeblich nach dem Leben getrachtet. Oder sie werden verbrannt, wie 963 Sigurd Ladejarl samt seinem Gefolge. Oder man enthauptet sie, wie 1306 Marschall Torgils Knutson, den einstigen Vormund des Schwedenkönigs Birger Magnusson. Wieder andere verhungern im Kerker, wie 1318 Birgers jüngere Brüder, die schwedischen Herzöge Erik und Waldemar im Turmverlies von Nyköping, vom königlichen Bruder an die Mauer gekettet. Andere hauchen nach entsetzlichen Martern ihr Leben aus, so 1139 Sigurd Slembe, der norwegische Thronprätendent. Und der Sohn König Sigurds Jórsalafari («der Jerusalemfahrer»), Magnus der Blinde wird in den dreißiger Jahren des 12. Jahrhunderts verstümmelt, entmannt, geblendet, in ein Kloster gesteckt und noch Jahre später ganz ausgelöscht. Dänenkönig Christoph I. endet 1259 durch Vergiftung, wie auch sein Sohn Erik V. (Erik Glipping) 1286 ermordet wird, wie schon Erik IV. ermordet worden war und 1086 auch Knud II., der Halbbruder Eriks I. (Ejegod).[7]

«... denn es gibt keine Obrigkeit ohne von Gott, und wo immer eine besteht, ist sie von Gott verordnet ...»

Zu den fortdauernden dynastischen Fehden, den Thron- und Regierungskrisen, kommen die meist zusammengeschlagenen Erhebungen der Untertanen und die territorialen Ausgriffe, die aggressive Außenpolitik nie genug kriegender Potentaten.

Knud «der Große» (1018–1035), beispielsweise, der schon seinen Vater 1013 bei der Invasion nach England begleitet, kann sich 1027, gewiß etwas vollmundig, den König aller Engländer, Dänen, Norweger, teilweise auch der Schweden nennen – alles übrigens ergattert im Bund mit der katholischen Kirche, wenn auch die Herrschaft in Norwegen noch zu seinen Lebzeiten zusammenbricht.

Dänenkönig Waldemar I. «der Große», ebenfalls ein Mann des Klerus und dereinst am 9. August 1157 («Roskilder Blutfest») einem Anschlag auf sein Leben entkommen, faßt Fuß in Pommern sowohl wie in Norwegen und führt, trotz Bürgerkrieg, trotz häufiger Aufstände (1167, 1176, 1180), ein Vierteljahrhundert lang, zwischen 1159 und 1185, fast Jahr für Jahr Flottenverbände wider die Wenden, die Westslawen, wahre Kreuzzüge mit päpstlichem Segen ins heutige Holstein und Mecklenburg, wobei er die Tempelburg Arkona auf Rügen erbärmlich ruiniert, nicht ohne besondere Beihilfe seines mächtigen Beraters, des Erzbischofs Absalon I. von Lund (VII 170, 175!). Hier wird schon die Stoßrichtung auf den dann jahrhundertelang so umstrittenen Ostseeraum deutlich.

Beide, weltlicher und geistlicher Fürst, kooperieren, beide erweitern unter dem Deckmantel der «Befriedung», der «Christianisierung» ihre Macht. Hatte sich ja überhaupt mit Waldemar «dem Großen» (1157–1182) die Monarchie von Gottes Gnaden in Dänemark definitiv durchgesetzt, das heißt ein Verständnis, wonach «Ungehorsam gegenüber dem König gleichbedeutend mit Ungehorsam gegenüber Gott» war. «Doch galt dies wohlgemerkt nur so lange, wie der König als rechter christlicher Fürst auftrat und nicht als ungerechter Herrscher», was natürlich «das Aufsichtsrecht der Kirche über den ‹rechten christlichen Fürsten›» implizierte (Bohn).

Waldemar II. Sejr («der Sieger», gest. 1241) eröffnet in den 1190er Jahren die Expansion gegen Holstein und bringt durch dessen Eroberung die ganze südliche Ostseeküste bis Preußen unter seine Herrschaft. Er kontrolliert auch Lübeck, führt Feldzüge gegen Ösel, Preußen, er interveniert auch in Norwegen, in Schweden und bringt 1219, der Feldzug wird wie so oft mit kirchlicher Billigung zum Kreuzzug erklärt, Nordestland an sich.

Waldemar IV. Atterdag (um 1321–1375) muß erst seine Machtstellung in Dänemark, seinerzeit ohne zentrale Regierung, erkämpfen. So gewinnt er zunächst in Seeland, nicht ohne Beistand des Roskilder Bischofs, durch Erstürmung oder Kauf, Burg um Burg. Auch sichert er sich die Herrschaft über den größten Teil Jütlands sowie einen Teil Fünens. Schließlich erobert er Schonen zurück (damals seit fast drei Jahrzehnten schwedisch, wie heute), ebenso Gotland, die Insel in der mittleren Ostsee, und stirbt, indes er schon das Regiment auch über Schleswig zu gewinnen sucht.

Immer wieder erfolgen auch «Missions»- und «Kreuzzüge» der Schweden in den östlichen Ostseeraum, nach «Östland» (Finnland), so im 12. Jahrhundert durch König Erik den Heiligen, im 13. Jahrhundert durch den späteren König Birger Jarl, der ebenfalls enger mit der Kirche kooperiert, oder durch Torgils Knutsson, der nach 1292 in Karelien das Kastell Viborg erbaut, bis 1617 Schwedens östlichster befestigter Punkt. Vorstöße nach Finnland sind im hohen und späteren Mittelalter geradezu typisch für dies Land, wo im 13. Jahrhundert der Bischof Thomas (1220–1245) scharf das Heidentum bekämpft, und 1323, im Frieden von Nöteborg, Finnland ein Teil des schwedischen Reiches wird, das seinerseits dann im 17. Jahrhundert ein Festungsgürtel von mehr als 100 Burgen und Schanzen schützt, die meisten davon außerhalb dieses Reiches.[8]

Die Kalmarer Union (1397)

Im späten Mittelalter hatten sich in Skandinavien die drei Königreiche Dänemark (mit Schleswig-Holstein), Schweden (mit Finnland) sowie Norwegen (mit Island) 1397 in der Kalmarer Union zu einem Wahlkönigtum verbunden – nichts Ungewöhnliches seinerzeit, als auch die burgundisch-niederländische, die polnisch-litauische monarchische Union im Konnex staatlicher Expansionspolitik gediehen.

Auch die Kalmarer Union, der übrigens seit 1380 schon eine dänisch-norwegische (bis 1814 bestehende) Union vorherging, war natürlich nichts anderes als das Streben nach mehr Einfluß, Geltung, militärischer Gewalt, ein typischer Großmachttraum, der Versuch nicht zuletzt, den wirtschaftlichen Druck der Hanse zu dämpfen, kurz gesagt, Nordeuropa politisch zu einen. Angeregt wurde das prätentiöse Projekt von Margarete I., einer Tochter König Waldemars IV. Atterdag, der Königin von Norwegen, der Reichsverweserin von Dänemark, einer geborenen Herrscherin, auch gläubigen Christin, die gleichwohl die Kirche für sich ebenso einzuspannen verstand wie die Unionsidee für Dänemark, dabei beraten von ihrem Kanzler Peder Jensen Lodehat, dem Bischof von Roskilde. Von 1397 bis 1521 hatten somit Dänemark, Schweden und Norwegen mehrere gemeinsame Könige.

Was die Nebenländer angeht, wurden sie zeitweise beinahe «kolonial» regiert, Opfer einer regelrechten Ausbeutungspolitik.

So beruhte die Macht von Sten Sture dem Älteren (1470–1503), Reichsverweser in Schweden, großenteils auf Einkünften, die er aus Finnland preßte, einem Land, das die Schweden schon 1323, nach langen Kreuz- und Eroberungszügen, infolge «zweihundert Jahren blutiger Kämpfe und Kreuzfahrten» (Schwaiger), endgültig eingenommen hatten. Zur Zeit des Großen Nordischen Krieges, im frühen 18. Jahrhundert, als Finnland drei- bis vierhunderttausend Menschen bevölkerten, dienten davon fast sechzigtausend in der Armee, wovon zehntausend übrigblieben; die anderen kamen um oder gerieten in Gefangenschaft. Und von den Dänen wurde Island, die «einsame Insel im Nordatlantik», die schon Harald Schönhaar vergeblich zu unterwerfen suchte, jahrhundertelang nach Strich und Faden ausgeplündert; auf ihren Bischofsstühlen saßen üblicherweise Ausländer, und während der Reformationszeit wurde fast der ganze isländische Kirchen- und Klosterbesitz für die Krone eingezogen, erst 1944 Islands Union mit Dänemark beendet, die Insel völlig vom Königreich getrennt und Republik.

Die Unionsländer sollen einander Frieden gewähren, im Ernstfall Beistand, vor allem die Gefahr der so geschäfts- wie kriegsversierten Hanse-Dominanz im Norden bannen, für die, wie ja für die meisten legalen Räuber, Krieg nur ein etwas abenteuerreicherer, etwas riskanterer Branchenbereich ist, sozusagen ein besonders exotisches Sortiment – im großen und ganzen aber eben, wie Brecht höhnt, doch nix als die Geschäfte, und statt mit Käse ist's mit Blei. Und kommt auch nach den vielen Konflikten des 14. Jahrhunderts eine etwas längere Friedensperiode, die Pax Scandinavia – bald geht es weiter wie immer, mit nationalen Rivalitäten, dynastischen Rangeleien, Thronstreitigkeiten, mit Volkstumulten, Krisen, Kriegen. Im frühen 16. Jahrhundert etwa, zu dessen Beginn gleich in der Schlacht bei Hemmingstedt ein Drittel aller schleswig-holsteinischen Ritter das Leben einbüßt, führt man zwanzig Jahre lang fast ununterbrochen Unionskriege, wobei man auch Kirchen, wie den Dom von Turku (1509), nicht schont. Wie überhaupt die Bischöfe mit enormen Reichtümern im Rücken zu den führenden Politikern zählen, nicht nur im Reichsrat sitzen, dem vornehmsten Forum der Aristokratie, dem noch im Spätmittelalter der dänische Erzbischof präsidiert, sondern auch direkt in die Kämpfe eingreifen, Aufstände anzetteln, anführen, ihre Gegner verfolgen und selbst verfolgt, gefangen, getötet werden.

Über allem bricht die Union mehrmals auseinander, wobei jedoch Dänemark – weitaus am reichsten, am besten urbanisiert, mindestens doppelt so stark bevölkert wie Norwegen und besonders den Schweden verhaßt, ihr Erbfeind – lang prävaliert und führende Ostseeanrainer, Beherrscher Skandinaviens zu werden scheint. Dänenkönig Christian I. (1448–1481), der zeitlebens nie Dänisch lernte, aus dem Haus der Grafen von Oldenburg stammte, auch Graf von Delmenhorst war, auch Herzog von Schleswig und Holstein, König ferner von Norwegen und Schweden, ehrgeizig und gierig, wie viele freilich der hohen Herren, nach Zwangsleistungen, Steuern, Zöllen, Kontributionen, Kirchenabgaben, der «Olden-Burger» – er regiert um 1460 einen Herrschaftskomplex, wie es flächenmäßig in Europa kaum einen seinesgleichen gab: Dänemark, Schweden, Finnland, Norwegen, Island, Grönland, Schleswig und Holstein.[9]

Das Stockholmer Blutbad (1520)

Hatte schon Christian I. alsbald Krieg mit den Schweden geführt, so bekriegte sie sein ältester Sohn und Nachfolger Johann (Hans; 1481–1513), König von Dänemark und Norwegen, weiter. Und Johanns Sohn, der begabte, doch unausgeglichene, sprunghafte, nicht selten an seinen Zeitgenossen Heinrich VIII. von England (IX 265 ff.!) erinnernde Christian II. (1513–1523), als Gatte der Infantin Isabella von Spanien Schwiegersohn des spanischen Königs Philipp und Schwager Kaiser Karls V., setzt den antischwedischen Kampf verschärft fort. Dabei sucht er innenpolitisch die Macht seines Adels und seiner Geistlichkeit durch fortschrittliche Erlasse zugunsten der Bürger und Bauern zu beschneiden, zu brechen, auch durch Hinrichtungen gegen jedes Recht, außenpolitisch vom Führer der schwedischen Kirche, dem jungen ehrgeizigen Erzbischof Gustav Trolle von Uppsala unterstützt; während dessen Hauptkontrahent, der schwedische Reichsvorsteher Sten Sture der Jüngere (1512–1520), von den Zeitgenossen «der junge Herr Sten» genannt, eine nationalschwedische Monarchie für sich und seine Sippe erstrebt.

Bald befinden sich beide Schweden, Reichsvorsteher und Erzbischof, im offenen Bürgerkrieg, in dem auch die Prälaten gegen

Gustav Trolle stehen und schwören, ihn «niemals in unseren Lebtagen als Erzbischof in diesem Reich haben oder dulden» zu wollen. Vielmehr solle sein festes Schloß Stäket, in das er geflohen, «bis auf den platten Grund niedergerissen und vernichtet werden, so daß in Zukunft kein eingeborener Verräter dort Zuflucht, kein Däne oder sonstiger Ausländer dort Hilfe und Trost finden möge, wie vordem geschehen ist». Tatsächlich hat man Stäket, über dessen Belagerer der dänische Erzbischof von Lund den Bannfluch schleudert, erobert, dem Erdboden gleichgemacht, auch alle seine «Heiligtümer» ruiniert; Erzbischof Trolle selbst wurde gefangengenommen und ein Teil seines Anhangs durch den Henker hingerichtet.

König Christian mißlingen zwar mehrere Feldzüge gegen Stockholm, finanziert zu einem beträchtlichen Teil mit Ablaßgeldern und Naturalien, die er dem römischen Legaten abgenommen hat. Doch als Ende 1519 Leo X., vom Dänenherrscher angeregt, über Schweden das Interdikt verhängt, führt Christian jetzt sozusagen auch im Namen von Papst und Kirche Krieg. Und als er im Januar in einem Gefecht auf dem vereisten Asunden-See siegt und Sten Sture fällt, wird der Däne am 6. März 1520 auch in Schweden als König anerkannt und am 4. November in Stockholm durch Erzbischof Trolle gekrönt.

Trotz wiederholter feierlicher Amnestiezusage freilich setzt Christian II. die Krönungsgesellschaft im Schloß fest, stellt sie am 7. November wegen «Ketzerei und Kirchenraub» durch Trolle unter Anklage, am nächsten Tag vor ein geistliches Gericht, dem ein dänischer Bischof präsidiert; es spricht noch einmal die Delinquenten in ihrem «unchristlichen Verbund» der «offensichtlichen Ketzerei gegen die römische Kirche» schuldig – und am selben Mittag noch beginnen die Köpfe zu rollen. Die «Ketzerklage», besonders den Angriffen auf Person und Besitz Trolles geltend, war zwar kirchenrechtlich fragwürdig, doch unerläßlich, weil man «Ketzern» gegenüber Verpflichtungen nicht einzuhalten brauchte.

Bei aller blutigen Perfidie bewies wenigstens Jürgen Homuth, der Henker, noch etwas Galgenhumor, berichtet er doch in seinen Erinnerungen: Als er die beiden Prälaten zur Richtstätte abholte, habe ihn Bischof Vinzent nach Neuigkeiten gefragt. Nicht gerade gute, war die Antwort. «Euer Gnaden mögen mir verzeihen, es ist mir befohlen worden, Euer Gnaden den Kopf abzuschlagen.»

So wurden am 8./9. November 1520 in Stockholm etwa hundert Menschen enthauptet (IX 145): Adlige, deren Opposition der König auch in Schweden schwächen, deren führende Schicht er ausrotten wollte, Geistliche auch, viele Stockholmer Bürger, die drei Bürgermeister, deutsche Kaufherren und, vielleicht nicht unbemerkenswert, Gottfrid Carlsson, «der erste politisch hervortretende Bauer» in der schwedischen Geschichte ... Es waren wirkliche und mutmaßliche Gegner, die da starben, einige Leute wohl auch, deren Namen die Anklageschrift gar nicht enthielt. Drei Tage und Nächte lagen die Leichen, in drei Haufen, je nach Stand, aufgeschichtet, im strömenden Regen; dann verbrannte man sie, wie auch die bereits seit Monaten verwesende, wieder dem Grab entrissene Leiche Sten Stures. Gustav Trolle und zwei weitere Prälaten aber setzte Christian als seine Vertreter über das schwedische Reich.

Der König trägt seitdem die Beinamen «Christian Tyrann» und «der Böse». Sprang er ja auch brutal mit den dänischen Hierarchen um, zumal im Erzbischofsamt Lund, wo man innerhalb von zwei Jahren fünf Männer zum Bischof ernannte. Wann immer er konnte, suchte der Monarch seine Leute auf die begehrten Prälatenstühle zu bringen, darunter drei seiner Sekretäre. Andere Anwärter ließ er überfallen, ins Gefängnis werfen und ermorden.

1523 vom Adel gestürzt, ging Christian in ein neunjähriges Exil. Mitte April floh er mit zwanzig Schiffen, seinen Schätzen und dem Erzbischof Johann von Weeze in die habsburgischen Niederlande, suchte Hilfe bei seinem Schwager, Kaiser Karl V., trat aber auch in engeren Kontakt zu Luther. Er hörte Predigten von ihm, wechselte Briefe, wurde selbst lutherisch, anscheinend aus Überzeugung, gab sich dann freilich, da er den Beistand des Kaisers beim bevorstehenden Krieg brauchte, wieder katholisch. 1531 gewinnt er einen Teil Norwegens zurück, wird im nächsten Jahr jedoch erneut geschlagen, gefangen, auf Schloß Sonderburg und dann lebenslang in Schloß Kalundborg auf Seeland inhaftiert, wo er 1559 stirbt. Es sei Gottes Wille, tröstet Luther den – immerhin mit standesgemäßer Dienerschaft – fast 28 Jahre eingesperrten, einst drei Kronen tragenden Regenten. «Es ist doch dis leben ein augenblick, und hoffen eines andern, und mussen doch beide fromme und bose konige ihre krone hinder sich lassen.»[10]

Der Klerus war in das «Stockholmer Blutbad» auch durch Nuntius Giovanni Angelo Arcimboldi verstrickt, der seinerzeit im Norden Ablaßgelder einstrich, wobei er, vernahm im Februar 1521 Leo X., von seinem Nepoten Raffaello de' Medici, der gerade in Worms bei Karl V. weilte, «tausend unnütze Streiche begangen und mit Hilfe der Kapuzenträger alles vorhandene Geld zusammengerafft» hatte; was ja auch nicht schlecht paßte zu einem Papst, von dem Francesco Vettori, der florentinische Gesandte und Geschichtsschreiber, sagt, ein Stein könne leichter von selbst in die Höhe fliegen, als Leo tausend Dukaten zusammenhalten! (VIII 351 ff.!) Der päpstliche Ablaßlegat ließ sich von jeder Seite bestechen und billigte auch Trolles Entmachtung.

Nicht minder routiniert aber als Arcimboldi: sein Sekretär, der westfälische Kleriker Dietrich Slagheck. Er bekam bald großen Einfluß auf den König und war, laut von Pastor (immer behend die Höheren deckend), «Hauptanstifter des Stockholmer Gemetzels»; dem übrigens viele weitere Enthauptungen folgten, ja, deren Zahl noch auf sechshundert gewachsen sein soll; wobei man bedenken mag, daß Stockholm, seinerzeit etwa sechstausend Einwohner zählte. Auch in den Provinzen aber wurden Menschen abgeschlachtet, wurden sie eingekerkert, ausgeplündert, vergewaltigt; noch in Finnland endeten die bedeutendsten Schloßhauptleute unterm Scharfrichterbeil.

Schon unter den ersten Ermordeten befanden sich die Bischöfe Matthias von Strengnäs und Vinzenz von Skara. Und Nachfolger des letzteren im Bischofsamt seiner Diözese wurde kein anderer als Dietrich Slagheck, der ihn aufs Schafott gebracht, doch auch sonst nicht zimperlich war. So hatte er auch sechs Zisterzienser des Klosters Nydall ertränken lassen, stieg dennoch, und nicht ohne päpstlichen Segen schließlich, zum Erzbischof von Lund, des sehr einträglichen Stuhles, auf – bevor ihn König Christian am 24. Januar 1522 hängen und verbrennen ließ.

Der Heilige Vater hatte inzwischen zur Klärung des Geschehens einen neuen Nuntius geschickt, den Franziskaner Francesco de

Potenza, und zwar mit der ausdrücklichen, den echten Seelsorger signalisierenden Weisung, «dem König die Absolution wegen der Hinrichtung zweier Bischöfe nicht allzu schwer zu machen, damit er sich nicht Luther anschließe». Der König, der kaum sehr an Gewissensbissen litt, der überhaupt nicht die «gelinden Mittel» schätzte (sondern, weil am «wirksamsten», so sagte er einmal zu dem schokkierten Erasmus von Rotterdam, «immer die, welche den ganzen Körper erschütterten») – der König versicherte auch, «ein treuer Sohn der Kirche und kein Förderer der Ketzerei» zu sein. Er machte seinen einstigen Berater Slagheck zum Sündenbock, schob ihm alle Schuld an dem Stockholmer Blutbad zu, der Nuntius spendete dem König die Absolution, erhielt nun seinerseits Slaghecks früheres Bistum Skara in Schweden, und König Christian begann Schritt um Schritt, ohne mit dem Papsttum völlig zu brechen, mit der Einführung der Reformation, der Etablierung der dänischen Landeskirche. Er beschränkte die Rechte der Bischöfe, verbot alle Appellationen nach Rom und erlaubte Priestern die Eheschließung.[11]

Schweden aber löste sich nun aus der Kalmarer Union und erkämpfte allmählich die Suprematie im Ostseeraum.

Gustav I. Vasa und «Gottes reines Wort»

Recht eigentlich begonnen hat der Aufstieg Schwedens zur Großmacht mit dem Feldzug, der auf die Stockholmer Bluttat folgte, der die Dänen aus Schweden heraus und dort einen jungen Mann aus dem Hochadel, Gustav Eriksson Vasa, auf den Thron brachte. Der einstige Höfling bei Sten Sture dem Jüngeren hatte bei dem Massaker in der Hauptstadt seinen Vater und Schwager, danach auch seinen gesamten Besitz verloren. Nun sammelte er das Volk, auch Leute des Adels, der Kirche um sich, schlug im April 1521 mit Hilfe vor allem von Lübecker Geldern und rebellierenden Bauern mehrere dänische Truppenverbände, wurde noch im gleichen Jahr in Vadstena, im schwedischen Nationalheiligtum, zum Reichsverweser ausgerufen, auf dem Reichstag zu Strängnäs 1523 zum König gewählt, 1540 in Orebro als «Erbkönig» proklamiert und 1544 als solcher durch den Reichstag in Västerås anerkannt (Vgl. IX 145 f.).

Der Begründer des Hauses Vasa (1523–1654) gilt als eigentlicher Begründer auch des modernen Schweden, eines administrativ wie militärisch ziemlich straff organisierten frühabsolutistischen Feudalstaates. Nachtragend, nichts vergessend, schlau und hart zugleich, zentrierte der Monarch die Verwaltung, förderte den Bergbau, das Hüttengewerbe, er rüstete eine Kriegsflotte auf, unterhielt ein stehendes Heer, besiegte in mehreren Schlachten die Hanse und eroberte Finnland.[12]

Als «Einiger Schwedens», als «Befreier» von dänischer Zwangsherrschaft, als Einführer auch der Reformation erfreut sich der erste Vasa auf dem Königsthron in der Geschichtsschreibung, und nicht nur in der romantischen Historiographie, eines recht schmeichelhaften Rufes, ja, es gibt schwedische Historiker, die ihn als den bedeutendsten König des Landes feiern, wobei dahingestellt sei, ob ihn dies besonders empfiehlt.

Sicher hatte Gustav I. Vasa eine Reihe schwerwiegender Probleme, und nicht das geringste war die Gefährdung seines Regimes durch einen immensen Finanzbedarf, einen horrenden Schuldenberg: vor allem durch militärische Ausgaben, wie die Lübecker Kredite für seinen immerhin geglückten Marsch auf Stockholm, hohe Kosten durch seine gescheiterte Attacke auf Gotland, durch die Erweiterung und Verstärkung der Befestigungen in der Hauptstadt oder in Kalmar, durch den Ausbau neuer Wehranlagen in diversen Städten, nicht zuletzt durch die teure Haltung des stehenden Heeres, mit dauernden Soldzahlungen in bar an eine Truppe, deren ständiger Einsatzbereitschaft der Monarch schon aus innenpolitischen Gründen dringend bedurfte, gab es doch zeitweise eine Empörung nach der anderen, im ersten Jahrzehnt seiner Herrschaft fast Jahr für Jahr, mitunter jährlich sogar mehrere.

Wie diese blutigen Unruhen, – der «Aufstand der Herren von Västergötland» der «Glockenaufstand», die «Dackefehde», die gefährlichste Rebellion – charakteristisch für die Regierungszeit des Vasa sind, so ist es auch seine Ausbeutung des Volkes, wobei die

Erhebungen natürlich die Folge der Bedrückungen waren, der Teuerungen, Münzverschlechterungen, Abgabeerpressungen, das Resultat sozusagen der Sanierung der königlichen Finanzen.

Dazu trug, mehr nolens gewiß als volens, weitaus am meisten die Kirche bei. Sie war, nicht nur gemessen an den Verhältnissen des Hofes, auch in Skandinavien immens reich, und so behalf sich der Herrscher schon in seinen ersten Amtsjahren mit gelegentlichen Übergriffen, machte sich aber bald, da diese bei weitem nicht zur Schuldenabtragung reichten, an die großen Kirchen- und Klostergüter heran, wofür es ja auch im Norden historische Vorbilder gab. So hatte bereits die energische Königin Margarete zur Bestreitung ihrer Militärausgaben sich kirchlichen Grund und Bodens bedient oder, einige Jahrzehnte später und ausgiebiger noch, Schwedenkönig Karl Knutsson Bonde (1448–1457). Gustav I. aber ging aufs Ganze, nicht bloß auf die ökonomische Macht der Kirche, auf ihre Macht überhaupt. «Es wurden nicht nur die Kirchengüter für die säkularen Zwecke der inneren und äußeren Sicherheit herangezogen, sondern die Kirche selbst wurde im Zuge der Monopolisierung von Herrschaft und Gewalt zu einem integrierten Bestandteil des frühmodernen schwedischen Staates» (Buchholz).

Gustav I. Vasa geriet somit immer mehr in Konflikt mit den geistlichen Gewalten, wobei es, bemerkenswert, viel weniger um Glaubens- als um Besitzfragen ging, um Lösung langfristiger Finanzprobleme eben mittels des ausgedehnten Kirchen- und Klostergutes. Reformation, kein Zweifel, hieß hier vor allem Enteignung, Kassieren der klerikalen Ressourcen, was den Regenten immer mehr an die Seite der Reformatoren brachte, die die Übereignung des Kirchengutes natürlich leichter zu legitimieren vermochten als die katholischen Hierarchen. Immerhin haben offenbar auch alle auf der großen Reichsversammlung, dem «Reformationsreichstag» von Västerås 1527 anwesenden Bischöfe schließlich den sogenannten Rezeß von Västerås unterschrieben und besiegelt, ja gemeinsam erklärt, in jedem Fall zufrieden zu sein, *«wie reich oder arm Seine Gnaden uns immer haben will»*.

Im Exil protestierten dann zwei Bischöfe gegen den Einziehungsbeschluß, aus Polen noch 1527 Bischof Hans Brask von Linköping, und, Jahre später, aus Dänemark Magnus Haraldsson, der Bischof von Strängnäs, während gewisse Gruppen um den König die Kirchengüter nicht nur als Eigentum der Priester, sondern auch als Eigentum des christlichen Volkes erklärten, dessen Sachführer nun einmal der König sei. So rückte der Raub scheinbar rechtens an den Räuber, zunächst faktisch, dann auch formal. Gustav I. Vasa gebot so über rund zwei Drittel des schwedischen Gutsbesitzes, während sein gesamter Adel nur über rund ein Drittel verfügte. Doch sollte das einzuziehende und durch den königlichen Hof zu nutzende Land ursprünglich überhaupt der Krone gehört haben und jetzt nur zurückgeführt werden, wofür man den schönen Begriff der «Reduktion» gebrauchte.

Überdies war der Potentat, wie jeder gute, das heißt schlechte Politiker, nicht gerade skrupulös, vielmehr, wenn's denn sein mußte, und nicht selten mußte es sein, markanter Lügen, buchstäblich souveräner Bauernfängereien fähig, kümmerte er sich nicht um Vereinbarungen, wurden sie inopportun und lästig. Auf seinem Weg zur Machtergreifung, im Juli 1521, hatte er dem Bischof Hans Brask von Linköping, dem engagiertesten, dem eigentlichen Führer der schwedischen Katholiken vor dessen Beitritt zur Rebellenbewegung, feierlich versprochen, alle Privilegien der Kirche, alle ihre sogenannten Rechte, ihre Gläubigen, ihre Besitzungen, ihr Vermögen zu schirmen und zu schützen. Doch noch während seines Marsches zur Macht, während seines «Befreiungskampfes», vergriff er sich nach Kräften am Bischofs-, am Kirchengut und kümmerte sich nicht im geringsten um seine Zusagen. Und dies erst recht nicht später. Das Volk war im Glauben gespalten, und schien es vorteilhaft, drehte sich Gustav I. öfter als einmal mit dem Wind. Beklagte man dann auf der einen Seite sein «unchristliches Regiment», seine Vertreibung der Bischöfe, Priester, Mönche, schrieb man, er zwinge das Volk, den «alten Glauben wegzuwerfen, in dem uns die Väter und Vorväter und heiligen Männer und die Heilige Schrift bestärkt haben», so beteuerte er seinerseits, von einer «neuen Lehre» in Schweden könne keine Rede sein, der Besitz von Kirchen und Klöstern solle nicht angegriffen, die «lutherische Ketzerei» müsse unterdrückt werden, alles bleibe wie «seit alten Zeiten».

Während er also einen Gegner nach dem andern vernichtete, unterließ er nichts, seine Regierung in das rechte Licht zu rücken, sich selbst als Held, als Retter der Nation glorifiziert, alle Opponenten als die Bösen, Christian II. als Tyrannen, die katholischen Bischöfe, vier waren landflüchtig, als Verräter angeprangert zu sehen. Und als sein früherer Kanzler, der Luther-Schüler und Reformator Olaus Petri, eine Geschichte Schwedens schrieb, erteilte ihm Vasa entsprechende Weisungen, ja, lieferte, heißt es, sogar ein Inhaltsverzeichnis. Dann freilich vermißte er jede Verherrlichung der eigenen Ära, der eigenen Schlachten und Siege samt all seiner sonstigen Meriten um Schweden, fand gar die Kritik an «den christlichen Herren und Fürsten, die in der Vorzeit ungestraft das Reich regiert», auch gegen sich gerichtet, fand überhaupt, das Ganze «tauge nicht viel» und befahl, alle Abschriften einzuziehn und zu verbrennen.

Statt dessen ließ er Peter Swart, den Bischof von Västerås, eine Chronik nach seinem, nach königlichem Gusto schaffen, alle Widersacher aus seiner Sicht, in düsteren Farben malen, den «Tyrannen Kristian», den ihm besonders verhaßten Bauernführer Nils Dacke, dessen abgeschlagenes Haupt er in Kalmar aufspießen und zur Schau stellen ließ, dessen Familie er dezimieren, dessen erst zehnjährigen Sohn er in Stockholm einkerkern ließ, bis er an «Pestilentia» umkam ... Selbst Olaus Petri wurde Anfang Januar 1540 als Hochverräter zum Tod verurteilt, jedoch gegen eine hohe Geldstrafe begnadigt.

Viele brachte der oft Hochgelobte hinter Schloß und Riegel, an den Galgen, aufs Schafott, liebte es aber, als milder, fürsorglicher Fürst aufzutreten, als jovialer Landesvater, als sehr religiöser selbstverständlich auch, der gern betonte, nie etwas anderes befohlen zu haben, «als Gottes reines Wort und das heilige Evangelium zu verkünden» – und seine «Kirchenvisitationen» meist dazu benutzte, die letzten Kirchenschätze zu rauben ... (Übrigens: «Gottes reines Wort», keinen Pfaffenslogan nahm die protestantische Prominenz in der Skandalgeschichte des Nordens lieber und häufiger in den Mund und durch lange Zeit!)

Im Bedarfsfall halfen dem König auch geschickt vorgebrachte Rücktrittsdrohungen. Er beschuldigte dann den Hochadel, unterstellte ihm, «daß Ihr gerne die Axt in meinem Schädel stecken sähet, wenn Ihr auch nicht selbst den Griff halten wollt.» Er vergoß Tränen, wollte sein Amt scheinbar aufgeben oder es gar nicht erst antreten, wie bei seiner Königswahl, als er sich zierte, «die schweren Bürden auf sich zu nehmen» und nur durch «eindringliches Flehen» dazu bewegt werden konnte. Er war ein guter Schauspieler und wußte, was der Pöbel brauchte. Gelegentlich ließ er, dem Volk zu Gefallen, seine Opfer vor ihrer Hinrichtung noch mit Hohn überschütten, mit organisiertem Spott, wie im Februar 1527 zwei geistliche Aufstachler der Dalarnabauern, die Prälaten Peder Jakobsson Sunnanväder, zeitweilig Kanzler des Reichs, auch Bischof von Västerås, sowie den dortigen Domherrn und postulierten Erzbischof von Uppsala, Knut Mikaelsson, die er hinterhältig in die Hand bekommen hatte. Auch die Liquidierung des sogenannten Daljunkers in Deutschland betrieb er erfolgreich, jenes mysteriösen Flüchtlings, der als (angeblicher) Sohn des toten Reichsvorstehers Sten Sture die Krone begehrte – «Nils Sture», nannte er sich, «rechtmäßiger Erbe Schwedens und mit Gottes Hilfe Reichsverweser» –, weshalb der König auch von dessen Anhang in Dalarna viele fangen und töten ließ.

Es war freilich ein Landstrich, wo immer wieder Wirren, Tumulte ausbrachen, wo es zu Rebellionen vor allem der Bauern, der Bergleute kam, 1529, 1542 auch des Landvolks von Småland – und oft waren es dieselben Kreise, die seinen, Gustav Vasas, eigenen Staatsstreich gefördert, die ihn auf den Thron gebracht, wo er dann, wie so viele seinesgleichen hochverschuldet, Steuern und Sondersteuern stets rücksichtslos vermehrte und erhöhte, natürlich auch andere Einnahmequellen für sich fruchtbar zu machen wußte, wie die sogenannte Wildmark (erämaa), ein riesiges und unbesiedeltes Gebiet im Norden Finnlands, das er 1542 «zum Eigentum Gottes, des Königs und der Krone» erklärte.

Nicht selten auch ließ Gustav I. Menschen über die Klinge springen, denen er das Leben zugesichert oder denen er für einen früheren Dienst verpflichtet war, darunter Anders Pederson, ein Schulfreund, der ihm einst das Leben gerettet. Nein, er scheute sich nicht, Todesurteile gegen Helfer aus seiner Fluchtzeit zu schleudern. Noch das mächtige Lübeck, das vormals den Flüchtling freundlich aufgenommen und vor seinen dänischen Häschern geschützt, überzog er mit Krieg, die Stadt, mit deren Darlehen und Materiallieferungen, deren Flotte und Kriegsknechten er sich 1522/1523 den Weg zur Macht erkämpft und schließlich seinen Hauptgegner niedergerungen hatte.[13]

Oft standen Kirchenmänner hinter den Empörern und Empörten, der Erzbischof von Trondheim beispielsweise, der Prälat von Skara, Magnus Haraldsson, die beide ins Ausland flohen. Auch hatten Franziskaner- und Dominikanermönche die Aufstände der Jahre 1524 und 1527 gepredigt, ja noch den Nachrichtendienst zwischen den Rebellen organisiert. Und auch beim sogenannten «Aufstand der Herren von Västergötland» des Jahres 1529 kämpften viele Geistliche gemeinsam mit den Aufrührern, der Bischof von Skara, Magnus Haraldsson, der erst im Jahr zuvor Gustav I. zum König von Schweden gekrönt hatte, führte sie sogar mit an.

Der König aber durchkreuzte die «Bischofsherrschaft», untergrub immer mehr die «Freiheit der Kirche». Er trachtete nicht nur nach den bischöflichen Schlössern, Festungen, nach dem Klosterbesitz, er beanspruchte auch eine größere Kontrolle des Apparats, wollte den Klerus selbst ein- und absetzen können, wollte die Beschränkung, die Abschaffung von dessen Gerichtsbarkeit, kurz, er wollte die Entmachtung der Kirche, die alleinige Herrschaft des Staates, seine Herrschaft, wollte ein zentral geleitetes, nur von ihm abhängiges Einheitsreich. Für all dies sorgte im Juni 1527 die große Reichsversammlung im Dominikanerkloster von Västerås oder schuf doch viele Voraussetzungen dafür. Es war die Entscheidung für die schwedische Reformation, vielleicht, wie manche meinen, der wichtigste Reichstag der ganzen Geschichte des Landes.

Viele Priester, auch und gerade Prälaten, schürten die Unzufriedenheit der Bedrückten. Einige begannen gar, wie anderwärts, nicht nur die evangelische, sondern auch die politische und soziale Freiheit zu fordern. Und für die Führer, die Monarchen, war ganz offensichtlich das macht-, das finanzpolitische, das fiskalische Interesse größer als das an der Religion, die, wie gewöhnlich, vorgeschoben wurde, mehr oder weniger auf beiden Seiten.

Das Papsttum allerdings, wiewohl mit vielerlei Mitteln, mit militärischen, mit mehr oder minder klammheimlichen operierend, hatte keine Chance, noch einmal Fuß zu fassen. Der Versuch einer Rekatholisierung Schwedens scheiterte völlig, scheiterte eben schon, weil es den Hierarchen mehr um Hab und Gut als um das Dogma ging, falls um dieses überhaupt.

Den König aber kümmerten Kult- und Glaubensfragen, die seine Interessen nicht berührten, am allerwenigsten. Es spricht für sich, daß der Rezeß von Västerås betreffs Lehre und Bekenntnis nichts anderes bestimmte, als daß man das Evangelium, das Wort Gottes im ganzen Reich «rein» verkünden sollte, die Formel, mit der schließlich jede der Religionsparteien, mehr oder weniger, einverstanden sein konnte, obwohl sie Ausdruck nicht der Toleranz, sondern einer Balancepolitik war, die auf Lug und Trug basierte. Hatte Gustav Vasa doch schon in den frühen 1520er Jahren mit Kirchen- und Klosterschatzungen begonnen, indem er Priestern und Mönchen ihre Kostbarkeiten, ihre Monstranzen, Kelche, Heiligenschreine rauben ließ – wobei er freilich heimtückisch lavierte und gelegentlich behaupten konnte, alles bleibe wie «seit alten Zeiten», ja, die «lutherische Ketzerei» werde unterdrückt. Tatsächlich unterdrückte er die der Papisten und ließ Schweden 1544 auf dem Reichstag in Västerås offiziell als evangelisches Reich erklären. «Der König», urteilte ein Betrachter, «schloß das Bündnis mit der Reformation in der Absicht, das Fazit in seine Tasche zu stecken.» Und ähnlich, notiert ein weiterer, erkannte er mit «dem Scharfblick des Realisten ..., daß eine Reformation im Sinne Luthers ihm die Möglichkeit gewähre, die Macht der Hierarchie zu brechen und deren Reichtümer an sich zu bringen.»

Gewiß gehörte zu dieser Erkenntnis nicht allzuviel. Die Säkularisation brachte der Krone wieder Geld, Steuern auch vom Klerus. Man zog mobiles Eigentum der Kirche ebenso ein wie die Burgen der Bischöfe und ihre Ländereien. Es kam zu großen Zugewinnen des Staates, dessen Grundbesitz sich verfünffachte! So stieg in Schweden, wo die Kirche 21 Prozent des nutzbaren Bodens besessen, der Anteil der Krone am Ackerland bis 1560 von 5,5 auf 28 Prozent. Ist es ein Wunder, daß der dankbare König seine Missionare zur Predigt des Luthertums bis Lappland sandte? Daß aber sein Kirchenraub auch Aufruhrbewegungen provozierte, die er dann niederschlug? Jedenfalls hatte er gegen Ende seiner Regierung den Staat um 12000 einstige Kirchengüter bereichert.

Und die «Schwedische Kirche», die Staatskirche, lehrmäßig von der lutherischen Orthodoxie geprägt, blieb intolerant wie das Papsttum. 1595 zog der Abfall von ihr Güterkonfiskation und Exilierung nach sich, bald darauf der Übertritt zum Katholizismus die Todesstrafe. Konversion galt gleichsam als Landesverrat. Jede Abweichung von der lutherischen Dogmatik war «geborenen Schweden» verboten und wurde durch «Hausverhöre», durch öffentliche Schandstrafen geahndet, Prozesse wegen Hexerei, wegen Gotteslästerung und dergleichen waren «an der Tagesordnung» (Tuchtenhagen). Erst die Aufklärung brachte etwas mehr Freiheit, etwas religiöse Toleranz: 1741 für Reformierte, 1781 für Katholiken, 1782 für Juden. Doch durften schwedische Staatsbürger bis 1860 keiner anderen Religion als ihrer Staatskirche angehören. Ja: «Noch 1860 wurden sechs Frauen, die z. kath. Glauben übergetreten waren, des Landes verwiesen.» Und: «Erst 1951 wurde Religionsfreiheit als Prinzip des rel. Lebens eingeführt ...» (Lexikon für Theologie und Kirche).[14]

Dänische Zustände

Zur selben Zeit etwa wie in Schweden war die Reformation in Dänemark eingezogen, und in Dänemark wie in Schweden als eine Aktion vor allem von oben her, eindeutig staats-, das heißt innenpolitisch bestimmt, war eine «Fürstenreformation», und da wie dort benutzte sie das Königtum massiv zur Festigung der eigenen Macht. Noch mehr als in Mittel- und Westeuropa wurde die Reformation in Skandinavien ein Funktionsträger, der verlängerte Arm des Staates.

Christian II., der letzte Unionskönig, hatte dabei, gestützt zumal auf Bürger und Bauern, die oppositionelle Aristokratie, die weltliche wie die geistliche, bekämpft, hatte sich nach seiner Rückkehr aus Stockholm in Dänemark aber nicht mehr zu halten vermocht. Er emigrierte zu seiner kaiserlichen Verwandtschaft in die habsburgischen Niederlande, zwei Wochen nach der Erhebung des Herzogs Friedrich von Holstein, Christians Onkel, als Friedrich I. (1523–1533) zum neuen dänischen König durch die Opposition.

Damals, in den späteren 1520er Jahren, war in Dänemark zwar immer noch die katholische Kirche die offizielle Kirche des Landes. Doch die evangelische Bewegung gewann immer mehr an Boden, erfaßte um 1530 zumal alle großen Städte, ja, die Altgläubigen erregten sich darüber, daß jetzt das Evangelium offenbar überall verkündet und diskutiert werden solle, jetzt überall Prediger auftauchten, zu allen Zeiten und an allen Orten, in öffentlichen Gaststuben und Dampfbädern, in Schmieden und Mühlen, in Zoll- und Gildehäusern, unter Trinkern, Spielern, Tänzern und Zechprellern und «anderen solcher edlen und gelehrten Männer, von welchen derjenige am weisesten erscheint, der am meisten schreien, schwätzen und spotten kann ...»

Tatsächlich wurden die Glaubensboten vom König ab 1528 beauftragt, «Gottes reines und klares Wort dem gemeinen Volk» beizubringen. Und stets fanatischer, siegessicherer predigten sie ja «... Gottes Wort, offenbart durch Gottes besondere Gnade. Wir kennen unsere Verpflichtung, die Gottes Befehl und Wort ist, und dem fügen wir uns bei Verdammnis unserer Seligkeit ..., und sollten wir tausendfach unseren Hals verlieren ...» Als «unbedingt notwendig» erklärten sie ihre Predigt, als unbedingt notwendig, «Gottes Wort» zu hören und christlich zu empfangen. «Und wahrlich ist *eine* christliche Predigt besser als 600 Messen ...»

Für die altchristlichen Lehrer andererseits waren dies natürlich alles böse «Ketzereien», Ausgeburten der Aufwiegler, Abtrünnigen, der falschen Apostel, Verräter, war dies alles «von einem teuflischen und tobenden Geist», «das Unwahrhaftigste gegen alle Wahrheit in der heiligen Kirchenlehre», «Gift».

Selbstverständlich begnügte man sich auch hier nicht mit Invektiven, verbalen Attacken, kam es, von den evangelischen Predigern aufgestachelt, zu Gewalt, Aufruhr, Überfällen, riß man in Viborg, mit königlicher Erlaubnis, zwölf Kirchen ab, begann man besonders die Franziskanerklöster zu stürmen, blieben zwischen 1528 und

1532 von 26 dänischen Franziskanerklöstern nur sieben übrig. Und seinerzeit waren auch bereits über ein Drittel der großen Klöster auf dem Land, der sogenannten Herrenklöster, in den Händen des Adels. In Viborg, in Ystad überfiel man die Mönche, mißhandelte sie, in Malmö riß man die Bilder, die Altäre herunter, zerschnitt, verbrannte sie, zerstörte die Kapellen der Kirche des hl. Petrus bis auf den Grund und vertrieb die Priester. Ähnlich schändete man zu Weihnachten 1530 die Kopenhagener Frauenkirche (Vor Frue), bespuckte unter Spott und Schimpf die Heiligenbilder, zerhackte sie mit Äxten, zerstörte die Domherrenstühle, die Paneele, die heiligen Bücher. Unter den randalierenden Lutheranern auch mehrere Ratsherren der Stadt – «der schlimmste Abschaum des Pöbels ...»

Feierlich zwar hatte Friedrich I. vor seiner Krönung den Kampf gegen das Luthertum gelobt und alle wider den Papst, «den Heiligen Vater in Rom oder die römische Kirche» eifernden Prädikanten an Leib und Gütern zu strafen versprochen. Doch der neue Herr, der den Adel wieder gewaltig gefördert und mehrere Bauernrevolten vernichtet hat, täuschte die Bischöfe. Zwar kennen wir seine innere, seine persönliche religiöse Einstellung nicht. Und nach außen verhielt er sich im Kirchenstreit neutral, begann er zunächst eine Gratwanderung, einen Balanceakt zwischen den Parteien, suchte er die Rechte der Altgläubigen zu erhalten, verbot aber auch die Neugläubigen nicht, ja schien sie allmählich zu begünstigen.

So machte er 1526 den der «Ketzerei» bezichtigten Hans Tausen, einen verstoßenen Johannitermönch, den «dänischen Luther», den ersten Geistlichen in Dänemark, der «aus Fleischeslust eine Ehe eingegangen», zu seinem Hofkaplan – «dieses Ungeheuer unter allen Bestien, dessen Zunge das Schamloseste ist, was man sich vorstellen kann». So wetterte seinerzeit Paul Helgesen, ein dänischer «Reformkatholik», der spätere Leiter des Karmeliterordens. «... das Gift der Lutherei schleicht sich heran», warnte er auch und sah den Hof dabei, «alles Heilige zu verhöhnen».

Tatsächlich konnte König Friedrich auch die Lehre des deutschen Reformators für Wahrheit erklären, kam er den Evangelischen immer mehr entgegen, ohne freilich ihren Glauben anzunehmen oder ganz mit der römischen Kirche zu brechen, zu der immer noch die

Mehrheit der alten Adelsfamilien stand, was diese indes keinesfalls abhielt, ihre Klöster und Klostergüter zu entwenden. Bereits in den frühen 1530er Jahren hatte der dänische Adel über ein Drittel aller Klöster des Landes kassiert.

Es begannen Ausschreitungen, Bilderstürme, man vertrieb Mönche, schändete Kirchen, riß im Dom zu Viborg einem Priester den Kelch selbst während der «Meßfeier» aus der Hand – und Hans Tausen donnerte sogleich und offenbar wohlvorbereitet von der Kanzel in einer Predigt über Geheime Offenbarung 14,8: «Sie ist gefallen, sie ist gefallen, Babylon, die große Stadt; denn sie hat mit dem Wein ihrer Hurerei getränkt alle Heiden.» Und als Friedrich I. 1533 starb und unter dem Einspruch der Bischöfe sein Sohn Christian III. (1534–1559) den Thron bestieg, ein persönlicher Freund und Parteigänger Luthers, ein Fürst, der schon Holstein protestantisiert, «das Gift», so eine altgläubige Quelle, «der lutherischen Ketzerei» gebracht hatte, führte er die Reformation auch in Norwegen ein, wo der letzte Erzbischof von Nidaros (Trondheim), Olav Engelbrektsson, außer Landes floh; nachdem er in der «Grafenfehde» vergeblich die Rückkehr König Christians II. gefördert.

In diesem zweijährigen, ungewöhnlich blutigen Bürgerkrieg hatten sich dänische Bürger und Bauern gegen den Reichsrat erhoben, hatte sich Jürgen Wullenweber, der revolutionäre Lübecker Bürgermeister, mit ihnen verbunden, war auch der junge Graf Christoffer von Oldenburg zur Befreiung des gefangenen Christian II. in Seeland eingefallen und der verjagte Erzbischof Trolle zurückgekehrt, um sich einiger Bistümer zu bemächtigen. Dänemark wurde in diesem Klassenkampf, in dem sich politische, wirtschaftliche, religiöse Faktoren verflochten, doch die Anführer beider Seiten lutherisch waren, weithin verheert, viele Herrensitze versanken in Schutt und Asche, zahlreiche Aufrührer verloren den Kopf, Jürgen Wullenweber, der «Ketzerei» verdächtigt, wurde 1535 in Wolfenbüttel gevierteilt.

Das ausgehungerte Kopenhagen ergab sich erst nach einjähriger Belagerung, doch der neue König, so draufgängerisch wie fromm, schlug die Aufständischen zusammen. «Christian III.», schreibt Jens E. Olesen in einer eindringlichen Studie, «war selbst ein tiefreligiöser Mensch, der ein frommes lutherisches Leben führte und ein engagiertes Interesse an theologischen Fragen zeigte. Der König durfte morgens nie vor dem Ende seines Gebetes für Kirche, Reich und Heim gestört werden. Vormittags las er in Luthers Schriften, und anschließend hörte er eine Predigt. Manchmal predigte er auch persönlich. Bei Tisch erörterte er gerne theologische Themen. Im späteren Verlauf des Tages meditierte er beim Hören von Psalmgesängen. Der Tag endete wie er begonnen hatte, mit einer Andacht.»

Bei aller Lutherhörigkeit freilich war Christian Realpolitiker genug, um sich nicht mit dem Kaiser anzulegen, als dieser 1546 die deutschen Lutheraner in einem Religionskrieg zum alten Glauben zurückzuzwingen suchte. Vergeblich erflehten diese damals von dem Dänen Hilfe. Und auch weitere Versuche des Kaisers, das Luthertun zu liquidieren, brachten Christian von seiner kaiserfreundlichen Politik nicht ab. In Dänemark aber wie in dessen Nebenländern Norwegen und Island führte der König den Protestantismus endgültig zum Sieg, wenn auch in den Nebenländern retardierende altgläubige Tendenzen noch eine Zeitlang nicht nur unterschwellig überdauerten.

Mit den Oberhirten des Reiches machte der Monarch kurzen Prozeß. Er nahm sie alle an einem Tag, am 20. August 1536, gefangen und ersetzte sie beim Ausbau seines landeskirchlichen Regiments durch geeignete, das heißt ihm gefügige *«christliche Bischöfe und Superintendenten»*; sie hatten ihr Amt auszuüben, so hieß es in ihren Ernennungsurkunden, *«als Repräsentanten unseres Königs»*. Erfreut sah Luther die katholischen Hierarchen «ausgerottet», bekundete brieflich sein Wohlgefallen und versprach auch, er wolle «solches, wo er könne, am besten helfen deuten und verantworten».

Wie so häufig, gaben die Prälaten, einmal ernstlich unter Druck, klein bei. Der König schob ihnen alle Schuld am Terror des Bürgerkrieges, an der «Grafenfehde» zu, ließ sie aber frei, als sie auf ihre Rechte und Reichtümer verzichteten und gelobten, die Predigt von «Gottes reinem Wort» nicht zu verhindern, worauf sie, weithin depossediert, innerhalb eines kleinen Teils ihrer einstigen Besitzungen als «Edelherren» einflußlos doch angenehm zu Ende leben konnten, der Herrscher natürlich ihre Schlösser, ihre Gutshöfe, Wälder, Ländereien bekam, skandinavische Prälatensitze mit weit über 1000, ja mit 2600 Höfen, mit manchmal Dutzenden von Schlössern.

Nur der Bischof von Roskilde war standhaft geblieben, hatte keinen «Verpflichtungsbrief» unterzeichnet und starb, von Festung zu Festung geschleppt, erst Jahre später im Gefängnis des königlichen Schlosses von Kopenhagen, während sein Nachfolger auf dem Stuhl in Roskilde sich für 6000 Goldgulden die Bestätigung des Monarchen erkaufte, eine Bestätigung, die vordem beim Papst angeblich 1000 Goldgulden gekostet.

Der katholische Klerus blieb weiter in kirchlichen Diensten, nur eben jetzt, unbelehrbare Ausnahmen beiseite, in protestantischen. Und wie mit dem Großteil der Gemeindepriester verhielt es sich auch mit den Professoren der Theologie an der seit je stark kirchlich orientierten Kopenhagener Universität. Man wechselte jetzt nur die Konfession, doch die Theologie blieb weiter die Königin der Wissenschaften und die Theologen wurden weiter am besten bezahlt.

1546, auf dem Reichstag in der Hauptstadt, verloren die Katholiken alle Ämter sowie das Erbrecht, und ihrem Klerus verbot man den Aufenthalt im Land bei Todesstrafe. Auch in Norwegen, das mit Dänemark bis 1814 in Personalunion verbundene Könige hatte, wurde der nicht abfallwillige Teil der Klerisei verbannt, in Island noch der achtzigjährige blinde Bischof Ögmundur Palsson von Skálholt verhaftet, und Bischof Jön Arason von Hólar, ein strammer Protestantenjäger, samt zweier seiner Söhne, gleichfalls Priester, geköpft. (Dabei lebte der Zölibatär doch ganz offen und gut lutherisch mit einer Frau zusammen, die ihm mindestens sechs Kinder gebar.)

Gegen «ketzerische» Einflüsse hatte sich das lutherische Dänemark früh geschützt. Bereits 1537 wurde eine generelle Zensur eingeführt; wurde zum Schutz der Sprache wie der wahren Religion die Einfuhr von Büchern in lateinischer, dänischer und deutscher Sprache untersagt, 1576 das Importverbot erneuert. Auch verbot aus Furcht vor «Ketzern», vor Täufern, Calvinisten, 1553 König Christian III. in Dänemark und Norwegen allen Ausländern die Ansiedlung, die ihre Glaubenszugehörigkeit nicht eindeutig definieren konnten, ja, zwei Jahre später wurde das Verbot unter Androhung der Todesstrafe für «Ketzer» sowohl wie für jeden, der ihnen Unterkunft gewährte, erneuert. Und 1569 stellte eine stark antikatholisch geprägte, 25 Paragraphen umfassende «Konfessionsschrift» alle Ausländer vor die Wahl, entweder zu unterschreiben oder das Land binnen drei Tagen zu verlassen; es war dies «die erste offizielle konfessionelle Ordnung in Dänemark» (Olesen).[15]

Krieg auf Krieg (2)[16] oder «Wie ein christlicher König zu steuern und zu regieren»

Über Schweden gebot nach Gustav Vasas Tod zunächst sein Sohn (aus erster Ehe mit Katharina von Lauenburg) Erik XIV. (1560–1568), ein fraglos vielseitig begabter, doch unstet schwankender, von temporären Wahnsinnsattacken heimgesuchter Geist, der den Dänenkrieg noch verschärfte, ja von einer «Vernichtungsstrategie» träumte, verschlänge sie selbst die eigenen Bauern und Bürger; der auch den Streit mit den Katholiken fortsetzte; der auch die sogenannten «Sturemorde» (24. Mai 1567), ein niemals ganz geklärtes Großverbrechen, auslöste, das wahnwitzige Wüten wider eine der mächtigsten Familien des Landes, wobei der König selbst auf den jungen Nils Sture einstach und ihn samt Anhang erschlagen ließ. – Rund 300 Todesurteile hatte sein «Oberster Gerichtshof» bis dahin verhängt, wenn auch keinesfalls alle vollstreckt, nicht wenige in Geldstrafen umgewandelt.

Dazu kam der dynastische Konflikt mit den jüngeren Brüdern, den Herzögen Johan und Karl (ein dritter Bruder, Magnus, war offenkundig debil). Zwar sollten sie, nach väterlicher Vorstellung, das göttlich legitimierte Herrscheramt gemeinsam mit Erik in gegenseitiger Liebe verwalten. Doch Erik hatte Johan, den Herzog von Finnland, vier Jahre wegen «Hochverrats» gefangen gehalten und 30 seiner Vertrauten liquidiert, worauf die jüngeren Brüder den Älteren dingfest machen und, seine Befreiung fürchtend, von Schloßkerker zu Schloßkerker verlegen ließen bis an sein Lebensende im Februar 1577, wie man damals annahm und heute meist annimmt, durch Vergiftung (Graböffnung und Skelettuntersuchung 1958.)

Sah seinerzeit doch auch Karl, Herzog von Södermanland, in seinem frommen Bruder Johan – der ausgeprägte theologische Neigungen hatte, gar sich selbst als «christlichen Musterkönig» verstand – den Mörder seines Bruders Erik. Und Ludwig von Pastor offenbart uns hier wieder mal den ganzen Segen seiner Religion. Zeigte sich ja König Johan III. (1568–1592) nach seiner heimlichen Konversion und einer Generalbeichte, so versichert der Apologet der Päpste, «sehr beruhigt, denn es hatte schwer auf seiner Seele gelastet, daß er seinen Bruder auf Grund eines (auch von den lutherischen Bischöfen unterzeichneten) Reichsratsbeschlusses vom 26. Februar 1577 durch Gift beseitigt hatte.» (Herzog Karl freilich hätte später einer ähnlichen Entlastung bedurft, veranstaltete er doch anno 1600 als Reichsverweser Schwedens, noch einige Jahre bevor er sich als Karl IX. die Krone aufs Haupt setzte, das «Blutbad von Linköping», die Hinrichtung einer ganzen Reihe adliger Oppositioneller, darunter der Wortführer und Staatsrechtler Erik Sparre.)

Mit den Vasa, mit Gustav I. und mehr noch mit Erik XIV. beginnt recht eigentlich die schwedische Expansionspolitik im Baltikum, der Kampf um die Ostseeherrschaft, ein mehr als hundertfünfzigjähriges Ringen.

Es folgt Krieg auf Krieg.

Zunächst der Konflikt um Livland, ausgelöst durch Rußlands Griff nach Dorpat 1558. Drei Jahre später marschiert Schweden in Reval ein, den bedeutenden Umschlagplatz des Ost-West-Handels, und bekommt ganz Nordestland in die Hand. Kurz darauf der Nordische Siebenjährige Krieg (1563–1570), der, mit gemieteten Landsknechthaufen geführt, trotz leichter dänischer Überlegenheit, entscheidungslos bleibt und keine wesentlichen Gebietsveränderungen bringt.

Allerdings hatte man Norwegen furchtbar verwüstet, Hamar, die Bischofsstadt, ebenso vollständig niedergebrannt wie Oslo, wo 1567 auch der prachtvolle Dom in Flammen aufging. In Trondheim wurde die allmählich verfallende Kathedrale, das Nationalheiligtum des Landes, von schwedischen Truppen geplündert, als Pferdestall benutzt, das Grab des hl. Königs Olav beraubt, seine Gebeine geschändet.

Gleich nach dem Nordischen Siebenjährigen Krieg folgt ein Krieg mit Rußland (1570–1583), wobei Schweden Narva kassiert, bald einer der verkehrsreichsten Häfen im Nordosten, auch Iwangorod gewinnt und, für zwölf Jahre, Ingermanland, den russischen Zugang zur Ostsee. Danach ein weiterer Krieg mit Rußland (1590–1595), weshalb man, den letzten Konflikt dazugerechnet, auch von einem fünfundzwanzigjährigen (durch mehrere Waffenstillstände unterbrochenen) Krieg spricht, in der finnischen Geschichte die «Lange Fehde» genannt und in Finnland sowie im Baltikum geführt – «ein totaler Krieg, in dem alle Bewohner des feindlichen Landes, die man in die Hände bekam, ohne Rücksicht auf Alter und Geschlecht getötet wurden» (Eino Jutikkala).

Unmittelbar darauf bricht in Ostbottnien ein großer Bauernaufruhr aus, der sogenannte Keulenrieg (1596–1597). Von Herzog Karl in durchaus eigensüchtiger Absicht aufgewiegelt, hatten sich die ausgebeuteten Bauern, die Keulenmänner (ohne Feuerwaffen) gegen den Adel erhoben, der sie aber in allen offenen Schlachten niederschlug, ja einmal zwei große Verbände der Aufständischen, die sich ergaben, entgegen allen ihnen gemachten Versprechungen bis auf den letzten Mann massakrierte. Und später plünderten die herzoglichen Söldner die Adelshöfe, wie sie vordem in ihrer Not die Bauern geplündert hatten.

Schließlich kam es wenige Jahre vor Beginn des Dreißigjährigen Kalmar-Krieges noch zum Kalmar-Krieg (1611–1613), in dem Dänemark in Kürze Kalmar erobert, die schwedische Schlüsselfestung im äußersten Süden, und bald darauf im Westen die erst 1603 gegründete Nordseehafenstadt Göteborg verbrennt (von Gustav Adolf 1618 neu gegründet): Schwedens letzte schwere Niederlage durch Dänemark, das im Frieden von Knäred am 20. Januar 1613 nicht nur große militär- und wirtschaftspolitische Zugeständnisse, einschneidende Beschränkungen im Ostsee- und Eismeerhandel erpreßt, sondern auch die Riesensumme von einer Million Reichstaler, ein früher «Versaillesfrieden» (Weibull).[17]

Im Gefolge des Dreißigjährigen Krieges, zwischen 1617 und 1629, erhebt Gustav II. Adolf Schweden zum führenden Staat des Nordens. Er bezwingt zunächst zahlreiche Gebiete längs der südlichen Ostseeküste und wendet sich dann 1630 mit seinem Kriegseintritt in Deutschland aus dem östlichen Ostseeraum in den westlichen Ostseeraum. Wieder nimmt er eine große Reihe von Territorien ein und stößt im Frühjahr 1632 bis München vor – angeblich alles aus den edelsten Motiven, zur Erhaltung und Stärkung, ja geradezu Rettung des deutschen Protestantismus.

Tatsächlich geht es jedoch bei dieser gewaltigen Expansion weit weniger um Religion als um die (auf das Ganze der Geschichte gesehen) eher noch desaströsere Staatsräson, hier vor allem um merkantile Ziele, um Märkte, Marktanteile, die Macht- und Landgier der schwedischen Aristokratie (vgl. IX 347ff., bes. 357f.!) «Tatsächlich diente die schwedische Propaganda mit ihrem Schwerpunkt auf dem religiösen Motiv der Verschleierung der wahren Kriegsziele sowie der Rechtfertigung des schwedischen Eingreifens in den ‹Teutschen Krieg›. Hier konzentrierte man sich auf das religiöse Motiv, mit dem die Mobilisierung breiterer Bevölkerungsschichten eher möglich war. Das Eingreifen Gustav Adolfs im Heiligen Römischen Reich wurde als eine uneigennützige Maßnahme ausgegeben, die der schwedische König aus Überzeugung zur Rettung des rechten Glaubens und zur Unterstützung seiner Glaubensbrüder unter den Reichsfürsten durchführe. Was man tatsächlich anstrebte, wurde möglichst lange «geheimgehalten.» «Gustav II. Adolf war in erster Linie Finanz- und Wirtschaftspolitiker, Militärstratege und Heeresorganisator. Die fromme Legende von Gustav Adolf als ‹Christ und Held› ist eine Konstruktion der nationalen deutschen Historiographie, die mit der Realität kaum etwas gemeinsam hat» (Buchholz).

Noch während des Dreißigjährigen Krieges kommt es zum Schwedisch-Dänischen Krieg (1643–1645), in dem Axel Oxenstierna, der Reichskanzler und Mitschöpfer schwedischer Großmachtstellung, siegt. Das «mitternächtige Reich» in Nordosteuropa ist zum mächtigsten skandinavischen Königreich aufgestiegen, sucht sein Territorium zu «arrondieren» (IX 383), plant zeitweise vielleicht den dänischen Staat ganz auszulöschen, bricht 1655 bis 1660 den Ersten Nordischen Krieg vom Zaun, in dem es gegen Dänemark, Polen, zeitweilig auch gegen Brandenburg-Preußen steht, in dem es unter Karl X. Gustav, dem Sohn des Pfalzgrafen Johann Kasimir und der Katharina Vasa (daher auch der «Deutsche» auf dem schwedischen Thron genannt), fast ganz Dänemark besetzt und am 26. Februar 1658 im Frieden, im sogenannten Panikfrieden von Roskilde seine größte Ausdehnung erreicht, im Frieden von Kopenhagen Südschweden gewinnt, die Küstenprovinzen Schonen, Blekinge, Halland sowie die Insel Bornholm.

Karl X. Gustav (1622–1660) streitet in dieser Welt des Krieges buchstäblich von der Pike auf, kämpft im Oktober 1642 in der zweiten Schlacht bei Breitenfeld und in der Schlacht bei Jankau, wird 1648 Oberbefehlshaber der schwedischen Deutschlandarmeen und, gefördert von Königin Christina, seiner Kusine, 1649 Thronfolger, im nächsten Jahr Erbfürst. Er bekriegt Dänemark und Polen und Rußland und ist auf vielen Schlachtfeldern zu Hause. 1654, im Jahr der Abdankung Christinas und seiner Krönung zum König, führt er den ersten bremischen Krieg. Von 1655 bis 1660 führt er den polnischen Krieg, er nimmt bald Krakau ein, gewinnt, im Bündnis mit Brandenburg, die schwere mehrtägige Schlacht bei Warschau, stets eingedenk seiner Belehrung des Rates, es sei besser, «daß wir ein Stück» Polens nehmen, «als daß ein anderer es wegholt». Von 1656 bis 1661 führt er den moskauischen Krieg. Von 1657 bis 1658 führt er den Ersten Dänischen Krieg, von 1658 bis 1660 den Zweiten Dänischen Krieg.

Und auch wenn die «Kette fast ununterbrochener Kriege» (Findeisen) unter Karls X. Sohn und Nachfolger Karl XI. (1655–1697) manchmal abreißt, wenn diesen der Italiener Magalotti im Sommer 1674 als «Karrikatur» eines Herrschers verspottet, einen König, der sich bewege, «als ginge er auf Glas», «als fürchte er sich vor allem» –, schon im nächsten Jahr tobt die Schlacht bei Fehrbellin. Und fliehen die Schweden nun auch bis Riga, wieder ein Jahr darauf, am 4. Dezember 1676, siegt Karl XI. in der Winterschlacht bei Lund, einem der schrecklichsten Gemetzel des Jahrhunderts, wobei mehr als die Hälfte der Schlächter schließlich auf dem Schlachtfeld liegt, von 16000 Kriegern 8933 tote Dänen und Schweden. Und wieder ein halbes Jahr weiter unterliegen 12000 Dänen 9000 Schweden in einem achtstündigen Abstechen bei Landskrona.

Die blutigen Siege machen den jungen Regenten augenscheinlich sicherer, selbstbewußter. Er kümmert sich um den wirtschaftlichen

Aufschwung des Landes, die Sanierung der Finanzen, besonders um die Reorganisation des Militärs und zumal seine eigenen imperialen Befugnisse. Schließlich ist er an keine Zustimmung anderer, der Bürger, des Adels, mehr gebunden, ist er souverän, absolut, Alleinherrscher. Am 9. Dezember 1680 attestiert ihm der Reichstag, daß er als mündiger König «sein eigenes von Gott verlehntes Erbrecht steuert, einzig und allein vor Gott für seine Aktionen resonabel». Und 1693 verabschiedet der Reichstag die «Souveränitätserklärung», die ihn, den elften Karl, als einen «allen gebietenden», als «souveränen König» ausweist, der keinem auf Erden verantwortlich sei, vielmehr «Macht und Gewalt hat, nach seinem Behagen sein Reich wie ein christlicher König zu steuern und zu regieren».

Nur wenige Jahre nach dieser Erklärung, an Ostern 1697, erliegt Karl XI. einem qualvollen Krebsleiden. Unerfüllt bleibt so sein sehnlichster Wunsch, die unmittelbar bevorstehende Konfirmation des Thronfolgers noch mit zu begehen. Doch hatte er für dessen religiöse Mitgift ebenso gesorgt wie für die Schlagkraft seines Heeres, hatte er durch zahlreiche innenpolitische Anstrengungen die Grundlagen für einige der größten außenpolitischen Triumphe Schwedens geschaffen und freilich auch deren Zerschlagung auf immer.[18]

2. KAPITEL

KARL XII. VON GOTTES GNADEN (1697–1718) UND DER GROSSE NORDISCHE KRIEG (1700–1721)

«Von hier ist nichts besonders Wichtiges zu berichten, ausser das wir uns ganz brav befinden und auch jeden Ort niederbrennen, wo sich der Feind sehen läßt. Neulich habe ich eine ganze Stadt eingeäschert und die Bürger aufgehängt.»
Aus einem Brief Karls XII. an Generalleutnant Rehnsköld vom August 1703.[1]

«Eine kleine Armee schwedischer Feldgeistlicher war immer dabei, begleitete die Soldaten sogar in das Kampfgetümmel, trieb die Zurückweichenden wieder vorwärts.» «Immer wieder ist von den Fachhistorikern berechtigt bemerkt worden, daß die Rolle der Feldgeistlichen in der schwedischen Armee kaum überschätzt werden könne. Ständige Gottesdienste, selbst bei Schnee und grimmiger Kälte, bei strömendem Regen gehalten, tägliche Predigten über die besonderen Aufgaben der schwedischen Armee, trugen ihre Früchte. Die Masse der Soldaten war sicher, daß Karl XII. einen gerechten Krieg zur Bestrafung seiner Gegner führte. Nicht wenige fühlten sich als Kinder Gottes auf der Suche nach dem gelobten Land, König Karl war ihnen Moses, seine Angriffsbefehle besaßen göttliche Weihe.
Und die Prediger wurden nicht müde, das Alte Testament in diesem Sinne zu deuten. Wieder und wieder hörten Soldaten und Offiziere in den Gebetsstunden, daß schon die Israeliten auf Gottes Geheiß die Feinde gnadenlos töteten, deren Städte und Dörfer verheerten. War das nicht Erklärung und Entschuldigung genug für eigenes Verhalten, rechtfertigte die Bibel nicht die Konsequenz des Königs? Und daß Karl XII. Gottes Gebote von Strafe und Vergeltung gründlich befolgte, davon zeugten die brennenden Dörfer des Feindes ebenso wie die fliehenden Armeen. Gott war sichtlich auch weiterhin mit den siegenden Schweden!»
Jörg-Peter Findeisen[2]

Legendenumrankt, umrätselt ist er, umstritten, verehrt und verklärt. Carl von Clausewitz hat ihn beachtet, Lenin, Friedrich «der Große», bei aller Kritik, den «hervorragenden Kriegshelden» gerühmt, der «die Augen der Kriegsmänner durch die Fülle immer glänzenderer Taten geblendet». Voltaire schrieb gar eine spektakuläre Karl-Biographie und zählte ihn zu den merkwürdigsten Erscheinungen der letzten Jahrtausende.

Siebenjährig, schon der weiblichen Hofwelt entzogen, soll der Prinz seinen ersten Wolf erschossen, bald an der Seite des Vaters auch Bären gejagt und dann mit dem jungen Herzog von Holstein-Gottorp, dem künftigen Schwager, Degen schwingend um die Wette Kälber geköpft haben.

Früh begann die Katechese, und zwar, besonders blutig und besonders prägend, anhand alttestamentarischer Greuel. Dazu, begeistert im Original verschlungen, die Heldenhistorien der Römer. Interessierte den künftigen König, kein Wunder, doch vor allem die Kriegsgeschichte, zumal die Fortifikationstechnik, auch das militärische Vermächtnis des Vaters, das «Einteilungswerk», die Neustrukturierung des Heeres – mehr als 85 000 eingeschriebenen Soldaten gebot der 18jährige Herrscher Ende 1700, auch einer der ersten ständigen Kriegsflotten weltweit, der modernsten und größten im Ostseeraum mit einer Fülle maritimer Stützpunkte überdies. Und sein Drang nach Kriegsruhm kam zumindest in der ersten Phase der Feindseligkeiten voll auf seine Kosten.[3]

«… Bey gutem Gemüthe» oder «Dass sie wie Schlachtschafe übereinanderfielen»

Eröffnet hatte Schwedens über zwanzigjährigen Krieg gegen Dänemark, Sachsen, Polen-Litauen und Rußland um die Vorherrschaft im Nordosten August der Starke. Er war ein Vetter Karls XII., seit 1694 als Friedrich August I. Kurfürst von Sachsen, seit 1697, in Personalunion, als August II. auch König von Polen, einem seit drei Jahrhunderten mit dem Großfürstentum Litauen eng verbundenen Land, das von Pommern bis an die Ukraine reichte.

Gewonnen hatte der prunk- und genußfreudige Erbauer des Dresdner Zwingers, des Warschauer Königsschlosses, die Krone Polens mit Hilfe Kaiser Leopolds I., des russischen Zaren Peter I., mittels obligater Wahlgelder auch, Bestechungen und nicht ohne eine sogenannte Eventualkonversion. Das heißt, je nach Ausgang der Wahl wollte der Kandidat katholisch werden, wurde er König, oder, wurde er es nicht, bleiben, was er war. Dementsprechend erschien der «Konversionsakt» zeitweise etwas diffus: zunächst noch kein förmlicher Übertritt, doch ein allgemeines Versprechen überzutreten, gemäß dem insgeheimen gegenüber seinem bereits konvertierten Vetter, dem Raaber Bischof Christian August von Sachsen.

Vorsichtig meldete der neue Nuntius Giovanni Antonio Davia nach Rom, der Kandidat «mache glauben, katholisch zu sein». Innozenz XII., einst selber Gesandter in Polen, blieb vorerst reserviert, gab es da ja viele Thronbewerber, darunter einen Verwandten Ludwigs XIV., den Prinzen Conti, der auch gleich ein Heer gegen den Gekrönten führte. Dem Heiligen Stuhl war wichtig, wie man Davia wissen ließ, daß man einen gut katholischen König wähle, «bereit und fähig …, die Türken zu bekämpfen». Und natürlich die «Ketzer».

Letzteres tat, zum wenigsten freilich aus religiösem Antrieb, August der Starke, als er anno 1700 in Livland den Großen Nordischen Krieg mit der Belagerung Rigas begann, übrigens ohne übliche Kriegserklärung.

Die Stadt, eine der bedeutendsten Handelsplätze und Festungen an der Ostsee, war vor einem halben Jahrtausend durch den Bischof Albert von Bekeshovede (Bukshövden) gegründet und den heidnischen Liven der «Frieden Gottes» gebracht worden – in von Rom fortgesetzt angeheizten «Missionskriegen», Blutbädern voller innigster Marienverehrung, ökonomisch gesehen systematischer Landraub, Ausmordung, Versklavung (VII 173 ff.! 177 ff.!). Seit der Reformation lutherisch, gerieten diese Gegenden später unter polnische, dann unter schwedische Herrschaft. Und in den Tagen des noch minderjährigen Karl sah man die Zeit gekommen, sich auf Kosten Schwedens zu bereichern, vergrößern, zu «arrondieren», wie eben zuvor, während des 17. Jahrhunderts, Schweden sich auf Kosten anderer «arrondiert» hatte.

Somit überschritten Ende 1699 sächsische Truppen die livländische Grenze, um, passenderweise am heiligen Weihnachtsfest, Riga im Handstreich zu nehmen. Die Aktion mißlang allerdings, und ebenso mißlang ein erneuter Versuch im März, als wieder ohne Kriegserklärung, auch militärische Einheiten des jungen Dänenkönigs Friedrich IV. (1699–1730) in Holstein stationierte schwedische Soldaten angriffen. Karl XII. aber landete im Juli auf Seeland und stand bald vor Kopenhagen – hatte er doch «eine gerechte Sache: GOTT wird uns wohl helfen ...»

Alles wollte offenbar Krieg.

Nur die Russen wirkten ruhig. Schließlich hatte Zar Peter sich gerade erst mit den Türken geschlagen und dem Schwedenkönig einen Sondergesandten samt warmer persönlicher Botschaft geschickt mit der Beteuerung aufrichtiger Friedensliebe. Fürst Andreas Jakobowitsch Schilkow konnte zudem alle Gerüchte über eine antischwedische Haltung Rußlands zerstreuen und in Stockholm auch eine große Delegation zur Erneuerung früherer Verträge avisieren. Kaum aber war der Frieden mit den Türken förmlich vollzogen, ließ der Zar Schwedens Emissär in Moskau verhaften, erklärte Schweden am 19. August 1700 den Krieg und rückte gegen Estland vor, wo dann bei Narva am 20. November durch Karls «Direktangriff» 15 000, nach Zeitgenossen gar 18 000 Russen erschossen, erstochen, erschlagen worden, in der Narowa, dem eisigen Fluß, ertrunken oder auf der Flucht verhungert sind – eines der vielen «Bravourstücke» (Schilling), die die historische Forschung dem großen König nachrühmt, andererseits selten dabei vergessend, die Zahl der Schlachtopfer, wie üblich, übertrieben zu nennen.

Man kämpfte in einem irren Schneesturm, der ganz zugunsten der Schweden stürmte, deren tödliche Salven überdies «Ehre sei Gott, gute Wirkung» taten, wie der selbst eifrig mitschlachtende Historiker Johan Stiernhöök festhält. «Wir massakrierten alles, was uns in die Quere kam, und es war ein schreckliches Massaker.» Freilich feuerten auch die Russen, in fast vierfacher Übermacht, «stark zurück und schossen viel gutes Volk von uns nieder». Und der Herr aller Reußen? Nun, Peter hatte den Untergang seiner Narva-Armee schon am Tag vor der Schlacht klar erkannt und sich noch rechtzeitig Richtung Moskau abgesetzt, immerhin mit der klugen Einsicht: «Die Schweden werden uns noch oft besiegen, aber sie lehren uns, allmählich zu siegen.» Und schon im nächsten Jahr siegten sie wieder über Sachsen und Russen bei Riga. Karl gewann Kurland, machte indes weder, wie von seiner Umgebung erhofft, Frieden noch zog er gegen den Zaren, sondern fiel in Polen ein.[4]

Jahrelang treibt er dort König August vor sich her, kreuz und quer durch das weite verwüstete Land, denn gewöhnlich ist er es, der die gegnerischen Streithaufen zusammenschlägt, sächsische, sächsisch-polnische, sächsisch-russische Heere; zwar nicht lauter «Bravourstücke», gewiß, aber fast lauter «Siege»; 1702 bei Kliszow, 1703 bei Pultusk, bei Schagarin, 1704 bei Jakobsstadt, 1705 bei Gemauerthof, 1706 bei Fraustadt, schon nahe Schlesiens, wo man Tausende von Russen liquidiert, auch Hunderte von wehrlosen Gefangenen, auch sie «ohne Gnade in einem Kreis zusammengeschossen und gehauen», so ein schwedischer Augenzeuge, «daß sie wie Schlachtschafe übereinanderfielen»; machte man doch auch die Festungsbesatzung nieder «bis auf den letzten Mann, ... jedes Bein, das sich dort befand ...»

Natürlich erschienen selbst die Schweden nicht immer als triumphale Sieger. Ein Betrachter spricht einmal von «16000 bedauernswerten, halbnackten, schlechtgenährten Lumpenkerlen mit zu Schanden gerittenen Pferden und ohne Artillerie, aber unübertroffen in Ausdauer und kriegerischer Tapferkeit». Sind diese Schweden ja bedingungslos auf ihren Fürsten eingeschworen, einen jungen Wildkopf, kampflüstern, tatendurstig, der weiß, wie man zu handeln, zu «behandeln», wie man sich «einzubringen» hat, um eben aus Kanonenfutter «Bravourstücke» zu machen. «Denn», so Pastor Jöran Nordberg, Beichtvater und Chronist Karls XII., «er sagte nicht zu seinen Offizieren und Soldaten: ‹Geht hin und schlagt euch tapfer!›, sondern er sagte: ‹Kommt mit!› und war selbst unter den Vordersten.» Und dieses Beispiel – war's «ein gutes»? –, meint Pastor Nordberg wieder, erhielt des Königs Truppen «bey gutem Gemüthe … so viel mehr, da derselbe mit ihnen alles Uebel ertrug, und sich selbst weniger als sonst jemanden schonete».

Bei gutem Gemüte, kein Zweifel, führt vor allem Karl den Krieg, diese einzige Folge von Scharmützeln, Schlachten, Vertreibung und Versklavung, bei gutem Gemüte läßt er Polen verheeren, läßt er Dörfer und Städte aussaugen. Warschau, schon 1702 besetzt, muß 30000 Reichstaler aufbringen, Krakau 60000 Reichstaler. Im Frühjahr 1703 wird Lublin geschröpft, im Herbst Torun (Thorn) eingenommen, in dessen Festung sich 6000 sächsische Soldaten häufen, «tot und krepiert». 1704, im «Jahr der langen Märsche», raubt man das reiche Lwow aus, registriert auch sonst dann und wann «schöne Beute, Geld …».

Im Spätsommer erstürmen die Russen Narva, und diesmal beißen 6000 Schweden ins Gras. Doch hatte man auch anderwärts, schreibt Oberstleutnant Jon Stålhammar um Weihnachten der Gattin nach Hause, «manchmal gräßliche Gefechte gehabt; so daß an vielen Stellen 1500 ja 1700 Leute des Feindes tot auf dem Platz liegen, sowohl Russen als auch Sachsen» – und der Militär beschwört die Mutter seiner Söhne, sie «niemals Soldaten» werden, «stattdessen Latein lernen» zu lassen, «ein ehrliches Amt anzustreben …»[5]

«Herr Jesu Dir leb ich ...»

Auch die Zivilbevölkerung wurde, je länger der Krieg dauerte, je mehr man verrohte, oft desto gräßlicher traktiert, zumal es auch viele irreguläre Kampfgruppen gab. Man machte Jagd auf Bauern, man prügelte sie halb tot oder ganz, zwang sie, sich selbst aufzuhängen, stach Kinder vor den Augen ihrer Eltern ab. Man folterte aus Lust, aus Frust. Man folterte, um Beute zu erzwingen, um alle möglichen Auskünfte, «Erkenntnisse» zu ertrotzen, verräterische Umtriebe, Korrespondenzen, Kollaborationen. Der Sadjerwer Amtmann Johann Heinrich Eckengrön, am 3. September 1706 zu Tode gebracht, wollte noch auf dem Richtplatz nicht selig sterben, wäre er ein Spion, ein Verräter und Meineidiger gegen den Zaren. «Dann legte er sich auf den Block und schrie noch im letzten Moment: ‹Herr Jesu Dir leb ich, Herr Jesu Dir sterb ich!›»

Pastor Adrian Vergin aus Odenpä, gleichfalls der Spionage bezichtigt, wurde eingekerkert, der Tortur unterzogen, wurde «geknutet, gepeitschet und elendig zugerichtet», wiederholt gewippt auch, das heißt «an den auf dem Rücken zusammengebundenen Händen hoch hinaufgezogen und schnell ein Stück weiter heruntergelassen, so daß die Arme aus den Gelenken rücklings gezogen in die Luft standen». Vergin, Abkömmling eines alten Pastorengeschlechts und Student einst der Theologie in Kiel, lag ohne zu widerrufen 21 Monate in einem «so grausahmen und schweren Gefängniß», «ärger als ein Hund liegen muß», während daheim seine todkranke oder schon tote Frau lag und «sieben kleine Kinder in dem höchsten Elende verlassen ...»

Noch auf dem Richtplatz am 27. Juni 1706, vor seiner «Enthauptung mit dem Beil», rief er «Gott, den Richter über alles, zum Zeugen an, daß ihme Verrätherei niemals wäre in den Sinn gekommen. Man müßte ihn in seiner Verantwortung nicht verstanden haben. Er wolte drauf leben und sterben, daß er der zugemaßeten Beschuldigung von Spionirung nichts wüßte etc. Und wie er im Executionskreise sich dergestalt auf das fürgelesene Bluturtheil verantwortet hatte, wünschte er J.z.M^{t}. glückliche Regierung, entkleidete sich und legte seinen Leib zur Erden nieder und seinen Hals aufm Block, betete: Herr Jesus, Dir leb' ich etc. und ließ sich also abschlachten».

Das Elend wuchs, je länger der Krieg dauerte, ein Vorgang, zu natürlich, banal fast, um ihn zu betonen. Schon 1703 hatte ein Bericht aus dem russischen Okkupationsgebiet um Dorpat geklagt, nachdem er wenig noch erhalten Gebliebenes genannt: «die übrigen Gebiete und Höfe sind alle verbrannt und ruiniert ... Von den Herrschaften und Possessoren der Güter ist niemand zur Stelle ...» Was Wunder, verlautet dann aus derselben Gegend, aber wieder Jahre später: «Das Elend der armen Landleute kann mit keiner Feder vorgestellet werden ... Die armen Menschen, so aus dem Dörptischen nach dieser Seite [ins Helmetsche] geflüchtet und bei tausende in den Wäldern sich verstecket haben, verschmachten vor Hunger. Was der Feind attrapiret [erwischt], wird entweder niedergemachet oder durch grausame Marter gepeiniget oder in die barbarsche Gefangenschaft mitgeführet. Der ganze Dörptische Distrikt ist nun öde und wüste und scheinet keine Apparence [Wahrscheinlichkeit] zu sein, daß bei Menschenleben dieses Land wieder in vorigen Stand könne gebracht werden, weil fast alle Menschen entweder ermordet oder weggeführet. Die noch nach dieser Seite geflüchtet, müssen Hungers sterben, weil sie nichts zu leben haben.»

«Viel Volk wurde massakriert, sowie alles, was sich dort befand, verbrannt», überliefert ein Dragoneroberst. Ganze Dörfer Masurens verschwanden «in einem Flammenregen, eins nach dem anderen». Er habe, meldet General Graf Magnus Stenbock dem König, «ziemliche Furcht unter das Volk gebracht ... Ich bin mit der Fackel in der Hand marschiert, und wo ein Dorf im Weg lag und nicht bezahlt hatte, zündete ich es an allen Ecken und Enden an.» Verbrannten die Bauern gleich mit – «ich kümmerte mich nicht darum, denn die Schelme sind es nicht besser wert.»[6]

Krieg als «Sport des Königs»

Nicht anders dachte Karl, der Kälberköpfer, Ersinner auch der Devise: der «Degen muß das beste tun». Gelegentlich befahl er, «jeden Bewohner, dessen man habhaft werden könne, zu hängen, und alle Häuser nieder zu brennen». Oder er gebot, daß «auch das Kind in der Wiege nicht geschont wird».

Der König war von erschreckender, von souveräner Skrupellosigkeit, von kaltlächelnder Menschenverachtung. Er blieb gänzlich gleichgültig gegenüber Not und Elend, auch der eigenen Leute, selbstverständlich. Zwar konnte er stets von neuem als Vater derer figurieren, die er eben brauchte, konnte er immer wieder, verlangte es der «Krieg», ihre Existenz, die Mühsale des Lagerlebens ebenso teilen wie den Kampf an ihrer Spitze. Doch war er auch fähig, die «Seinen» bis zum letzten Mann zu opfern, auch fähig, zum Beispiel im Herbst 1700, kurz vor dem Zufrieren noch der baltischen Häfen, mit seiner Armee die Ostsee zu überqueren, auch fähig, wider aller Generäle Rat, Tausende und Abertausende, halb verhungert, halb erfroren, bei Narva ins große Gemetzel zu treiben. Und als nach dem bluttriefenden Sieg noch die Ruhr um sich griff, General Stenbock bald kaum mehr 200 Diensttuende hatte, die «Kranken und die Pferde krepieren» sah, da nannte das Karl XII. Ende Februar 1701 gegenüber seiner Schwester Ulrike Eleonora «ganz lustig» und mokierte sich über die «Leute vom Hofe hier»: «sehr weichlich» seien sie »und kränkeln». Selbst der Apotheker habe, obgleich im Besitz doch aller Spezereien, «daran glauben müssen und verschiedene andere».

Verschiedene andere ... Oder auch: – «obwohl Einige», so nach der Katastrophe des Winterfeldzugs in der Ukraine um 1708/1709, «obwohl Einige unglücklich waren, und ihnen die scharfe Kälte Schaden zufügte ...» Schaden? Einige? Tausende, Tausende, die er um alles brachte, die ihr Leben für seine egoistischen Ziele, seine Ruhmsucht, seinen Machtwahn hingaben, die jämmerlich erfroren, indes man, wie er formulierte, doch «etwas Zeitvertreib» fand, der «Winter doch ein fröhlicher ... gewesen».

Während ihn aber das Krepieren all der unnützen Opfer kalt ließ, während ihm die furchtbare Niederlage «keine sichtbare Gemütsbewegung», übrigens auch später keine Klage entlockte, so wenig wie das Schicksal ihrer Familien, der «Hinterbliebenen», für die der Staat, dies «war sicher», «keine Verantwortung» übernahm (Åberg) – während ihn dies alles also nicht berührte, machte ihn der Tod der eignen Schwester Hedwig Sophia (im Dezember 1708 in Stockholm) aufs Äußerste betroffen, war er so erschüttert, daß er weinte «wie ein Kind» (Carlson).

Doch da ging es eben – um königliches Blut! Mehr noch gewissermaßen: um sein eigenes. Konnte er ja eines Tages einen masurischen Bauernparlamentär, ausgewiesen durch ein weißes Hemd, augenblicklich niederschießen lassen, nur weil der, ein Bauer, mit ihm, dem König, verhandeln wollte! Hatte Karl ja auch Schüsse auf Könige, auf befeindete Könige, wie Friedrich IV. von Dänemark oder König August, bei Todesstrafe verboten. War es doch seinerzeit auch gar nicht so ungewöhnlich, daß französische Artillerieoffiziere, bevor sie das Lager König Wilhelms III. zu bombardieren begannen, durch einen eigenen Boten anfragen ließen, «wo sich denn – bitte sehr – das Quartier des Monarchen befinde, damit man es beim Beschuß aussparen könne ...» Ja, welch gottgesegnete Zeit! Und so ließ selbst Preußenkönig Friedrich II. seinem 1756 bei Pirna eingeschlossenen Gegner, dem sächsischen Kurfürsten und polnischen König August III., dem Sohn und Nachfolger August des Starken, Tag für Tag einen Wagen mit ausgesuchten Fressalien schicken, auf daß er nur nicht vom majestätischen Fleische falle ...

Aber Volk! «Volk» war nie von Gottes Gnaden. Und deshalb hatte es eigentlich auch gar nicht zu verzehren, war vielmehr selber etwas zu Verzehrendes, in göttlichen, in königlichen Diensten zu Verbrauchendes, Kanonenfutter eben, ein Mittel, Land und Länder zu gewinnen, Reichtum, Ruhm zu mehren, Macht. Wie viele gekrönte und andere höchste Häupter mögen so empfunden, mögen Mentalitäten solcher Art gehabt, gepflegt haben, Napoleon I. gewiß, einer für alle, der ein Jahrhundert später, 1813 (zu Metternich in Dresden), sagte: «Ein Mensch wie ich pfeift auf das Leben von einer Million Menschen»!

Das Fiasko des Winterfeldzugs in der Dnjeprniederung an der

Worskla, der Tod der Tausende machte jedenfalls keinen merklichen Eindruck auf den Monarchen. Alles sei gut gegangen, schreibt er der Schwester, nur gegen «Jahresende und durch einen besonderen Zufall hatte die Armee das Unglück, Verluste zu erleiden, die, wie ich hoffe, binnen Kurzem wieder gut gemacht sein werden». Immer mehr Kanonenfutter mußte aus dem Volk herausgestampft werden. 1698 betrug Schwedens Armeestärke 40000 Mann, ein Jahrzehnt später 110000 Mann.

Immer wieder fehlten dem erschöpften, ausgebluteten Land die Reserven, um dem fliehenden, dem schon fast zu Boden gerungenen Gegner den Rest zu geben. Immer wieder jagte der königliche Feldherr seine Kuriere nach Stockholm (das er nie wiedersehen sollte), immer wieder forderte er Verstärkungen an, Nachschub, Dragoner, Musketiere, Pikeniere. Immer wieder drängte er Beamte und örtliche Befehlshaber, die Rüstungen, die Rekrutierungen zu beschleunigen. Nur kein Zaudern, keinen Waffenstillstand. Nur keinen Frieden! Immer wieder gab es Annäherungen, Angebote, auch vorteilhafte, von der hauptstädtischen Kanzlei, der Generalität begrüßt. Doch alle Vermittlungsvorschläge scheiterten an Karls Starrsinn, seiner beinah puerilen Kampfbegier: «Zehn Jahre werden wir uns noch mit den Polen und zwanzig Jahre mit den Russen schlagen.» Krieg als Lebensziel, als Daseinserfüllung, Angriff, Ausgriff, im Sattel bleiben, marschieren!

Es gehe da «wunderlich zu», meinte schon bald General Stenbock. Nichts gelte mehr an Rat oder Fakten. «Es scheint, als empfange der König allein von Gott, was er unternehmen solle.» Und Olof Hermelin, der Staatssekretär, er wagte während der Belagerung von Torun nicht zu sagen, was er wisse und denke. «Hier ist keine Hoffnung; alles wird täglich schlechter. Ich bin völlig verzweifelt … und wer ist die Ursache dazu anders als der, der keinen Rat annehmen will.»

In der Tat, Karl XII. herrschte souverän, schaltete und waltete selbstherrlich wie nur einer. Und hatte schon sein Vater, der Vorgänger, seine Stellung so hervor- und emporgehoben, hatte er verbreiten lassen, daß er, Karl XI., «einzig und allein vom höchsten Gott dependiere», «einzig und allein vor Gott für seine Aktionen resonabel» sei, daß er auch seine Gesetze nach Gutdünken verfüge, kurz, daß er «Macht und Gewalt» habe, «nach seinem Behagen sein Reich wie ein christlicher König zu steuern und zu regieren ...», so fühlte sich erst recht der dem Vater zeitlebens zugetane Sohn als absolutistischer Alleinherrscher, als König ganz von Gottes Gnaden; fühlte sich so vielleicht schon, seit er, gerade fünfzehnjährig, wider die Tradition, sich selbst gekrönt und fortan lebenslang unter dem speziellen Schutz des Allerhöchsten glaubte, keines Menschen Rat bedürftig.[7]

«Eine kleine Armee schwedischer Feldgeistlicher war immer dabei»

Auf Sondermünzen ließ Karl seine Verbindung mit dem Herrn der Heerscharen dokumentieren. «Die Rache Gottes hat die Dänen ausgetrieben», stand da. Oder: «Durch Gottes Rache» sei Skåne befreit. Oder, nach Rückkehr aus dem türkischen Exil: «Ich habe geruhet, nun bin ich erwacht. Bekomme vom Himmel erneuerte Macht.»

Zwei Bereichen hing dieser Herrscher unverbrüchlich an: dem Glauben und dem Krieg.

Schon kurz nach seiner Krönung trat er für eine Beschleunigung der Bibelübersetzung ein und für eine Vergrößerung der Armee, begann er ein geradezu riesiges Rüstungsprogramm, und dies bei einer in vielen Teilen Schwedens, besonders im Norden und in den baltischen Provinzen grassierenden Hungersnot; in Finnland, schon lange gleichfalls schwedisch, starb damals ein Drittel der Menschen. Doch obwohl die inneren Verhältnisse des Landes sich infolge des ausbrechenden Konflikts und der Art der königlichen Kriegspolitik verschlechterten, die Steuern sowie sonstige Drangsale ständig stiegen, obwohl die Klagen, die Elendsrapporte so wenig abrissen wie die Rekrutenaushebungen, denen viele schließlich in die Wälder flüchtend oder durch Selbstverstümmelung zu entkommen suchten, ja, obwohl auch hohe Beamte und Offiziere allmählich dringlicher und dringlicher für einen Waffenstillstand, für Frieden eintraten, eine Gruppe von Generälen sogar ihren Abschied nahm und nach Skandinavien zurückkehrte – der König blieb von alldem reichlich unberührt, ermunterte bestenfalls zum Durchhalten, verwies auf die schönere Zukunft, den «Endsieg»: «Unser Herr wird Schweden wie ehedem so auch jetzt beistehen, so daß der Schaden, der nun einmal angerichtet ist, Schweden zu um so größerer Förderung und Ehre gereichen wird» – und schenkte seine ganze Aufmerksamkeit weiter neuen Kriegsvorbereitungen, der Kampfkraft des Militärs, der Rettung seines Großmachtanspruchs.

In Schweden aber herrschten Hunger und Pest – Vorboten des Endsiegs. Und als der holländische Kaufmann Justus van Effen 1719 das Land bereiste, bekam er immer nur Greise oder Kinder zu Gesicht, häufig auch kleine Mädchen als Kutscher der Postwagen. «In ganz Schweden sah ich keinen einzigen jungen Kerl zwischen 20 und 40 außer den Soldaten. Der grausige Krieg hat nahezu die gesamte Jugend in diesem unglücklichen Reich gekostet ...»

Noch im Jahr vor seinem Tod reorganisierte Karl die Artillerie. Ihrer Treffsicherheit mißtrauend, hatte er sie in Feldschlachten selten eingesetzt und den Angriff mit der blanken Waffe, den Nahkampf, bevorzugt, war er ja geradezu verliebt in den Anblick von Piken und Bajonetten im Rücken des fliehenden Gegners. Schießen sollte sein Kanonenfutter erst, sah es «das Weiße in den Augen des Feindes». Nun baute er ein zu Tausenden zählendes Artilleriekorps auf, führte auch ein «Schnellschußgeschütz» ein sowie eine verbesserte «Einheitspatrone». Und Hofprediger Anders Rhyzelius, Karls Beichtvater in Lund, wo er zuletzt noch so eifrig die Überholung des Heeres, die Vorbereitung neuer Feldzüge betrieb, betonte immer wieder, wie aufrichtig sich der Fürst «Gott rechenschaftspflichtig» gewähnt. Bezeugen doch auch Mitteilungen norwegischer Bauern und Priester «die tiefe Gläubigkeit, das vollständigen Aufgehen des Monarchen in Gebeten und Bibeltexten» (Findeisen). Noch an seinem Todestag, dem 30. November 1718, ritt er am Vormittag zur Predigt, am Nachmittag zum Adventsingen.

Nicht von ungefähr waren die Streithaufen Schwedens von Feldpfaffen überschwemmt, waren Gebetsstunden vor einem Gemetzel unerläßlich, überhaupt täglich Gottesdienste, Predigten üblich,

Aufputschungen besonders anhand der Bibel, zumal der Mord- und Totschlagsgeschichten des Alten Testaments. «Denn der HERR, euer Gott, geht mit euch ...», wie es da so häufig dröhnt. «Ein jeder gürte sein Schwert ... und erschlage seinen Bruder, Freund und Nächsten». «Jeden Morgen bring ich zum Schweigen alle Gottlosen im Lande, daß ich alle Übeltäter ausrotte aus der Stadt des HERRN.» «Der HERR, mein Feldzeichen» etc. Die «Heiligen Kriege» der Israeliten wurden, wie so oft in der Heilshistorie, beispielhaft auch für Schwedens Soldaten. Wieder einmal bekam die biblische «Landnahme», bekamen deren abscheulichste Greuel, das Niederbrennen der Dörfer, das Verwüsten der Haine, Felder, die Vertilgung ganzer Städte und Stämme, das alles bekam da erneut paradigmatischen, modellhaften Charakter (vgl. I 72 ff., bes. 78 ff., 85 ff.!)

In den Auslegungen der Geistlichen verschmolzen Moses und König Karl, das «Volk Gottes» von einst und die «Gottes Kinder» jetzt, denen der Monarch nicht nur einmal versprach, daß sie, wie sein Beichtvater Jöran Nordberg berichtet, «hiernächst alle glücklich und vergnügt leben könnten». Und erntete auch nicht jeder die immer wieder verheißenen Früchte des «Endsiegs», stünde doch den vordem Fallenden die Paradiesespforte offen, ja, sehr weit offen allen, die treu und ohne Murren des Königs Befehlen folgten. «So jedenfalls wußten es die schwedischen Prediger unermüdlich zu verkünden. Das sagten sie den Sterbenden, denen sie auf dem Schlachtfeld, in den Krankenzelten und Hütten das Abendmahl reichten, damit richteten sie die Zurückgebliebenen auf, mit diesen Worten ermunterten sie die Zaghaften, Fluchtbereiten» (Findeisen).[8]

Nachdem Karl jahrelang Polen verheert, den Woiwoden (Statthalter) von Posen, Stanislaus I. Leszczyński, zum König gemacht und August den Starken vertrieben hatte, folgte er diesem 1706 in sein Erbland und drang bis in den Thüringer Wald vor. Im Frieden von Altranstädt bei Leipzig verzichtete der Kurfürst auf die polnische Krone (bis 1709) und erkannte Stanislaus Leszczyński als König an. Er versprach, alle Bündnisse mit Schwedens Feinden, zumal mit Rußland, aufzugeben und lieferte Johann Reinhold Patkul, den Bevollmächtigten des Zaren, dem Schweden aus, der ihn 1707 vierteilen ließ und Sachsen Unsummen, insgesamt den enormen Betrag von 35 Millionen Reichstalern als Kontributionen aufzwang (ungerechnet Zerstörungen, Requirierungen), dazu dem Wiener Kaiser Schutzgesetze für die schlesischen Lutheraner, wodurch Karl der «Retter des schlesischen Protestantismus» wurde (Schick); was Joseph I. freilich die Vorwürfe des Papstes eintrug und diesem wieder die Replik des Kaisers, der Heilige Vater könne «froh sein, daß der König von Schweden nicht begehrt hat, daß ich selbst Protestant werde ...»

Im Hochsommer 1707 verließ Karl XII. Sachsen, nicht ohne zuvor sein 16000 Mann starkes Heer zu weiteren Lasten des Landes fast verdreifacht zu haben. Er führte es nach Polen zurück, überschritt um den Jahreswechsel die Weichsel, dann den Njemen, die Beresina, schlug bei Holowczyn die Truppen des Zaren und marschierte in Rußland ein. Nach einem strengen, sein Kriegsvolk erschreckend schwächenden Winter – von anfänglich 40000 Mann war es fast auf die Hälfte gesunken, zu schweigen von vielen Tausenden geschlachteter und elend krepierter Pferde – erlitt der König am 29. Juni 1709, bereits tief im Süden, bei der ukrainischen Festung Poltawa, eine verheerende Niederlage, die das Ende der schwedischen Großmacht besiegelte. «Jetzt ist vollends mit Gottes Hilfe», schrieb Peter I., gleich nach dem Sieg die Lage klar erkennend, dem Grafen Fjodor Apraxin, «der Grundstein für St. Petersburg gelegt» (das damals noch formell auf schwedischem Boden lag).

Der geschlagene Fürst floh in die Türkei, die ihn jahrelang aufnahm und, von ihm angestachelt, im Spätherbst 1710 einen Krieg gegen Rußland begann, der dessen Siegeslauf jedoch nur vorübergehend hemmte; zumal auch die alte antischwedische Allianz wieder insgesamt agierte, Sachsen/Polen freilich im Kampf keine Rolle mehr spielte, auch wenn August der Starke sofort nach Poltawa, seinen Thronverzicht widerrufend, nach Polen zurückgekehrt ist.

Der Zar aber hatte schließlich Livland, Estland, Finnland erobert; Dänemark hatte Schleswig, Bremen, Verden gewonnen; Brandenburg-Preußen Stettin und Vorpommern besetzt, kurz, Schweden hat bis 1716 alle Territorien außerhalb seines Stammlandes verloren. Doch kaum, weil dieses selbst in großer Not war, sondern weil möglicherweise überhaupt sein Verlust drohte, jagte Karl im Herbst 1714 in einem Gewaltritt – 2000 Kilometer in dreizehn Tagen – nach dem belagerten Stralsund zurück und fiel vier Jahre später auf einem neuen Feldzug gegen die Dänen am 11. Dezember 1718 vor Fredriksten (Frederikshald), einer Festung südöstlich von Oslo, nachts allein die Laufgräben abgehend – vielleicht, bis heute ungewiß, durch einen Mörder aus den eigenen Reihen.[9]

Mit großer Wahrscheinlichkeit ist immerhin erwiesen, daß die Kugel, die ihn in die Schläfe traf, aus der Nähe abgefeuert wurde, wie auch die quellenkritische Analyse der offiziellen Publikationen die Theorie von einem Meuchelmord stützt, hinter dem, hat man vermutet, des Königs Schwager, der Landgraf Friedrich von Hessen-Kassel stand, der ebenso nach der Krone strebte wie Karls Schwestersohn Karl Friedrich, der überdies, als der Schuß fiel, dem König an der Front sehr nahe war.

Wie auch immer: «Sein Reich überließ er als Spielzeug den Winden und Wellen», so resümiert der schwedisch-finnische Historiker Hornborg, «aber er forderte, daß es ihm blind alle seine Kräfte zu beliebiger Verwendung opferte. Seine Leute behandelte er rücksichtslos, aber er erwartete, daß sie ihm gefühllos wie Maschinen folgten, wohin auch immer er sie führte. Polen trat er mit Füßen, aber er glaubte, daß es ein zuverlässiger Bundesgenosse gegen Rußland sein werde. Zar Peter ließ er acht Jahre lang freie Hand, aber er glaubte, daß dessen militärische Kraft auf demselben Niveau bleiben würde wie zur Zeit der Schlacht von Narva.»[10]

Sieger im Großen Nordischen Krieg wurde Rußland, über das Karl XII. anscheinend so wenig realistische Vorstellungen hatte wie Napoleon oder Hitler.

3. KAPITEL

«LICHTER ALS DIE SONNE ...» SEITENBLICKE AUF DAS ORTHODOXE CHRISTENTUM

«Ich möchte ein paar Worte anfügen über das jetzige orthodoxe Reich unseres Herrschers. Er ist auf Erden der einzige Kaiser (Zar) der Christenheit, der Führer der apostolischen Kirche, die nicht mehr in Rom oder Konstantinopel steht, sondern in der heiligen Stadt Moskau. Sie allein strahlt in der ganzen Welt lichter als die Sonne ...»

Aus einem Schreiben des Mönchs Philoteus im frühen 16. Jahrhundert an Zar Vasilij III., den Vater Ivans IV. des Schrecklichen.[1]

Das Kiewer Russenreich (Kiewskaja Rusj) war um die Jahrtausendwende durch seinen Fürsten christlich geworden, durch den hl. Vladimir, den Enkel der Fürstin, einer gleichfalls Heiligen. Und wie die hl. Olga von Kiew (gest. 969) ihren eigenen gegnerischen Adel dezimieren, wie sie Feinde, ganze Gesandtschaften, lebendig begraben, lebendig verbrennen lassen konnte, ebenso beging der hl. Vladimir (980–1015), der «Große und Apostelgleiche», Verbrechen über Verbrechen, Mord und Brudermord, führte er einen Eroberungsfeldzug nach dem andern, verheerte die heiligen Stätten der Heiden im ganzen Land und genoß auch noch fünf legitime Ehefrauen sowie, heißt es, achthundert Beischläferinnen in mehreren Harems. Die Kirche aber zögerte nicht, diesen Mann in die Galerie ihrer Heiligen einzureihen, nicht nur in die der russisch-orthodoxen, auch in die der griechisch-unierten Kirche, und zwar mit ausdrücklicher Genehmigung des päpstlichen Stuhles.

Kein Wunder, ging die Saat immer herrlicher auf: unter Vladimirs Sohn Großfürst Jaroslav dem Weisen (1018–1054), unter dessen drei Söhnen Swjatoslaw, Isjaslaw und Wsewolod, unter deren Söhnen wieder, den Swjatoslawitschen und Isjaslawitschen usw. Kurz, in den zwei Jahrhunderten nach Vladimirs des Heiligen Tod zählte man unter den Nachkommen des «Großen und Apostelgleichen» im christlichen Reich von Kiew 83 Bürgerkriege und 62 Kriege mit anderen Völkern (V 466 ff.)!

Im Hochmittelalter zerfiel die Kiewer Rus in zahlreiche fürstliche Territorialherrschaften, die, ebenso wie die Kirche, Bauern für sich arbeiten ließen, Menschen, die dadurch immer mehr in Abhängigkeit gerieten.

Der eigentliche Aufstieg Rußlands hatte mit dem Aufstieg des

(1147 erstmals erwähnten) zunächst unbedeutenden Moskau im 13. Jahrhundert nach dem entsetzlichen Mongolen-(Tataren-)Sturm begonnen (VII 316ff.). In knapp einem Jahrhundert vergrößerten damals die Moskoviter Herren ihr Fürstentum – die Forschung spricht von der «Integration des Reiches» – von rund 500 auf mehr als 15000 Quadratkilometer, zum wenigsten friedlich. Vielmehr führte man während des Spätmittelalters, in den zwei Jahrhunderten, die der Mongoleninvasion folgten, über vierzig Kriege allein gegen die Tataren, etwa vierzig weitere Kriege gegen die Litauer, dreißig Kriege gegen den Deutschritterorden und vierundvierzig wider weitere Feinde, Schweden etwa oder Bulgaren. Und zu all diesen fortgesetzten Waffengängen in sämtlichen Himmelsrichtungen kamen laufend Kämpfe noch im Innern sowie ungezählte Menschenopfer durch Epidemien, allein in Novgorod gegen Ende des 14. Jahrhunderts angeblich 80000.

Bereits im Jahr 1328 hatte Ivan I., genannt Kalita («Geldsack»), im Bund mit der Kirche dank seiner Härte von den Mongolen oder, wie sie in den russischen Chroniken heißen, Tataren, dem Chan der Goldenen Horde (tatarisch: Altun Ordu), dem er Kniefall, Gehorsam und Tribut schuldete, das Recht der Steuereintreibung erhalten, auch die Großfürstenwürde, hatte Ivan I. den Kreml nicht nur neu befestigen, sondern dort auch die ersten Kirchen aus Stein errichten lassen. Und gegen Ende des 15. Jahrhunderts, als sich die allgemeinen Verhältnisse etwas erholten, der Handel, das Handwerk, das Gewerbe, blühte, ungeachtet all der Wirren unter dem Tatarenjoch, besonders die orthodoxe-Kirche auf. Denn die Tataren, anfangs eher christlich gesinnt, später zum Islam konvertiert, waren, wie skrupellos und barbarisch immer, religiös tolerant. Sie ließen an ihrem Hof jede Religion zu, auch den Buddhismus, auch das nestorianische Christentum, ja gewährten der russisch-orthodoxen Geistlichkeit eine Fülle von Privilegien, sogar gänzliche Steuerfreiheit, und verboten bei Todesstrafe jedem Tataren, sich an kirchlichen Ländereien zu vergreifen, an Weinbergen, Weideflächen, Mühlen, oder Kirchenleute zu bediensten; wie man auch die Vernichtung von liturgischen Geräten, von Ikonen, Kirchenbüchern und dergleichen schwer bestrafte.[2]

Die «heilige Stadt Moskau», «das Dritte Rom»

Die prosperierende Orthodoxie, die zu den Fürsten viel positiver stand als die mit ihnen im Grunde konkurrierende lateinische Kirche, die Kirche der Päpste, trug auch zum Aufstieg des Staates wesentlich bei. Die Metropoliten förderten früh seine Macht und seine Politik, die oft in wilde Fehden zerrissenen Regionen des Landes zu einen, ja sie machten Moskau schon im 14. Jahrhundert zu Rußlands geistlichem Zentrum, noch bevor es auch sein politisches wurde, bevor Staat und Kirche, wenn auch nicht kampflos, nicht ohne Blutvergießen, symbiotisch zusammenwuchsen, der Staat sich auf die Kirche stützte, die Kirche auf den Staat.

Bereits 1326 verlegte Theognost, der Metropolit von Kiew, der «Mutter der russischen Städte», seinen Sitz nach Moskau. Und betitelte er sich offiziell auch noch lange «Metropolit von Kiew», es war gerade die russisch-orthodoxe Kirche, die mehr und mehr und fast messianisch sendungsbewußt den Gedanken von Moskau als dem «Dritten Rom» kolportierte, also die erstmals 1510 formulierte Idee, mit dem Untergang Konstantinopels, der «kaiserlichen Stadt» (Zar-Grad) am Bosporus, dem «Zweiten Rom», sei Moskau zum Erben des byzantinischen Reiches geworden, der moskovitische Souverän zum Hüter des orthodoxen Glaubens nicht nur in Rußland. So schrieb im frühen 16. Jahrhundert, als das Land stetig aufzusteigen begann, seine Bevölkerung schätzungsweise zwei bis neun oder zehn Millionen betrug, der Mönch Philoteas (Filofei) aus einem Kloster in Pskov an Vasilij III., den Vater Ivans IV. des Schrecklichen: «Ich möchte ein paar Worte anfügen über das jetzige orthodoxe Reich unseres Herrschers. Er ist auf Erden der einzige Kaiser (Zar) der Christenheit, der Führer der apostolischen Kirche, die nicht mehr in Rom oder Konstantinopel steht, sondern in der heiligen Stadt Moskau. Sie allein strahlt in der ganzen Welt lichter als die Sonne ... Alle christlichen Reiche sind gestürzt und an ihrer Stelle steht allein das Recht unseres Herrschers in Übereinstimmung mit den Büchern der Propheten. Die beiden Rom sind gefallen, aber das dritte steht, und ein viertes wird es nicht geben.»[3]

In dieses geschichtstheologische Konstrukt, das mannigfache weltliche und religiöse Motive verknüpft, Jerusalem-, Rom-, Neurom-, Byzanzvorstellungen, fügte sich nun gut, daß Ivan III. (1462–1505), Großvater Ivans IV., des schrecklichen, Sophia Palaiologina (Zoë) geehelicht, die Nichte Konstantins XI., des letzten byzantinischen Kaisers, der 1453 auf den Mauern Konstantinopels gegen die Osmanen gefallen war (VIII 233). Die Ehe hatte kein anderer als Paul II. gestiftet, dieser vielleicht ein wenig schwule Heilige Vater, der an einem Herzinfarkt gestorben sein soll, «während er mit einem seiner Lieblingslustknaben Analverkehr hatte» (Cawthorne, VIII 278 f.) Prinzessin Sophia war nach Rom geflohen, ein Mündel des Papstes, und sollte als gute Katholikin die römische Sache in Moskau fördern. Doch verrechnete sich Paul hier ebenso wie mit seiner Hoffnung auf einen Krieg des Großfürsten gegen die Türken.

Ivan III., der dreiundvierzig Jahre regierte, der sich schließlich im Glauben, von Gott für sein höchstes Amt besonders geweiht zu sein, «Ivan, von Gottes Gnaden Herrscher über die ganze Rusj» nannte und sich als rechtmäßiger Erbe der oströmischen Kaiserwürde fühlte, Ivan III., den manche Historiker auch «den Großen» nennen, liebte nicht die Mobilität, das Reisen, er führte nicht gern Krieg, jedenfalls nicht Waffengänge, bei denen er selbst an der Spitze stand. Es hieß von ihm, er «mehre sein Reich, während er daheim sitze und schlafe». Ganz so gemütlich ging es freilich nicht zu. Vielmehr wollte er, ebenso ehrgeizig wie zäh, alle von russischen Christen besiedelten, oft noch fremden Herren hörigen oder unabhängigen Gebiete systematisch unter moskovitischem Zepter vereinen. So dachte er sich in der Abgeschiedenheit des Kreml diverse Annexionen aus und überließ dann seinen Heerführern die mehr oder weniger blutige Arbeit, das «Sammeln der russischen Erde», wobei er behauptete, daß alles, was er derart hinzugewann, «seit alten Zeiten von unseren Urvätern her unser Erbland gewesen ist.»

Die Erblanderklärung indes, wie begreiflich, genügte dem Potentaten noch nicht. Er wollte die Geschichte, gewiß nicht neu, auch metaphysisch verankert sehen, gegründet auf die ja nun schwer anfechtbare göttliche Berufung seiner monarchischen Macht, auf die hehre Idee, seit Ewigkeit von Gott für den Thron erwählt zu sein.

Gelassen wies er so den ihm von Kaiser Friedrich III. offerierten Königstitel zurück. «Wir sind durch Gottes Gnade seit Anbeginn, von Unseren frühesten Vorfahren her, Selbstherrscher in Unserem Land, und wie Unsere Vorfahren halten wir dafür, daß Unser Amt Uns von Gott verliehen ist.» Fiel es ihm doch nicht einmal schwer zu glauben, «in seiner Macht und in seinem Amt dem Allmächtigen gleich zu sein». Und schließlich – hatte denn nicht schon der adaptable Paulus verkündet, alle Obrigkeit sei von Gott?!

Nach mehreren Feldzügen vereinnahmte Ivan III. in den siebziger Jahren sein «Erbland, das große Novgorod», die blühende, unabhängige Handelsrepublik. Er eroberte die Fürstentümer Jaroslav (1463), Rostow (1474), Twer (1485), Wjatka (1489). Immer wieder in den neunziger Jahren und noch im Frühjahr 1500 führte er gegen die Litauer Krieg, versichernd, daß alles, was er ihnen abgenommen, «zu Moskovien gehöre». Auch in Konflikte mit dem Deutschen Orden war er verwickelt. Und noch in seinem Todesjahr plante er einen Raubzug gegen das so begehrte wie umkämpfte Smolensk.

Ivan III., zweimal verheiratet, hatte einen Sohn und einen Enkel, Vasilij und Dmitrij, deren Thronstreit er dadurch beendete, daß er sechs Anhänger des Sohnes auf der zugefrorenen Moskva enthaupten und mehrere Frauen durch ins Eis getriebene Löcher ertränken ließ. Doch 1505 setzte Vasilij III. als Thronfolger die Annexionspolitik des Vaters fort, so hartnäckig wie rücksichtslos, nur «mit mehr Frömmigkeit» (Grey), ein erbaulicher Zug, der bei seinem Sohn und Nachfolger Ivan IV. besondere Blüten trieb …[4]

Foltern, Pfählen, Köpfen, Beten oder «Lasst uns alle einig sein in christlicher Liebe!»

Gleich nach Vasilijs III. Tod im Dezember 1533 übernahm Ivans junge Mutter, Vasilijs zweite Frau, Jelena Glinskaja, eine vornehme Westrussin, in Moskau die Regentschaft (1533–1538) für das Kind. Dies war legitim. Nicht ganz legitim, daß man des Zaren erste Gattin Solomonija Saburova, trotz ihrer heftigen Proteste, 1525 mit Zustimmung des Metropoliten Daniil geschieden, in ein Kloster gesteckt und zur Nonne geschoren hatte. Es kam zu einer Reihe von Verschwörungen. Jelena ließ mehrere Fürsten einkerkern, anketten und verhungern, darunter ihr Onkel Michail Glinskij (später wurde Ivans Onkel Jurij Glinskij in der Moskauer Uspenskij-Kathedrale vor dem Altar erschlagen). Einige Dutzend Aufrührer ließ Jelena knuten und hängen, viele andere in einem Kremlturm umkommen. Im übrigen war sie fromm, regelmäßig in der Kirche, auch auf Wallfahrten und wurde vermutlich vergiftet; jedenfalls starb sie am 3. April 1538 so plötzlich, daß man sie bereits wenige Stunden danach beigesetzt hat.

Außer dem siebenjährigen Ivan betrauerte allenfalls ihr Liebhaber Fürst Ovčin-Telepnev Obolenskij ihren Tod, verhungerte aber selbst bald darauf im Kerker, wohin ihn der neue Regent, Fürst Vasilij Šujskij, im Kreml auch des Giftmords an Jelena verdächtigt, sogleich geworfen; wie er auch einen weiteren Rivalen, den Rat Feodor Mišurin, splitternackt peitschen und kaltmachen ließ. Unter den Šujskijs, die einige Jahre in Moskovien eine führende Rolle spielten, eng mit Bischöfen und Klöstern, sämtlich enorm begütert, kooperierten, rissen immer chaotischere Zustände ein. Korruption und Gewalt grassierten. Doch die Kirche überschütteten die neuen Herren mit Privilegien, stellten ihr in elf Jahren 228 Urkunden über Abgabenfreiheiten zu, plünderten den Staatsschatz, raubten die Bevölkerung aus; sie ließen Räuberbanden ungeschoren morden, auch die Reiterhaufen der Tataren von Kazanj konnten die Grenze überfluten, das Land verheeren, konnten, so schreibt ein Chronist, seine Augenzeugenschaft beteuernd, «das Blut der Christen wie Wasser verströmen ... ‹Wenn sie die Klöster dem Erdboden gleichgemacht hatten, hausten und schliefen die Ungläubigen in den Kirchen, tranken aus den geweihten Gefäßen, beraubten die Ikonen der Edelsteine, um daraus Ohrringe und Halsketten für ihre Weiber zu machen; sie schändeten die jungen Nonnen; wen sie nicht in Gefangenschaft fortschleppten, den blendeten sie, schnitten ihm Ohren, Nase, Arme und Beine ab ...»

Ende Dezember 1543 ermannte sich der junge Ivan und ließ

Andrej Šujskij von einer Hundemeute zerfetzen. Man war nie zimperlich in diesen Kreisen, zumal wenn es um Kronen ging. Oder um Konsolidierung der zarischen Autokratie gegen den Hochadel. Ivans eigenem Urgroßvater Vasilij II. dem Blinden, Großfürsten von Moskau, hatte beim Kampf um den Thron sein Vetter die Augen ausgestochen.[5]

Schon früh tendierte der Junge zur Grausamkeit, ließ er Menschen von Tieren zerreißen, Tiere von Menschen, konnte er auch selber Hunde, Katzen, Bären von den Mauern und Türmen des Kreml schleudern oder gelegentlich durch Moskaus Straßen galoppieren und jeden Passanten, alt oder jung, niederschlagen. Bittstellern ließ er Bart und Haare absengen, einem Edelmann «wegen unverschämter Reden» in seiner Gegenwart öffentlich die Zunge ausreißen, Rebellen kurzerhand beseitigen.

In etwas späteren Jahren befahl er oft auch und gerade Hochgestellte ohne viel Federlesens zu liquidieren, Verräter, vermutete Verräter, sonstige Suspekte. So geriet Fürst Michailo Temgrjukovič in Verdacht, Ivans dritte Frau Marfa krank gemacht und getötet zu haben; er wurde gepfählt. Andere ließ der Zar, desselben Argwohns wegen, köpfen oder vergiften. Schon beim plötzlichen Tod seiner zweiten Frau Marija waren jene, denen man einen Mord durch Zauberei oder Gift zutraute, hingerichtet worden.

Manche starben noch unter der Folter, wie Fürst Vjazemskij, manche starben auf dem Weg in die Verbannung, wie Fürst Michail Vorotynskij. Manchmal genügte schon ein unbedachtes, eher harmloses Wort und man büßte dafür mit dem Verlust des Lebens, wie der junge Fürst Dmitrij Obolenskij-Ovčinin. Auch Mißliebigen nur nahzustehn, führte zuweilen in den Tod. Wohl deshalb wurden Fürst Dmitrij Kurljatev, ein Vertrauter von Ivans Vater, mit Frau und Töchtern in ein entferntes Kloster verschleppt und erwürgt. Ganze Familien fielen Ivans Rachsucht zum Opfer, auch Bojar Michail Morozov, seine Frau und zwei Söhne. Den Bojar Alexej Bazmanov, lange einer von Ivans nächsten Günstlingen, mußte laut höchster Weisung der eigene Sohn umbringen, worauf er selbst getötet worden ist. Der siebzehnjährige Sohn des Fürsten Alexander Gorbatyj-Šujskij hatte der Enthauptung des Vaters beizuwohnen, bevor man auch seinen Kopf abschlug. Am gleichen Tag starb eine Gruppe weiterer Vornehmer, Fürst Dmitrij Ševyrjov, über einen eingefetteten Pfahl gespießt, erst nach vielstündigen Todesqualen.

In den späteren 1560er Jahren wurde Ivans Mißtrauen drei Fürsten von Rostov zum tödlichen Verhängnis, ebenso den einflußreichen Fürsten Pjotr Ščenjatev und Ivan Turuntaj-Pronskij. Im Sommer 1570 mußten Fürst Pjotr Obolenskij-Serebrjannij, Bojar Ivan Voroncov und andere Prominente sterben, mußte Erzbischof Pimen von Novgorod amtsenthoben auf Lebenszeit ins Kloster gehen. Denn selbstverständlich schreckte der durchaus fromme Ivan auch vor der Beseitigung geweihter Personen nicht zurück. So fielen 1574 in Moskau die Köpfe mehrerer Geistlicher, eines Erzpriesters, des Archimandriten des Čudov-Klosters, Levkij, sowie weiterer Delinquenten. Ja, selbst den einstigen Abt Filip, den kein anderer als er, Ivan, zum Metropoliten gemacht, ließ er wieder seines Amtes entheben, zu lebenslänglichem Gefängnis verurteilen und noch im Dezember 1569 in seiner Zelle erdrosseln.

Schrecklich war des Zaren Strafgericht über Novgorod, vordem «Großnovgorod» und so mächtig, daß das geflügelte Wort umlief: «Wer kann wider Gott und Novgorod?» Ivan III. hatte den Stadtstaat erobert und annektiert, da er dessen Übergang zu Litauen befürchtete. Und als Ivan IV. denselben Argwohn hegte, rückte er im Dezember 1569 mit seiner Soldateska heran, ließ auf den letzten 300 Kilometern alle Dörfer und Städte zerstören und in Novgorod selbst 500 zuhaufgetriebene Mönche zu Tode prügeln.

Am nächsten Tag, ein Sonntag, feierte er einen Gottesdienst in der Sofien-Kathedrale mit, dinierte dann mit allem Pomp des moskovitischen Hofes im erzbischöflichen Palast, den er danach von seinen Garden ebenso ausrauben ließ wie die Kirchen und Klöster der Stadt, worauf er mit dem Zarevič über die Novgoroder Gericht hielt. «In der Anwendung unmenschlicher Foltern ähnelten diese Verhöre denen der spanischen Inquisition. Mit Feuerbränden und erhitzten Pfannen wurde den Opfern das schon durch gräßliche Geißelungen bloßgelegte Fleisch gebrannt. Mit glühenden oder kalten Zangen wurden ihnen die Rippen aus dem Leib gerissen. Nägel wurden in die Knochen gebohrt, mit Nadeln die Nägel an Händen und Füßen gelockert. Manche wurden gepfählt und starben, oder sie quälten sich stundenlang dahin, bis man sie brutal totschlug» (Grey).

Andere endeten gefesselt in den Fluten des eisigen Volchow, viele Mütter darunter, mit kleinen Kindern, auf den Rücken gebunden. Tauchten sie wieder auf, stießen sie in Booten patrouillierende Garden erneut in die Tiefe. Die Schneeufer färbten sich dunkelrot. Im Wasser häuften sich Leichen, abgetrennte Glieder, Köpfe, Rümpfe. Fünf Wochen metzelte man Tag für Tag fort, 60000 Männer, Frauen, Kinder kamen dabei um, Pest und Hungersnot rafften noch viele Überlebende dahin.

Und im Sommer 1570 gab es in Moskau ein kleines Nachspiel, forderten Ivans Verdächte, gemutmaßte Verschwörer, vor allem Beihilfen zum Novgoroder Verrat, neue Nahrung, neue Opfer. Galgen und Folterwerkzeuge wurden öffentlich aufgestellt, 350 Menschen des Komplotts gegen den Zaren angeklagt, in vier Stunden 200 hingerichtet, meistens gehängt oder in Stücke gehackt, wie sein Rat Ivan Viskovatyj, den man zuvor noch nackt ausgezogen und an den Füßen aufgeknüpft, während man den Schatzmeister Funikov solange abwechselnd in siedendes und kaltes Wasser warf, bis er seiner Pein erlag.[6]

Genug vorerst. Doch all dies und derart Gräßliches mehr waren Taten nicht nur eines christlichen Herrschers, sondern eines bekennenden, gläubigen, überzeugten Christen, eines im Blute schwimmenden Despoten mit geradezu missionarischen Zügen. So rief er Ende Februar 1549 einer auf dem Roten Platz in Moskau versammelten Menge zu: «Gottesvolk, von Gott Unserer Hut anvertraut! Bei eurem Glauben an Ihn, bei eurer Liebe zu mir: seid bereit zu vergeben! ... Vergeßt, was geschehen ist und was nicht wieder geschehen wird! Tut Feindschaft und Haß von euch! Laßt uns alle einig sein in christlicher Liebe!»

Ivan las früh die Bibel, die Heiligenleben, er kannte die Psalmen auswendig, ebenso Teile der Evangelien und er vermochte auch später noch frei daraus zu zitieren. Er begann, sich mit Berühmtheiten der jüdisch-christlichen Geschichte zu identifizieren, mit Salomo, David, Theodosius, und hielt sich natürlich für den wahren Autokraten Rußlands, für die «gottgesetzte Obrigkeit», mit Römer 13 zu sprechen, «Gottes Dienerin», und somit jeden, der ihm widerstrebte, nicht nur für einen Rebellen, Verräter der Nation, sondern auch für einen Abfälligen vom Glauben.

Extreme Andachtsschübe und Grausamkeitsexzesse verbanden sich bei ihm aufs Schönste, so daß er nicht selten wie das gleichsam verkörperte, das personifizierte politische Christentum der Geschichte erscheint. Zeitweise besuchte er morgens um vier für zwei, drei Stunden die Messe, betete inbrünstig, las dann, während ein Teil der Leibwächter, dreihundert von ihm ausgesuchte Opričniki, die «Bruderschaft», speiste und ungeheure Quanten Wein und Schnaps dazu soff, aus den Heiligen Schriften vor, diskutierte gern theologische Themen, förderte auch das Reformprogramm der Kirche, inspizierte mitunter die Folterkammern, ging abends zur Vesper und nach Mitternacht wieder zur Messe.

Besonders beeinflußten Ivan, der, seinem chronischen Mißtrauen zum Trotz, dann doch recht leicht dem Nimbuseffekt erlag, zwei Kirchenmänner sehr verschiedener Art. Einmal der Erzbischof von Novgorod und Metropolit Makarij. Er war Sammler einer Anthologie von weit über tausend russischen Heiligenleben, verfocht leidenschaftlich die traditionelle Kirchenpolitik und die Einigung Rußlands unter Moskauer Führung. Noch stärker aber prägte Ivans Erziehung und Entwicklung der einfache Priester Silvester, der vorübergehend eine Machtfülle fast ohnegleichen am Hof besaß. In einer von ihm edierten Gesetzessammlung hatte er seine «Regierungsgrundsätze» niedergelegt – «eine Anweisung zum Leben in strenger Gottesfurcht mit pünktlichem Einhalten aller vorgeschriebenen Andachten in der Kirche und zu Haus, eine Aufforderung und ein Wegweiser zu allen guten Werken, zur Barmherzigkeit zumal gegen die Armen, Waisen, Betrübten, Wandernden, zur uneigennützigen Menschenliebe, zu echt christlicher Demut und Versöhnlichkeit, zur Keuschheit und Nüchternheit ...» (Stählin).

Erzpriester Silvester sprach, im Gegensatz zum Metropoliten, der Kirche viele Vorrechte, besonders auf Besitz auf ihre riesigen Ländereien, entschieden ab und warnte vor allem den jungen Zaren, sein Beichtkind, eindringlich vor immerwährender Verdammnis, ewigen Höllenqualen, stürzte dessen Phantasie in eine ganze Sintflut von Schrecknissen, wobei er ihm die Feuersbrunst des Jahres 1547, die Moskau, den Kreml mit der Fülle der Kirchen, heiligen Ikonen verheerte und einige tausend Menschen verschlang, als Strafe Gottes, als Folge seiner Sünden aufschwatzte. «Dann schickte Gott das große Feuer», bekannte Ivan selbst auf einer Kirchenkonferenz, «da kam mich Furcht an und meine Gebeine zitterten; meine Seele war bezwungen, ich war bewegt und erkannte meine Sünden; ich suchte Vergebung bei der Geistlichkeit ...» Der Herr aller Reußen hatte sich bei Ausbruch des Brandes sofort in Sicherheit gebracht, um die Not des Volkes nicht gekümmert, desto rascher aber um den Wiederaufbau im Kreml.

Sein ganzes Leben lang war sich Zar Ivan, wie das einem wakkeren Christenmenschen auch frommt, seiner Sündenlast bewußt. Und sein ganzes Leben lang betete er. Betete für einen Schlachtensieg, betete für die, die er umgebracht, betete für die gute Niederkunft seiner Gattinnen, von denen er immerhin – neben, wie es hieß, einem steten Konkubinenschwarm – sieben hatte, obwohl das Kirchenrecht nur drei Ehefrauen erlaubte. Doch die Bischöfe anerkannten auch des Zaren vierte Ehe, sie beteten für Anna Alexejevna und drohten zugleich jedem anderen, der eine vierte Frau nehme, den Kirchenbann an. Ivan aber steckte nach wenigen Jahren seine vierte Frau ins Kloster, und nahm eine fünfte, diese freilich, ebenso wie die sechste, nur als Mätresse. Und kaum hatte er sich, wenn auch gleichfalls ohne kirchlichen Segen, mit seiner siebten Gattin, Marija Feodorovna, verheiratet, begehrte er als achte Lady Mary Hastings, eine Kusine der englischen Königin Elisabeth I., was lebhaft an das Eheglück von deren Vater Heinrich VIII. erinnert (IX 266 ff.)!

«In Deinem Namen Herr ...» oder Die wahren Namen des Herrn

Der Zar wußte seine Macht vor allem auch auf die Macht der Kirche gegründet. Er mußte mit ihr zusammen herrschen, wenn freilich auch über sie. Doch in geistlichen Dingen wollte er sich beugen. «Von euch», apostrophierte er im Januar 1551 eine Versammlung hoher Priester und des Adels im Kreml, «fordere ich eifrige Belehrung, ihr Hirten der Christen, Lehrer der Zaren und Edelleute, ihr ehrwürdigen Bischöfe der Kirche! Schont meiner nicht in meinen Sünden! Werft mir kühn meine Schwachheit vor! Verkündet laut Gottes Wort, und meine Seele wird leben!»

Ivan IV., der sich 1547, kaum siebzehnjährig, in der Himmelsfahrtskathedrale des Kreml als «heiliger und gottgekrönter Zar und Selbstherrscher von ganz Rußland» hatte inthronisieren lassen, wollte sein Land auch als wahrhaft christliches Land regieren und als Hüter der Orthodoxie, und zumal in Kriegs-, in Krisenzeiten, die freilich fast immer waren, erfüllte ihn ein wahrer Kreuzzugsgeist. Im Kampf gegen die Kazanj-Tataren schickte er nicht nur Truppen, Proviant, Kriegsmaterial, sondern auch Weihwasser von der Erzengelkathedrale sowie ein besonders wundertätiges Kreuz aus Moskau, mit dessen Hilfe weiteres Weihwasser produziert, im Kampfgebiet ausgesprengt und so effizient werden konnte. Auch Ivans Feldzeichen trug ein Kreuz, die Nachbildung eines wieder sehr mirakulösen Kreuzes. Das heilige Bild der Gottesmutter, angeblich nicht von Menschenhand gemacht, schmückte gleichfalls das Banner des höchsten Feldherrn, der schließlich nach allerlei Gebetsverrichtungen an die Führer seines Heeres appellierte: «Gemeinsam kämpfen wir, um für die heilige Kirche, für den orthodoxen christlichen Glauben zu sterben, wie auch für unsere Blutsbrüder, die rechtgläubigen Christen, die eine lange Gefangenschaft erdulden und unter diesen gottlosen Tataren leiden ... Wir wollen bereit sein, unser Leben hinzugeben; wenn wir sterben, so ist das nicht Tod, sondern Leben; sterben wir jetzt nicht, so sterben wir später, und wie sollen wir uns in zukünftigen Zeiten von diesen Ungläubigen befreien? Ich bin mit euch gezogen. Besser, ich sterbe hier, als daß ich lebe, um mit anzusehen, wie Christus gelästert wird und die mir von Gott anvertrauten Christenmenschen von diesen gottlosen Kazanjern Übles zu erdulden haben!»

Schon im Alter von fünfzehn Jahren, im Frühjahr 1545, bekriegte Ivan die Kazanj-Tataren, und dann folgte Feldzug auf Feldzug gegen sie. Hemmten sie doch nicht nur die moskovitische Expansion nach Osten, nach Sibirien, sondern sie waren als überzeugte Muslime auch erklärte Feinde der Christen und des christlichen Glaubens. So führte man nicht nur einen nationalen, sondern geradezu, wie vor allem Metropolit Makarij erklärte, einen «heiligen Krieg», eine Art Kreuzzug gegen sie, diese Nomadenabkömmlinge türkischer Rasse, die «Ungläubigen», gegen die das «heilige Rußland» sogar Frauen beim Angriff einsetzte. Und wurde Ivan zunächst auch in drei Feldzügen immer wieder zurückgeschlagen, erklärte er doch angesichts von Kazanj: «Hier wird eine christliche Stadt erstehen. Wir werden Kazanj ein Ende bereiten. Gott wird es in meine Hand geben.»

Der Zar zeigte sich verhandlungsbereit, aufgeschlossen für Heeresreformen und rüstete. Zugleich ließ er die zunehmende Zuchtlosigkeit und gesunkene Kampfmoral seiner Streithaufen durch den Erzpriester Timofej, einen redegewandten Aufputscher, als ehr- und pflichtvergessen verdammen. «Gott, Ivan und die Kirche rufen euch zur Buße.» Andernfalls drohte der Priester den «Zorn des Zaren» an und den «Fluch der Kirche»: Thron und Altar – wie durch Jahrhunderte, Jahrtausende im Westen! Und Fürst Vladimir Andrejevič, Ivans Vetter, rief: «Fasse Mut, Zar. In gleichem Geist kämpfen wir alle für Gott und für dich!» Ja, wie hätte, da Ivan nicht versprechen sollen, die Überlebenden «hoch zu belohnen, und» – der Dank des Vaterlandes! – «wer hier den Tod erleidet, für dessen Weib und Kinder will ich sorgen ...» Und schrie schallend über die Ebene: «In Deinem Namen, Herr ...»

Doch die wahren Namen des Herrn waren, im Osten wie im Westen, im ersten wie im zweiten Jahrtausend, nicht Jesus, nicht Christus, nicht Gott und nicht Teufel, die wahren Namen des Herrn waren stets: Mammon und Macht.

Die Schlußphase des Kampfes um das von 150000 Kriegern

Ivans gänzlich umzingelte Kazanj mutet fast wie eine Satire an, eine sehr blutige allerdings, plötzliche Ausfälle bei Tag und bei Nacht, Offensiven, Entlastungsattacken von außen, stundenlange Gemetzel Mann gegen Mann, schwere Verluste auf beiden Seiten, hier der Zar im Namen des Herrn ins Gefecht treibend, dort die Tataren mit Mohammed und Allah streitend ... Die russischen Belagerer waren nicht nur mit einem dänischen Experten, einem Sprengmeister, präsent, sondern auch, unter vielen Kriegerzelten, mit drei «Feldkirchen». Und während nun Minen explodierten, während wohlplazierte Pulverladungen Teile des Befestigungswerks, menschliche Glieder, Köpfe, Arme, Beine die Luft durchwirbelten, nahmen die Angreifer das Abendmahl, stiegen rings Gebete zum Himmel, sprang der Zar vors Kirchenzelt, die Wirkung einer Detonation taxierend, dann zurück zu seiner Andacht, einer Messe, bis neue Sprengungen ihn wieder nach draußen rissen und endlich auf dem Schlachtfeld fünftausend Tataren lagen.

«Tränen des Mitleids» soll der sensible Christenfürst angesichts der Leichenhaufen vergossen haben, überließ aber ihre Weiber und Kinder seinen Schlächtern, seinerseits die Juwelen und Kroninsignien des Khans kassierend. Im übrigen befahl er, «dem Allmächtigen die Ehre» zu geben, nahm gleich an einem Dankgottesdienst teil, errichtete in der Stadtmitte eigenhändig ein Kreuz, ließ auch eine Kirche auf den Namen «Maria Verkündigung» bauen und weihen und sich selbst auf der ganzen Heimfahrt umjubeln als «Besieger der Barbaren – Beschützer der Christen». Hatte doch auch der Metropolit die blutige, für Rußland so bedeutsame Eroberung Kazanjs als Sieg gepriesen «für Christus über Mohammed»... und Ivan verglichen mit Konstantin «dem Großen».

Natürlich begnügte man sich nicht mit der gewachsenen Macht, der Einnahme des Khanats von Kazanj, von Astrachan. Man strebte weiter nach Osten, drängte über den Ural, in die unermeßlichen Weiten dahinter, von ihrer Fruchtbarkeit gelockt, ihrem Reichtum an Wild, Pelztieren, Fischen. Kurz, 1582, zwei Jahre vor Ivans IV. Tod, begann auch die Eroberung Sibiriens, hatte man ja in Moskau auch schon ein Sibirisches Ministerium etabliert. Und so war denn die Begeisterung über die Unterwerfung der Welt jenseits des Urals in der Hauptstadt kaum geringer als nach der Einnahme Kazanjs, läuteten alle Kirchenglocken, feierte man wieder Dankgottesdienste und das Volk rief auf den Kremlplätzen: «Gott hat Rußland ein neues Fürstentum verliehen!»[8]

Gleichwohl, der Drang nach Westen hat Moskau mehr beflügelt.

Der Vormarsch begann bereits Ende des 15. Jahrhunderts mit kaum abreißenden Kriegen gegen Litauen. Ivan III. starb darüber. Sein Sohn, Großfürst Vasilij, setzte die Feldzüge fort, erst recht Ivan IV., und beide Seiten störte es wenig, daß sie als Christen Christen bekämpften. 1558, beim Beginn des Livländischen Krieges (1558–1582), stürmten russische Heere ein paar hundert Kilometer über das Land, Narva fiel, Dorpat fiel, Stadt um Stadt ging verloren. Das nächste Jahr brachte neue russische Truppen, neue systematische Zerstörungen, neue Greuel. Gefangene werden umgebracht, sogar kleine Kinder getötet, so, wie viel später noch bei dem Massaker von Wenden, wo niedergemachte Männer, Frauen und Kinder die ganze Stadt bedeckten. «Nach dem allmächtigen Willen Gottes», wußte Ivan anno 1560, als seine unbeschränkte Selbstherrschaft begann, «sind die livländischen Lande seit den Zeiten des großen russischen Herrschers Rurik rechtmäßig ein Teil unseres Zarenreiches», wobei es vor allem um das baltische Küstenland, den Besitz der Ostseehäfen ging, um den Handel übers Meer mit dem Westen. Immer erneut wurde deutlich, «Litauen und Kiev müßten ewig mit Moskovien verbunden sein und Livland gehöre dem Zaren, wie es ihm immer gehört habe». Und endlich hatte er auch, mit Ausnahme von Riga und Reval, ganz Livland erobert, nur nicht für lange; 1582, im Frieden von Jam Zapolski (bei Pleskau), verlor er es wieder.

Auch die Söhne des Zaren verschwanden mehr oder weniger auffällig.

Den ältesten und mutmaßlichen Thronfolger Ivan aus erster Ehe erschlägt der eigene Vater in einem Wutanfall 1582. Der tatsächliche Thronfolger, Fjodor I. Ivanowitsch, ist schwachsinnig und von seinem Schwiegervater Boris Godunow abhängig, der faktisch regiert. Der jüngste Sohn, der neunjährige Epileptiker Dmitri, aus siebter Zarenehe, kommt 1591 ums Leben, unter weder damals –

trotz Befragung von dreihundert Zeugen – noch irgendwann bis heute ganz geklärten Umständen.

Sterben doch seinerzeit auch nicht wenige andere Mitglieder der großfürstlichen Familie auf rätselhafte Weise. Der Mittäterschaft verdächtigt wird vor allem Boris Godunow, der auch, so munkelt man, am Tod des Zaren Fjodor 1598 beteiligt gewesen sein, diesen vergiftet haben soll. Kurz darauf geht die Witwe des Zaren, Godunows Schwester, ins Kloster, wohin schon manche seiner Widersacher verschwanden und noch verschwinden. Und der einstige Erzbischof Iov von Rostov, durch Boris Godunow 1589 zum ersten russischen Patriarchen aufgestiegen, sorgt jetzt dafür, daß Boris Godunow zum neuen Zaren aufsteigt (1598–1605). Er hatte das Moskauer Patriarchat von Konstantinopel unabhängig gemacht, er trieb die Unterwerfung Sibiriens voran, und er tat insbesondere alles, um seinem Haus den Thron zu sichern – «wer irgend ihm gefährlich schien, wurde aus dem Wege geräumt» (Pierer).

Doch am 13. April 1605 stirbt Zar Godunow plötzlich, und schon wenige Wochen nach diesem überraschenden Tod wird sein Sohn und Nachfolger Fjodor Borissowitsch, ein fünfzehnjähriger Jüngling, gestürzt, wird er am 10. Juni samt seiner Mutter, Großfürstin Maria, erdrosselt. Am 20. Juni marschiert der falsche Demetrius in Moskau ein und empfängt noch im Juli feierlich die Zarenkrone sowie die Glückwünsche Papst Pauls V., der auch sein Ansehen zu fördern verspricht. Bereits im nächsten Sommer aber wird der Betrüger vom Russenvolk hinweggefegt, seine Leiche scheußlich zugerichtet, verscharrt, wieder ausgegraben, verbrannt und die Asche noch mit einem Kanonenschuß verfeuert – übrigens auch die hauptstädtische Szenerie durch die Ermordung von etwa fünfhundert Polen, fremden «Heiden», bereinigt, womit die «Zeit der Wirren», Smuta 1605–1613 (IX 173 ff.!), begonnen hat.[9]

Die «Zeit der Wirren»

Einerseits ging es in diesen sich vielfach überschneidenden, teils politisch-militärischen, teils sozial-revolutionären Kämpfen, um nur die Hauptstränge zu benennen, um eine Auseinandersetzung zwischen Regierung und Bojaren, scheiterte der Hochadel bei seinem Versuch, gewisse ältere Befugnisse gegenüber dem Zarentum wieder zu gewinnen bzw. dessen Macht einzuschränken. Andererseits versuchten Teile des Volkes, sich vor der Schollenbindung, der Voraussetzung der Leibeigenschaft zu bewahren oder daraus zu befreien, wobei es, unterstützt von armen Städtern und Kosaken, zu einem gewaltigen (Bauern-)Aufstand kam, dessen Führer Ivan Isayevich Bolotnikov – dies ist kontrovers (wie man überhaupt von Bolotnikov wenig, über seine Frühzeit fast nichts weiß) – vielleicht den ersten großen sozialen Umsturz in Rußland erstrebte, jedoch 1608 geblendet und ertränkt worden ist.

Der Bolotnikov-Aufruhr, mit der im Moskauer Staat seit langem üblichen Brutalität praktiziert, richtete sich nicht nur, doch vor allem gegen gesellschaftlich Hochgestellte, gegen Bojaren, Adlige, Gutsbesitzer, die man dabei den verschiedensten Hinrichtungsritualen, langgestreckten Torturen aussetzte, die man gern an den Füßen aufhängte, verkehrt herum an Stadtmauern nagelte, von Türmen stürzte. Daß man sie beraubte, ist selbstverständlich; fast auch, daß man ihnen Frauen und Kinder nahm und sie schändete. In der Hauptstadt liquidierte man Gefangene massenweise; «jede Nacht», überliefert Isaak Massa, ein holländischer Händler und bedeutender Augenzeuge, «führte man sie nach Moskau zu Hunderten, schlachtete sie wie Opferlämmer, stellte sie in eine Reihe und erschlug sie mit einem Prügelschlag auf den Kopf, wie Ochsen, und warf sie unter das Eis des Flusses Jauza.»

Die Historiker – keinesfalls nur die sowjetischen – haben das Geschehen sehr lange als eine prononciert sozial-revolutionäre Erhebung interpretiert, als bäuerliches Aufbäumen gegen die sich ausbreitende Leibeigenschaft, während «neueste Forschungen» von dem in der Sowjethistoriographie so beliebten «Bauernkriegsmodell» wenig mehr wissen wollen, vielmehr versichern, daß in dieser ersten großen russischen Rebellion eben «kein anti-feudaler ‹Bauernkrieg› wütete», kein Aufruhr der Unterschichten gegen die Oberschicht, sondern ein «Kampf um tradierte und als einzig legitim verstandene Ordnungsvorstellungen mit dem ‹wahren Zaren› an der Spitze». So «soll» es, wie es ausdrücklich heißt, jedenfalls «verstanden werden». Und ebenso soll man die kurz vorausgegangene Revolte des Cholopko (1602/1603) nicht sozialgeschichtlich, nicht als ersten «Massenaufstand von Unterschichten und als Präludium zum ‹Bauernkrieg› des Bolotnikov» verstehen, sondern als einen «Hungeraufstand» (Krispin).

Als könnte es nicht beides gewesen sein! Als könnte sich die kaum vorstellbare Hungersnot, die Rußland zu Beginn des 17. Jahrhunderts überzog, nicht als sozialer Protest, als Empörung fortgepflanzt haben! Die Katastrophe war ungeheuerlich genug. Der Lüneburger Conrad Bussow, einstiger Gesandter Schwedens in Moskau und späterer Kombattant Bolotnikovs, schätzte den Anstieg des Brotpreises zwischen 1601 und 1603 auf etwa das 25fache, die Anzahl der Opfer an Unterernährung und Seuchen auf eine halbe Million und beteuert: «Aber um mit Gott die Wahrheit zu bezeugen, habe ich mit meinen eigenen Augen gesehen, daß Menschen auf der Straße lagen, die im Sommer Gras und im Winter Heu wie das Vieh gefressen haben. Etliche waren tot, und ihre Münder steckten voller Heu und Kot; teilweise haben sie – bona venia – Menschenkot und Heu hinuntergeschluckt. Unzählige Kinder sind von ihren Eltern und die Eltern von ihren Kindern, auch der Gast vom Wirt und umgekehrt ... getötet, geschlachtet, gekocht worden. Das Menschenfleisch wurde kleingehackt, in Piroggen ... verbacken und auf dem Markt als Tierfleisch verkauft und gegessen.»

Das war also im orthodoxen Osten nicht anders als im päpstlichen Westen, wo man gelegentlich schon seit dem frühen Mittelalter bei derlei Nöten verhungernde christliche Mitbrüder und -schwestern ins Haus geholt, fürsorglich kaltgemacht, in Salz gelegt und genossen hat (IV 490, VIII 81 ff.!). Daß die Ärmsten der Armen stets die ersten Opfer der Gesellschaftsordnung wurden, die ersten Opfer von Spekulationskäufen, von Anbieterabsprachen, Preistreibereien, Wucher, falschen Maßen etc., versteht sich von selbst.

Ebenso wohl die oft bezeugte Tatsache, daß auch der Klerus, gerade der hohe, das allgemeine Unheil ausgenützt und sich am Elend der vielen bereichert hat. So schrieb Isaak Massa, der holländische Kaufmann in Moskau, wo Tausende von Menschen auf offenen Plätzen und Feldern an Hunger und Seuchen starben: «Sogar der Patriarch selbst, das Haupt der Geistlichkeit, auf den man in Moskau schaute, wie auf einen Heiligen, besaß einen großen Vorrat an Brot und sagte, daß er dieses nicht verkaufen wolle in Erwartung einer Erhöhung der Preise. In vielen Klöstern und bei vielen vornehmen und reichen Leuten waren die Speicher voll von Getreide und ein Teil desselben verfaulte durch die lange Zeit bereits, aber sie wollten es nicht verkaufen.»

Auch das also war in der orthodoxen Christenheit nicht anders als in der katholischen. Oder hatte nicht 1194, als Tausende und Abertausende verhungerten, auch Raoul von Wanneville, der Bischof von Lisieux und Kanzler des britischen Königreiches, Getreide gehortet, nicht um das Elend der Hungernden und Sterbenden zu lindern; sondern um «teuer zu verkaufen ...» (VIII 83)? Was ja wieder lebhaft an den Heiligen Vater Papst Sabinian erinnert, der schon 605 bei einer Hungersnot in Rom die ihn bedrängenden Christgläubigen rigoros zurückgestoßen, jede Hilfeleistung brüsk verweigert hatte, um dann sein Korn zu Wucherpreisen, zu 13, ja zu 30 Solidi pro Scheffel loszuschlagen (IV 335).

Vermehrt wurde das Konfliktpotential der Smuta auch durch die Verfolgungen der Juden. Denn infolge ihrer Auswanderung und Vertreibung aus westlichen Ländern, aus Bayern, Österreich, Schlesien, aus der Schweiz und Spanien (VIII 242 ff.), sammelten sie sich in der frühen Neuzeit, privilegiert von Fürsten, im Osten, in Polen, Litauen, der Ukraine und fielen dann ebenso dem Fremden- und Oberschichtenhaß zum Opfer wie dem christlichen Glaubenseifer. Allerdings nicht nur dem orthodoxen. War doch gerade das katholische Polen fast die ganze Neuzeit hindurch eine Hochburg der vom Klerus ausgehenden Judenhetze, die den «Hebräern» die verschiedensten Greuelmärchen anhängte, vom Hostienfrevel über den Kindsmord bis zur Hexerei und Giftmischerei.

Dabei beginnen die Pogrome weder während der Smuta noch enden sie damit. Im Gegenteil. Sie kulminieren, vorerst, 1648 in der Ukraine, wo man ganze jüdische Gemeinden ausrottet, in Polen, wo im selben Jahr zweihunderttausend Juden umkommen. «Das Morden war von grausamen Peinigungen begleitet: den Opfern wurde die Haut bei lebendigem Leib abgezogen, sie wurden in Stücke gehauen, zu Tode geprügelt, auf Kohlenfeuer geröstet oder mit kochendem Wasser verbrüht ... Sie waren der völligen Vernichtung preisgegeben, und das geringste für sie gezeigte Mitleid galt als Verrat. Die Kosaken schleppten die Gesetzesrollen aus den Synagogen und tanzten, Schnaps trinkend, darauf herum. Dann legte man Juden auf sie und schlachtete sie erbarmungslos ab. Tausende von jüdischen Kindern wurden in die Brunnen geworfen oder lebend begraben.»

In Krakau tötet man 1663 einen Apotheker – auf die unbewiesene Anklage hin, Verfasser einer Schmähschrift gegen die Jungfrau Maria zu sein – in der gerichtlich festgesetzten Reihenfolge: erst zwickt man seine Lippen weg, dann wird ihm eine Hand verkohlt, darauf die Zunge abgeschnitten und schließlich der Rest auf dem Scheiterhaufen verbrannt. Im nächsten Jahr dringen in Lemberg die Zöglinge einer Jesuitenakademie ins Ghetto ein, massakrieren an die hundert Menschen und demolieren deren Häuser samt der Synagoge. Und in Rußland, wo im 19. Jahrhundert zwei Drittel des ganzen Weltjudentums leben, jagt man die Verhaßten 1903 in 284 Städten mit kirchlichem Segen und ermordet 50000 mit Billigung der Regierung (Vgl. I 2. Kap.! S. 511ff.! II 48ff., 271ff., 391ff. VI 362ff. VII 12. Kap.! VIII 242ff.! u.a.).[10]

Aufstand auf Aufstand; Thron und Altar oder «... mergelte er ihnen gar das Marck aus den Beinen»

Nach der Smuta ergreift das Haus Holstein-Gottorp-Romanow (1613–1762) das Regiment, und unter seiner Ägide geht es oft kaum weniger korrupt, kaum weniger gewaltsam weiter.

Die fortdauernde Unzufriedenheit, die Entrechtung der Massen, auch heterogener Schichten, signalisieren schon die schier unentwegten neuen «Wirren», die beständigen Auflehnungen in diesem Jahrhundert, recht eigentlich das Jahrhundert der Aufstände in der russischen Geschichte schlechthin und nicht von ungefähr auch als Jahrhundert der «aufrührerischen Zeit» (buntašnoe vremja) charakterisiert.

In bestürzender Fülle folgen da (neben einer Vielzahl kleinerer aufstandsähnlicher Bewegungen) besonders seit der Mitte des 17. Jahrhunderts – und von den Historikern vor 1917 bezeichnenderweise wenig beachtet: der Aufstand von Tomsk 1648, der Aufstand von Moskau im selben Jahr, darauf der Aufstand des Bohdan Chmiel'nicky in der Ukraine, damals jedoch noch nicht moskovitisch; dann die Aufstände von Novgorod 1650 und Pskov 1650, der Aufstand der Mönche im Solovki-Kloster im Weißmeer in den sechziger Jahren, der Moskauer Kupfergeldaufstand von 1662, der Kosaken-Aufstand unter Stenka Razin 1667–1671, dem «russischen Robin Hood», in Moskau öffentlich gevierteilt, der Strelitzen-Aufstand von 1682, der Strelitzen-Aufstand von 1698, der Baschkiren-Aufstand seit 1705, der Aufstand der Don-Kosaken unter Kondratij Bulavin 1707–1708 ... Von indirekten Formen des Widerstands ganz zu schweigen.

Das alles spiegelt ein hohes ‹Potential› sozialer Not ebenso wie die Tyrannei des Staates. Auf der einen Seite das Aufbegehren gegen die «Mächtigen und Starken», gegen das zarische Favoritenwesen, eine Ausbeutergruppe diverser Herkunft zuweilen; auf der anderen Seite all die Unterjochungsmechanismen, die vielerlei Druckmittel und Willkürakte der Despoten. Hier wachsende Fron, Drangsal, grassierende Armut, dort eine ungeheuere Verworfenheit und Bereicherung, die stete Sucht, die Dauergier, immer größere Menschenhaufen in die Zinsknechtschaft, die Leibeigenschaft hinabzudrücken – sie schändet Rußland bis 1861 –, durch Schulden zu versklaven.

Auch kam es zu einem immer immenseren Kapitalbedarf, vor allem durch die endlosen Kriege, die immer größeren, in diesem Säkulum sich verdreifachenden bis verfünffachenden Ausgaben für die Armee, die immer zunehmende Rekrutierungs- und Stationierungspraxis, die immer höheren Aufwendungen auch für den Hof, der in nur wenigen Jahrzehnten von 2000 auf 7500 Personen anschwoll. Es kam zu schweren Geldkrisen, Preisexplosionen, gelegentlich auch zu umfangreicher Falschmünzerei. Allein bis 1663 verurteilte man deshalb unter Aleksej Michajlovič – wegen seiner ungemeinen Frömmigkeit mit dem Attribut des «höchst sanften Zaren» (tišajšij car') geschmückt – 7000 Menschen zum Tode (geschätzte Zahl der «wirklichen Verbrecher»: 200!). Und 15 000 Menschen verurteilte man unter dem als «mild» und «sanft» gepriesenen Herrscher zur Auspeitschung, Verstümmelung, Kerker, Verbannung.

Überhaupt: die horrenden Strafen, Strafexpeditionen, Massenhinrichtungen dieses sich zur europäischen Großmacht heranrüstenden und -schlachtenden Staates, sein reichliches Foltern, Zungenausreißen, Hängen, Köpfen, Vierteilen häufig ja bloß Verdächtiger, Unschuldiger!

Nur zu begreiflich der Hunger der Geschröpften, Geschundenen nach gemäßerer Herrschaft, nach Gerechtigkeit, der Protest gegen den Mißbrauch der Macht durch hochprivilegierte Zarengünstlinge, der Schrei nach Auslieferung aller, die aus dem Volk «das Blut heraussaugen», wie, ein Beispiel nur statt vieler, unter Zar Aleksej Michajlovič Romanov wieder, dem so frommen, sanften, der Würdenträger Leontij Stepanovič Pleščeev, Leiter des Moskauer Landesamtes (zemskij prikaz), von dem man schrieb, er «schindete und schabete über die masse den gemeinen Mann: war mit Geschencken nicht zu ersättigen: wenn Parteyen vor ihm in die Canceley kamen, mergelte er ihnen gar das Marck aus den beinen.»

Aufständische massakrierten ihn auf dem «lobnoe mesto», einem herausgehobenen Teil des Roten Platzes, vordem offizielle Hinrichtungsstätte, wo man aber noch immer höherer politischer oder religiöser Ziele wegen gern etwas Blut verspritzte, köpfte, totschlug, wo man bei Stadtprozessionen, das hängt schließlich fast symbiotisch zusammen, auch Gottesdienste feierte; ein respekteinflößender Ort somit, manchmal, kaum von ungefähr, auch Treffpunkt mit Rebellenhaufen.

Zum Beispiel erschien, gleich nach Pleščeevs Liquidierung, im Auftrag des frommen Zaren der Patriarch Iosif und führte nicht nur viele Hochgestellte, Vertraute Aleksejs, mit sich, sondern auch, zur Förderung der guten, zur Besänftigung der bösen, der teufelsgestützten Sache, die wundertätige, die «nicht von Menschenhand gemachte» Vladimir-Ikone, so etwas wie ein gerade im 16., im 17. Jahrhundert höchstgeschätzter «Kommunikationsfaktor» der Herrschaftslegitimation. Denn das alte, durchaus konfliktgeladene Kooperieren von Thron und Altar setzt sich im ganzen Jahrhundert fort, bis es unter Peter I. einen bezeichnenden Abschluß findet.[11]

Und während im Norden die Christen Jahrzehnt um Jahrzehnt übereinander herfallen, einander zerfleischen, schlagen sie im Süden mörderische Schlachten gegen die Türken, verdoppeln, verdreifachen sie das Reich der Habsburger durch den Prinzen Eugen.

4. KAPITEL

PRINZ EUGEN, «DER EDLE RITTER», UND DER SPANISCHE ERBFOLGEKRIEG

«Die große Neigung dieses Prinzen geht beständig auf Krieg, ohne daß er sich um die Ursachen oder Folgen desselben kümmerte, und darauf, sich selbst an der Spitze einer Armee zu sehen, wo er auch allein eine beträchtliche Figur machen kann ... und da er unter den Waffen aufgewachsen ist, so hat er die Empfindungen von Mitleid und Reue so weit bei sich ausgelöscht, daß er imstande ist, das Leben von tausend Menschen einer Caprice von Ruhm oder Rache aufzuopfern.»
Jonathan Swift[1]

«Für gewonnene Schlachten erhielt Prinz Eugen so etwas wie ‹Provisionen› oder ‹Erfolgsprämien›, die bar ausbezahlt wurden wie nach der Schlacht von Höchstädt. Der Kaiser revanchierte sich für militärische Erfolge aber auch mit hohen, einträglichen Ämtern. Nach dem bravourösen Entsatz von Turin 1706 wurde Prinz Eugen zum Generalgouverneur von Mailand ernannt, ein Amt, das immerhin 150000 Gulden jährlich eintrug, und das sogar lange über den Krieg hinaus ... Auch die Siege von Oudenaarde und Malplaquet haben sich finanziell gelohnt. ... Aus den Niederlanden strömten jedes Jahr etwa zwei Drittel seines auf rund 300000 Gulden geschätzten Jahreseinkommens in seine Kassen.»
Hanne Egghardt[2]

«Österreichs Heldenzeit ist in Wahrheit das Zeitalter Eugens. Wir haben schon kennengelernt, was seine Siege für die Schaffung des neuen Mitteleuropa bedeuten: Zenta, Höchstädt, Turin, Oudenaarde, Peterwardein und Belgrad sind die Marksteine auf dem Wege zur Schaffung der neuen Weltstellung des deutschen Volkes und seiner Kaiser, zur Beseitigung der Universalherrschaft Frankreichs, der türkischen Übermacht und Gefahr.»
Wilhelm Schüßler[3]

«Erscheinungen, wie sie die Erinnerungen des späteren Hallenser Chirurgen Johann Dietz wiedergeben – also eines Mannes, der seinen Ruf vermutlich nicht leichtfertig aufs Spiel setzte –, wonach 1686 bei der Eroberung Ofens kein Türke am Leben gelassen, alle massakriert, den meisten die Haut abgezogen, das Menschenfett ausgebraten und getrocknet worden sei, um schließlich als hochbezahlte ‹Mumie› (Pulvis Mumiae) in den Handel zu gehen, sind trotz ihrer Nähe zu einem literarischen Topos so ungewöhnlich nicht.
In der Schlacht bei Peterwardein (1716) sind von Prinz Eugens Soldaten wenigstens 10 000, vermutlich aber über 20 000 Türken hingemetzelt worden, bei Zenta (1697) war es nicht anders, ohne dass eine militärische Notwendigkeit dafür bestanden hätte.»

Heinz Duchhardt[4]

König Karl II., der letzte Habsburger auf dem spanischen Thron, war weder körperlich noch geistig ganz gesund, war auch kaum fortpflanzungsfähig und galt bei seinen Untertanen als «der Behexte». Zwei kinderlose Ehen (mit einer französischen, einer österreichischen Prinzessin) erklärten sie als Teufelswerk. Und nachdem er im November 1698 den Kurprinzen Joseph Ferdinand von Bayern, den Enkel seiner Schwester Maria Theresia, zum Alleinerben bestimmte, dieser aber bereits im nächsten Jahr so plötzlich starb, daß zeitgenössische Vermutungen von Gift sprachen, auch andere überraschende Todesfälle erwiesenermaßen infolge Vergiftung durch nächste Verwandte in den edleren Kreisen von Paris die Sache komplizierten, änderte der spanische König Anfang Oktober 1700 sein Testament, das die Unteilbarkeit einer Monarchie festschrieb, von deren Besitz immerhin die Herrschaft über einen halben Kontinent abhing, zugunsten Herzog Philipps von Anjou, des 17jährigen Enkels und Kandidaten Ludwigs XIV., und verschied selbst schon an Allerheiligen, vier Wochen darauf.

Während aber König Ludwig die kolossale französisch-spanische Machtkonzentration im Schloß von Versailles bombastisch feiert, während der spanische Gesandte Marquis Castelldosrius wie berauscht ruft: «Die Pyrenäen haben aufgehört zu bestehen. Wir bilden eine einzige Nation», während der französische Prinz als König Philipp V. von Spanien (1700–1746) bald auch dort begrüßt wird, ebenso im spanischen Unteritalien, ja von vielen Staaten Europas, auch vom Papst, schreitet Kaiser Leopold I. gegen diese Regelung scharf ein und beginnt im Frühjahr 1701, noch ohne Kriegserklärung und das Gebiet der neutralen Republik Venedig verletzend, mit einer spektakulären Überquerung der Tridentinischen Alpen unter seinem Feldherrn Prinz Eugen (oft wie der Alpenübergang Hannibals, Bonapartes oder Suworows gefeiert) den Krieg, den Eugen nun nicht nur entscheidend prägen, sondern in dem er selbst immer mehr zum antreibenden Vorbild, zu einem Idol ganzer (christlicher) Generationen, ja Jahrhunderte wird – ein Mythos bis heute.[5]

Prinz Eugen und «unsere christlichen Werte»

Indessen figuriert der Savoyer hier nicht nur, ja nicht einmal in erster Linie seinetwegen so überraschend breit, streicht er den unverhältnismäßig großen Raum nicht wegen seiner Heroenrolle ein, dieser ach so begehrten, nein – wegen seines Publikums, der Zeit und Zeiten wegen, die ihn umjubeln, den «genialen Feldherrn», den «großen Meister des Krieges» (Braubach), den «größten Kriegshelden unseres Jahrhunderts» (Friedrich II. von Preußen), den mächtigsten «Mehrer des Reichs, den Österreich bisher besessen» (Schüßler), der dafür «dreizehnmal sein Blut verspritzte» (Generalmajor a.D. Kerchnawe). Doch nicht als «Mehrer der Länder seines Kaisers» nur gewinnt er Lob und Preis, als «Mehrer» auch «des deutschen Reiches» oder, so Seckendorf, der Feldmarschall, in einer Ode, als «Schutzgeist teutscher Welt», obwohl ihm ja deutschnationale Motive eher fremd waren, erst recht, für manchen heute vielleicht verführerisch naheliegend – europäische?

Mit Eugen jedenfalls, dem «Schützer des Abendlandes», dem «europäischen Politiker» (Braubach), hatte man in den oft so fürchterlichen Türkengemetzeln des späten 17., des frühen 18. Jahrhunderts sich nicht verteidigt nur, nein, mit ihm hatte man, was er doch immer wieder wollte, wozu er immer wieder trieb, vor allem an- und ausgegriffen, hatte man dazugewonnen, hatte «jene weiten Gebiete erobert, wo später durch militärische Zucht und Ordnung, durch den Fleiß der Grenzer und der deutschen Kolonisten aus Sümpfen, Seen und Wüsteneien die fruchtbarste Erde Mitteleuropas geschaffen und weiter Siedlungsraum für deutsche Ansiedler erschlossen wurden.»

Eugen steht hier also nicht so sehr als Christ als, es noch einmal zu sagen, im Hinblick auf die Christenheit, wegen seiner «Rezeption» durch sie. Wissen wir doch gar nicht recht, was er geglaubt oder nicht geglaubt hat. Das bleibt undeutlich, zumindest umstritten. Gewiß, er stand in der christlich-abendländischen Tradition, er erfüllte seine Pflichten als Katholik, auch die als «Abt» ihm auferlegten (natürlich keine priesterlichen). Er besuchte die Messe, empfing die Sakramente, ließ immer wieder das Tedeum schmettern, ließ sich gar einen Küraß fabrizieren, auf dessen linker Brustseite die Madonna prangte. Doch während er so für die einen «Fromm- und Gottseligkeit» bezeugt, «aufrichtige Frömmigkeit», kindliche «Treue zu seiner Kirche», auch, trotz mancherlei Kritik, Festhalten an der Institution des Papsttums, neigt er nach anderen zu Indifferenz, zur Toleranz allen Religionen gegenüber, ausgenommen der Islam, Erbfeind des Christentums.

Konfessionelle Streitigkeiten aber hielt er, hundert Jahre nach dem Dreißigjährigen Krieg und unter dem Einfluß der Aufklärung, anscheinend für anachronistisch, für Verdrießlichkeiten, wie er einmal dem Herzog von Bevern gestand, «die wahrhaftig an sich ein so großes Geschrei nicht verdienen». Seine landflüchtigen Bauern wollte der Grundherr unbedingt wieder, ob sie indes slawische Raizen, Katholiken, Calvinisten oder griechisch-orthodox waren, kümmerte ihn kaum. Und ebenso wenig dürften ihn religiöse Belange bei Verhandlungen bestimmt haben. Fanatiker in Glaubensdingen war er nicht, persönlich von einer Kreuzzugsstimmung und -gesinnung offensichtlich weit entfernt, und so auch kein eigentlicher «miles christianus». Entscheidend jedoch ist, daß er als solcher ganzen christlichen Generationen ins Gedächtnis gegraben und zum Vorbild gemacht, ja, daß er darüber hinaus, wie schon für Friedrich Carl von Schönborn, den Fürstbischof von Bamberg und Würzburg und Reichsvizekanzler, als Mensch überhaupt «das große Vorbild für die adelige und gebildete Gesellschaft» wurde, der «Roi des honnêtes hommes».

Hier also übt Eugen von Savoyen auch eine Art Stellvertreterfunktion aus: weil er vieles vertritt, was andere «aufgeklärte», «liberalere» Christgläubige seiner Zeit, zumal der sogenannten politischen Elite, mehr oder weniger ähnlich, auch schon vertreten, glauben oder nicht mehr glauben; weil er so viel von jenem ominösen Komplex verkörpert und ausstrahlt, den man, immer wieder und noch, platt rhetorisch und ebenso nichts- wie vielsagend, mit dem Schlagwort «unsere Werte» oder «unsere christlichen Werte» umschreibt, wohlweislich in aller Regel nicht näher definiert, meist bewusst mehr versteckt als klarlegt. Nicht ethische Bibelnormen nämlich, nicht die Zehn Gebote, die Bergpredigt, nicht irgendwelche schönen Dinge aus dem christlichen Tugendkatalog, Glaube, Hoffnung, Liebe oder sonst was an theologischen Ausgeburten sind gemeint. Nein, «unsere christlichen Werte», das meint, das bedeutet Macht, Gewalt, heißt bei Widerstand, wie Kardinal Richelieu schreibt, «alles zermalmen», heißt Ausbreitung, jenseits der Grenzen, wachsende Herrschaft, heißt Indoktrination und Schröpfung der Massen unter Vorgaukelung edler Zwecke und Ziele. «Unsere christlichen Werte», das ist jene wilde Mischung aus falschem Glanz, aus Devotion, aus üblem Untertanenkampfgeist und fataler Todbereitschaft zum Nutzen weniger und zum Verderben vieler.

Ungezählte «Carmina» wurden zu Ehren Eugens verfaßt, nach der Schlacht bei Peterwardein auch das Gedicht:

> «Erlaucht und großer Prinz,
> Du Cäsar unsrer Welt,
> Du kamst, du sahst, du siegst,
> Die Feinde sind geschlagen.
> Was wird die späte Zeit
> Von deinen Taten sagen?»[6]

Wechsel zum Haus Habsburg

Italiener der Herkunft, Franzose der Erziehung nach, war Eugen der am 18. Oktober 1663 in Paris geborene fünfte Sohn des Eugen Moritz von Savoyen, Graf von Soissons aus dem Hause Savoyen-Carignan. Der Vater, ein noch junger Militär, starb früh, schon

1673, auf einem Feldzug in Flandern, «mit ebensoviel Frömmigkeit wie Festigkeit», samt seinem (unbestätigten) Verdacht, er sei vergiftet worden. Eugens Mutter, Olympia Mancini, Tochter eines römischen Barons und Nichte des reichen, in Frankreich zeitweise fast allmächtigen Kardinals Jules Mazarin, einer der führenden Staatsmänner Europas und weltbekannt durch seinen Aberglauben, brillierte lange als Favoritin des jungen Ludwig XIV., als Mittelpunkt und Königin des Hofes.

Doch nicht alle ihre Träume wurden wahr, auch nicht, zunächst, die ihres Sohnes Eugen. Und während Olympia durch ein zwielichtig abenteuerliches Dasein strauchelt – frivole Extravaganzen, rauschhafte Feste, Séancen und Hofintrigen, Verstrickung vielleicht auch in einen Mordskandal, eine Vergiftung der spanischen Königin Marie Louise, der Nichte Ludwigs XIV. – während all dem blieben die Kinder mehr oder weniger sich überlassen, beziehungsweise ihren Kammermädchen und Lakaien. Und später landen die überlebenden Schwestern nicht eben freiwillig im Kloster, nachdem zumal die Ältere, Marie Jeanne-Baptiste de Soissons, wie Liselotte von der Pfalz, nachmals Herzogin von Orléans und Schwägerin des Königs, 1697 ihrer Tante Sophie, Kurfürstin von Hannover, schreibt, gar schändlich gelebt, «alle Jahre einen Bastard dahergesetzt, und man weiß nicht recht, wer der Vater davon ist»; auch daß sie nebst Kumpanin Abend für Abend sich «sternblindsvoll soffen» und mit Kerlen herumschlugen, «summa, ein doller Leben, als sie geführt, kann man unmöglich führen». Immerhin verschied Olympia, ihre Mutter, so unterrichtet am 10. Oktober 1708 der Erzbischof von Mecheln den Prinzen, «sehr christlich wohlversehen mit den Heilsmitteln der Kirche», wie schließlich auch er selbst wohl mit diesem Trost verschieden ist.[7]

Ein schlimmes Schicksal schien auch Eugen bevorzustehen.

Über seine ersten zwanzig in Paris verbrachten Jahre ist nicht viel bekannt, fast nichts über die Kindheit, über die Jugend wenig. Ganz unvermerkt, rühmt eine Gedenkrede gleich nach seinem Tod, habe er die «Vollkommenheit» erklommen und «erst im reifen Alter zu erkennen gegeben, wie groß er sei».

Er wird als klein geschildert, als «häßlicher Gnom», nach Jonathan Swift aber «erträglich hässlich» (tolerably ugly), mit einer kurzen, aufgestutzten, das heißt «aufgeschnupften» Nase, mit knapper Oberlippe, stets offenem Mund, eben, wie Liselotte von der Pfalz einmal sagt, «ein schmutziger, sehr debauchierter (verwahrloster) Bub, der gar keine Hoffnung zu nichts Rechtes gab». Er soll, zusammen mit einem Vetter, dem Prinzen von Turenne, der homosexuellen Hofaristokratie bizarre Eskapaden geliefert haben. Beide Jüngelchen wurden denn auch nach berüchtigten Huren nicht nur benannt, sondern «man prätendierte, dass diese zwei auch dazu gebraucht worden und allezeit à tout venant beau jeu gaben und die Damen agierten».

Hatte man schon früh Bruder Philipp für die klerikale Laufbahn bestimmt, dachte man jetzt derart auch Eugen zu versorgen. Während einer Reise mit der Mutter nach Turin, an den savoyischen Hof, wurde aus dem fünfzehnjährigen «Chevalier de Carignan» kurzfristig der «Abbé de Savoye», der zum Zeichen seiner «Berufung» auch gleich vom Päpstlichen Nuntius Tonsur und niedere Weihen empfing, worauf er die Soutane trug. Und hätte damals «unser König», wie Liselotte glaubwürdig behauptet, Eugen, der «petit salope», der «kleinen Schlampe», wie sie ihn auch nennt, «eine Abtei oder nur eine Pension von 2000 Talern gegeben», er wäre nicht weggegangen.

Der junge Mann verspürte indes keinerlei «Inklination» zum geistlichen Leben, er wollte sich soldatisch «bewähren», im Krieg, auf den Schlachtfeldern, ihn reizte geradezu magisch der Ruhm, Ruhm durch grandiose, weithin in der Welt verfolgte Waffengänge, durch monströses Blutvergießen. In einer Audienz bei Ludwig XIV. ersuchte er um ein militärisches Kommando, eine Kompanie von 40 Mann. «Die Bitte war bescheiden», meinte später der «Sonnenkönig», «aber der Bittsteller nicht. Nie noch nahm sich jemand heraus, mir so frech wie ein zorniger Sperber ins Gesicht zu starren.»

Denn nachdem Eugen, wie er selbst bezeugt, edlem Ahnenbeispiel folgend, zum Dienst des Vaterlandes und des Hauses Bourbon sich gemeldet, nachdem er auch beim König persönlich zwei kläglich gescheiterte Versuche zum Eintritt in die Armee unternommen, floh er mit dessen Schwiegersohn, seinem Freund Louis Armand Conti, über die Grenze und landete schließlich beim größten Widersacher seines bisherigen Herrn, bei Leopold I.

«Ich versichere Euch, allergnädigster Kaiser, meiner unverbrüchlichen Treue, und daß ich all meine Kraft, all meinen Mut und notfalls meinen letzten Blutstropfen dem Dienst Eurer Kaiserlichen Majestät sowie dem Wohle und Gedeihen Eures großen Hauses widmen werde.» So bot sich der Prinz jetzt dem gegnerischen Potentaten an, und vielleicht, wer weiß, hätte ihn der Habsburger ebenso hohnlächelnd abgewiesen wie der Bourbone, vielleicht hätte er dem «kleinen Abbé» ähnlich wie dieser geraten, lieber zu beten als zu fechten, zumal Kaiser Leopold I. ja noch viel frömmer als der Sonnenkönig war (auch eine Vorliebe für geistliche Berater hatte, etwa für die beiden Kapuziner Emmerich Sinelli und den Kreuzzugsprediger Marco d'Aviano, sich auch bei den Kapuzinern zu Grabe bringen ließ). Jetzt aber war in Wien gerade hohe Not am Mann, war jeder Held und Helfer willkommen, wälzten sich doch eben, Hochsommer 1683, die Türken heran und hatten in Hainburg schon, hieß es, einen jeden, der nicht rechtzeitig entwichen, geköpft und den Ort dem Erdboden gleichgemacht. Der Kaiser aber war mit der Regierung und einem Großteil der Wiener nach Passau geflohen und in der überfüllten brodelnden Stadt angeblich der «einzige, der ruhig blieb». «Er legte das Schicksal Wiens in Gottes Hände ...», seinerseits, bei allem Gottvertrauen, «krank: Erbrechen und Durchfall.»[8]

Unter diesen Umständen freilich konnte der Savoyer nun Fuß auf Habsburger Seite fassen und im sogenannten Fünften Türkenkrieg in der Schlacht am Kahlenberg bereits an der Befreiung Wiens mitwirken. Genaueres zwar weiß man nicht; er könnte an diesem, an jenem Flügel, könnte hier, könnte dort gestritten haben. Ziemlich sicher dagegen: seine Teilnahme am Einzug der Sieger, am Hochamt nebst Tedeum im Stephansdom. Und ganz gewiss: die Meldung des Eugen sehr gewogenen Botschafters Marchese di Borgomanero nach Madrid, der Prinz habe sich in der Schlacht tapfer geschlagen und der Kaiser ihn dafür belobigt.

Darauf die Blitzlaufbahn!

Die Karriere in wenigen Jahren, in kaum zehnjähriger Dienstzeit, vom kleinen Volontär zum Feldmarschall, ein Aufstieg allein durch Krieg, das Schlachtfeld, das Niedermetzeln Ungezählter für einen, einen nur, den, der ihm diesen ungeheuren Erfolg ermöglicht. All die Gnadenerweise, die Bevorzugungen – «ich kann sie nur vergelten», so schreibt er im Juni 1705 dem Hofkanzler Sinzendorf, «indem ich mich bis zum letzten Tropfen meines Blutes (à la dernière goutte de mon sang) für des Kaisers Dienst aufopfere», stets bereit, beteuert er ein andres Mal, die kaiserliche Macht zu mehren, «dem Herrn nützlich» zu sein, «ihm zu dienen und seine Monarchie zu vergrößern».

Was er aber für den Kaiser tut, tut er's nicht ebenso für sich? Wie ja auch die Habsburger von früh an stets für Zuwachs ihres eigenen Besitzes sorgten und aus Reichsgut Hausgut machten (VII 361 ff.!). Und auf wenig ist Eugen so bedacht wie auf seine persönliche Geltung, auf Anerkennung, Ehre, kriegerischen Ruhm, auch wenn er dies gewöhnlich zu kaschieren sucht. Scheinbar bescheiden, verlockt ihn doch nichts wie der Lorbeer des Siegers. Und alles, was seines Namens Glanz und Klang mehrt in der Welt, dient auch seinen Sonderinteressen, wovon wir gleich noch sprechen müssen, und ist ihm um so wichtiger, als ihn während seiner ganzen Jugend der Spott der Standesgenossen getroffen, gedemütigt hat.

So wird der einst verachtete «Abbé de Savoye» ein militanter Agitator, ein Scharfmacher katexochen, einer, dem das militärische Ressort, die Beherrschung der Armee schier über alles geht, der ihre Schlagkraft unentwegt zu stärken, zu erhöhen trachtet, der ihren erbärmlichen Zustand, ihre mangelhafte Ausrüstung beklagt, ihre geringe Ordnung, Disziplin. Immer wieder dringt er auf bessere Organisation, auf forcierte Fortsetzung eines Angriffs, eines Feldzugs, besteht er auf neue Attacken, neue Rüstungen, auf erhebliche Vermehrung des Truppenbestandes, auf Zusendung von Material, von Geld. Gelegentlich droht er gar, sich zu «retirieren», ja, alles hinzuwerfen, führe man so Krieg.

Heftig geißelt er die Lethargie in Wien, «die Gleichgültigkeit und den Mangel an Betriebsamkeit der Minister». «Nichts tut man zur Vorbereitung des Feldzugs». «Alles geht immer schlechter, man denkt an nichts», «d. h. man denkt nur daran, zu trinken, essen und spielen, ohne sich um anderes zu kümmern». «Ich begreife immer mehr, daß ihre Absicht ist, nichts zu tun», «und ich sehe zu meinem größten Ärger mehr als jemals, daß ihr ganzes Ziel ist, nichts zu tun, und ich fürchte, daß es immer so bleiben wird, wenn man da nicht Ordnung schafft.» «Wir sind noch immer hier», erbost er sich ein andres Mal, «und wie ich glaube, unser ganzes Leben. Seit 14 Tagen will man täglich marschieren, und dabei rühren wir uns nicht aus unserem Loch.»[9]

ATTACKE IN DER HAUPTSTADT

Marschieren aber, das steht in aller Regel fest, will der Prinz. Für wen, scheint eher sekundär. Denn wer bezweifelt schon, daß er ebenso für Ludwig XIV. gekämpft hätte, hätte es der nur gewollt?! Doch gleich zweimal blitzte er ab. Und ging es ihm wirklich um den Kaiser? Um Österreich? Selbst als der Regent den erst 22jährigen bereits vorzeitig, über viele hinweg, zum Generalfeldwachtmeister, in den Generalsrang erhoben, da begann er – ungeachtet der Versicherung seiner «unverbrüchlichen Treue», ungeachtet des Schwurs, seinen «letzten Blutstropfen» im Dienste Kaiserlicher Majestät und ihres großen Hauses zu vergießen –, da begann er «sich umzusehen, ob er vielleicht im Dienste eines anderen Monarchen noch schneller weiterkommen könne» (Egghardt). Dies entsprach auch der umtriebigen Art der Mutter, die ihre Fühler gern nach vielen Seiten ausstreckte. Gemeinsam mit ihr reiste er deshalb im Frühjahr 1686 an den Hof von Madrid, dort freilich so wenig erfolgreich wie mit diesbezüglichen Korrespondenzen darauf. Ja, er scheint noch Jahre später, als die Dinge wieder einmal nicht liefen, wie sie sollten, erwogen zu haben, «ob sich ihm außerhalb Österreichs Möglichkeiten bieten konnten» (Braubach).[10]

Besonders heftig wird das Drängen des vor Ehrgeiz, vor Ruhmgier Brennenden bald nach Beginn des Spanischen Erbfolgekrieges, als er auch nach der politischen Macht zu streben beginnt. Seine Briefe, offizielle wie ganz persönliche, stecken voller Beschwerden,

Vorstellungen, Vorwürfe, Rechtfertigungen. Der Feind sei stärker als man geglaubt, schreibt er, «ich hingegen an Mannschaft schwach, ohne Geld ...», rhetorische Konfrontationen, die immer wiederkehren – etwa, daß der Feind «mit zwei Armaden agieren werde, ich hingegen bin nicht imstande, nur einer, geschweige zweien den Kopf zu bieten»; oder er sieht die Gegenseite «mit großen Mengen von Verpflegung, Fourage und Fuhrwerk versehen ..., ich habe dagegen keinen Mann Rekruten und Verstärkung, sehr wenig Remonten bis heute erhalten und verfüge über keine Magazine ...» Er schicke Kurier auf Kurier nach Wien und «erhalte nichts von dem, was nötig ist». Er könne, klagt er, dieses Elend nicht mehr ansehen und sei «gänzlich gesonnen, zu quittieren».

Nicht nur einmal droht er oder läßt damit drohen, sein Kommando niederzulegen. Auch sucht er einen der einflußreichen Jesuiten in der Umgebung des Herrschers, Pater Engelbert Bischoff, für sich wirken zu lassen, möchte überhaupt mit weiteren Jesuiten, darunter Pater Miller, Beichtvater der Kaiserin («cattivissimo homo»), Freundschaft «kultivieren». Er will aber auch wieder keine neuen «Lamentationen», sei vielmehr müde, «die alte Leier zu berühren». Doch predigt er fort, warnt, zürnt, stachelt auf, ob während des Feldzugs oder in Wien, wohin er – unterwegs angeblich zehnmal («dix fois») beinah ertrunken – im Januar 1703 zurückkehrt, den Hof schlecht findet wie nie, die Lage schlimmer noch als schon gedacht – Faulheit, Ignoranz, «viel böser Wille».

Aber wo und wie auch immer: die an sich noch gute Armee sei ohne ein Wunder verloren, ohne Änderung die Katastrophe unvermeidlich. Immer wieder polemisiert er gegen seine mächtigen Widersacher in Wien, hält sie für unfähig, für egoistisch, sucht sie zu verdrängen, müht sich, den phlegmatischen alten Herrn, gerade Anfang Sechzig, von ihnen zu trennen, beschwört Leopold, den so gern zaudernden, einen Umschwung herbeizuführen, Reformen. Indes: «Er hört alles ruhig an, verspricht viel und tut nichts», während der Prinz sich ihm nicht zu sagen scheut, die Krone wackle auf seinem Haupt, das Szepter drohe ihm zu entgleiten, auch nicht zögert, Österreichs oberste Kriegsbehörden «Esel» zu nennen, ja die größten Esel, die er je kennengelernt. Und «in den Händen dieser beiden

Esel müssen der Kaiser, seine Monarchie und seine Armeen unausweichlich und rasch zugrundegehen»: «Es ist wahrhaftig niederschmetternd, das zu erkennen; mit eigenen Augen anzusehen, wie alles zusammenbricht! Man könnte Bände füllen mit Berichten über das, was schlecht oder ganz unzureichend von hier aus geschieht.»

Ja, der arme Prinz! So ohne jedes Verständnis für die alterprobte Wiener Regierungserfahrung, wonach das meiste doch von selbst sich erledige und Hektik nur schade ...

Die Verschworenen sehen sein Haar schon ergrauen, finden ihn auch sonst «übel» vor, aus lauter Gram um Habsburg, um Österreich. Und er äße ja, sagt er, lieber in einem kleinen Nest Ungarns Schwarzbrot, als so in der Hauptstadt zu leben.

Ergo setzt er Kampf und Kabalen fort, mit aller Erbitterung, aller Verachtung der Verantwortlichen, wenn er natürlich auch keine Änderung zu seinen Gunsten sucht; «ich meinerseits habe erklärt, daß ich, weit davon entfernt, sie für mich anzustreben, sie auch nicht annehmen möchte, man hat mir darauf wieder davon gesprochen, und ich weiß nicht, was sagen und tun, denn in den Händen dieser beiden Esel in diesen Konjunkturen müssen der Kaiser, seine Monarchie und seine Armeen unweigerlich und bald zugrundegehen. Es ist wahrhaftig grausam, das zu erkennen, es vor seinen Augen zu sehen und alles zugrundegehen zu lassen.» Nein, dagegen mußte der Ritter, der edle, kämpfen, wenn er, das versteht sich von selbst, auch keinerlei persönliche Absicht an diesem Vorgang hatte, an seiner Berufung nämlich zum Präsidenten des Hofkriegsrats im Juni 1703. «Weit entfernt, es beansprucht zu haben, wollte ich es nicht annehmen. Der Kaiser und der König haben mir dazu den Befehl gegeben. Ich kenne meine geringe Fähigkeit, aber ich konnte, ohne meinen Herrn und die Armee zu verraten, es nicht länger in derartigen Händen lassen.»

Nein, das hatte Majestät nicht verdient, der er doch stets von neuem, auch in jener Zeit, seine «immerfortwährende Treue» versichert und seine Schuldigkeit, «mit welcher Deroselben ich bis in meine Grube verbunden bin».[11]

So hatte schließlich der Savoyer mit seiner Ernennung die maßgebliche Position in der Kriegsführung erlangt, dazu auch mehr Einfluß auf die Politik. Und früher wie später konnte er, je nach Lage und Bedarf, auch mit Optimismus aufwarten, konnte er zum Beispiel dem Kaiser «den guten Willen und tapferen Mut Dero ganzen Armee» beteuern und behaupten, daß da kein einziger Mann gewesen, «welcher nicht mit Freuden den Feind erwartet hätte». Dabei ließ ihm «die Tapferkeit unserer Soldaten», so ein andres Mal, «fast sichere Hoffnung für den Kampf, vor allem wenn man sie darauf hinweist, daß es für sie keine Aussicht gibt als zu leben oder zu sterben»!

Dies signalisierte auch seine notorische Schlachtenparole: «Sieg oder Tod». Sieg gab es seinerzeit, 1684, beim Zug gegen die Türken, wenig, Tod dafür um so mehr. Die Hälfte der Infanterie auf christlicher Seite wurde verloren, insgesamt das Heer um 23 000 Mann dezimiert, das Regiment des Prinzen konnte «als ruiniert gelten». Doch holte er sich im Winter beim Herzog von Savoyen Geld, rekrutierte sein Regiment neu («auffrischen», schon erwähnt, doch zu schön, um es nicht zu wiederholen, nannte man das anschaulich belebend in meiner Soldatenzeit). Und weiter gings, mit 22 Jahren: General, im nächsten Sommer, im nächsten Krieg.[12]

«‹Genie› für den Krieg», «Raserei gegen den Frieden»

Denn um Krieg geht es vor allem.

Im Krieg gilt der Soldat mehr, beginnt er erst recht eigentlich zu gelten. Im Krieg steht insbesondere der Feldherr, der ruhmgekrönte Schlachtenmeister, im Mittelpunkt. Im Krieg braucht ihn der Kaiser noch nötiger als sonst; er wird unentbehrlich für ihn. Schon deshalb neigt der edle Ritter stets dem Krieg zu, ist der Frieden für ihn im Grunde eine Sackgasse, in der man vor Erschöpfung endet und die Stagnation beginnt. Ja, wie vieles sieht der Prinz in der Friedensphase späterer Jahre verfallen, was er in florierender Kriegszeit aufgebaut! Mehrmals klagt er sogar Kaiser Karl VI., daß «während des langen Friedens die gute alte Disziplin und Fuß bei den Truppen abgenommen» habe, daß «auch ein großer Mangel an guten und erfahrenen Generalen und Offizieren» herrsche. Hatte er es doch schon Kaiser Leopold am 23. Januar 1702 «nicht zu beschreiben» genannt, «wenn es auch niemand glaubt und es nicht mit Augen ansieht, was für eine große Miseria und Elend bei der Armee sei, und ich vor Euer Kaiserlichen Majestät mit Wahrheit sage, daß dergleichen in vielen Jahren nicht gesehen habe».

Grundsätzlich befürchtet er durch Nachgiebigkeit schlimmere Folgen für die Zukunft als durch einen Krieg; grundsätzlich bejaht er es, einen Waffengang auch bei schlechten Aussichten aufzunehmen; grundsätzlich scheint ihm selbst eine «gewiß nicht ungefährliche Weiterführung des Kampfes besser als eine weiche Haltung». Oder wie er 1724 betont: «Und wenn es auch wieder zum Kampfe kommen muß, so ist die Gewißheit des Krieges der Ungewißheit des Friedens immer noch vorzuziehen!»

Ganz klar geht es um das Fortdauern der militärischen Auseinandersetzung. Dazu aber gehört eine schlagkräftige Truppe, und für sie natürlich braucht er Geld. Ergo lautet eine seiner Maximen wieder: «In gefährlichen Zeiten bestehen Rat und Tat in nichts anderem als in der Armee und in Geld.» Nennt er doch auch «140 000 Mann auf den Beinen» mehr wert als alle Pergamente und Verträge der Welt. Grundsätzlich, rechtfertigt er sich gegenüber dem böhmischen Obristkanzler Franz Ulrich Graf Kinsky, zeitweise erster Berater des Kaisers, habe er «nie etwas anders geschrieben, als daß der Krieg besser wäre als die Neutralität, wenn man ihn wirklich durchführen könne ...»

Dieser Mann hatte eben, so ein hochgestellter Zeitgenosse, «‹Genie› für den Krieg». Und ein weiterer, ein Berühmter nicht nur jener Tage, Jonathan Swift, behält durchaus recht, ja trifft im wesentlichen ins Schwarze mit der Behauptung: «Die große Neigung dieses Prinzen geht beständig auf Krieg, ohne dass er sich um die Ursachen oder Folgen desselben kümmerte, und darauf, sich selbst an der Spitze einer Armee zu sehen, wo er auch allein eine beträchtliche Figur machen kann.»

So verbringt er denn lange Zeit Jahr für Jahr die Winter-, die Frühjahrsmonate in Wien nicht zum üblichen Vergnügen, sondern um neue Operationspläne auszuarbeiten, den nächsten Waffengang für den Frühsommer vorzubereiten. Er verabscheut lange Debatten, Reden, Widerreden, haßt es, entschlußlos die Zeit verstreichen zu lassen, statt vorzugehen nach seiner Art, Krieg zu führen nach seiner Einschätzung, seinem Temperament, auch mal als Hasardeur, oder er werde, wie er mehrmals droht, alles hinwerfen. Doch jedes Jahr, von 1683 bis 1698, zieht er ununterbrochen zu Feldzügen aus und von 1701 an wieder und am liebsten natürlich offensiv. Unermüdlich treibt er zu raschem, energischem Handeln, zum Beschleunigen der Aufmärsche, unermüdlich treibt er zum Überführen der Regimenter in den vollen Kriegsstand. Und fällt ein Mordschauplatz aus – manche Historiker sprechen vom «Kriegstheater», «großen Kriegstheater» «große(n) Schauspiel des Feldzugs gegen die Ungläubigen», von «anderen Schauplätzen des europäischen Theaters», gelegentlich dazu auch vom «Publikum» – fällt also irgendwo eine Vorstellung, eine blutige, aus, gibt es ja noch andere, gibt es viele Fronten. Und er, «der edle Ritter», der eher schlagen als abwarten, eher zuvorkommen als aufschieben will, eilt «überall gern hin», wie er im März 1707 bekennt, «wo eine Armee vorhanden», zumal, schreibt er im Sommer 1710 nach Wien, wenn sie «in der Anzahl der Truppen nicht gering und an der Qualität selbst gar schön» sei, «eine schöne Armee» eben, mit «Lust am Fechten», wie etwa im Juli 1708 bei Oudenaarde, wo sich Offiziere und Gemeine, jubelt er, «mit was für einer Freud und Herzhaftigkeit» (!) in die Schlacht gestürzt. Oder wie er bei Einnahme der Festung Le Quesnoy am 3. Juli 1712 dem Kaiser «nicht genugsam rühmen» kann, «mit was Tapferkeit die Leute ... über die Palissaden sprangen, vom Feind viele niedermachten ...», dieser freilich auch die eine oder andere Mine hochjagt, «die uns Schaden getan und einige Mannschaft verschüttet hat».

Was solls! Er gedenkt, seine Eroberungsaktionen selbstverständlich fortzusetzen, denn «das Einzige, was man in dieser Extremität tun kann, ist, daß man extrema remedia ergreift und den Krieg kontinuiere ...» So macht er, hält einen Monat später, am 3. August 1712, Liselotte von der Pfalz/Orleans fest, «auch alle Leute toll mit seiner Raserei gegen den Frieden». Und nach der Eroberung von

Le Quesnoy, so treibt er «mit Ungeduld» den Grafen Sinzendorf, den Hofkanzler (bei den Friedensverhandlungen 1706 und 1709 im Haag, ja noch 1714 in Utrecht gleichfalls für Fortsetzung des Krieges), müsse man «sich rasch entscheiden, was man jetzt tun will», äußert auch seinerseits gleich Vorschläge, «überzeugt, daß, wenn man mich handeln läßt, ich bei der einen oder der anderen Festung zum Ziel oder vielleicht, wenn die Gegner sich nähern sollten, zu einer glücklichen Aktion gelangen würde ...»

Zu einer glücklichen Aktion, wahrhaftig. Allerdings: vielleicht! Er ist vorsichtig. Und logisch, wenn er extrema remedia mit extrema remedia bekämpft, auf daß der «Krieg kontinuiere», was schließlich die Hauptsache ist. Überdies nennt er es «ganz sicher, daß, wenn wir mit Festigkeit handeln, wir noch diese so hochmütigen Franzosen und ihre neuen Freunde zittern machen werden ...» Und ähnlich reagiert er wenige Jahre später, als man ihm die Entscheidung über Krieg oder Frieden mit der Pforte anheimstellen will, mit der Überzeugung, daß «der nunmehr so glücklich angefangene Krieg gegen die Feinde des christlichen Namens mit allen Kräften fortzusetzen sei.[13]

Und was auch gäb's Schöneres auf Erden, als einen glücklich begonnenen Krieg noch glücklich fortzusetzen! Ein fröhliches Abstechen, ein ganz gottgefälliges natürlich, bis zuletzt!!

Selbst nach «Siegen», die gar keine Siege waren, wie die Schlacht von Luzzara am 15. August 1702, läßt der kaiserliche Feldherr eine Siegessalve auf dem Leichenfeld abfeuern und das Tedeum singen, auch gleich nach Wien die frohe Botschaft schicken samt einem genaueren Report, der dem Herrscher auch gesteht, «nicht wenig zu bedauern, daß man von dem erhaltenen so herrlichen Sieg keine Frucht genießen könne». Wie denn auf der anderen Seite der Marquis de Mérode-Westerloo «den eigenen Sieg nur darin sehen konnte, nicht geschlagen worden zu sein» – was der Prinz doch eher positiver aufs Papier zu bringen weiß, indem er meint, er hätte, wäre er nur nicht zu spät zum Angriff übergegangen, den bösen Feind «totaliter» aufs Haupt geschlagen, «mithin keine so große Victori in vielen Jahren wäre gehört worden ...»

Ja: wäre, hätte, wenn. Wenn eben er, Eugen, den andern früher überfallen hätte, während man so nur ein mageres «Unentschieden» erzielt und am nächsten Morgen den Kampf kaum fortgesetzt hat, den traurigen Rest buchstäblich auf sich beruhen ließ – mindestens 2500 Mann «Verluste» auf kaiserlicher Seite, etwa 4000 auf französischer. (Noch heute gedenkt die italienische Region der Battaglia di Luzzara wegen der hohen Opferzahl.)

Auch die Schlacht bei Cassano an der Adda am 16. August 1705 rechnet Eugen sich als «Sieg» an; «nicht zu beschreiben», notiert er über den Artilleriehagel in seinem Gefechtsbericht, «was für ein großes Feuer, dergleichen ich noch niemals gesehen, beiderseits und ohne Aufhören ...» 4000 Mann eigene Verluste gibt er zu. Die Franzosen aber, schreibt er (die ihm freilich einen «Ausfall» von über 10000 Mann nachsagen, ihn allmählich auch bis an den Gardasee zurückdrängen), hätten mehr als 7000 Gefallene begraben. Er feiert den «gloriosen» Tag mit Salut, mit Tedeum und ersucht, sogleich bereit zu neuen Taten, den Kaiser um Truppen, Geld und Material.

Mit seiner ständig steigenden Reputation wie den vielerlei damit verknüpften Vorteilen fühlt sich der einst so Schwankende der Hofburg immer mehr verbunden, distanziert er sich sogar mit aller Entschiedenheit von dem Chef seiner Sippe, dem Herzog von Savoyen, als dieser sich Frankreich zuwendet. So beteuert er im Hochsommer 1696 seinem Vetter, dem Markgrafen Ludwig Wilhelm von Baden-Baden (dem gefürchteten «Türkenlouis»), eins sei gewiß und werde er, Eugen, «ganz Europa erkennen lassen, daß weder das Blut noch die Interessen meines Hauses auch nur einen Augenblick mich meine Ehre, meine Pflicht vergessen lassen». Und zur selben Zeit auch ersucht er Kaiserliche Majestät, «sich allergnädigst versichert zu halten», daß er «auf nichts anderes gedenken werde, als mit meinem letzten Blutstropfen in solcher allerpflichtmäßigster Treue und Beständigkeit meinen Geist aufzugeben»; wobei er natürlich ebenso für die österreichischen Staats- wie für die habsburgischen Hausinteressen streitet.

Die Habsburger fassen Vertrauen zu ihm, lobpreisen, ehren ihn, ohne ihn gerade zu lieben. Aber schließlich verdanken sie ihm wie keinem ihre sich mehrende Macht, enorme Gebietserweiterungen.

So war zur Zeit der Schlachten bei Peterwardein und Belgrad mit dem folgenden Frieden von Passarowitz (1718) die Monarchie auf mehr als das Dreifache dessen gewachsen, worüber Leopold I. bei seinem Regierungsantritt (1658) gebot! Bereits 1688 wird Eugen Feldmarschall-Leutnant, eben damals auch inkorporiert ihn die Gemeinschaft der Edelsten, wird er Ritter des Ordens vom Goldenen Vlies. (Leider muß er die goldene Kette selbst bezahlen.)

Überhaupt geht sein ewiger Ruf nach Geld, sein permanentes Warten auf Überweisungen kontinuierlich durch die Jahre. Das pflanzt sich fort, als er schon Oberst ist (mit einem Jahresgehalt von immerhin 10000 bis 12000 Gulden), dann im Generalsrang steht. Zwar braucht er Geld, so scheint es, kaum für sich; gemäß seiner Erkenntnis «Zum Krieg führen sind drei Dinge nötig: Geld, Geld und nochmals Geld» geht es an die Truppe, sein selbstverständlich bevorzugtes Kriegsinstrument, dem seine größte Anteilnahme gilt – wir erinnern uns an den nordischen Helden Karl XII. Auch Prinz Eugen kämpft, muß es sein, in vorderster Front, kämpft, ein dutzendmal verwundet, im Kugelregen, nahezu wie der einfachste Soldat.[14]

Die christlichen Werte machen sich bezahlt

Ansonsten, man liest es immer wieder, ist er bescheiden, ganz anspruchslos, um nicht zu sagen arm, zunächst zumindest, schreibt General Kerchnawe, «bettelarm». Lange kann er nicht einmal standesgemäße Trinkgelder geben. Er kleidet sich bescheiden und er wohnt bescheiden. Gewöhnlich steckt er in einem unauffälligen, aus einer Mönchskutte geschneiderten braunen Rock, was ihm den Spitznamen «kleiner Kapuziner» einträgt. Und sein erstes eigenes Haus, das er schließlich hat – denn anfangs besitzt er auch keine eigene Wohnung und logiert überall als Gast –, sein erstes Haus in der späteren Wiener Himmelpfortgasse ist gerade eine kleine, drei Meter breite Bleibe, der Kaufpreis gepumpt.

Doch dann, wer hätte das gedacht, hat er, der mit buchstäblich nichts im Beutel, nur mit dem Schwert in der Faust seinen Dienst antrat, ein Vermögen im Wert von zweieinhalb Millionen Gulden; Güter bei Wien, ein ausgedehntes Jagdrevier für den passionierten Tierekiller, hat er Güter in Ungarn, 13 Dörfer sowie fünf Orte «titulo arendae», Pachtdörfer vom Staat, dazu das Gut Vörösmarton; weiter: südlich des heutigen Budapest ein von der Donau umflossenes Eiland von 30 Kilometer Länge und drei bis fünf Kilometer Breite, die Insel Czepel, mit dem «oppidum» Ráckeve, dem von ihm erbauten Schloß, und neun Dörfern. Und nicht zuletzt bezieht er auch die Einnahmen der beiden Klöster San Michele della Chiusa und Santa Maria di Casanova in Savoyen-Piemont, deren «Abt» er mit päpstlicher Billigung seit 1688 ist und lebenslang bleibt. (Ein Italien bereisender Zeitgenosse berichtet kurz vor dem Tod des Prinzen beim Anblick San Micheles: «Dieses war vor Zeiten ein berühmtes Kloster, und der große Kriegsheld Prinz Eugen zieht noch die Einkünfte eines Abtes davon.» Die Erträgnisse beider Abteien sollen immerhin einen Wert von 150 000 Gulden gehabt haben.)

Ja, in der zweiten Hälfte seines Lebens besitzt der zuvor in steten Finanznöten Steckende, der auf immer neue Geldüberweisungen Wartende zumindest fünf Schlösser, doch nicht irgendwelche Schlösser, sondern darunter einige der schönsten der gesamten Barockwelt, der berühmtesten Bauwerke seiner Zeit, von denen er mehrere so gut wie nie bewohnt. Die namhaftesten Künstler, Maler, Kupferstecher hatte er bedienstet, die Architekten Fischer von Erlach und Johann Lukas von Hildebrandt, die bedeutendsten Baumeister des österreichischen Barock, dazu zeitweise über 800, ja bis zu 1300 Bauarbeiter. Schon um die Jahrhundertwende konnte er zu einem Maskenfest 6000 Gäste laden; und schließlich entfaltet er kaum weniger Glanz und Pracht als die Kaiser, sagt Friedrich «der Große» sogar, er sei «der eigentliche Kaiser, der Atlas der habsburgischen Monarchie gewesen».

All dies verschlang Unsummen. Doch die Herkunft und der Verbleib der Gelder wird kaum dokumentiert. In den Akten der Habsburger finden sich darüber nur spärliche Hinweise. Und das eigene Wirtschaftsarchiv des armen Ritters ist anscheinend gänzlich verschwunden. «Wie für die Bildung seines Vermögens, fehlen uns so aber auch die Unterlagen für die finanziellen Aufwendungen bei der Errichtung und Ausstattung seiner Paläste und Gärten und bei seiner eifrigen Sammeltätigkeit» (Braubach).

In seinen luxuriösen Parks – allein die Unterhaltung eines einzigen kostete viele Tausende von Gulden jährlich – umsorgten mehr als ein Dutzend Gärtner über 2000 Pflanzen, zum Teil aus den exotischsten Plätzen der Welt. Seine Menagerie wies 38 Arten von Säugetieren auf und 59 Arten von Vögeln – zu schweigen von den 15 000 Bänden seiner durch Agenten aus ganz Europa bestückten Bibliothek, eine der größten und gepflegtesten seiner Zeit, mit besonderer Berücksichtigung von Theologie und Geschichte; wie er unter seinen Gemälden auch Werke berühmter Maler barg, Schöpfungen von Guido Reni, Hans Holbein, Adriaen Brouwer, Isaak van Ostade, Van Dyck, Paulus Potter, den Brueghels u. a.

Doch all dies und mehr, selbst noch sein persönlicher oder postalischer Umgang mit Leibniz, den er sehr bewunderte, vielleicht aber, wie des öfteren vermutet, nicht verstand, mit Voltaire, Montesquieu oder mit Jean-Baptiste Rousseau, seinem Lieblingsdichter, all dies ist direkt oder indirekt erkauft mit Blut, dem Blut von Tausenden und Abertausenden von Kriegern, von Zivilisten, Pferden auch, unendlich schuldlosen, wehrlosen Tieren, ungeachtet, ungezählt dahingeschlachtet …

Ach, der Edle! Dieser so anspruchslos, so zurückhaltend sich gerierende Prinz, der in Wahrheit doch «keine Gelegenheit ausließ, um von sich sprechen zu machen» (De Quincey), der seine «Siege» von nicht wenigen Malern, Bildhauern, von ihm beauftragten und bezahlten Künstlern verherrlichen ließ, in Holland, England, in Paris und Wien; dieser so bescheidene Großstratege war in Wirklichkeit derart versessen auf seinen Nachruhm und eitel, daß er seine Schlachtentriumphe – Zenta, Höchstädt, Cassano (!), Turin, Oudenaarde, Malplaquet, Belgrad – in riesigen Gemälden so detailgetreu wie Respekt – ja Ehrfurcht heischend, selbst hoch zu Roß im Mittelpunkt, als Blickfang an die Wände des großen Saales seines Stadtpalastes pinseln ließ, also dorthin, wo die zur Audienz andrängenden, die anstaunenden Besucher ihrer Vorlassung harrten. Wie

Eugen ja auch auf Martino Altomontes Deckengemälde im Marmorsaal des Gartenpalais sich als Türkensieger feiert, «gleich Apoll auf Wolken ruhend». Wie er überhaupt immer wieder durch Apoll und häufiger noch durch Herkules, Verkörperungen erlesener Kultur und aggressiver Stärke, Symbole seiner Existenz, sich sozusagen selbst in Szene setzt, wie er durch Götter und Halbgötter die eigene Glorie versinnbildlicht, sogar die eigene «Apotheose» in seinem Palast plaziert, eine Statue samt ihn verzückt liebkosender Putten.[15]

Das Humane riß Eugen allerdings weniger hin.

Sternstunden über Leichenhaufen

Der edle Ritter blieb kalt, als die Christen nach der Eroberung von Ofen wie besinnungslos vergewaltigten und mordeten, als sie in einem furchtbaren Blutrausch Osmanen samt Kombattanten, die mit ihnen kämpfenden ungarischen Calvinisten und Juden niedermetzelten, als nach Johann Dietz, dem Beobachter und späteren Hallenser Chirurgen, «kein Türke am Leben gelassen, alle massakriert, den meisten die Haut abgezogen, das Menschenfett ausgebraten und getrocknet worden sei», um sie dann, ergänzt Historiker Duchhardt heute, als hochbezahlte «Mumia» (Pulvis Mumiae) loszuschlagen.

Und als nach der Schlacht bei Zenta am 11. September 1697 – «Oberbefehl für Prinz Eugen», «Erste Sternstunde» titelt 2007 eine Wiener Publikation – 25 000 Türken die Walstatt bedeckten oder in der Theiß versanken, meldet der versierte Schlächter über das Gemetzel, «ein gräuliches Blutbad», sagt er selbst, in dem man keine Gefangenen gemacht: «Meine Leute konnten auf den Leichen der Feinde stehen wic auf einer Insel» – und auch auf den Leichen von mehr als 3500 eigenen Pferden (bei anderer Gelegenheit, 1703, fordert der «Freund der Tiere» [Braubach] «Ersatz des Abgangs von 9000 Pferden»). Es war die Begründung der neuen österreichisch-ungarischen Monarchie, der neuen «Weltstellung des Kaiserhauses» (Schüßler).

Auch der «Blitzkrieg» in Bosnien wird unter dem Prinzen mit gnadenloser Härte, ohne jedes Erbarmen geführt, Sarajevo geplündert und mit seinen mehr als hundert Moscheen vollständig verbrannt, desgleichen die ganze Umgebung eingeäschert, insbesondere alle Häuser der Türken, was dem siegreichen Feldherrn in Wien, wo zuweilen seine Verehrung «einen an Vergötterung grenzenden Grad» erreicht (von Landmann), Jubel und Preis einträgt, Huldigungen, einen kostbaren Ehrendegen des Kaisers auch und eine Silbermedaille mit seinem Porträt. Hätte man, versichert der nimmersatte Prinz, «nur wenig mehr Anstalten getroffen, könnte das ganze Königreich eingenommen und behauptet werden.» Immerhin war die Sache ein «voller Erfolg».

In den nächsten Jahren kommt es zu zwei förmlichen Vernichtungsschlachten, die Eugen gemeinsam mit seinem britischen Waffenbruder John Churchill Duke of Marlborough schlägt, einem ebenso befähigten wie habgierigen Schlachtenlenker, 1712 in London wegen Unterschlagung öffentlicher Gelder sämtlicher Ämter enthoben. 1704 bei Höchstädt verlieren Franzosen und Bayern ihre halbe Armee, beinah 30000 Verwundete und Gefallene, und Eugen meldet am Abend nach gar glücklichem gegenseitigem Abstechen Kaiser Leopold, daß «der Allerhöchste dero gerechte kaiserliche und alliierte Waffen mit einer von unvordenklichen Jahren nie erhörten so vollkommnen großen Viktori gesegnet habe», und kassiert seinerseits die Belohnung des Herrschers, wenn auch alle Belege darüber fehlen.

Und die Schlacht bei Malplaquet am 11. September 1709, in der beinahe 200000 Menschen kämpften, war eine der größten und blutigsten des Jahrhunderts. «Tausende Soldaten wurden reihenweise niedergemetzelt» (Egghardt). Das «Hauptverdienst an dem Sieg» aber hatten nach Einschätzung aller Beteiligten die beiden Feldherren, die ihrerseits «diesen glorreichen Tag» priesen und die «herrliche Victoria», auch wenn, wie Eugen zugab, «wir sehr viel Menschen verloren haben», überdies die Verbündeten (deutsche, holländische, englische Truppen) nur das Schlachtfeld gerade behaupten, die Franzosen es völlig geordnet verlassen konnten.[16]

An allen Fronten läßt Eugen auch die Unterdrückten, die sich erhoben, zusammenhauen. Kamen ihm aber Empörungen zustatten, passten sie ihm ins eigene Konzept, wie Unruhen in Südostfrankreich, fachte er sie eifrig an und schlug noch aus den Erhebungen der «Malkontenten in den Cevennen» Kapital. Denn als dort die Camisarden, die Nachkommen von Albigensern und Waldensern (VII 140ff.), mit allen Mitteln katholisch gemacht werden sollten, als man Eltern die Kinder weggenommen, Frauen eingekerkert, Männer an die Galeeren geschmiedet, Prediger erschlagen, als man am 20. Februar 1704 im Cevennenkrieg 600 Widersätzliche abgeknallt, im nächsten Jahr über 200 Protestanten lebendig verbrannt, gerädert, gehängt hat, da imponiert eben diese ja heilsgeschichtlich so bewährte Mission dem edlen Recken, da empfiehlt er sie geradezu als «Exempel» für das eigene Vorgehen gegen «das rebellische Unwesen» in Ungarn, wo immer wieder der Bürgerkrieg aufflammt, da drängt er im Sommer 1705, «endlich die Schärfe zu ergreifen und nach dem Rigor der Waffen mit Feuer und Schwert wider diese treulosen und meineidigen Untertanen dergestalt zu verfahren, dass sie selbst zum Kreuze kriechen und um Gnade würden bitten müssen, ihre Nachkömmlinge aber allezeit die Gedächtnis vor Augen möchten, damit ihnen die Lust zu derlei Aufstand und Rebellion allerdings vergehen könnte».

Die gleiche Brutalität bekundet der Prinz gegenüber einem Volksaufstand in Bayern, wozu eine von Wien befohlene Zwangsrekrutierung, eine auch von ihm verlangte Auslieferung von 12000 bayerischen Rekruten an das kaiserliche Heer sowie eine enorme Steuerforderung von über drei Millionen Gulden den Anlaß gaben. Pfälzische Regimenter, bereits auf dem Marsch nach Italien, wurden zurückgerufen und in der «Sendlinger Mordweihnacht», vor den Toren Münchens, mehr als 4000 Bauern niedergemacht. Der edle Prinz forderte auch damals, «weiter gegen diese Rebellanten mit dergleichen Rigor zu verfahren und gegen sie ein für allemal keine Barmherzigkeit zu haben», sei «dieses Gesindel» doch der «Gnade nicht wert».

Auch in den Niederlanden, wo er zeitweise, ohne je dort gewesen zu sein, das Amt des Generalgouverneurs betraute und dafür ein Jahreseinkommen von schätzungsweise 200000 Gulden bezog, ließ er, als sich Widerstand gegen die Fremdherrschaft regte, einen 70jährigen Anführer öffentlich köpfen.

In bewährter Perfidie will Eugen, nachdem es zu Aufruhr in den Städten gekommen war, zu Umzügen, Tumulten, vor allem in Brüssel, der Hauptstadt, aber auch in Gent, Antwerpen, Mechelen, den «Geist der Meuterei» zwar nicht offen bekämpft oder überhaupt nicht bekämpft haben, will er jedes scharfe Vorgehen vermieden, vielmehr Verständnis gezeigt sehen, Entgegenkommen, wenigstens solange genügend Streitkräfte fehlen. Er ist also einverstanden, daß man «dissimuliert», sich verstellt, das eigentliche Vorhaben verheimlicht, bis ausreichend Militär im Land ist, um «diese befremdende und skandalöse Gärung», «diesen unverschämten und kühnen Pöbel, der keine Rücksicht verdient und jedes Zeichen der Milde verachtet», auszuschalten. Dabei hält er auch die Anwendung der Folter für erlaubt in allen Fällen, in denen bereits Überführte verdächtig waren, nicht allein gehandelt zu haben, was man wohl leicht unterstellen konnte. Und am 17. September 1719 wurde einer der Anführer, François Anneessens, hingerichtet, gewiss kein Gewaltmensch, kein Revolutionär, sondern, wie Max Braubach schreibt, «offenbar ein biederer, von der Gerechtigkeit seiner Sache überzeugter Bürger, der übrigens mit Mut und Würde in den Tod ging.»[17]

Daß der Schöpfer einer immer mehr auf Krieg gedrillten Truppe auch mit dieser selbst nicht zimperlich umging, wird kaum sehr erstaunen. Für sein eigenes Regiment forderte Eugen «die schärfste Mannszucht» und prahlte schon als Armeeführer, daß er «auch für den kleinsten (!) Exzeß viele habe mit dem Leben strafen lassen». Und seine 1710 erlassene «Disziplins- oder Zuchtordnung» kündigte bereits für Verfehlungen gegen die Marsch- (erst recht natürlich gegen die Gefechts-)Disziplin sofort zu vollziehende Todesstrafe an. So befahl sie etwa, daß jeder für Entfernung von der Einheit – und zwar nur 100 Schritte bei einem Marsch oder 1000 Schritte bei einer Rast vom Lager – «ohne alle Gnade und Barmherzigkeit aufgehängt» werde, ebenso wer Kirchen, Klöster, Schlösser, Häuser plündere. Die Versuchung dazu mag manchmal, gerade bei herrschendem Verpflegungsmangel oder bei ausstehenden Soldzahlungen, nicht gering gewesen sein. Und als im Sommer 1698 wieder einmal Truppen nicht bezahlt worden waren und meuterten, ließ der Prinz einen Teil der Männer Spießruten laufen, 20 aufhängen, 12 erschießen.

Wieweit Eugens Unversöhnlichkeit, ja Rachsucht gehen konnte, zeigt die Auseinandersetzung mit seinem langjährigen Freund und Kampfgenossen Claude-Alexandre Comte de Bonneval, der seinerseits freilich Eugen an Haßausbrüchen nicht nachstand. Und dieser tat noch ihrer Entzweiung alles zu seiner Vernichtung. Er ließ ihn von 40 Dragonern auf den Spielberg bei Brünn, in einen der schlimmsten Kerker des Reiches, bringen und nach seiner Flucht und seinem Übertritt zum Islam in Konstantinopel mit Intrigen und Agenten verfolgen, sogar, mit Billigung des Kaisers, einen Giftanschlag (mit Diamantenpulver) auf ihn machen, der allerdings mißlang.[18]

Haupt der Hochverräter

Als Staatsmann hat Prinz Eugen ebenso mit den Mitteln der Arglist, der Heimtücke gearbeitet wie als Stratege, als Feldherr; hat er neben seinen großen Schlachtenplanungen oft ein Doppelspiel getrieben, sich immer wieder mit dem Einsatz von Agenten, Informanten, Überläufern beschäftigt, mit Operationen im Untergrund, und zwar nicht nur, «um den Schlichen und Plänen der anderen Seite auf die Spur zu kommen, sondern auch um durch Anstiftung von Verschwörungen und Erhebungen, durch Zusammenwirken mit unzufriedenen Elementen im eigenen Bereich des Gegners diesem zu schaden und unter Umständen sogar den Kriegsverlauf entscheidend zu beeinflussen.»

Man hat dem edlen Ritter geradezu eine «besondere Vorliebe für den unterirdischen Krieg» (Braubach) attestiert, um nicht zuletzt durch derart gewonnene Erkenntnisse mitunter überraschend ergiebige Aktionen im feindlichen Hinterland eröffnen zu können. Er, der «Roi des honnêtes hommes», wie ihn Friedrich Carl von

Schönborn, der fränkische Fürstbischof, fasziniert nennt, hat ganz Europa mit seiner verschlagenen politischen Kriegsführung überzogen, einem sorgfältig ausgeheckten, von der offiziellen Diplomatie strikt abgeschirmten Spionagenetz, das von Paris über München und Berlin bis Warschau, bis St. Petersburg reichte, von Madrid und Venedig bis in den Norden Europas, aber natürlich auch kleinere Fürstenhöfe des Reiches einbezog: die seit etwa 1712 bestehende, raffiniert organisierte und dirigierte Schöpfung eines Mannes, dessen «Geheimnis», so eine französische Denkschrift aus dem Jahr 1719, «undurchdringlich», dessen «hervorstechendste Eigenschaft», auch nächsten Freunden gegenüber, «Verschlossenheit und Verstellung» war, damals «ganz sicher» eine der «bestinformierten Personen Europas» (Duchhardt).

Nur ein sehr kleiner, zu höchster Geheimhaltung verpflichteter Kreis wurde eingeweiht, auch Karl VI., dessen Einbeziehung schon aus Gründen der Finanzierung notwendig war. Kostete ein solches Europa umspannendes Spitzel-System doch enorm viel Geld. Überdies kümmerte sich der Monarch, schon allgemein am Verhalten von Menschen, an ihrem Charakter interessiert, auch persönlich um Überwachungen, zumal im Geheimkrieg der Agenten. Er wollte selbst anregen, selbst aktiv eingreifen, etwa bei der Enttarnung eines «Spia doppia», eines «Doppelspions», kurz jedes «Secret du Prince» war zugleich ein «Secret de l'Empereur».

Nun sind außenpolitische Geheimkontakte, ist vertraulicher Gedankenaustausch zwischen Fürsten und Staatsmännern natürlich nichts Neues gewesen und sozusagen selbstverständlich. Doch hatte man im 18. Jahrhundert das professionelle Aushorchen, Ausspähen, das Irreführen, Täuschen, hatte man die heimliche Überwachung, das Bespitzeln, den Verrat zu einer Hochform entwickelt und benutzte beim Erschließen geheimer Nachrichtenquellen alle möglichen Praktiken der Verschleierung, Irreführung, Ausmanövrierung, Übertölpelung: doppeltes Berichterstatten, besondere Chiffren, dolose Postkontrolle, auch eigene Kuriere, speziell gesicherte Wege, geheime Kundschafter. Eine gewaltige Ausbeute, ein kaum abreißender Strom von Paketen mit Agentenmeldungen, Sonderbriefen, mit geheimen «Relationen», «Notaten», «Extrakten», «Partikularitäten», «Konfidenzen» wurde Eugen so in die Hände gespielt und teilweise mit stupendem Erfolg ausgewertet.

Man erkundete, neben dem «Ordinari-Weg» über die Hofkanzlei zum Kaiser, die unterschiedlichsten Staats-, Amts-, Dienstgeheimnisse, man holte Analysen über die allgemeine politische Lage oder aktuelle Konferenzen ebenso ein wie Bescheide über spezielle Vorkommnisse, Intrigen, man studierte die Abschriften von Verträgen und Vertragsentwürfen, las die Briefwechsel hoher Geheimnisträger, Diplomatenkorrespondenzen, erforschte die privaten Defizite von Fürsten, von ihren Verwandten, die «Arcana» der Gesandten. Unter Eugens Komplizen fanden sich Schreiber, Sekretäre, Kammerdiener, Botschafter und Minister, und hatten seine Zuarbeiter Glück, wohl kaum die Regel, wurden sie nach ihrer Enttarnung in kaiserliche Dienste übernommen.

Der edle Ritter zahlte Sondergelder, «Pensionen», «Renten», mitunter an seine Werkzeuge in Säcken verschickt, häufiger vermittelt aber durch das Wiener Bankhaus der Brüder Palm oder entsprechende Kanäle, wenn auch, begreiflicherweise, Unterlagen über die Gesamthöhe dieser Ausgaben zu fehlen scheinen.

Kaiserliche Zuwendungen – angeblich aus einer Privatschatulle des Monarchen – flossen offenbar so reichlich wie die geheimen Quellen dafür.

In Frankreich, überliefert Preußenkönig Friedrich II., gehörte zu den von Eugen Gekauften lange Zeit der Postmeister von Versailles, «der ihm Abschriften aller Sendungen des französischen Hofes an die Generäle sandte». In Bayern wurde für Nachrichten über den Münchner Hof der sächsische Agent Gottfried Freiherr von Schnurbein, in Kurköln für die Fülle seiner Preisgaben der mächtige Minister Graf Ferdinand von Plettenberg bezahlt, in Venedig der polnische Graf Ämilius Villio von Wien. In Berlin kooperierte man mit dem vom König Friedrich Wilhelm hochgeschätzten holländischen Gesandten Baron Ginckel, Einblicke in bedeutsame Interna der Madrider Regierung eröffnete der kaiserliche General und Diplomat Graf Königsegg, Geschehnisse und Absichten in England verriet der britische Diplomat Henry Davenant und bekam dafür «mehrfach erhebliche Summen».

Nicht wenige Spione des edlen Savoyers waren durch regelmäßige Entrichtungen gekauft, so in Potsdam der königliche Castellan und Kammerdiener Rudolf Wilhelm Eversmann für ein Jahressalär von 100 Dukaten oder der preußische Diplomat Benjamin Friedrich von Reichenbach für erst 600, dann 900 Taler im Jahr. Einer der maßgebenden Männer am Berliner Hof, der wirkliche Geheime Rat und Staatsminister Friedrich Wilhelm von Grumbkow, ein Freund des Königs, kassierte erst 1000 Dukaten, dann 6000 Gulden jährlich, dazu noch einmalige Bestechungsboni.

So ansehnlicher Vergütungen wie Grumbkow erfreute sich für «importante» Spitzeldienste auch «einer der geschicktesten Männer», nach dem Urteil eines kompetenten Wiener Zeitgenossen, «so nun in Deutschland leben», der sächsisch-polnische Minister Ernst Christoph von Manteuffel, später zeitweilig Mentor des jungen Friedrich (II. d. Gr.), des preußischen Kronprinzen. Auch dieser kam übrigens in den Genuß verdeckter Zahlungen, um ihn für den Kaiser zu gewinnen. Es geschah auf direkte Anweisung Eugens, der dabei dem Vermittler versicherte, «dass dies das kräftigste Mittel, wodurch Sie des Kronprinzen Vertrauen sich zuziehen, auch mehr Neigung gegen Kaiserliche Majestät selbigem beibringen können, zumalen bei derlei flüchtigen Gemütern notwendig in ihre Passiones hineingegangen werden muß, um sich angenehm bei ihnen zu machen und mit Nutzen alsdann operieren zu können». Am 11. April 1733 wurden dem späteren Friedrich «dem Großen» 3210 Dukaten überwiesen, am selben Tag auch seine Lieblingsschwester, Prinzessin Friederike Sophie Wilhelmine Markgräfin von Bayreuth, mit 1000 Dukaten bedacht. (Man erwog sogar, pflichtschuldigst voraussehend, Bestechungen erst für die Zukunft, für noch kaum zu nutzende Fälle. So ventilierte man, der Frau von Katsch, als Oberhofmeisterin der Gattin des künftigen Königs vorgesehen, 1000 bis 1200 Gulden auszusetzen, um sie sich ganz zu verpflichten.)[19]

5. KAPITEL

DER SIEBENJÄHRIGE KRIEG

«Der Siebenjährige Krieg war nicht der durch Vernunft entschärfte Kabinettskrieg ..., ja die Menschenverluste waren, bezogen auf die jeweilige Einwohnerzahl, nach manchen neueren Berechnungen mit den Bevölkerungsverlusten Deutschlands in den Weltkriegen unseres Jahrhunderts vergleichbar. Der päpstlichen Diplomatie sind die Kriegsschäden nicht ganz entgangen, aber einzelne Worte des Bedauerns gehen nicht sehr tief und spiegeln oft kaum mehr als die fiskalischen Sorgen der Höfe wider. Irgendeinen Versuch einer humanitären Intervention oder einer noch so unverbindlichen Fürsprache für die unmittelbar vom Krieg Betroffenen würde man in der ganzen Nuntiaturkorrespondenz dieser Zeit vergeblich suchen ... Engagieren konnte sich das Papsttum hingegen für die Offizierskarriere einzelner Personen, zumeist italienischer Herkunft. Doch ist dies nur ein Reflex des üblichen höfischen Empfehlungswesens, das hier ins Militärische übergriff. Darüber hinaus hat sich die Kurie nur für Kriegsgeschädigte im Fürstenrang an den Höfen eingesetzt.

Die drei Hauptklienten waren der in Sachsen angegriffene König von Polen und seine Familie, Friedrich von Hessen-Kassel, den Rom auch nach seinem Regierungsantritt als halben preußischen Gefangenen ansah, und eben Fürstbischof Schaffgotsch, seit er vor den Preußen geflohen war. Nach dem mitleidheischenden Ton zu urteilen, könnte man meinen, nicht die nach Hunderttausenden zählenden Toten und Verwundeten der Feldzüge, die im Zeitalter der absolutistischen Söldnerheere allgemein noch kaum eines mahnenden Gedenkens gewürdigt wurden, sondern diese drei fürstlichen Herren seien als die eigentlichen Leidtragenden der Kriegszeit anzusehen.»

Johannes Burkhardt[1]

«Es wäre gegen die Menschlichkeit, wenn nicht gegen die Religion, die Fortsetzung eines so blutigen Krieges zu wünschen wie des gegenwärtigen; aber da nach den Mißerfolgen des vergangenen Feldzuges noch immer kein ehrenvoller und der guten Sache vorteilhafter Friede zu erhoffen ist, ist es weniger schlimm, wenn der Krieg weitergeht; muß man doch auf das Erbarmen Gottes des Herrn vertrauen, daß er den Dingen ein anderes Aussehen gebe» (... è meno male che seguisi la guerra, dovendosi confidare nella misericordia del Signor Dio, che faccia mutar aspetto alle cose)».

Kardinalstaatssekretär Luigi Maria Torrigiani an den Wiener Nuntius Vitaliano Borromeo am 27. Dezember 1760[2]

«Nach modernen Schätzungen kostete der Titanenkampf des Siebenjährigen Krieges die streitenden Parteien eine halbe Million Tote, von denen 180000 Preußen waren ... Allein ein Regiment, die Jung-Braunschweig-Füsiliere, verbrauchten im Verlauf des Krieges 4474 Mann. Das bedeutet, daß das Regiment dreimal total ausgelöscht wurde ... In materieller Hinsicht standen auf der Verlustseite 60000 Pferde (!) und 13000 Wohnhäuser (!) sowie nicht weniger als 139000000 Thaler ... Es läßt sich nicht leugnen, daß die numerischen Verluste des Siebenjährigen Krieges mit verblüffender Leichtigkeit wieder wettgemacht wurden.»

Der englische Militärhistoriker Christopher Duffy[3]

Im Laufe des 17. Jahrhunderts, besonders in dessen zweiter Hälfte, war mit dem Ansehen auch der Einfluß des Papsttums mehr und mehr gesunken, glaubte man überhaupt ganz allgemein, daß eine geistliche Regierung von Übel sei.[4]

Dafür gab es viele und sehr verschiedene Gründe, und nicht wenige resultierten aus der Kirche selbst.

Staatsallmacht wider vatikanische Zentralgewalt

Einmal war sie bis in ihre höchsten Kreise, bis in das heilige Kollegium der Kardinäle hinein in Parteiungen gespalten, die sich oft arg bedrängten, wie schon die lange Dauer vieler Papstwahlen bezeugt. Das Konklave von 1644, das Innozenz X. erwählte, dauerte fünf Wochen; das Konklave, das 1655 seinen Nachfolger Alexander VII. kürte, dauerte mehr als doppelt so lang, achtzig Tage. Bei der Wahl Klemens' X. 1670 zögerte der Heilige Geist, immerhin die dritte Person der Gottheit – zum Entzücken der Satiriker – fast viereinhalb Monate, ehe er seine Entscheidung traf. Und bei der Wahl Innozenz' XII. 1691 ließ er sich gar fünf Monate Zeit, vom 12. Februar bis zum 12. Juli, man bedenke: fast tägliche Abstimmungen, fast täglich wechselnde Koalitionen, Verwirrungstaktiken etc.

Das Kollegium der Kardinäle, in dem Graf Lamberg, Wiens Gesandter in Rom, wie er am 14. April 1703 dem Kaiser schrieb, mehr Atheisten als Christen vermutete, war traditionell zerstritten. Es gab diverse informelle Wählergruppen, gab die sogenannten Kronparteien, die Gruppe bourbonisch Gesinnter und die Anhänger Habsburgs, gab den Kreis der Zelanti, besonders kurienbezogene Kardinäle, gab unentwegt Einwirkungen von außen, insgeheime und offizielle, wie durch das Ius exclusivae, die förmliche Exklusion, das heißt das Verbot, einen den katholischen Souveränen Frankreichs, Spaniens oder Österreichs unerwünschten Kandidaten zum Papst zu wählen, ein jeder Krone freilich nur einmal konzediertes Recht; es bestand bis 1904. Absolutistische Regenten und Staatsmänner machten ihren Einfluß und ihre Interessen geltend. Kardinal Mazarin schickte zum Konklave 1644 aus Paris Bestechungsgelder. Man drohte mit dem Verlust von Pfründen und Pensionen, versprach Bistümer und Erzbistümer. Am Rande sozusagen des Konklaves Klemens' XI. kämpfte Personal des französischen Botschafters in Rom, Luigi Grimaldi, Prinz von Monaco, gegen Leute der vatikanischen Sicherheitsdienste, wobei mehrere Menschen umkamen. Kurz, man bot immer alles auf, was möglich war, um einen aussichtsreichen Kandidaten zu Fall zu bringen oder einen andern zu fördern.

Im Laufe des 18. Jahrhunderts dominierten nicht nur die drei nichtkatholischen Großmächte Europas, England, Preußen, Rußland, die katholischen, sondern auch diese, ihrerseits wieder gespalten in die einander immer heftiger befehdende französische und österreichische Partei, erhoben sich mehr oder minder über die sie Jahrhunderte gängelnde vatikanische Macht. Der immer stärker werdende staatliche Absolutismus verdrängte den der Päpste beinah bis zur Bedeutungslosigkeit.

Das zeigte sich vor allem unter Ludwig XIV.

Der Bourbone, persönlich durchaus gläubig und selbst mit sakraler Weihe ausgestattet, wie man denn schon in seinen Vorgängern die Stellvertreter Gottes sah, griff auch in die geistliche Gewalt des Klerus empfindlich ein, unterdrückte diverse Orden, beschlagnahmte kirchliche Güter, brachte, gleich seinen Ministern, Verwandte, Freunde, Anhänger auf Bischofs- und Abtssitze, wobei dann ein Drittel der neuen geistlichen Herren am Hof von Versailles statt in ihren Sprengeln lebte. Ranke, nach dem kein Fürst seine Klerisei vollkommener beherrschte als Ludwig XIV., zitiert in diesem Zusammenhang den Prinzen Condé: Sollte es dem König gefallen, zur protestantischen Kirche überzugehen, würde ihm der Klerus zuerst nachfolgen.

Die Staatsallmacht drängte stets mehr heraus. Viele Fürsten machten sich immer unabhängiger von Rom, vom Papst; sie richteten sich aber nicht etwa wider den Glauben, die tradierte Religion, das Christentum, das im Gegenteil als sogenannter Ordnungsfaktor, als pädagogische Bändigung des Volkes nützlich, willkommen blieb wie eh und je; richteten sich schon gar nicht gegen «Gott», den Herrgott, den Gott der Herren, für die Fürsten, wie dann Schopenhauer in ‹Parerga und Paralipomena II› im Kapitel über Religion höhnt, der Knecht Ruprecht, «mit dem sie die großen Kinder zu Bette jagen, wenn nichts Anderes mehr helfen will; daher sie auch viel auf ihn halten ...»

Wohl aber setzte sich allmählich ein Widerwille und Widerspruch gegen alles allzu Dogmatische, gegen Begriffe wie Offenbarung, wie Übernatur durch, ein Übergang vom theistischen zum mehr deistischen Denken, zum mehr säkularen. Und dieser Gesinnungswandel ergriff dann auch breitere Schichten, schaffte langsam mehr Verständnis für die Kategorien der Vernunft, der Natur, für Toleranz, was der Aufhebung der Leibeigenschaft, der Hexenverfolgung, der Folter zugutekam, wobei freilich die wenigsten ahnen konnten, daß sie aus der Bindung an die papale, die klerikale Gewalt überhaupt immer mehr in die staatliche, in die Dienstbarkeit der weltlichen Behörden glitten. Anders gesagt, was der Papst, was die christlichen Hierarchen verloren, gewannen die Fürsten.

Am deutlichsten wahrzunehmen war dieser zeitgeistige Wechsel, dieser Umschwung im Allerchristlichsten Frankreich, wo angeblich schon unter Richelieu in Paris 40000 Atheisten lebten. Von Frankreich jedenfalls gingen alle mehr oder minder nationalkirchlichen Ideen und Strömungen aus, die zwischen 1600 und 1800 das Papsttum besonders bedrohten.[5]

Gallikanismus, Episkopalismus, Jansenismus und staatlicher Absolutismus

Der Gallikanismus, eine erst im 19. Jahrhundert als Gegenbegriff zum Ultramontanismus geschaffene Bezeichnung, war eine nationale Haltung, die sich in Frankreich schon im Laufe des Spätmittelalters, wenn nicht früher, herausgebildet hatte, dort im 17. und 18. Jahrhundert besonders mächtig wurde, das bis zur Französischen Revolution, bis in die Zeit Napoleons auch blieb und sich im Wesentlichen gegen das römische Papsttum kehrte. Mit Hilfe der gallikanischen Kirche, der «ecclesia gallicana», wie die Zeitgenossen sagten, führte Ludwig XIV., der katholische König, einen mehr als dreißigjährigen offenen Kampf gegen den Heiligen Stuhl.

Die französische Kirche war dabei eines seiner wichtigsten Herrschaftsinstrumente. Sie suchte an ältere Immunitäten und Freiheiten anzuknüpfen und erstrebte jurisdiktionell wie administrativ eine weitgehende rechtliche Unabhängigkeit vom papalen Kurialismus und Zentralismus. Unter Anerkennung des theologischen Primates, das heißt der päpstlichen Autorität in Glaubensfragen, stritt sie für die auf Weisung des Königs am 19. Dezember 1682 in vier Artikeln vom Klerus in Paris deklarierten, 1693 zwar zurückgenommenen, praktisch aber bis ins 19. Jahrhundert wirksamen sogenannten gallikanischen Freiheiten. Dabei ordnete sie den Papst, wiewohl in Glaubensfragen höchste Instanz, dem allgemeinen Konzil unter, erklärte seine Glaubensentscheidungen keinesfalls für unumstößlich, sondern nur mit Zustimmung der Gesamtkirche für unfehlbar, und gestand ihm über Könige und Souveräne überhaupt keine weltliche Gewalt zu.

Der Papst andererseits exkommunizierte den Beichtvater des Königs, den Jesuiten La Chaize, der nicht nur mit Leibniz und anderen «Ketzern» Kontakte unterhielt, sondern auch die Verfolgungen der Protestanten «odieuses et barbares» nannte. Er exkommunizierte den französischen Botschafter in Rom und verweigerte schließlich 35 von Ludwig eingesetzten Bischöfen die kirchliche Anerkennung. Den Kardinal Fürstenberg in Köln inaugurierte der König 1688 mit

Waffengewalt, im gleichen Jahr, beiläufig, in dem er auch das päpstliche Avignon besetzte.

Zur selben Zeit, als der Gallikanismus besonderes Gewicht bekam, zwischen dem Ende des Dreißigjährigen Krieges also und dem Beginn der Aufklärung, erlangte auch der Episkopolismus seine größte Effizienz, und zwar ebenfalls in Frankreich, wo der Gallikanismus nicht wenige Gemeinsamkeiten oder Affinitäten mit episkopalistischen Ideen aufweist, vor allem die Eigenständigkeit des Bischofsamtes und die Reduzierung der papalen Macht zugunsten der bischöflichen. Diese bezog man jetzt nicht mehr auf die Päpste, vielmehr unmittelbar auf Gott. So konnten die Verfechter des Episkopalsystems auch die Superiorität des Konzils über den Papst vertreten, den Konziliarismus, statt der Unterordnung des Konzils unter den Papst.

Vor allem im 17. und 18. Jahrhundert bedingte der Episkopalismus ein neues Selbstbewußtsein der Bischöfe, eine Aufwertung ihrer Rechte und Ansprüche besonders gegenüber dem Papsttum, aber auch gegenüber den Landesherren, was oft langwierige Streitigkeiten etwa hinsichtlich der Besetzung geistlicher Ämter oder des Verfügungsrechts über das Kirchengut ergab; wie denn der staatliche Absolutismus sich zu einem immer mächtigeren Konfliktherd gerierte gegenüber der schwächer werdenden geistlichen Gewalt.

Einfluß auf die zeitgeistigen Verhältnisse bekam ebenfalls der Jansenismus, eine sich rasch vor allem wieder in Frankreich ausbreitende innerkatholische Reformbewegung, der auch Pascal und Racine nahe standen. Sie ging auf den Löwener Professor und späteren Bischof Cornelius Jansen von Ypern zurück, der an die Gnadenlehre des Augustinus anknüpfte und eine Kirche im Geist der frühen Christenheit begründen wollte. Die Jansenisten, gelegentlich auch «katholische Pietisten» genannt, bildeten in Holland sogar eine eigene Kirche. Von nicht wenigen Päpsten verurteilt, pflegten sie strenge Frömmigkeit, besonders eine rigorose Sakramentenpraxis, und bekämpften die Veräußerlichungen des Katholizismus, seinen barocken Prunk, sein Wallfahrts-, sein Heiligenwesen, nicht zuletzt, ihr Hauptfeind, die Jesuiten, vor allem deren kasuistische Moraltheologie, Laxismus und Probabilismus – für Pascal schlicht «eine Verbrecherbande» (Pastor).

Wegen der scharfen Kritik am Absolutismus Ludwigs XIV. aber hatte der immer heftiger aufflammende Jansenismusstreit auch eine politische Komponente. Der König fürchtete das die Monarchie destabilisierende Potential der Bewegung, fürchtete eine (weitere) religiöse Spaltung des Staates, ihr Zusammengehen mit oppositionellen Kreisen der Aristokratie wie des Bildungsbürgertums, und ließ schließlich aus dem Hauptsitz und geistigen Zentrum des Jansenismus, der Zisterzienserinnenbleibe Port Royal bei Paris, die Nonnen vertreiben und das Kloster 1710 niederreißen.[6]

Krieg selbst zwischen Papst und katholischem Kaiser

Neben Spanien, den Spanischen Niederlanden und Süddeutschland war durch den Spanischen Erbfolgekrieg Italien, wo zwei der begehrtesten Territorien, Mailand und Neapel, der spanischen Krone gehörten, zum Hauptkriegsschauplatz geworden und der Vatikan unmittelbar betroffen.

Als Papst regierte während des ganzen Krieges und darüber hinaus Klemens XI. (1700–1721), und ohne Zweifel trug er zur weiteren Schwächung des Heiligen Stuhles nicht unerheblich bei. Klemens, erst kurz vor seiner Papstwahl zum Priester geweiht, hatte schon als Kardinal Gian Francesco Albani, der Linie seines Vorgängers folgend, Sympathien für Frankreich und diese Vorliebe auch als Papst beibehalten; wobei er selbstverständlich, in alter kurialer Tradition, Unparteilichkeit, eine vermittelnde Haltung vorgab. So im März 1701, indem er «als gemeinsamer Vater der Christenheit, als über den Parteien stehender Mittler» auftrat oder Ende August 1705 dem neuen Kaiser Joseph I. sich als «Vater aller Gläubigen» empfahl, gänzliche «Neutralität» versicherte, während «das gute Gewissen», das er hatte, gelegentlich Rüstungen ebenso gebot wie Bittprozessionen, Gebete für den Frieden, zumal er in Rom selbst, wie er klagte, «von nichts als Mord und Totschlag» höre; sein eigener Brevensekretär Zeccadoro wurde schon 1702 umgebracht.

Während Klemens XI., dieser äußerst fromme Pontifex, der täglich die Messe gelesen, täglich gebeichtet, der seine Erholung beim häufigen Besuch von Kirchen und beim Predigen gefunden haben soll, während der Papst sich weiterhin zur Neutralität bekannte, zum Frieden mahnte, war seine Bourbonen-Parteilichkeit offensichtlich, schickte er Philipp V. Glückwünsche, gewährte ihm Hilfsgelder, pries er «die Seelengröße» Ludwigs XIV., erfreute sich an dessen Waffenerfolgen, glaubte an seinen Endsieg, kurz, begünstigte er, wo immer er konnte, die Franzosen durch Gefälligkeiten, so daß Graf Lamberg, des Kaisers doch gleichfalls frommer Gesandter, den Heiligen Vater schon Anfang Mai 1702 als «vollendeten Heuchler» schilderte, wie er auch dessen Kardinalstaatssekretär Fabricio Paolucci (nicht zu verwechseln mit dem päpstlichen General Paolucci, der im Juni 1704 bei Ficcarolo die österreichischen Truppen zugunsten der französischen verriet) «stinkend französisch» schimpfte. Freilich schien der Gesandte generell nicht gerade klerusfreundlich; zumindest zitierte er zuweilen «das häßliche Wort», Priester könne man nur «durch Geld und Stock» (la borsa ed il bastone) leiten.

Kein Wunder, verschlechterten sich auch die Beziehungen zwischen Wien und Rom, zwischen dem tiefkatholischen Kaiser und dem Papst, und sie verschlimmerten sich noch, als Leopold I. am 5. Mai 1705 in der Wiener Hofburg starb und ihm sein ältester Sohn Joseph I. auf den Thron folgte.[7]

Schon am 30. August 1705 beteuerte der Papst in einem eigenhändigen Schreiben an den neuen Herrscher, Gott wisse es, die Welt und Wir selbst wissen es: «auch nicht im geringsten wollten Wir Uns von der vollständigen Neutralität des gemeinsamen Vaters entfernen. Wir zweifeln nicht, dass auch Ew. kaiserliche Majestät dies erkennen werden, wenn, wie Wir fest hoffen, Sie den Impulsen der Frömmigkeit und Gerechtigkeit folgen, die Ihnen von Ihren ruhmvollen Vorfahren ebenso angestammt sind wie die Würde und Ehre des Schirmvogts der Kirche.»

Doch diese Würde und Ehre hielt Joseph I. (1705–1711) so wenig von der Weiterführung des Krieges ab wie etwa die klementinische, ja auf derselben Linie liegende Beschwörung seiner «angeborenen, wahrhaft österreichischen Frömmigkeit», zumal Joseph, was der Heilige Stuhl mehr als alles fürchtete, die Autorität des Kaisers in Italien wieder herzustellen trachtete, den dortigen Reichsbesitz wieder begehrte, nicht nur aus Reichsinteresse, der Reaktivierung alter, freilich reichlich umstrittener Lehensrechte wegen, sondern ebenso aus dynastischen Gründen, wie ja gemäß altem Habsburger Brauch – aus Reichsgut mach Hausgut (s. VII 10. Kap., bes. 361 ff.) – auch Josephs Vater und Vorgänger Leopold, in einer 47jährigen Herrschaft voller Herausforderungen zwar durch Türken und Franzosen, doch voller Gottvertrauen auch, nie auf die Ausweitung und Erhöhung seines Hauses vergaß. Denn prinzipiell gilt (nicht nur) für jene Zeit: «Die habsburgischen Kaiser bleiben in erster Linie auf Vermehrung ihrer Hausmacht bedacht» (Der Kleine Ploetz).

Im Frühherbst 1706 erfolgte mit Prinz Eugens Sieg bei Turin und seinem Einmarsch in Mailand die Eroberung Oberitaliens, ein Jahr später die Neapels, womit die Halbinsel in der Hand des Kaisers war. Schon während der Feldzüge aber, 1704 und 1705, hatten die Kaiserlichen vatikanisches Gebiet verletzt, im Sommer 1707 zogen sie, an den Toren Roms vorbei, durch den Kirchenstaat. Immer wieder klagte, beschwerte sich Klemens XI. über das Ignorieren seiner Rechte, weltlicher wie geistlicher, über Ausschreitungen der Invasoren, die rücksichtslosen Requisitionen, die Besteuerung des Klerus, das Malträtieren von Priestern, Schänden von Kirchen, das Abhalten «häretischer» Gottesdienste durch protestantische Feldprediger, über die Bedrückung und Ausbeutung seiner Untertanen durch die Besatzer, die doch, zumindest zunächst, eher als Befreier erschienen. Muß ja selbst Ludwig von Pastor einräumen: «Fast allenthalben wurden die Österreicher von der Bevölkerung mit Jubel begrüßt.»[8]

Papst Klemens XI. aber war von Anfang an und dann immer mehr frankophil, ein Franzosenfreund, während der junge Joseph die «Teufelsfranzosen» verabscheute. Sei ja auch «schon in früher Jugend» seine Ehrfurcht vor dem Papst erschüttert und sein Kopf erfüllt worden, so eine um 1695 zu seiner Belehrung verfaßte Denkschrift, mit «neuen Auslegungen des vergilbten Kaiserrechts». Joseph drängte auf Kampf; er kontrollierte schließlich den Norden und den Süden der Halbinsel, und Prinz Eugen beutete besonders jene Kleinstaaten steuerlich aus, die man als Reichslehen ansah, Genua, Toskana, Lucca, Modena, nicht zuletzt die Herzogtümer Parma und Piacenza, von denen der Papst behauptete, der Heilige Stuhl besitze sie mit bestem Recht seit drei Jahrhunderten. Ergo belegte er jeden, der sich daran verging, mit der großen Exkommunikation, was vor allem Prinz Eugen betraf, der freilich mit seinen Schröpfungen unbekümmert fortfuhr, ja den Kaiser aufstachelte, der päpstlichen Heiligkeit keinesfalls zu erlauben, daß sie sich «in die Temporalia so weit vermische und einmenge». Verfocht man doch, während sich allmählich eine Art Streitschriftenliteratur, ein regelrechter Federkrieg entspann, sogar die These, der Kaiser habe ein «unwiderrufliches Recht nicht nur auf Parma und Piacenza, sondern auch auf ganz Italien, die Stadt Rom und das Patrimonium Petri».

Vergebens legte Klemens Beschwerde auf Beschwerde ein, vergebens drohte er mit kirchlichen Strafen, vergebens rief er weltliche wie geistliche Fürsten um Hilfe an. Erfolglos erflehte er Beistand von der Kaiserin bis zum Beichtvater des Kaisers. Klemens wandte sich an den deutschen Episkopat, die bischöflichen Kurfürsten von Mainz und Trier, an den Großmeister des Johanniterordens, die Könige von Portugal und von Polen, an Venedig. Doch die italienischen Republiken und Herzogtümer blieben neutral oder bekannten sich zum Kaiser. Vergebens wandte sich der Römer, seine größte Enttäuschung, an Ludwig XIV., der ihn zwar seit zwei Jahren mit allen Mitteln zum Krieg gegen den Kaiser gedrängt, selbst aber weder mitmachen konnte noch wollte, da er den Höhepunkt seiner Macht und Möglichkeiten schon überschritten sah.

Doch Klemens prahlte, die Ketten zu brechen, welche weltliche Gewalt der freigeborenen Kirche schmiede; er warnte den Kaiser, «dem göttlichen Zorne so offenbar Trotz zu bieten», warnte ihn «dereinst vor einem furchtbaren Richterstuhle» und drohte: «Hüte Dich, teuerster Sohn (im Namen Jesu Christi, dessen Stelle Wir unwürdig vertreten, reden Wir Dich zum letzten Male an), hüte Dich, die Erstlinge Deiner blühenden Jugend mit dem Ärgernis des ganzen christlichen Volkes zu beflecken und Deine Regierung mit Kränkungen der Kirche, welche die Braut Christi ist, und ihrer Apostel zu beginnen.» Der Papst wollte deshalb sogar Martyrer werden; «denn Wir halten Unser Leben nicht für kostbarer als die Erfüllung dessen, was der vom Himmel Uns übertragene Dienst gebietet ...»

Joseph I. aber gestand in einem vom 26. Juni 1708 datierten Manifest –, vielleicht, wie man einmal schrieb, die schärfste Schrift, die je von einem Kaiser aus dem Hause Habsburg gegen einen Papst ergangen – gestand dem Papst keinerlei Recht auf die strittigen Herzogtümer zu, schon gar nicht das der direkten Oberherrschaft, und bezichtigte ihn der Usurpation. Er erklärte die Exkommunikation für null und nichtig, betonte vielmehr uralte Rechte von Kaiser und Reich auf Italien und ließ sich nicht irritieren «durch päpstliche Bullen ... möchten diese auch mit noch so vielen Bannstrahlen drohen.»

So konnte Klemens nur auf Gott vertrauen, konnte er das Allerheiligste aussetzen, tagelange Gebete anordnen – und militärische Beratungen, konnte er Truppen anwerben, rüsten. Und als die Kaiserlichen unter General Bonneval im Mai 1708 die kleine, im Podelta liegende und seit über hundert Jahren zum Kirchenstaat gehörende Küstenstadt Comacchio besetzten und beim Tor die Inschrift einmauern ließen: «Dem die alten Rechte Italiens wieder fordernden Kaiser Joseph», entschloss sich Klemens zum Krieg, der dann auch im Oktober 1708 begann.

Doch wurde es ein kurzer «unblutiger» Waffengang. Das Heer des Heiligen Stuhls, bunt zusammengewürfelt, schlecht gerüstet, unfähig geführt, war dem Ansturm der Kaiserlichen unter dem Feldmarschall Grafen von Daun hoffnungslos unterlegen, die allgemeine Stimmung gegen den Priesterstaat, Hilfe nirgends, auch von Frankreich nicht zu erwarten. Die Angst des Papstes aber vor einer Okkupation Roms wurde noch geschürt durch die Erinnerung an den grauenhaften Sacco di Roma (VIII 438!) So unterzeichnete er, wenn auch erst, buchstäblich, in letzter Stunde, am 15. Januar 1709 kurz vor Mitternacht, die Kapitulation: alles in allem verhältnismäßig maßvolle Bedingungen. Die für Klemens fatalste Forderung war wohl seine Anerkennung Karls III., Kaiser Josephs Bruder, als König von Spanien, was er bisher immer zugunsten Philipps V. verweigert hatte. Doch bereits ein Jahr nach Beginn des Krieges trug ein Breve Klemens' XI. die Aufschrift: «Carissimo in Christo filio Nostro

Carolo Hispaniarum regi catholico» (Unserem geliebten Sohn Karl, katholischem König von Spanien).[9]

Wenn nun aber das Papsttum auch weiterhin, durch das ganze 18., den größten Teil des 19. Jahrhunderts, Truppen unterhielt oder fremdländische Söldner rekrutierte, seine Rolle als Militärmacht hatte es längst ausgespielt – freilich noch längst nicht seine seit der Antike so kontinuierlich wie zynisch praktizierte Rolle als kriegstreiberische und kriegsfordemde Macht, ohne selbst Krieg zu führen! Diese Rolle kulminiert, quantitativ gesehen, recht eigentlich erst in unserer jüngeren, jüngsten Geschichte, der Zeit des Ersten, des Zweiten Weltkriegs, des Kriegs in Vietnam.

Ein anschauliches Beispiel aber einer solchen Kriegsführung, einer überaus beliebten papalen Kampfesart, der höchst effizienten Beteiligung nämlich am Krieg, ohne gleichsam an ihm beteiligt zu sein, ist im Jahrhundert der Aufklärung der Siebenjährige Krieg.

Noch immer die Tradition der Kreuzzüge?

Wie intensiv das Papsttum an diesem Konflikt interessiert war, wie sehr es mitwirkte, ohne selbst in die Kämpfe direkt einzugreifen, vielmehr sein Zutun mehr oder weniger verheimlichte, zeigte sich während des ganzen Kriegsverlaufs, wobei das religiöse Motiv auf protestantischer Seite provozierend hervorgehoben, auf katholischer lange entschieden bestritten, alles vielmehr getan worden ist, um den Krieg nicht als Religionskrieg erscheinen zu lassen. Doch allein die Tatsache, daß ein rundes Drittel des amtlichen Schriftwechsels zwischen der Wiener Nuntiatur und dem römischen Staatssekretariat in der Zeit des Siebenjährigen Krieges aus Kriegsberichten, nicht selten sehr detaillierten Kriegsberichten besteht, aus genauen jeweiligen militärischen Lagebeschreibungen, spricht für sich.

Die heilige Stadt war so voller geheimer Militaria, darunter selbst Meldungen vom überseeischen Kriegsschauplatz, daß man mit diesen Nachrichten sogar handelte, wobei auch der Beichtvater Klemens' XIII. seinen Part spielte; wie man sich überhaupt noch im Ancien régime der «Beichtväterdiplomatie» bei der Inanspruchnahme geheimdienstlich inoffizieller Kommunikationswege bediente, in Wien ebenso wie in Paris, am Münchner Hof durch Pater Stadler, am Hof des Kölner Kurfürsten durch Pater Kellerhofen.

Der besonders blutige Krieg, in dem das katholische Österreich und Frankreich auf der einen, das evangelische Preußen und England auf der anderen Seite kämpften, galt vielen Zeitgenossen, mitten im Jahrhundert der Aufklärung, noch als Konfessions-, als Religionskrieg. In der älteren Forschung betonen diesen Aspekt so herausragende Gelehrte wie der Jurist Johann Jacob Moser und der Historiker Leopold von Ranke. Und noch 1985 sieht Johannes Burkhardt in seiner Habilitationsschrift «Abschied vom Religionskrieg. Der Siebenjährige Krieg und die päpstliche Diplomatie», der ich im folgenden sehr verpflichtet bin, die entstandenen Konfessionen im späteren 17., ja mitunter noch im 18. Jahrhundert zwar in ihrer dogmatischen Wirksamkeit, nicht aber in ihrer allgemeinen Bedeutung geschwächt, hat vielmehr jetzt, politisch-rechtlich betrachtet, «ein ‹konfessionelles Zeitalter› im Reich eigentlich erst richtig begonnen.»[10]

Hinter der enormen konfessionspolitischen Aktivität der Kurie aber steht noch immer die Tradition der Kreuzzüge, der Blutbäder unter «Ketzern» und Heiden, der gewaltsamen Ausbreitung des Katholizismus, die alte Strategie, das eigene Lager notorisch zu beschwichtigen, zum Frieden aufzurufen, um desto kraftvoller alle Arten von «heiligen» Kriegen mit religiös Außenstehenden führen zu können – der die frommen Monsignori fast verzehrende Wunschtraum durch Jahrhunderte.

Diesem ideologisch wie materiell gestützten, hochgradig kriegstreiberischen Tun dient in nachlutherischer Zeit, im Ancien régime, besonders die Errichtung und der verstärkte Ausbau eines ständigen Nuntiaturdienstes, die meist sorgfältig vorgenommene Besetzung kurialer Außenstellen bei den einflußreichsten, immer wieder um Kollaboration angegangenen, doch durch ihren jahrhundertelangen machtpolitischen Gegensatz getrennten europäischen Mächten in Paris und Wien, an den Königssitzen in Spanien, Portugal, Polen, den größeren Höfen Italiens, in Venedig, Florenz, Neapel, den katholischen Kantonen der Schweiz. Denn nur bei den Souveränen, den zuständigen Staatsvertretern katholischer Konfession waren die offiziellen päpstlichen Diplomaten akkreditiert, keinesfalls bei Andersgläubigen. Und stets gehörte seit der Reformation zum Hauptprogramm dieser Legaten die bewußte Forderung einer Allianz der katholischen Fürsten, die Schaffung einer schlagkräftigen Einheitsfront, und, natürlich, unter der Ägide möglichst des Heiligen Stuhls, alles um des lieben Friedens, der heißbegehrten Eintracht willen zugunsten effektiverer Kriege.

Apologeten betonen die Häufigkeit und Eindringlichkeit päpstlicher Friedensappelle. Doch sie betreffen eben immer nur die eigenen Gläubigen, ist ja in all den Pazifizierungs-, den Vermittlungsaktionen des Papsttums «von der Reformationszeit bis zum Siebenjährigen Krieg in keinem Fall der Friede mit einer protestantischen Macht gemeint oder einbezogen» (Burkhardt).

Im ganzen 16. und 17. Jahrhundert waren gemischt konfessionelle Allianzen die Regel, dominierte, ungeachtet aller Schwankungen, der katholische Mächtedualismus, der alte Gegensatz zwischen den beiden großen katholischen Konkurrenten, den österreichischen Habsburgern und den französischen Königen, die europäische Politik, zumal die des Vatikans, kooperierte schon in der Reformationszeit Franz I., während er einen Krieg nach dem andern gegen Karl V., den katholischen Kaiser, führte, mit deutschen protestantischen Fürsten (VIII 433 ff.); kämpften im Dreißigjährigen Krieg die katholischen Franzosen gemeinsam mit den schwedischen Lutheranern, um nur daran zu erinnern.

Es versteht sich von selbst, daß die römische Kurie, so weit möglich, nichts unterließ, um ein Bündnis der katholischen Mächte, besonders der beiden führenden Kronen, zu erreichen und gegen alle Feinde des Römischen Stuhls, Türken wie «Ketzer», vereint losschlagen zu können. Man hatte dabei freilich weniger Erfolge als Mißerfolge, katastrophale Mißerfolge, wie vor allem im Dreißigjährigen Krieg und im Spanischen Erbfolgekrieg.[11]

Die «diplomatische Revolution»

Da schlossen am 1. Mai 1756 zur spektakulären Überraschung ganz Europas Wien und Versailles, die jahrhundertelangen Gegner, einen Bündnis- und Freundschaftspakt, von der Geschichtsschreibung «diplomatische Revolution» benannt. Es kam zu einem «renversement des alliances», einer gänzlichen Umkehr der politischen Konstellation. Anstelle der bisherigen, wenigstens seit dem Dreißigjährigen Krieg bestehenden habsburgisch-bourbonischen Opposition trat das Zusammengehen der zwei bedeutendsten katholischen Dynastien gegen die beiden maßgebenden protestantischen Staaten. Und dies geschah in einem Jahr, in dem nach dem Ersten Schlesischen Krieg (1740–1742), dem Beginn des Kampfes um die Vorherrschaft in Deutschland, und dem Zweiten Schlesischen Krieg (1744–1745) der Dritte Schlesische Krieg (1756–1763) begann, der Siebenjährige Krieg. (Hier sei, kurz vorausblickend, an Hitler erinnert, der sich gern auf den Preußenkönig bezog und am 23. November 1939 auch seinen Entschluß zum Krieg gegen Polen mit Friedrichs Entschluß zum Ersten Schlesischen Krieg verglichen hat.)

Nach der Annexion der österreichischen Provinz Schlesien, fast ganz Ober- und Niederschlesiens nebst der Grafschaft Glatz mit (insgesamt) 1300000 weiterer Untertanen im Frieden von Berlin (1742), nach dem Einstreichen dieses «Diebesgutes» (Duffy) durch Friedrich II. aber war nicht mehr Frankreich Österreichs großer Kontrahent, sondern Preußen; und Frankreich sah sich, jetzt an der Seite der Donaumonarchie, seit Beginn des Kolonialkrieges als Hauptfeind mit England konfrontiert, wo man Friedrich als «un allié protestant», ein Geschenk der Vorsehung feierte.[12]

Die Geheimverhandlungen über den entstehenden Pakt zwischen Wien und Versailles hatten im Herbst 1755 begonnen und waren im darauf folgenden Februar im Vatikan bekannt geworden. Viele Monsignori sympathisierten damals mit Frankreich. Kardinalstaatssekretär Silvio Valenti Gonzaga neigte Frankreich zu. Der Mann nach ihm, der Chiffrensekretär Antonio Rota, war, so eine wohlinformierte Quelle, «ein bezahlter Spion Frankreichs». Und auch andere Kuriale wurden regelmäßig jährlich von Frankreich bestochen.

Doch woher immer die Information kam, bei den Besprechungen zwischen Wien und Paris wurde die konfessionelle Übereinstimmung von Anbeginn an einbezogen, wurde die Verständigung zwischen den bisherigen katholischen Gegnern erst recht in Rom sofort unter konfessionspolitischem Aspekt betrachtet, sah man die beiden katholischen Großmächte doch jetzt den führenden protestantischen Staaten konfrontiert, den «heretici», den «acatolici», Preußen und England, «der unwürdigsten aller Nationen», wie der Papst sich ausdrückte, «in der heute bekannten Welt».

Nun war also eingetreten, was schon viele seiner Vorgänger begehrt, das Zusammengehen der katholischen Führungsmächte. Doch am 29. August 1756 kam ihnen der Preußenkönig zuvor. Friedrich II. holte zu einem «Präventivschlag» aus. Er ließ seine Armee die Grenze nach Sachsen, einem protestantischen Land mit einem katholischen Hof, überschreiten, die Bevölkerung barbarisch ausbeuten, der Dritte Schlesische Krieg, der Siebenjährige Krieg, hatte begonnen und Rom die seinen Ausbruch zumindest psychologisch wie propagandistisch fördernde konfessionspolitische Krisenstimmung «recht unbedenklich geschürt» (Burkhardt). Auf dem Höhepunkt des Schlachtens, in einem Breve vom 15. November 1758, konnte Papst Klemens XIII. König Ludwig XV. versichern, die Waffenbrüderschaft zwischen Frankreich und Österreich habe «der allmächtige Gott selbst» (Omnipotens ipse Deus) gestiftet.[13]

Zunächst aber ließen «Feindseligkeiten und Gewalttaten» der Invasoren in Sachsen Benedikts XIV. «Haare sträuben», fand er das Vorgehen Preußens «unerhört». Mit äußerster Teilnahme las er die Berichte vom Kriegsschauplatz und rief die katholischen Majestäten Franz I., Maria Theresia und Ludwig XV. zum Krieg gegen den Landfriedensbrecher auf. Er wollte auch andere katholische Fürsten mobilisieren, und zwar ausdrücklich der Religion, seines «apostolischen Amtes» wegen; ja wäre, schrieb sein Staatssekretär nach Wien, am liebsten selbst in den Kampf geeilt, hätte er Mittel und Vollmacht dazu gehabt.

Die Zeiten freilich, da Päpste und Prälaten ganze Heere kommandierten (ausführlich: «Klerus und Krieg» VI 31 ff.!), waren vorbei. Immerhin drohte noch im 17. Jahrhundert Urban VIII. – Lieblingsbeschäftigungen: Nepotenbereicherung und Krieg (in Tivoli errichtete er eine Gewehrfabrik) – «gegen 12000 Mann ins Feld» zu werfen, ja, er schickte schließlich 30000 Krieger zu Fuß und 6000 zu Pferd (IX 355, 366ff.!), während im 18. Jahrhundert Benedikt XIV. nur noch über wenige tausend Streiter gebot, deren Dienstplan nach dem Wecken mit dem Rosenkranzbeten begann.[14]

Wie gewöhnlich aber geschahen die außenpolitischen Aktionen in enger Zusammenarbeit mit dem Staatssekretariat, jetzt mit dem neuen Kardinalstaatssekretär Alberigo Archinto. Und auch er sah in der friderizianischen Invasion nicht nur eine Gefährdung Österreichs, der gerechten Sache Maria Theresias (1740–1780), der Königin und (seit 1745) Kaiserin, sondern auch der katholischen Religion. Stellte Rom doch von Anfang an das religiöse Motiv in den Vordergrund, hob es stets von neuem ab auf die «Religion», das «Wohl der Religion», die «Interessen der katholischen Religion». Wie auch die fromme Herrscherin selbst – sie ließ sich, gegen kuriales Widerstreben, im Meßkanon namentlich nennen und glaubte, «der starke Armb Gottes» greife ihr zuliebe in die Weltpolitik ein – «die heilige Religion in ganz Teutschland» gefährdet sah und als Hauptzweck des Krieges nicht nur die Rückgewinnung Schlesiens nannte, sondern die «Aufrechterhaltung unserer heiligen Religion, von welcher ich in Teutschland fast die alleinige Stütze abgebe.»

Wie ja auch Wenzel Anton Graf von Kaunitz, ihr versierter Staatskanzler, das neue Bündnis mit Paris dem Heiligen Stuhl als überaus zuträglich empfahl «per la nostra santa religione cattolica». Und wie er, Kaunitz, dann nach Kriegsausbruch am 9. September 1756 seinen Gesandten in Rom, den Barnabitenoberen Pater Pius Manzador anwies, er möge «den Romanischen Hof deutlich überzeugen, dass es nunmehro auf die Rettung Unserer heyligen religion haubtsächlich ankomme, mithin die Nothwendigkeit erfordere, dass der Päpstliche Stuhl dem hiesigen Hof mit Geldmitteln ehebaldigst beyspringe ...»

In Wirklichkeit ging es Kaunitz, einem von der Aufklärung geprägten Freigeist, der jährlich der Kaiserin seinen Beichtzettel vorgelegt haben soll, nicht um Rettung des katholischen Glaubens, sondern um die völlige Vernichtung der preußischen Macht, ging es ihm darum, «den preußischen König», wie er mehrmals gleichlautend formuliert, «übern Hauffen» zu werfen. Friedrich II. ist für ihn, ebenfalls wiederholt in seiner weit ausgreifenden Denkschrift «Meynungen des Graffen Kaunitz über das auswärtige System» vom 24. März 1749 niedergelegt, «der gröste, gefährlichste und unversöhnlichste Feind des Durchläuchtigsten Ertzhauses». «So-viel nun den König in Preussen anbetrifft, so verdienet Er sonder Zweiffel in der *Classe* der natürlichen Feinden oben an, und noch vor der Ottomannischen Pforten gesetzet, mithin als der ärgste und gefährlichste Nachbar des Durchläuchtigsten Ertzhaußes angesehen zu werden.»

Unabhängig aber vom persönlichen Glauben oder Unglauben wurde das Wohl, wurde «die Beförderung unserer heiligen Religion» weithin mehr oder minder herausgestrichen und der ideologische Gleichklang betont. Soll doch auch Ludwig XV. konfessionelles Engagement bekundet, soll ihn die Allianz mit dem protestantischen Preußen bedrückt haben, wollte er angeblich lebenslang lieber mit dem Wiener Hof verbündet gewesen sein. Ja, seinem Außenminister Etienne François Stainville, Herzog von Choiseul, bekannte er, heißt es, sich zu keinem anderen Zweck mit Wien zusammengetan zu haben, «als Preußen zu zerschlagen und den Protestantismus auszurotten.»[15]

Der Papst ließ den König bereits im Herbst 1756 in mehreren Breven nur noch als «Markgraf von Brandenburg» bezeichnen und ihm durch die kuriale Kriegspropaganda unterstellen, neben der Vergrößerung des eigenen Territoriums die Unterdrückung der Religion in Deutschland und in den Ländern Maria Theresias anzustreben, wobei man befürchtete, «daß er im Reich in den göttlichen und menschlichen Dingen das Unterste zu oberst kehrt». Denn suchte das katholische Lager jeden Religionskriegsverdacht als bloßes «Religionskriegsgespenst» abzutun, verbreitete die preußische Seite systematisch «den österreichischen bitteren Haß gegen die protestantische Religion».

Friedrich hatte schon vor Kriegsbeginn in ungezählten Verfügungen, Denkschriften, in Verdächtigungen und Bezichtigungen die religionspolitische Gefahrensituation beschwören lassen. Jetzt, im Krieg, ließ er, offiziell und inoffiziell, immer mehr den konfessionellen Aspekt des Konflikts herausstellen und sich selbst als eine Art Flügelmann, als Vorkämpfer des Protestantismus gegen Österreich, als sozusagen neuen Gustav Adolf (vgl. IX 357 f.) stilisieren. Wurden doch sogar seine politischen Korrespondenzen nun mit konfessionellen Bekenntnissen geschmückt. Und er wollte doch auch die protestantischen Reichsfürsten zu einem «evangelischen Fürstenbund» vereinen. Ja, der dezidierte Freigeist, der Freund der Aufklärung, ließ in Preußens evangelischen Gotteshäusern für den «zu unserem und Deiner Kirche Schutz» geführten Feldzug beten.[16]

Friedrich mag kaum mehr, eher weniger geglaubt haben als der ihm befreundete Voltaire. Aber er wusste, wie nützlich, zumal im Krieg, ein christgläubiges Volk seinem Beherrscher sein konnte. Daher erwartete der König auch von seinen Generalen, daß sie zumindest die christlichen Rituale, die äußere Form des Gottesdienstes, voll unterstützten. An jedem Sonntag wurden die Truppen zur Kirchenparade versammelt. «Wir mußten», schreibt ein Teilnehmer, «in Zügen vor die resp. Kirche marschieren, dahin ein jeder seiner Religion nach gehörte, und in dieselbe eingehen, man wollte oder wollte nicht; auch wurde öfters Abendmahl gehalten, welches mir wegen der herrschenden Stille und Andacht unter einer großen Menge von Kriegern sehr erbaulich und zum Segen gewesen.»[17]

Zum Segen wurde das Christentum aller Konfessionen auch noch den Schlachtopfern Wilhelms II., Hitlers, Stalins – man lese in der «Politik der Päpste» I 236 ff., II 151 ff.! Friedrich II. aber verpflichtete seine Feldprediger – von ihm nach dem Ersten Schlesischen Krieg auch in Uniform gesteckt – während eines Feldzugs jeden Morgen und jeden Abend zu einer Andacht von fünfzehn Minuten, jeden Sonntag zu einer Predigt, jeden zweiten Sonntag zur Feier des Abendmahls. Ein Höfling, der am 7. Juni 1758 den Feldgottesdienst eines Regiments beobachtete, merkte dazu an: «Es gibt nichts Erbaulicheres, als eine solche Schaar von Helden, vor der Provinzen und Königreiche zittern, sich vor der göttlichen Allmacht beugen zu sehen. Die Generale, die anderen Offiziere und sämtliche Mannschaften stehen im Kreis um den Geistlichen, dem zwei Trommeln als Altar dienen, und alles betet entblößten Hauptes zum Herrn.» Siege feierte man mit «Freudenfeuer» (feu de joie) aus Musketen und Kanonen sowie mit frommen Chorälen, «Eine feste Burg ist unser Gott», und immer wieder auch mit dem «Tedeum».[18]

Zur humanisierten Kriegführung der Aufklärungszeit

Gewiß, sie hatten allen Grund zu singen, dem lieben Gott zu danken. Alle freilich, die der liebe Gott nicht leben ließ? Nun, sie starben zwar, wie altbekannt, süß und ehrenvoll, aber so richtig schön starben doch die wenigsten. Ja, so schön, so sanft zumal wie etwa jener Namenlose, der jetzt bloß noch durch einen populären Militär weiterlebt, sozusagen, durch Hans Joachim von Zieten. Der General stand seit 1714 in preußischen Diensten, kämpfte in den Schlesischen Kriegen, entschied die Schlachten bei Liegnitz und bei Torgau (1760) mit, und als eben dort, wo Friedrich binnen einer halben Stunde mehr als 5000 Soldaten verlor (16670 insgesamt), als hier bei Torgau in einem Artillerieduell mit den Österreichern eine Kanonenkugel einem Kürassier den Kopf abriß, rief Zieten nur: «Kinder, der hat einen sanften Tod!»

Doch, ja, nur mancher hatte, in diesen, in anderen Kriegen, einen sanften Tod, war bloß ein Glückspilz gleichsam. Ein Lieutenant des Regiments v. Below erinnerte sich, wie ihm 1758 in der Schlacht bei Zorndorf «sein Sponton aus der Hand geschossen und sein Gesicht von den Gehirnteilen eines Soldaten getroffen wurde, dem es den Kopf abgerissen hatte, während eine Kugel seinen Hut, eine weitere seinen Rock durchschlug und eine dritte an seinem Ringkragen abprallte.»

Sanft, freilich: fast sanft nur, nicht mehr ganz so sanft starb auch der preußische General von der Schulenburg, als ihm am Morgen des 10. April 1741 in der Schlacht nahe Mollwitz im Ersten Schlesischen Krieg bei einem Gegenangriff auf die österreichische Kavallerie, so wird überliefert, «anfänglich das Pferd untern Leibe erschossen worden, darauf bekommt er einen Hieb quer übers Gesichte, so dass ihn das eine Auge halb am Backen herunter gehangen, endlich als er auf ein frisches Pferd sich zu setzen in Begriff ist und mit dem Schnubtuch das Blut stillen wollte, dringt ihm eine fliegende Kugel durch den Kopf und streckt ihn Knall und Fall zu Boden nieder.»[19]

Immerhin teilten seinerzeit auch die hohen Offiziere ganz das Risiko ihrer Untergebenen, wurden allein in den ersten vier Jahren des Siebenjährigen Krieges 33 Generale, darunter zwei Feldmarschälle, getötet – verdientermaßen, darf man hinzufügen, doch auch von ihnen die wenigsten sanft.

Und sanft ging es auch danach auf dem Schlachtfeld von Zorndorf, mit Verwundeten und Sterbenden nur so übersät, nicht eben zu. «Sie kamen», berichtet ein Augenzeuge, «von allen Richtungen, teils auf Händen und Füßen gekrochen, teils mit Krücken unter den Armen, welches Musketen waren, deren Kolben sie unter die Schultern genommen hatten. Die hin und wieder existierenden, mit Wasser angefüllten Schlammfänge dienten ihnen dazu, ihren Durst zu löschen ... Alle Augenblicke präsentierten sich mir neue Ansichten des Entsetzens. Ich sah Stellen, wo die Kavallerie gemetzelt hatte und Menschen und Pferde untereinander lagen, wobei mir die Wut, die in den Gesichtern der Gebliebenen noch zu bemerken war, am meisten auffiel. Weiterhin befanden sich Reste von verbrannten Munitions- und Pulverwagen und nebenher eine Menge halbgebratener Artilleristen, welche einen unangenehmen brandigen Gestank von sich gaben. Dort lagen Blessierte in den letzten Zügen und hatten sich vor Angst und Schmerz mit Händen und Füßen tief in die Erde gegraben. An einem anderen Ort stand ein ganzer Train russischer zweirädriger Karren, an welchen die Pferde erschossen waren, und auf dem ganzen Champ de Bataille liefen Pferde herum, von denen manche die Därme hinter sich herschleppten, und wieder andere, die auf drei Beinen herumsprangen.» Die russischen Verwundeten wurden oft lebendig begraben, zusammen mit Tausenden von Leichen – «alle nackend, alle schwarz und scheußlich anzusehen – zerstückte Leiber, abgehauene Arme und Gebeine, herunter gesäbelte Köpfe, herausgerissene Eingeweide – Pferde und Menschen durcheinander.» Soviel nur zur humanisierten Kriegführung der Aufklärungszeit.[20]

Am Tag nach der Schlacht sah der Lieutenant von Hülsen Friedrich noch im Staub und Schweiß des vorigen Tages im königlichen

Hauptquartier. «Er war fürchterlich schön, und seine Miene heiter.» Ja, der König – erinnert es nicht an Karl XII. von Schweden? – war «guter Laune». Und sagte zu dem General von Seydlitz, als Kavallerist hochqualifiziert und von den Seinen «wegen seiner Menschlichkeit geliebt» (Bleckwenn): «Alles in allem sind die Russen doch eigentlich nur Gesindel, finden Sie nicht?» «Sire», erwiderte der General, «ich weiß nicht, ob man eine Infanterie wie die russische so bezeichnen kann, welche derart gekämpft und unsere eigenen Truppen abgewiesen hat.»

Nicht nur einmal nannte Friedrich die Russen Gesindel. Und ist der Weg von hier bis zum «russischen Untermenschentum» der Hitlerzeit auch noch nicht ganz zurückgelegt, beschritten war er, und wahrlich nicht erst damals.

Selbst große Rückschläge vermochten Friedrich nicht zu erschüttern, wie etwa die Schlacht von Hochkirch am 14. Oktober 1758, als schon um fünf Uhr morgens mehrere hundert Preußen in ihren Zelten erwürgt worden waren, «noch ehe sie die Augen öffnen konnten; andere liefen halb nackt zu ihren Waffen». Allein dieser Tag kostete den König 9000 Mann, ein Drittel seiner Armee, darunter die beiden Feldmarschälle James Keith und Fürst Moritz von Dessau. Der Besiegte aber erholte sich von dem Desaster «erstaunlich schnell» (Duffy), konnte er doch den Prinzen Heinrich, seinen jüngeren Bruder, von ihm einmal als «Feldherr ohne Fehler» gerühmt, mit seinem Korps herbeirufen und die Verluste wieder wettmachen.

Sogar die fürchterliche Niederlage von Kunersdorf, beinah Friedrichs militärisches Fiasko, am 12. August 1759 ihm durch Österreicher und Russen beigebracht, wobei er jetzt fast zwei Drittel seiner Armee verlor, 19 000 Mann, darunter auch der Dichter Ewald von Kleist, scheint ihm die Seelenruhe nicht geraubt zu haben. Vielmehr schob er, der Fehler für Mißerfolge bei jedem, nur nicht bei sich selber fand, die Schuld an der Katastrophe auf seine Soldaten, einen «Haufe von Feiglingen», wie er sagte, ohne jedes «Ehrgefühl».[21]

Überhaupt: der Preußenfürst und sein Kanonenfutter.

Natürlich pflegte er gelegentlich, je nach Laune und Opportunität, eine sozusagen preußisch verknappte seigneurale Leutseligkeit, einen scheinbar durchaus fürsorglichen Truppenvaterton, jene

«Verständigungsebene» eben, wie Christopher Duffy so schlicht wie zutreffend sagt, auf der er es mit den Soldaten «sehr gut konnte» – zum Beispiel wenn er, vorbeireitend an den in langen Kolonnen Marschierenden diesen manchmal zurief: «Guten Tag, Kinder!», und die «Kinder» gewöhnlich zurückschrien: «Wiederum so viel, Fritz! Guten Tag, Fritz!» Doch konnte man dem Tod Geweihte sich billiger verpflichten?

Auch Christopher Duffy bestätigt die Behauptung von General von Warnery, Friedrichs eigenem Offizier, der König habe seine Soldaten gemeinhin als «Zitronen» betrachtet, «die man auspreßt und dann wegwirft». Wie auch, wohl für die Zeit nach dem siebenjährigen Gemetzel, Georg Heinrich von Berenhorst, preußischer Offizier und Militärschriftsteller, 1797 urteilt: «Was die Officiere anbelangt, so merkten die einsehendern endlich wohl, dass ihr philosophischer Kriegsherr sie als bloße Werkzeuge betrachte, die der Künstler bei Seite wirft, wenn sie stumpf werden, und daß da persönlich nicht viel Dankbarkeit zu erwarten sey.» Für Carl von Clausewitz, den preußischen General und Militärtheoretiker, war Friedrich, mit dem sicheren Instinkt für Macht begabt, für die spezifische Atmosphäre der «großen Politik», der «folgsamste Schüler Machiavels»; für Ernst Moritz Arndt ein Despot, dem «der Mensch als Mensch ... nichts» galt.[22]

Friedrich, geleitet vielleicht auch von der Vorstellung, daß Adelsrang besondere militärische Qualitäten impliziere, kultivierte den Kastengeist des Offizierskorps, und während er dieses eng an sich zog, verbot er Offizieren geradezu, «mit gemeinen Leuten und Bürgern umzugehen», drang er vielmehr auf ihren Verkehr «immer mit höheren Offizieren und ihren Cameraden», indes ihr Umgang mit einfachen Soldaten sich auf das beschränken sollte, «was im Dienst erfordert wird».

Bürgerliche wurden verhältnismäßig selten Offiziere, am ehesten noch, in Ermangelung adliger Anwärter, während eines Konflikts, des Siebenjährigen Krieges beispielsweise. Danach «säuberte» der König selber seine adelsstolzen Reihen und entließ, um den «esprit de corps» seiner Truppe möglichst «unverfälscht» zu erhalten, viele bürgerliche «Elemente», «unadelig Geschmeiß», Leute, die erst im

Krieg ihr Offiziers-Patent erhalten hatten. Besonders in höhere Ränge gelangten Nichtadelige nur ausnahmsweise. 1786, in Friedrichs Todesjahr, standen so, vom Major an aufwärts, 689 adligen Offizieren 22 bürgerliche gegenüber. (Auch in Österreich stammten alle 157 Feldmarschälle des 18. Jahrhunderts aus Adelsgeschlechtern, 77 davon aus deutschen.)

Kümmerte sich der König aber schon um ausgeschiedene Offiziere nur ungenügend, so blieb die Masse der ausgeschiedenen Gemeinen oft gänzlich unversorgt. Am schlimmsten ging es den Invaliden; die ausländischen alten Söldner wies Friedrich aus, den preußischen Invaliden erlaubte er das Betteln. Und wurden sie ihm selbst zu lästig, befahl er einem Pagen: «O jag' er doch die Canaillen weg!» «Friedrich», schreibt Christopher Duffy, «kümmerte sich um das Wohl seiner Soldaten eigentlich nur so lange, wie diese in der Lage waren, sich dafür durch Einnahme eines Platzes in der Schlachtordnung erkenntlich zu zeigen. Für die Krüppel, die Alten oder die schwer verwundeten Soldaten war in des Königs Plänen kein Raum.»[23]

Und wie in so vielen anderen christlichen Ländern des aufgeklärten Zeitalters bestrafte man Verstöße gegen das Reglement barbarisch. Stockschläge und Fausthiebe waren alltäglich, man folterte auch noch ein bißchen, henkte, füsilierte, flocht gelegentlich aufs Rad, man schnitt Nasen, Ohren ab, brannte Signaturen in die Haut. Besonders beliebt: das Spießrutenlaufen, das (an drei Tagen) unter beständigen Hieben und dem Aufspielen fröhlicher Weisen zum Übertönen der Schreie der Geschlagenen sechsunddreißigmal wiederholt werden konnte, wobei die meisten Opfer bei den «Läufen» starben.

Kein Wunder, war die vielsagende Weisung «überhaupt muß der gemeine Soldat vor dem Offiziere mehr Furcht als vor dem Feinde haben» – ein Leitprinzip in Friedrichs Menschenführung – und die Fahnenflucht in seiner Armee ungemein häufig. Nur das Regiment Jung-Braunschweig (Nr. 39) verlor im Siebenjährigen Krieg durch Desertion 1650 Mann; allein das hochfeine Potsdamer Garderegiment büßte zwischen 1740 und 1800 durch Fahnenflucht drei Offiziere ein, 93 Unteroffiziere, 32 Musiker und 1525 Mann, nicht gerechnet 130 Selbstmorde und 29 Hinrichtungen. Insgesamt sollen im Siebenjährigen Krieg 80 000 Preußen, 70 000 Franzosen und 62 000 Österreicher übergelaufen bzw. desertiert sein.

Doch zurück zu unserem Problem.

Heuchelei in beiden Lagern

Denn nicht der Siebenjährige Krieg, sein Verlauf als solcher, beschäftigt uns, sondern die Frage: Religionskrieg? Ja oder Nein? Die katholische Seite bestritt, die protestantische, besonders der Preußenkönig, behauptete es.

Tatsächlich jedoch wäre gerade Friedrich II. der letzte gewesen, der Konfession wegen Krieg zu führen, tatsächlich hätte er, der ja durchaus verschwenderisch mit dem Leben seiner Soldaten umgehen konnte, der Religion wegen auch nicht einen geopfert. Nein, der Glaube war für ihn nur ein Propagandainstrument, bloßes Mittel zum Zweck. Er hoffte lediglich, indem er einem räuberischen Vorstoß so beredt den Stempel des Konfessionskrieges aufdrückte, unter den protestantischen Fürsten, den Neutralen, Sympathisanten, vielleicht gar Kombattanten zu gewinnen, zumindest sie aber davon abzuhalten, Mitstreiter seiner Feinde zu werden. Und mit Genugtuung, gewiss, hat Friedrich die eifrige Agitation der englischen Publizistik für das Zusammengehen mit Preußen verfolgt, wobei bezeichnenderweise das «protestantische Interesse», die «protestantische Sache», kurz, das konfessionelle Argument «mindestens ebenso häufig» (Schlenke) bemüht worden sein soll wie das machtpolitische.[25]

Die katholische Partei erkannte freilich bald, daß das Religionskriegsargument für sie, zumal wenn das den Protestanten verhaßte Papsttum noch dahinter stand, nur kontraproduktiv sein konnte. Alles, was nach Religionsstreit, Religionskrieg roch, mußte ein Bündnis protestantischer Fürsten mit Österreich und Frankreich unterbinden, mußte zeigen, wie eine voluminöse preußische Propagandaschrift warnte, daß «die Evangelischen jetzt mehr als jemals Ursach haben auf ihre Erhaltung bedacht zu sein.»

Ergo war man in Wien gar nicht so angetan von der lauten Bündnis- und Kriegsbegeisterung Roms, die neutrale protestantische Länder, Dänemark etwa oder die Niederlande, nur aufreizen mußte. Konnte der Kaiser doch auch mehrere protestantische Reichsfürsten für ein Reichsexekutionsheer gegen Preußen gewinnen. Also suchte man die Unterstützungsbereitschaft der Kurie zu dämpfen, ihre rührigen diplomatischen Umtriebe, ihr Versprechen, «bei einem Ereignis von solcher Gefahr für die gemeinsame Religion dem Hause Österreich den allermächtigsten Beistand» zu leisten.

Und fand schließlich auch Verständnis dafür.

Bald war katholischerseits öffentlich von konfessioneller Bedeutung des Paktes und des Krieges kaum noch die Rede. Man gab sich religiös unbedenklich, hielt sich zurück, vermied peinlich alles, was das diesbezügliche Gleichgewicht zu gefährden schien, was evangelische Höfe provozieren, ihre Fürsten beunruhigen mußte.

Doch während man emsig Bedenken, Verdächte, die verschiedensten Irritationen der Protestanten zerstreute, zu zerstreuen suchte, stimulierte man insgeheim die Kriegsbereitschaft von Katholiken, wobei man aber auf größte Diskretion drang, vor allem sorgfältig vermied, Corpora delicti oder Hinweise darauf aus der Hand zu geben, überhaupt Schriftliches scheute wie der Böse das Weihwasser, vielmehr mündliche Verhandlungen, jedes gesprächsweise Prozedere entschieden bevorzugte; manche Beichtväter dienten da auch noch im 18. Jahrhundert mehr der römischen Geheimdiplomatie als der Seelsorge. Kurz, man trieb ein doppeltes Spiel. Ließ etwa durch Niccolo Oddi, den Nuntius in Köln, den geistlichen Kurfürsten Erzbischof Klemens August zu Rüstungen und Truppenaufstellungen gegen Preußen weiter «anfeuern», wie gesagt, mit Vorsicht, diskret. In der öffentlichen Politik sollten der Papst und alles Papale möglichst wenig hervortreten, hinter den Kulissen jedoch möglichst viel nützen.

Zunächst indes, nach einem Jahr Krieg und der am 6. Mai 1757 verlorenen Schlacht von Prag, die freilich auch Friedrich über 14000 Menschen, mehr als die Österreicher, gekostet hatte, sah es düster in Rom wie in Wien aus. Man hielt Bittgottesdienste, erhöhte die Armee auf 70000 Mann, und nun konnte Nuntius Ignazio

Crivelli in Wien mit Recht erhoffen (was zu erhoffen er gerade im Krieg selten vergaß), «des Herrn Segen» natürlich; konnte er nach dem Sieg der Österreicher am 18. Juni 1757 bei Kolin – Verluste der Preußen insgesamt rund 10000 Menschen – «nur dem Herrn danken für den einzigartigen Schutz, dessen er das Haus Österreich» gewürdigt. Und auch Papst Benedikt XIV. betete und frohlockte angesichts der Leichenhaufen preußischer Krieger, man jubelte in Rom wie in Wien, scheute sich nicht, am Kampf den großen Anteil der Religion («il motivo della religione») zu betonen; die «Gerechtigkeit des Herrn», deutete die blutigen Geschehnisse als Demonstration der himmlischen Vorsehung, wenigstens so lange, bis man selbst wieder aufs Haupt geschlagen wurde, was man dann ziemlich kleinlaut durch die unerforschlichen Ratschlüsse Gottes erklärte, die man jedoch wieder zum eigenen Gunsten umzustimmen suchte, etwa durch Fasttage, durch Aussetzen des Allerheiligsten oder auch ganz allgemein durch Vertrauen auf des Herren Willen und Gerechtigkeit, bis eben die Hand des Allmächtigsten abermals «le armi cattoliche» unterstützte, neue Jubel- und Gebetsausbrüche folgten ...[26]

Nun war die päpstliche Geheimhaltungsdiplomatie nur in den ersten Kriegsjahren wirklich erfolgreich, dienlich, hat sie doch Roms tatsächliches Verhalten weithin unkenntlich gemacht und den Religionskriegsverdacht ziemlich zerstreut.

Was aber gegenüber der einen Seite, der feindlichen, als zweifellos opportun sich erwies, war dies durchaus nicht gegenüber der eigenen. Denn so zweckmäßig oft, so wohlerwogen die religionspolitische Taktik der beiden mächtigsten katholischen Verbündeten gegenüber den Protestanten war, vielen katholischen Fürsten konnte man sich mit der Verheimlichung des päpstlichen Engagements in diesem Krieg, mit der Bestreitung religiöser Interessen überhaupt, zweifellos weniger empfehlen. Eine «apostolische» Ermunterung, eine Hilfeleistung des Papstes, ein Aufputschen herkömmlichen Stiles, so viele Jahrhunderte hindurch martialisch praktiziert, hätte gewiß dem eigenen Lager mancherlei Vorteil gebracht und mag mitunter insgeheim schmerzlich vermißt worden sein.

Im Verlauf des Krieges aber wahrte man die Geheimhaltung nicht mehr um jeden Preis, nahm man sie, ohne sie grundsätzlich aufzugeben, etwas lockerer, verführten zumal Siege auf österreichischer Seite zum Heraustreten aus dem Hintergrund, zu religiösen Bekenntnissen, begann man die Dinge mehr antiquis moribus zu interpretieren, indem sich Rom offener mit den österreichischen Interessen identifizierte, auf die alten Vorstellungen vom «gerechten Krieg» (bellum iustum) zurückkam, vom «Krieg als Gottesurteil», indem man von der «giusta causa» Maria Theresias sprach, der «giustissima causa», ja das österreichische Heer «nostre truppe» bezeichnen konnte, «le armi austriache», als «armi cattoliche».[27]

Daß, wie in allen Kriegen, so auch in einem «Religionskrieg», für den Klemens XIII. den Siebenjährigen Krieg ansah, das Geld eine Hauptrolle spielte, zumal es Wien schon fast in seiner Anfangsphase auszugehen schien, sei nur noch angedeutet. So gab Maria Theresia dem Konstanzer Fürstbischof Kardinal Rodt in das Konklave, das dann den oben genannten Papst erhob, die Anweisung mit: «Übrigens würden Euer Liebden Mich unendlich verbinden, wenn dieselbe durch bewegliche Vorstellungen der gegenwärtigen Gefahr, worinnen die heilige Religion in ganz Teutschland sich befindet, es gleich nach der Wahl bey dem künftigen Heiligen Vatter dahin zu bringen vermöchten, dass meinem erschöpften aerario zu kräfftiger fortsetzung des fürdauernden Kriegs wieder Unsere Glaubens Gegner mit einer ergiebigen Geld-Summe ausgeholfen ... würde.» Und wie Kardinal Rodt berichtet, habe sich der Papst, trotz des «fast nicht zu glauben seyenden» Zustands seiner hoch verschuldeten Kammer, zu dem kaiserlichen Antrag «gantz willfährig geäußert» mit der Erklärung, «daß allerhöchst dieselbe gantz gern das ihrige beytragen wollen, dass es umb die Erhaltung des Glaubens, um des Reichs Verfassung, sowohl als auch vornehmlich umb den Päpstlichen Stuhl und das Ansehen der Römischen Kirchen zu thun seye.»[28]

Der neue Papst, Klemens XIII. (1758–1769), ein Venezianer und Jesuitenzögling (wie auch sein Staatssekretär Kardinal Luigi Torrigiani «ein überaus großer Freund der Jesuiten» war), wirkte in diesem Szenario enorm edel. Er hatte natürlich schon seiner Erwählung lange und unter Tränen widerstrebt, hatte viel getan, wie er seinem Bruder schrieb, «die unfaßliche Bürde von mir abzuwenden», andererseits freilich auch diese Wahl als «das Werk Gottes» erkannt und deshalb dem Kaiser alsbald gedankt «für die starke Mithilfe Österreichs» im Konklave. Ja, tieffromm war er und tiefkeusch auch (weshalb er im Vatikan und anderwärts die Blößen von antiken Kunstwerken, «indezenten Statuen», verdecken ließ). Und vor lauter Güte war er «stets ohne Geld», vielmehr seine Mildtätigkeit, versichert von Pastor, so groß, «daß er alles bis auf sein eigenes Leinenzeug den Armen hingab.»

Schließlich lag ihm, auch überliefert, das Wohl seines Volkes wie nichts sonst am Herzen, was nicht zuletzt die Strafregister beleuchten, die in den elf Jahren seiner päpstlichen Regierung 10000 Morde ausweisen, davon 4000 in Rom.

Unverhüllter als sein Vorgänger trat Klemens XIII. als Parteigänger Österreichs hervor und der Himmel als Parteigänger des Papstes, jedenfalls deuteten dessen Diplomaten und Theologen das Kriegsgeschehen bald mehr und mehr providentiell, war gar nicht zu verkennen, daß Gott auf der Seite der «Apostolischen Königin», der Kaiserin Maria Theresia stand, zwar nicht immer, doch von Zeit zu Zeit.[29]

Menschenverluste der eigenen Seite, zumal wenn man sie wieder «auffrischen» konnte, nahmen die Oberen eher gelassen, Menschenverluste des Feindes eher ausgelassen hin. Ernsthaft Frieden erstrebte man nur «con profitto», war er «für die katholische Religion vorteilhaft». In einer Habilitationsschrift an der Katholischen Universität Eichstätt für das Fach Neuere und Neueste Geschichte schreibt der Autor: «Irgendeinen Versuch einer humanitären Intervention oder einer noch so unverbindlichen Fürsprache für die unmittelbar vom Krieg Betroffenen würde man in der ganzen Nuntiaturkorrespondenz dieser Zeit vergeblich suchen.» Bloß für die Offizierskarriere einzelner, meist italienischer Herkunft, engagierte sich das Papsttum, und dies lediglich im Rahmen des üblichen höfischen Empfehlungswesens. «Darüber hinaus hat sich die Kurie nur für Kriegsgeschädigte im Fürstenrang an den Höfen eingesetzt.»[30]

Das Schicksal des «kleinen Mannes», auf dessen Rücken doch vor allem der Krieg ausgetragen worden ist (und Kriege noch heute hauptsächlich ausgetragen werden), kümmerte, wer bezweifelt's, den Heiligen Vater so wenig wie den großen Friedrich.

6. KAPITEL

DER NIEDERGANG DES PAPSTTUMS

«Überall standen Kirchenfürsten an der Spitze der europäischen Politik, die nicht mit Rom zusammenspielten, sondern Beauftragte ihrer Länder waren. Wiederum wurden geistliche Würdenträger, Mitglieder des Obersten Kirchenrates, zu Widersachern des Papstes. Es ging nicht um kirchliche Reformation, sondern um die politische Konstellation der Monarchien. Herrscher wie der König von Spanien oder der König von Frankreich setzten ihre Kardinäle als Regierungschefs oder Außenminister auf der Weltbühne und zugleich im Raum der Kirche ein. Richelieu sprach von der Majestät des Königtums als der ‹zweiten nach der göttlichen›. Vom Dienst für die Tiara wechselten diese Kardinäle zum Dienst für die Krone hinüber.»
Friedrich Gontard[1]

«Bedeutende Päpste dieser Epoche waren Innozenz XI. (1676–1689), der mit dem Staatskirchentum Ludwigs XIV. (1661–1715) in Frankreich schärfste Kämpfe durchfechten mußte, und der gelehrte und immer auf Ausgleich bedachte Benedikt XIV. (1740–1758) ... Als Schwäche des Papsttums muß man aber auch deuten, daß es nicht imstande war, längst fällige Reformen durchzuführen.»
Josef Gelmi[2]

Mit dem Westfälischen Frieden, mit der fortschreitenden Säkularisierung Europas, dem sich herausbildenden Staatskirchentum und dem Zeitalter der Frühaufklärung begann der politische und kirchliche Einfluß Roms mehr und mehr zu schwinden, ein allgemeiner Niedergang setzte ein.

Es mußte ja selbst Katholiken irritieren, daß fast ausschließlich das Papsttum die Beendigung des Dreißigjährigen Krieges verdammte, daß es immer wieder für dessen Fortführung eintrat. Dreimal protestierte, von sämtlichen Kardinälen unterstützt, Legat Fabio Chigi, der spätere Alexander VII., gegen den Friedensabschluß, den dann Innozenz X. in Bausch und Bogen verwarf als ungerecht, «null und nichtig», «inhalts- und wirkungslos für alle Zeiten» (IX 368).

Im Sumpf des Nepotismus

In ganz anderer Weise diskreditiert wurde Innozenz X. (Giambattista Pamfili, 1644–1655) – Abkömmling übrigens in gerader Linie einer Tochter Papst Alexanders VI. (VIII 319 ff.!) – durch die zwielichtige Beziehung zu seiner Schwägerin Olimpia Maidalchini-Pamfili.

Die ebenso ehrgeizige wie vielvermögende Witwe war in zweiter Ehe mit dem älteren Bruder des Papstes, Pamfilio Pamfili, verheiratet und hatte die Karriere des jüngeren Bruders finanziert, des künftigen Heiligen Vaters. Im Vatikan besuchte sie ihn alle zwei Tage, ihr Einfluß stieg stetig, rasant wuchs ihr Reichtum, die Nepoten-, die Protektionswirtschaft florierte. Fast so allmächtig in Rom wie einst im 10. Jahrhundert Marozia, die männerverbrauchende Papsthure (V 482, 489 ff.!) buhlten die Diplomaten, die Kardinäle um die Gunst der «papessa», ganze Romane galten ihr, Satiren, Lügengeschichten, boshafter Klatsch vielleicht. Man sprach vom «Pontifikat der Donna Olympia». Eine in Florenz geprägte Medaille zeigte auf der einen Seite die Femme fatale im Papstornat, auf der anderen Innozenz X. mit Frauenhaube am Spinnrad. «1655 starb er mit achtzig Jahren in ihrem Arm» (de Rosa). Doch selbst Ludwig von Pastor schreibt: «Der übermächtige Einfluß aber, den Olimpia auf den greisen Papst ausübte, ist nur zu sehr Tatsache, was seinem Ansehen schwer schadete ...»[3]

Die Meinung freilich, die man weithin von dem Nachfolger gewann, war kaum viel besser.

Allerdings sprach sich Alexander VII. (1655–1667), nach einem fast vierteljährigem Konklave gewählt, ganz entschieden gegen den Nepotismus aus, der doch da – und nicht nur da – von früh an geherrscht, ja «seit Anfang der Papst- und Kirchengeschichte ... nachzuweisen», seit dem 15. Jahrhundert «Aufstiegspfad in den Hochadel oder zu Fürstenrang» ist (Lexikon für Theologie und Kirche), «nicht selten sogar (durch) blutige Kriege», und blühte noch im 20. Jahrhundert üppig bei dem großen Faschistenpartner Pius XII. und seinen drei Neffen, den Fürsten Pacelli –, «neue, relativ exzessive Höhepunkte» (Gelmi).

Alexander VII. aber verbot seinen sienesischen Verwandten selbst Besuche in Rom, und eine Person wie Olimpia Maidalchini mußte die Stadt verlassen. Der Papst, zuvor u. a. Inquisitor auf Malta, trat geradezu aufsehenerregend asketisch vor ... die Welt, begann seinen anstrengenden Tageslauf (sechs bis sieben Stunden Audienzen) mit geistlichen Meditationen, worauf er die heilige Messe las, auch noch einer zweiten beiwohnte. Ja, er ließ, drastische Demonstration der Vergänglichkeit, alsbald einen Sarg in seinen Schlafraum und einen Totenkopf auf seinen Schreibtisch stellen.

Kaum aber regierte er derart gesittet und vielbeachtet, befragte er schon im zweiten Jahr seines Pontifikats, im Frühjahr 1656, diverse Berater und Kardinäle, ob er sich denn nicht «würdiger Verwandten zum Dienste des Heiligen Stuhles» bedienen dürfe, und überschüttete dann diese nur so mit Kirchenposten und -geldern. Mehrere der Seinen empfingen den roten Hut. Einen ernannte er zum Kastellan der Engelsburg, einen anderen zum Befehlshaber der päpstlichen Galeeren. Mario Chigi, der Bruder, in Rom verhaßt wegen seiner Bereicherung, erhielt das Generalat der Kirche nebst Aufsicht über den Borgo und die Annona. Für Agostino Chigi, einen Neffen des Papstes, kauften dieser und Flavio Chigi, der zum Kardinal und Staatssekretär avancierte weitere Neffe, das Fürstentum Farnese. Dazu kamen Paläste, Güter, fette Pfründen, kurz, auch Alexander VII. versank im Nepotismus, die Justiz war korrupt, die Steuereintreibung brutal, ein Teil der Bevölkerung soll infolge der Bedrückung ausgewandert sein.[4]

Wachsend verfeindet mit dem katholischen Frankreich

Zweifellos schädlicher noch für das Ansehen Alexanders und der Kurie überhaupt war die anhaltende, ja wachsende Feindschaft mit Frankreich, zunächst mit dessen leitendem Minister Mazarin, dann mit dem jungen Ludwig XIV. selbst.

Julius Mazarin (eigentlich Mazarini), Sproß eines alten italienischen Geschlechts, hatte in Rom (bei Jesuiten) und an spanischen Universitäten studiert, dann mehrere Jahre päpstlichen Militär- und Kriegsdienst geleistet, u. a. 1625 als Infanteriehauptmann im Veltlin. 1632 trat er in den geistlichen Stand über, wurde Nuntius in Avignon sowie am Pariser Hof und wechselte, nachdem er Richelieus Gunst gewonnen, 1639 offen zur französischen Seite. 1642, nach dem Tod des allmächtigen Kardinals, ernannte ihn Ludwig XIII. zum leitenden Minister, und dies blieb er auch unter dessen Witwe, der Regentin Anna von Österreich. Mazarin, seit 1641 Kardinal, raffte ein ungeheures Vermögen zusammen, während das Volk, mit höheren Steuern, mit neuen Abgaben bedrückt, in Not und Elend dahinvegetierte. Er entkam 1643 einer Adelsverschwörung, geriet zwischen 1648 und 1653 in die verwickelten Ereignisse der Fronde, der Opposition der Parlamente und gewisser Kreise der Hocharistokratie; er mußte wiederholt das Land verlassen, ohne aber schließlich die Zügel der Macht aus der Hand zu verlieren.

Einer der führenden Köpfe der Fronde und ein entschiedener Rivale Mazarins wurde Jean-François-Paul de Gondy, Kardinal von Retz, Koadjutor seines Onkels Jean François, des Erzbischofs von Paris. 1652 ließ ihn Mazarin als Mittelpunkt der Machenschaften wider den Hof und Verfasser vieler Manifeste gegen die Regierung verhaften, 15 Monate in die Bastille sperren; darauf in Nantes gefangen halten. 1654 floh er über Spanien nach Rom, wo er den Schutz des Papsttums fand, das sich Mazarins Feindschaft zuzog: So rächte sich der mächtige Mann, indem er die Ansprüche der Farnese und der Este auf Castro und Comacchio, auf päpstliches Gebiet, unterstützte.

Weit mehr noch aber, ohne Zweifel, schadete Mazarin dem Prestige des Römischen Stuhls durch dessen Ausschluß von der Teilnahme am Pyrenäenfrieden im November 1659 auf der Fasaneninsel in der Bidasoa. Die Konferenz, seit der die Pyrenäen die Grenze zwischen Spanien und Frankreich bilden, beendete den langen Spanisch-Französischen Krieg (seit 1635) und die noch längere Vorherrschaft Spaniens in Europa (seit 1519), brachte Frankreich Territorialgewinne im Norden, Osten, Süden und machte es zum stärksten Staat des Kontinents. Wurden aber bisher zu Friedenskonferenzen Vertreter des Papstes üblicherweise hinzugezogen, so unterblieb dies jetzt. Die Vertragschließenden, hieß es in dem Friedensdokument, wollten «allein aus sich der Christenheit den Frieden geben». Man brüskierte den Papst, ganz im Zuge der wachsenden Staatssouveränität, des zunehmenden Fürstenabsolutismus, und es mußte die katholischen Regierungen desto mehr beeindrucken, mußte Nachahmungen nahelegen, als Mazarin hier den Ton angab, ein Kardinal eben, der überdies in der Stadt des Heiligen Vaters geheime Agenten unterhielt, die ihn gelegentlich auch mit gefälschten Berichten bedienten.[5]

Als Mazarin bald darauf, am 9. März 1661 verschied, setzte der Allerchristlichste König Ludwig XIV. die antipäpstliche Politik des Kardinals verschärft fort. Dabei hatten ihn die einschlägigen Diplomaten, besonders Hugues de Lionne, Leiter des Ministeriums des

Äußeren, und der Herzog von Créqui, der französische Gesandte in Rom, nachdrücklich zu unterstützen; sie mußten das Kirchenhaupt verunsichern, einschüchtern, beleidigen, etwa durch außerordentliche Ansprüche in den seinerzeit so wichtigen Etikettenfragen, durch Verweigerung des Fußfalls u. a.

Als dann am 20. August 1662 ein offenbar französischerseits provozierter Vorfall, die Mißhandlung eines Soldaten der korsischen Leibwache des Papstes, zu ganz unangemessenen Weiterungen, dem sogenannten Korsenstreit führte, dem Angriff auf die von einem Kirchenbesuch zurückkehrende Frau des Gesandten Créqui, wobei ein Page ums Leben kam, und der Beschießung des Palazzo Farnese, der damaligen französischen Gesandtschaft (ein eigenes Gesandtschaftsgebäude in Rom besaß Frankreich nicht), da war man entschieden zu weit gegangen, hatte den Papst in eklatantes Unrecht gebracht, weshalb dieser sich auch nach Kräften mühte, den Schaden zu beheben.

Nun hatte der Herzog zwar ein Anrecht auf Genugtuung, wollte sie aber gar nicht so rasch, wollte vielmehr die Demütigung des Hierarchen und formulierte Forderungen, die von der Absetzung, Auslieferung, Verbannung der Inkriminierten bis zu der Hinrichtung von fünfzig Korsen samt ihren Offizieren reichten. Alexander VII. setzte eine Sonderkommission sowie eine Kardinalskongregation zur Aufdeckung und Bestrafung der Schuldigen ein, machte, von der stärksten Militärmacht Europas bedroht, Zugeständnis um Zugeständnis, willigte auch in die Verlegung, Entfernung, die Entlassung aller Korsen ein, ja ließ zwei von ihnen hinrichten.

Während aber die französische Regierung jede Vermittlung etwa durch die Herzogin von Savoyen, die Tante des Regenten, oder durch Königin Christine, durch Toskana, Venedig zurückwies, während mehrere Breven des Papstes an Ludwig unbeantwortet blieben beziehungsweise gar nicht erst angenommen wurden, arbeitete der Stab des katholischen Herrschers an der Diffamierung und Isolierung des Heiligen Vaters, stellte man auch im Ausland, in Deutschland, in Spanien, das Geschehen vom 20. August als bewußt provoziertes, von den Papstverwandten inszeniertes Attentat hin.

Herzog Créqui hatte sich schließlich, nebst Gattin, auf toskanisches Gebiet «geflüchtet» und stachelte den jungen König immer weiter gegen das Papsttum auf. Und Ludwig drohte denn auch mit der Besetzung römischer Enklaven, mit dem Einmarsch in den Kirchenstaat und war bei alldem noch so unverfroren, gelegentlich den katholischen Kantonen der Schweiz zu beteuern, gar nicht daran zu denken, den Heiligen Stuhl anzugreifen, vielmehr bereit zu sein, für ihn sein Blut zu vergießen!

In Wirklichkeit freilich tat der katholische König alles, um das Oberhaupt der Kirche zu kränken, zu mißachten, am meisten vielleicht dadurch, daß in seiner eigenen Hauptstadt bei der Kaserne der päpstlichen Soldaten eine Pyramide seine Demütigung verewigen sollte. «Es ist ungemein bezeichnend, daß die Franzosen Sorge trugen, daß diese Inschrift in möglichst großen Lettern ausgeführt wurde, und daß sie eine möglichst feste Ausführung des Denkmals durch Bestechung der päpstlichen Architekten sicherten. Damit noch nicht zufrieden, ließ Ludwig XIV. in Paris seinen ‹Sieg› über einen Wehrlosen durch Denkmünzen und Errichtung eines Denkmals auf dem Platz des Victoires verherrlichen» (von Pastor).

Ludwig XIV. dachte, was die Beziehungen zwischen Staat und Kirche angeht, so «gallikanisch» wie sein Lehrmeister Kardinal Mazarin, und dieser dachte da nicht anders als sein Vorgänger und Vorbild Kardinal Richelieu. Sie alle wollten den römischen Primat empfindlich schwächen, wollten dem Papst politisch nur ein Minimum an Rechten zubilligen, dem Staat dagegen so viel wie möglich. Ja, unter der Ägide des Sonnenkönigs, dessen Hoftheologen ihn als «Gott auf Erden» priesen, wuchsen und mehrten sich die Mißstimmungen, verschlimmerte sich noch das Verhältnis zum Vatikan.[6]

Der Allerchristlichste König demütigt Innozenz XI. (1676–1689)

Kein Papst aus dieser Zeit des Niedergangs konnte dem König ernsthaft Paroli bieten, auch nicht Innozenz XI., der noch am meisten Standhaftigkeit zeigte und überhaupt vielen nicht von ungefähr als der bedeutendste Papst des Jahrhunderts gilt. Kam es manchmal, selten genug, zu Kompromissen zwischen Pontifex und König, so nur, weil jeder den anderen gern umgestimmt, gern für seine Zwekke eingespannt hatte, jeder aber des andern Gegenspieler war, im inner- wie außerkirchlichen, im nationalen wie im internationalen Bereich. Der Papst ist dabei, weil ziemlich wehrlos, häufig nachgiebiger, zum Einlenken eher bereit, indes des mächtige Monarch immer wieder zu Gewaltmaßregeln neigt.

Im Konklave 1670 war Benedetto Odescalchi, der nachmalige Innozenz XI., an Frankreichs Widerstand gescheitert, im zweimonatigen Konklave 1676 aber wurde er als Nachfolger Klemens' X. gewählt, nachdem Ludwig XIV. sein Einverständnis signalisiert hatte. Vom Nepotismus hielt er sich ziemlich frei, doch eine Bulle, die diesen künftig überhaupt unmöglich machen sollte, wurde wegen des Einspruchs der Kardinäle nicht publiziert.

Es gab auch Objekte, die den Papst wesentlich stärker bewegten. So galt seine lebenslange Leidenschaft einem Kreuzzug gegen den christlichen «Erbfeind», galt der Bekämpfung der Türken. Geradezu fanatisch verfolgte er dies Ziel (IX 388f.!) Er setzte dafür seine Nuntien ebenso ein wie alles verfügbare Kapital. Schon als Kardinal Odescalchi soll der Sohn einer wohlhabenden Kaufmannsfamilie aus Como für «die Türkensache» gespendet haben, Summen von 20000 Gulden, von 90000 Goldgulden (aurei) werden genannt. Und schickte auch gleich unmittelbar nach seiner Thronbesteigung 50000 Dukaten, meist noch eignes Geld, Richtung Warschau zur Anheizung des Krieges.

Als Papst aber konnte er natürlich weit tiefer in die Tasche (der Christenheit) greifen, konnte er Kaiser Leopold hohe Zuwendungen machen, ebenso dem polnischen König Johann III. Sobieski, konnte er Venedig mit dem Oberbefehl über die päpstlichen Galeeren ausstatten samt dem Recht, von seinem Klerus eine Auflage von 100000 Goldgulden zu erheben, konnte er dem bayerischen Kurfürsten für seine Rüstungen eine Auflage von 300000 Gulden auf den geistlichen Besitz seines Landes gestatten, dem Polenkönig 500000 Gulden zugestehen, dem Kaiser insgesamt 1300000 Gulden.

Unermüdlich, Jahr für Jahr, sorgte er für Subsidien. Notfalls sollten auch kleinere Klöster, ein ganzer Orden zu Geld gemacht und dem Krieg geopfert werden. Mutatis mutandis erinnert Innozenz' antiosmanische Kreuzzugspolitik an die «Friedensbemühungen» Pius' XII. und dessen Kreuzzug West gegen Ost (vgl. Die Politik der Päpste II 175 ff.!), und es ist gewiß kein Zufall, daß gerade Pius XII. den elften Innozenz 1956 seligsprach.[7]

Von Beginn seines Pontifikates an hatte Innozenz nichts Schöneres, nichts Edleres gekannt, als über die Vernichtung der Türken nachzudenken, kein fesselnderes Gesprächsthema gab es für ihn. «Gott selbst wolle den Türkenkrieg», wusste er und drohte all jenen, die ihn behinderten, die schwersten Strafen an. Fasziniert studierte er 1678 die – vielleicht in seinem Auftrag erstellten – vier Gutachten des Kapuziners Fra Paolo da Lagni über die «Aussichten eines Angriffskrieges» und mühte sich, wahrhaft kreuzzugsbesessen, die abendländischen Fürsten zu einigen und vereint zum Kampf gegen den Halbmond, den «Erbfeind», zu treiben. «Man muß selbst angreifen.»

Paolo da Lagni hatte lange in der Türkei gelebt. Er konnte als Experte gelten und er hielt die Zeit zum Losschlagen für gekommen: Was die christlichen Fürsten abhalte, sei nur ihre Angst, ihre Türkenangst, und die sei unbegründet, der Halbmond nämlich nur der Schatten noch der früheren Macht. Sein Territorium einerseits zu groß, andererseits die Bevölkerung extrem rückläufig, nicht ein Zehntel mehr von einst. Überdies verarmt, schlecht regiert, ausgebeutet. Die Unterdrückten aber sehnen sich nach Freiheit, besonders die Christen, die am meisten leiden, doch auch viele andere, die Araber, Mameluken, Armenier, die Drusen und Maroniten, die Mainoten, Griechen, Bulgaren, alle warten darauf frei zu werden.

Das Heer des Osmanenreiches aber, führt der Franziskaner weiter aus, ist nicht mehr auf der Höhe, die Flotte geschwächt, die Truppen sind, zumal in den eroberten reichen Provinzen, verweichlicht, die Festungen verwahrlost, ihre Bestückung, ihre Versorgung schlecht. Überhaupt: «Man erwirbt die Stellen im Militär um Geld, nicht um in den Krieg zu ziehen, sondern als Brücke zu einträglichen Beamtenstellen und um ungestört Christen, Juden und arme Türken ausplündern, peinigen, tyrannisieren und auf tausenderlei Weise ungerecht behandeln zu können. Vom Ausmarsch ins Feld kaufen sich die türkischen Offiziere frei. Es gibt überhaupt keine Gemeinheit, die der Türke um Geld nicht täte. Auf dem Papier zählt der Sultan 100000 Janitscharen und 30000 Spahis, in Wirklichkeit machen sie zusammen nur 40000 Mann aus. Die Sultane selbst gaben früher den Soldaten das Beispiel der Tapferkeit. Auch das ist jetzt vorüber. Seit vierzig Jahren geben sie sich in ihren Serails ganz dem Luxus und sinnlichen Vergnügungen inmitten ihrer ‹Truppen von Frauen› hin ... Das Reich des Sultans ist einem Koloß oder der Statue des Nabuchodonosor zu vergleichen, die umfällt, sofern sie nur im Namen Gottes, des Herrn der Heerscharen, angerannt wird ... Wenn aber die Sache der Christenheit aus dem Kriege Nutzen ziehen soll, so muß es ein heiliger Krieg sein.»

Und vor allem: es muß schnell gehen, es «tut rasches Handeln not. Man darf nicht warten ...» «Man muß selbst angreifen.»

Das alles nun war ganz im Sinn des Papstes, für den es dabei keine begehrteren Bundesgenossen gab als Ludwig XIV., den Allerchristlichsten König (gelegentlich auch als «allerchristlichster Türke» verhöhnt), nicht etwa wegen dessen Christentum, da hatte man doch etwas differierende Vorstellungen. Aber je mehr die Päpste selbst an politischem Gewicht, an Geltung verloren, desto mehr schätzten sie die Gewalt anderer, besonders die der Mächtigsten, die sie dann gern für sich in Gang setzen, mit denen sie sich zu verbünden strebten und streben – bis heute. Noch 1685 soll Innozenz gegenüber dem Abbé Servient geäußert haben, Ludwig sei «der einzige Fürst in der Christenheit, vor dem er Achtung hege. Wenn es erlaubt wäre, der Christenheit ein einziges weltliches Oberhaupt zu geben, wenn er, der Papst, die Macht dazu hätte und mit gutem Gewissen die andern Fürsten absetzen könnte, so würde er keinen Augenblick schwanken. Ludwig allein sei fähig, die Macht der Ottomanen zu Boden zu werfen».[8]

Überhaupt hatte Innozenz XI. eine gute Meinung von der Person des Königs oder er tat zumindest so. Immer wieder drückte sich das aus. Er hielt ihn einfach für getäuscht, für das Opfer schlechter Räte, vor deren Einfluß er ihn warnte, wobei er auch das königliche Seelenheil beschwor, für das er sich verantwortlich fühlte.

Aber der König hatte seine eigenen Pläne. Ja, «der älteste Sohn und Beschützer der Kirche» neigte bekanntlich mehr den Türken als dem Römer zu, mit dem es auch heftige kirchenpolitische Zwiste und Zerwürfnisse gab. Sie resultierten aus der gesteigerten Souveränitätsvorstellung, dem prononcierten Absolutismus Ludwigs und der an sich starren autoritären Gesinnung des Papstes, der freilich in diesem dreizehnjährigen Kampf mehr und mehr herabgewürdigt wurde.

Im Zentrum des Streits stand dabei die bis ins Mittelalter zurückreichende Regalienfrage, das heißt, das jetzt von Ludwig beanspruchte Recht – die zeitliche Regalie – auf die Einnahmen (regalia) einer nach dem Tod ihres Bischofs unbesetzten Diözese sowie das Recht – die geistliche Regalie –, das vakante Bistum wieder zu besetzen. Ludwig jedenfalls schien die Regalie für ein altes Kronrecht zu halten. Dazu kamen die vier gallikanischen Artikel, die rasch Staatsgesetz, Lehrgegenstände in Seminaren und Schulen wurden, auch jährlich von allen Professoren zu beeiden waren, Thesen, die sämtlich dem Machtzuwachs des Königs dienten, wie denn gleich der erste der vier gallikanischen Artikel besagt, daß die Päpste nur über geistliche Gewalt gebieten, daher keinen König und weltlichen Fürsten absetzen dürfen, diese vielmehr in zeitlichen Dingen von jeder Kirchengewalt unabhängig sind und nur Gott unterstehen.[9]

Gemäß den absolutistischen Prinzipien des Monarchen drängte dieser immer mehr auf Beherrschung der Kirche, erlaubte er sich Eigenmächtigkeiten auch auf rein geistlichem Gebiet, griff er rücksichtslos in das Wahlrecht ein, zwang er den Augustinerinnen von Charonne, einem Kloster bei Paris, eine Oberin aus dem Zisterzienserorden auf. Oder er gab, wider jedes Recht, den Klarissinnen in Toulouse eine Äbtissin, die sogar unter Militärbegleitung die Abtei okkupierte. Und als 1680 nach dem Tod des Bischofs François Caulet von Pamiers dort vor der Besetzung seines Stuhles ein «Schisma im kleinen» entstand, installierte der königliche Intendant Foucault mit Waffengewalt einen gewissen Fortassin und schickte die romtreuen Vikare Michel d'Aubarède und Bernhard Rech in die Verbannung. Wie Ludwig auch Emanuel de la Tour, Herzog von Albret, Kardinal von Bouillon ohne Angabe eines Grundes ins Exil verwies.

Es war ein langer heftiger Kampf, den der katholische König, nach Aussage der eigenen Bischöfe fromm und gottesfürchtig, mit dem geistlichen Oberhaupt aller Katholiken führte, ein Kampf bis zu dessen Tod und darüber hinaus: Auseinandersetzungen mit allen Mitteln der Täuschung, Bestechung, des Rechtsbruches und immer wieder der nackten Gewalt. Einsprüche und Widersprüche lösten einander ab, Erklärungen und Gegenerklärungen, man entlarvte, löste auf, berief ein, man suchte zu stürzen, stürzte, man sparte weder mit Gebeten noch mit Drohungen, man scheute keine Willkür, keinen Druck, keine Erpressung, man lockte mit Karrieren, mit reichen Benefizien, mit Bistümern, Abteien, man streute falsche Gerüchte aus, man dementierte, suspendierte, exkommunizierte ...

Es kam zwar zu Vermittlungsversuchen, oft durch den katholischen König Jakob II. von England, gelegentlich durch die zurückgetretene Königin Christine von Schweden, die jedoch in Rom nicht immer so glücklich war, so daß sie zeitweise wider Innozenz nur Invektiven versprüht, dagegen Ludwig als den «Helden des Jahrhunderts» gepriesen haben soll. Immerhin ließ auch der Papst kaum eine Gelegenheit verstreichen, ohne dem Herrscher seine Geneigtheit zu versichern, natürlich in Gedanken an den Türkenkreuzzug.

Er war dann sogar bereit, einen Packen eigenhändig geweihter Windeln – bloß beim Nachwuchs gekrönter Häupter üblich – an den Pariser Hof zu schicken, als dort dem Dauphin ein erster Sohn mit dem Titel eines Herzogs von Burgund geboren wurde. Schien doch selbst Ludwig, einen Vorteil witternd, dem Papst seine Verehrung darzulegen, allerdings verbale Bekundungen bloß, blanke Heuchelei. Den Hauptton traf er, wenn er als Vertreter des «L'État c'est moi» agierte, wenn er seine Macht betonte, auch über die Kirche, die Herrschaft über seine Untertanen, der Geistlichen wie der Laien, wenn er erklärte, sich vom Papst keine Gesetze vorschreiben zu lassen.

Der niedere Klerus war gespalten; der Episkopat, vom König besonders abhängig und bedroht, stand fast ganz auf dessen Seite, und zwar von vornherein und ohne Widerstand. «Wer von euch», fragte der Papst die Hirten Frankreichs, «trat in die Arena, um den Kampf für das Haus Israel zu streiten? Wer hat es gewagt, Verfolgungen auf sich zu nehmen? Wer von euch gab auch nur eine Stimme ab, um die Freiheiten der Kirche zu schützen? Ihr habt einstimmig für das königliche Recht gesprochen, und die Stimmen, die man vernahm, waren nur jene der königlichen Diener, während die Bischöfe in Stillschweigen verharrten und über den französischen Klerus eine Schmach und Schande brachten, ewiger Vergessenheit wert, um nicht für den französischen Klerus ein bleibendes Denkmal der Unehre zu sein.[10]

Aber Einfluß und Ansehen des Papsttums sanken immer mehr, teils durch den allgemeinen Zeitgeist, durch fürstlichen Absolutismus wie kirchenfeindliche Aufklärung, teils durch das Regiment der Heiligen Väter selbst.

«... der würdigste Kandidat»

Schon unter Innozenz' XI. Nachfolger schoß der Nepotismus, für die armen Menschensohnjünger ja geradezu sprichwörtlich, wieder maßlos ins Kraut.

Alexander VIII. (1689–1691), der venezianischen Familie der Ottoboni entsprossen, wurde früh Kurialer und später durch Innozenz u.a. Großinquisitor in Rom. Bereits der Kardinal aber hatte sich als generöser Sippenpatriarch erwiesen. Und da er, bei seiner Papstwahl neunundsiebzig, mit keiner langen Regierung mehr rechnen konnte, erklärte er, im Konklave «ganz allgemein» als «der würdigste Kandidat für die Tiara» geltend (von Pastor): «Beeilen wir uns nach Möglichkeit, denn schon hat die dreiundzwanzigste Stunde geschlagen» – und rief die Seinen aus Venedig herbei.

Großneffe Pietro Ottoboni, gerade zwanzig, erhielt die reiche Abtei Chiaravalle und wurde Kardinal, regierender Nepote, Vizekanzler. Die Geschäfte sollte Giambattista Rubini führen, der Sohn einer Schwester des Papstes, Bischof von Vicenza, nachmals gleichfalls Kardinal. Und während Antonio Ottoboni, der Vater des Kardinalnepoten, zum General der Kirche und Befehlshaber der papalen Truppen aufstieg, wurde der Nepot Marco Ottoboni Herr über die Flotte und Seefestungen. Alexander kaufte ihm auch das Herzogtum Fiano, und mehrere seiner Familiaren heirateten Persönlichkeiten des italienischen Hochadels, Marco selbst Tarquinia Colonna; Cornelia Zeno, eine Großnichte des Papstes, den Fürsten von Palestrina.

Alexander VIII. belebte aber nicht nur den Nepotismus wieder, er bevorzugte auch auffallend sein Herkunftsland. Und als er gar begann, mit beträchtlichem Aufwand Venedigs Türkenkrieg zu fördern, als er zur Vermehrung des Geldsegens eine ganze Abtei aufhob und zugunsten seiner Vaterstadt Truppenaushebungen im Kirchenstaat erlaubte, ja selbst 1500 Soldaten sowie Kriegsschiffe stellte, erntete er wütenden Widerstand.

Bekannt schon in seiner Prälatenzeit war Ottobonis Streben nach Geld. Er bekam auch bereits in den frühen fünfziger Jahren den roten Hut und das Bistum Brescia, wo er ein Jahrzehnt hindurch Häretiker bekämpfte. Und als Papst setzte er seine rigorose Glaubenshüterrolle fort, verfolgte er gewisse gallikanische Auffassungen, wie die Einschränkung der päpstlichen Unfehlbarkeit, und verurteilte am 7. Dezember 1690 auch von sechsundneunzig Lehrsätzen der Jansenisten einunddreißig, so über die Gnade, die Willensfreiheit, die Taufe, Buße, die Jungfrau Maria, ohne indes die übrigen «Irrtümer» zu billigen. Scharf attackierte er Reste quietistischer Kreise Roms, bestrafte er die «noch lebenden Anhänger» des spanischen Priesters Miguel de Molinos mit lebenslanger Freiheitsberaubung. Molinos selbst, bereits 1685 eingekerkert, hatte nach elf Jahren im römischen Inquisitionsgefängnis ausgelitten – heute «einer der großen spirituellen Meister des Goldenen Zeitalters Spaniens» (Lexikon für Theologie und Kirche).[11]

Um das «Spirituelle» freilich ging es Alexander weniger, und damit war er nicht allein. Errechnete man doch, daß seit Paul V. (1605–1621), also in wenigen Jahrzehnten, die Nepoten fast sieben Millionen Scudi Staatsgelder bezogen, «neben anderen Einkünften» (Kühner). Zwar machte schon Alexanders Nachfolger Innozenz XII. (1691–1700), Antonio Pignatelli, aus süditalienischem Fürstenhaus, nach einem überaus zerstrittenen Fünf-Monate-Konklave, dem längsten des 17. Jahrhunderts, der päpstlichen Verwandtenbegünstigung angeblich höchst revolutionär für alle Zeiten den Garaus durch die Bulle «Romanum decet pontificem» (1692), die Nepotenbulle. Ein Papst durfte demnach künftig seinen Angehörigen weder Land noch Ämter gewähren; überhaupt sollte nur ein einziger Verwandter zum Kardinalat Zugang erlangen, doch auch der nur bei Eignung, bei Verdiensten für die Kirche und mit genau begrenztem Salär. Mit Staunen vernahm's die Welt, zumal die katholische. Freilich stand es vor allem auf dem Papier.[12]

Entworfen hatte die Bulle Giovanni Francesco Albani, der dann als Innozenz' Nachfolger, als Klemens XI. (1700–1721), seinen Neffen Annibale Albani zum Kardinal erhob, indes ein weiterer Neffe, Alessandro Albani, immerhin erst unter dem nächsten Papst den Purpur bekam.

Klemens' XI. langer Pontifikat, während dem der Spanische Erbfolgekrieg tobte, war voller Kränkungen und Mißerfolge.

Vergeblich protestierte der Hierarch gegen die Annahme der preußischen Königswürde durch Friedrich III., den Sohn und Nachfolger des Großen Kurfürsten. Kaiser Leopold dachte nicht daran, sein Einverständnis mit der Rangerhöhung des Brandenburgers zurückzuziehen und so dessen Unterstützung gegen Ludwig XIV. im Krieg zu verlieren. Und erst recht nicht kümmerte König Friedrich I., «was vor Sentimente» der Papst ihm gegenüber habe.

Vergebens mühte sich Klemens, den Krieg von Italien fernzuhalten. Vergebens pochte er auf die Neutralität des Kirchenstaats. Die Heerhaufen des Kaisers durchzogen sein Land, nahmen rücksichtslos Requisitionen vor, forderten Kriegssteuern ein. Besonders prekär schließlich seine volle Anerkennung Karls III., Kaiser Josephs Bruder, als «katholischer König von Spanien», nachdem er dessen Gegner Philipp V. wo immer er konnte begünstigt hatte, worauf Philipps Vergeltungsmaßnahmen folgten.

Im Friedensschluß von Utrecht (1713) wurde der Papst gänzlich übergangen, wurde über mehrere Territorien unter kalter Mißachtung seiner Oberhoheit verfügt. So fiel Sizilien samt der Kontrolle der Kirche an den Herzog Viktor Amadeus II. von Savoyen. Und als der Römer in einer Bulle gegen die «Sizilische Monarchie» protestierte, sie annullierte, schenkte ihm der neue König so wenig Beachtung wie dereinst der Preußenfürst seinem Protest gegen den Titel «König von Preußen».[13]

In ein bedenkliches Zwielicht geriet Klemens XI. durch den ehrgeizigen Emporkömmling Giulio Alberoni.

Vom Kirchensänger in Piacenza war er zum ersten Minister Spaniens und mächtigsten Mann des Landes aufgestiegen, dann auch, nach heftigem Drängen, im Juli 1717 zum Kardinal. Kaum jedoch hatte Alberoni die so ersehnte Ernennung (begründet u.a. mit seinen großen Verdiensten um die Stellung spanischer Hilfsflottillen für den Türkenkrieg) am 25. Juli erreicht, da ließ er, alter Antagonist der Habsburger, am 29. Juli die so eifrig mit päpstlichem Geld gegen die Türken gerüsteten Schiffe nicht gegen sie, den christlichen Erbfeind, auslaufen, sondern gegen den katholischen Kaiser, um ihm Sardinien zu entreißen, das der in Kürze denn auch gänzlich verlor. Klemens aber, der dem mißtrauischen Monarchen Ruhe im Land versprochen, schien jetzt gar mit dessen Gegnern zu konspirieren. «Am stärksten war man in Wien hiervon überzeugt. Voll unbeschreiblicher Wut erging man sich dort in den bittersten Vorwürfen gegen Klemens XI. Allen Beteuerungen des Papstes, daß er der Getäuschte sei, schenkte der kaiserliche Botschafter Graf Gallas keinen Glauben. Er sah darin nur leere Worte und äußerte sogar, er sei überzeugt, der Papst stehe im geheimen mit Spanien im Einverständnis».[14]

Weitere «würdigste» Figuren des Heiligen Kollegiums

Der Nachfolger, Innozenz XIII. (1721–1724), zwar erst 66, doch gesundheitlich erschöpft, regierte kaum drei Jahre. Er hatte bei den Jesuiten Roms studiert, als erster Papst aber sich öffentlich als ihr Gegner bekannt. Und kaum inthronisiert, erwies er dem französischen Regenten, dem Herzog Philipp II. von Orléans, einen peinlichen Gefälligkeitsdienst. Erhob er doch dessen Minister, den Abbé Guillaume Dubois, wegen seiner korrupten Verwaltung «allgemein gehaßt und als schmutziger Wollüstling verabscheut», zum Kardinal. So begehrt Dubois diese Würde hatte, er kam nicht lange in ihren Genuß – bereits zwei Jahre später starb er an den Folgen einer Amputation, die seine Ausschweifungen nöthig gemacht» (Pierer).

In Rom entfaltete damals ein gewisser Niccolò Coscia frappierende Talente. Aus dem Neapolitanischen stammend und zunächst durch den Erzbischof von Benevent, dann unter Innozenz' XIII. Nachfolger Benedikt XIII. (1724–1730) wie aus dem Nichts zum Titularerzbischof, zum Kardinal (trotz mehrheitlichem Widerspruch der Kardinäle) avanciert, nahm er dem politisch unerfahrenen, doch desto vertrauensseligeren neuen Pontifex die weltlichen Geschäfte bloß zu gern aus der Hand, wurde auch bald Mitglied der Kongregation der Inquisition, eine Ernennung, die nur «die Würdigsten» erhielten. Der öffentliche Ämterhandel blühte. Für Geld und Geschenke war fast alles zu haben, einflußreichste Posten des seinem finanziellen Bankrott zutaumelnden Kirchenstaates, ja des Staatssekretariats.

Staatssekretär Fabrizio Paolucci konnte noch manches verhindern, dessen Nachfolger aber, seit 1726 Kardinal Niccòlo Maria Lercari, hing gänzlich von Coscia ab: Alle Formen der Korruption wurden praktiziert, Monopole verkauft, Reskripte gefälscht, natürlich auch die besonders fatalen Bestechungen durch ausländische Mächte, freilich selbst bei unbescholteneren Figuren nicht gerade selten. So bezog Kardinal Alderano Cibo, Staatssekretär und langjähriger Busenfreund Innozenz' XI., hinter dem Rücken des Papstes eine Pension Frankreichs. Warum also nicht der gleichfalls enge Freund Papst Benedikts?

Alles diente der systematischen Bereicherung dieses skrupellosen Schurken. Beträchtliche Gelder gewann der Kardinal aus Monopolen, die er gegründet und verpachtet hatte, wie einem Schuhsohlen-, einem Seifenmonopol. Und obwohl das Staatsdefizit schon nach kurzer Zeit rasant stieg und Coscia bereits in einem Jahr angeblich zwei Millionen Scudi ergaunert hatte, war das Vertrauen des Heiligen Vaters unerschütterlich. Durch seine ganze Regierung, bis zuletzt, deckte er die kriminelle Existenz des Kardinals, bei dessen Prozeß auch «sittliche Verfehlungen» zutage traten, und erklärte alle Warnungen vor seinem Schützling, alle Anklagen als unwahr, böswillig, pure Verleumdungen.

Erst unter dem nächsten Papst traf den Gangster die große Exkommunikation samt hoher Geldstrafe und zehnjähriger Festungshaft in der Engelsburg, wo man ihm drei Räume zugestand nebst Selbstverköstigung. Viele Kardinäle aber bestürzte die harte Behandlung eines Mitglieds des Heiligen Kollegiums, das beim Pontifikatswechsel noch der Lynchjustiz der Römer entgehen konnte, die den Tod jedes verdächtigen Beneventaners, der «Mordgesellen», forderten. Doch noch im Konklave wurde (con universale scandalo) ein Wahlzettel für Coscia abgegeben und ihm das unbeschränkte aktive wie passive Wahlrecht zuerkannt.[15]

Das alles war wenig geeignet, das Prestige des Papsttums zu heben. Vielmehr setzte sich der fast kontinuierliche Niedergang seines Ansehens auch unter dem Nachfolger fort.

«... EIN EINZIGER LEIDENSWEG»

Klemens XII. (1730–1740), Lorenzo Corsini, ältester Sohn des reichen Florentiner Adelsgeschlechts Corsini, Neffe des Kardinals und Generalschatzmeisters Neri Corsini, hatte u.a. bei den Jesuiten im Collegio Romano studiert und sich erst spät, bereits dreiunddreißigjährig, zu einer kirchlichen Laufbahn entschlossen.

Unter fast drei Dutzend «Papabili» ging er schließlich aus einem äußerst zerstrittenen, vier Monate und sieben Tage währenden Konklave als Sieger hervor; ein «Werk der Vorsehung», hieß es – vielleicht aber auch eine Folge, um nicht zu sagen ein Triumph von Alter und Gebresten, da er schon neunundsiebzig, schon krank war, immer wieder Schwächeanfällen ausgesetzt, immer häufiger, dann fast dauernd bettlägerig, auch halb blind und bald, 1732, ganz erblindet. Bewährter Tradition zufolge ernannte er wenige Wochen nach seiner Papstwahl seinen Neffen Neri (sic) Corsini zum Kardinal in petto, obwohl dieser an den Staatsgeschäften weder interessiert noch dafür befähigt war.

In den frühen dreißiger Jahren – es ist der Beginn des Polnischen Erbfolgekriegs – verbinden sich Spanien, Frankreich und Sardinien zur Vertreibung des Kaisers aus Italien. Bald überrennen spanische Heere den Kirchenstaat, ungehört verhallen die Proteste des Papstes. «In Rom konnten spanische Werber ungehindert Truppen anwerben, bis die Bevölkerung die Häuser, darunter sogar die spanische Botschaft an der Piazza di Spagna, stürmte, um ihre dort eingesperrten Mitbürger zu befreien. Spanische Truppen lagerten um Rom, mordeten, brandschatzten und errichteten Galgen. Madrid und Neapel wollten auf jede Weise von Klemens kirchenpolitische Zugeständnisse erzwingen» (Kühner). Schließlich unterbrechen beide Regierungen ihre diplomatischen Beziehungen zu Rom, wobei sich zumal die Auseinandersetzungen mit dem Königreich Neapel schwierig gestalten, da dessen leitender Kopf Bernardo Tanucci, vielleicht der feindseligste antikatholische Minister eines katholischen Staates, besonders scharf die Rechte der Staatssouveränität verficht.

Man hat den klementinischen Pontifikat einen einzigen Leidensweg genannt, wobei dem schwerkranken Papst kein Schimpf erspart geblieben sei. Man sprang mit ihm nach Belieben um oder ignorierte ihn einfach.

Doch das Bemerkenswerteste daran: daß die stets größere Feindschaft von katholischen Herrschern ausging, «daß der römische Hof mit allen katholischen Staaten in bittere Streitigkeiten geriet» (von Ranke). «Ich kann nicht leugnen», berichtet 1737 der venezianische Gesandte Alvise Mocenigo aus Rom, «es hat etwas Widernatürliches, wenn man die katholischen Regierungen sämtlich in so großen Zwistigkeiten mit dem römischen Hofe erblickt, daß sich keine Versöhnung denken läßt, die nicht diesen Hof an seiner Lebenskraft verletzen müßte. Sei es größere Aufklärung, wie so viele annehmen, oder ein Geist der Gewalttätigkeit gegen den Schwächeren, gewiß ist es, daß die Fürsten mit raschen Schritten darauf losgehen, den Römischen Stuhl aller seiner weltlichen Gerechtsame zu berauben.»

Innen- wie außenpolitisch lag fast alles im Argen, die Finanzen völlig zerrüttet, die Justiz, die Verwaltung korrupt. Während seiner ganzen Amtszeit stritt der Papst um das Konkordat mit Sardinien. Zwei Kardinäle, beide bestochen, hatten darin unerwünschte Zugeständnisse gemacht. Der Papst konnte es weder nach Form noch Inhalt verantworten noch vor dem Recht, und indes er den durch die Käuflichkeit der beiden Kardinäle entstandenen Schaden wieder gut zu machen suchte, spitzten die Verhandlungen sich erst recht zu. Noch bei seinem Tod war die Sache nicht bereinigt.[16]

Freilich, der Nachfolger – nach einem halbjährigen Konklave, dem längsten der Neuzeit, völlig überraschend gewählt – verstand sich bedeutend besser ins internationale Bild zu setzen.

Prospero Lorenzo Lambertini, Sohn einer verarmten Bologneser Adelsfamilie, der sich als Papst Benedikt XIV. (1740–1758) nannte, war von Natur freundlich, neigte somit schon wesensmäßig zum Vermitteln, war aber gewiß auch klug genug, aus seiner Not eine Tugend zu machen und noch Protestanten für sich einzunehmen. Manche rühmten ihn in Gedichten oder stellten seine Statuen in ihren Villen auf – und Jan Pitt, verwandt mit den beiden prominenten William Pitt, schmückte eine Büste Benedikts mit der Inschrift: «Jan Pitt, der nie über irgendeinen römischen Geistlichen etwas Gutes gesagt hat, hat dieses Denkmal zu Ehren des Papstes Benedikt XIV. errichtet.» Für den britischen Historiker Macaulay war er der weiseste und beste aller Päpste. Selbst Voltaire widmete ihm seine Tragödie «Mahomet». Und als ihn eines Tages eine mißlungene Satire verhöhnte, hatte er Humor genug, sie dem Verfasser verbessert und in Hoffnung auf steigenden Absatz zurückzusenden.

Schon bald nach seiner Thronbesteigung schloß Benedikt XIV. Konkordate mit Savoyen und dem Königreich beider Sizilien, wobei er deren Regierungen erhebliche Zugeständnisse machte, wenn auch die Einbußen des Heiligen Stuhles 1753 durch das spanische Konkordat noch weit größer waren. Allein um den Hauptstreitpunkt, den sogenannten Universalpatronat, hatten schon Jahrzehnte lang zwei Könige und fünf Päpste gerungen, und dies unter Zuhilfenahme vieler Mittel. So wurden Valenti Gonzaga, Nuntius in Spanien, danach Kardinalstaatssekretär, vom König zunächst 45 000 Scudi, dann noch einmal 50 000 Scudi gezahlt. Jetzt verblieb dem Papst das Recht auf Besetzung von 52 geistlichen Stellen, während der König das Recht auf Vergebung von 12000 bekam!

Dem Papst warf man allzu große Nachgiebigkeit vor, was viele kirchenpolitische Kontroversen, nicht nur seine Konkordate mit Savoyen, Neapel, Spanien und Portugal, beweisen, ebenso die Anerkennung Friedrichs II. von Preußen als König, die die Vorgänger verweigert hatten. Auch seine Ankündigung im Sommer 1741, jeden Durchzug von Truppen durch den Kirchenstaat, gleich von wem, zu verbieten, blieb Schall und Rauch. Weder Österreicher noch Spanier hielten sich daran, ja sie verlegten auch ihre Winterquartiere in päpstliches Terrain und machten den Kirchenstaat zum Aufmarschgebiet, zum Kriegsschauplatz.

Benedikt XIV. wandte sich an die Könige von Spanien und Frankreich, an Maria Theresia, Kaiser Karl VII., er erfüllte die Welt mit Gejammer und Beschwerden, prangerte die Verheerung seines Landes an, die Beraubung seiner Bewohner, die Morde, Straßenkämpfe. Man behandle, schrieb er, den Kirchenstaat als herrenloses Gut, man schalte und walte, als gebe es keinen Papst. Und vergaß natürlich nicht «die Güter des erzbischöflichen Stuhles zu Bologna und seines Nepoten», wobei Papsthistoriker Pastor, unter Berufung auf eine Quelle im Wiener Staatsarchiv, «die lauten Klagen Benedikts XIV.» betont, «als er die Verwüstung seines Gartens und die Plünderung des Palastes seiner Familie durch die ins Bolognesische eingedrungenen Spanier erfuhr».

Freilich schenkten ihm die kriegführenden Parteien kein Gehör. Sie ignorierten sein fortdauerndes Lamento ebenso wie seinen Wunsch, die Lehenshoheit des Heiligen Stuhles über die Herzogtümer Parma und Piacenza anzuerkennen. «Die beiden Armeen», notierte er Anfang 1745, «richten den Kirchenstaat zugrunde. Die Spanier sind die Urheber unseres Unglücks, aber die Österreicher wollen ganz auf unsere Kosten leben; wenn Gott sich unser nicht erbarmt, wird Unser Pontifikat durch den Schaden berühmt werden, den wir erleiden.»[17]

Der nächste Pontifikat aber war im wesentlichen von der Jesuitenproblematik beherrscht.

7. KAPITEL

DIE JESUITENVERFOLGUNG. INTERNER MACHTKAMPF

«Wie schon manche Zeitgenossen erkannten, war die Zerstörung des Jesuitenordens nur das nächste Ziel dieser Bestrebungen, der Hauptkampf jedoch galt der Kirche und dem Apostolischen Stuhl, durch dessen Jurisdiktionsfülle sich die katholischen weltlichen Mächte in ihren Rechten beschränkt fühlten. Der Kampf gegen die Gesellschaft Jesu ist also ein Kampf gegen das Papsttum. Die Herrscher glaubten nicht die vollgültige Souveränität zu besitzen, wenn sie nicht das volle Kirchenhoheitsrecht (ius circa sacra) innehätten. Daher die beständig wachsenden Übergriffe in die kirchliche Verwaltung und Gerichtsbarkeit, daher die eifrig betriebene Verbreitung unkirchlicher Grundsätze in Wort und Schrift, daher die Verachtung und Beleidigung, mit der man den Statthalter Christi behandelte. Herrschender Grundsatz in nahezu allen Staaten war, daß das gesamte Äußere im kirchlichen Leben, die kirchlichen Güter wie Personen, zum Machtbereich der weltlichen Souveräne gehörte.»

Ludwig von Pastor[1]

Das Schicksal der Loyola-Jünger deutete sich bereits unter Benedikt XIV. an. Zwar sparte er selbst nicht mit ihrer Anerkennung, äußerte er schon als Erzbischof von Bologna seine wachsende Zufriedenheit mit diesen «gelehrten und heiligen Ordensmännern» (dotti e santi religiosi), betonte dann als Papst ihre unablässige Nützlichkeit, ihren vorbildlichen Gehorsam, zeichnete insbesondere Franziskus Retz, den Ordensgeneral, durch Wohlwollen aus; ja wies gelegentlich den Vorwurf der Unfreundlichkeit durch ein langes Aufzählen seiner der Gesellschaft bezeugten Gunsterweise zurück. Auch soll er mehr Jesuiten bedienstet haben als viele andere Päpste. Behauptete doch der jesuitische Historiker Cordara, in den sieben von ihm miterlebten Pontifikaten habe kein Papst so viele Jesuiten um sich versammelt wie gerade Benedikt XIV. Andererseits freilich, merkwürdig genug, galt er in der öffentlichen Meinung als wenig jesuitenfreundlich; wie auch Cordara bekennt, nie zu einem sicheren Urteil über des Papstes wirkliche Gesinnung gelangt zu sein.[2]

Die Jesuiten, als exemter Papstorden zur besonderen Unterstützung der römischen Hierarchen geschaffen, unterschieden sich in vielem grundlegend von anderen Mönchsgemeinschaften, und zahlreichen Zeitgenossen behagte «die ganze Richtung» nicht.

Schon äußerlich fiel der Jesuit auf. Er kam nicht im Mönchshabit, sondern sozusagen zivil, unauffällig, nach Landesart. Und wie die Ordenstracht, damals ja weithin längst verhaßt, gleich entfiel oder, ebenfalls von Anfang an, die Klausur, die vorgeschriebene Bußübung, so auch das gemeinsame Chorgebet, überhaupt die Vielbeterei. Die vordem, zumindest auf dem Papier, hochgepriesenen «Gebetsgnaden», Gnaden der Askese, der Andacht, der Kontemplation, traten stark zurück gegenüber Gnaden gänzlich anderer Art.

Man pflegte die Sorge um die «Seelen», forcierte das Eindringen in das höhere Bildungswesen, in die Schulen, das Theater, die Universitäten, ganz besonders in die Fürstenhäuser, und da am liebsten in der Stellung eines Fürstenbeichtvaters (IX 191 ff.!); verschmähte aber auch nicht, die frömmelnde Masse, deren halbes Leben der Kirchenwahn bestimmte, mit dem primitivsten religiösen Kitsch abzuspeisen (IX 189). Und da dank der größeren Mobilität und Flexibilität dieser dotti e santi religiosi, dank ihrer unbestritten größeren Qualifiziertheit die Indoktrination, die Beherrschung ganzer importanter Gesellschaftsgruppen, auch das Vordringen in den Missionen ziemlich schnell gelang, wuchsen Ruhm und Neid, schwoll die Feindschaft bis zum Wunsch mancher nach ihrer Vernichtung an.

Dabei war die antijesuitische Agitation am stärksten in klerikalen Kreisen, unter Mönchen. In Spanien, ihrem Herkunftsland, kanzelte sie der Dominikaner Alonso de Avendano Jahr für Jahr als Häretiker, Pharisäer, Heuchler ab. Sein Ordensbruder Melchior Cano, immerhin Berater Karls V. und Philipps II., schimpfte sie Vorauskommando des Antichrist. Der Augustinergeneral Franz Xaver Vasques hielt sie für «hochmütig wie Luzifer» oder, sagt er auch, «für eine Hydra; jedesmal, wenn man diesem Ungeheuer einen Kopf abhaut, wächst ihm ein anderer»; ja, er wünschte eine Intervention des spanischen Königs beim Papst, auf daß dieser den Orden, Geißel doch nur und Ärgernis für die Christenheit, vollständig auflöse.

IN PORTUGAL

Das erste Vorgehen gegen das Institut geschah unter König Joseph Emanuel I. von Portugal aus und wurde vor allem durch Sebastião José de Carvalho e Mello, den künftigen Marquis de Pombal, gesteuert, «den größten und schrecklichsten Minister, der Portugal je regierte» (W. u. A. Durant). Als scharfer Verfechter des Staatsabsolutismus stand er nicht nur den Jesuiten, die ihn erzogen und seinen Aufstieg gefördert, sondern dem Klerus, dem Papsttum überhaupt feindselig gegenüber. War doch der Kampf gegen die Kirche zugleich ein Kampf gegen den Heiligen Stuhl, mit dessen Untergang Montesquieu, Voltaire und «so gut wie alle Vertreter der neuen Geschichtswissenschaft ... in nächster Zukunft» rechneten (Elm).

Pombal dachte wohl auch an eine von Rom unabhängige Landeskirche. Dabei bediente er sich der Kirche wider die Kirche, brachte er Verwandte, Vertraute in hohe Klerusstellen und konnte dann, ohne der gläubigen Menge ein Ärgernis zu geben, das Land in seinem Sinn bereinigen. Hunderte von Widersachern starben in seinen Verliesen, darbten da in schauerlichen Löchern, oft «ohne Anklage, ohne Untersuchung, ohne Prozeß», eingefallen, aufgebläht, «großtentheils so schwach, dass sie sich nicht auf den Beinen halten konnten. Einige hatten durch die Finstemiß, in der sie so lange Zeit begraben lagen, das Augenlicht, Andere die Sprache verloren; wieder Andern waren durch die Feuchtigkeit die Füße verfault, oder von Ratten und Ungeziefer angefressen» (Riffel).

Selbst Bischöfe sperrte Pombal jahrelang ein, den Bischof von Belém, beispielsweise, oder den Bischof von Coimbra nebst 33 seiner Priester. Denn nicht nur einzelne, ganze Kommunitäten setzte er fest. Familien wurden ausgerottet, ihre Stammsitze niedergerissen. Auch rief er Mönche der verschiedensten Orden aus Übersee zurück, wo sie doch «den Wilden das Evangelium verkündet» (Riffel); und manchmal wimmelten die Wege zu den Gefängnissen nur so von Klosterbrüdern samt ihren militärischen Bewachern.

Besonders verhaßt waren Pombal die Jesuiten, und er kolportierte all die üblen Gerüchte, die alten Anwürfe über sie: Geld-, Pracht- und Machtgier, Ungehorsam gegen Papst, König und Bischöfe, den Dauerstreit mit Prälaten, Gelehrten, Unterdrückung der Eingeborenen, verbotene Geschäfte, Sklavenhandel. Noch Gräber und Kloaken ließ er nach ihren Reichtümern durchwühlen. Und als 1757 in Oporto eine Empörung aufflammte, verdächtigte der Minister die Jesuiten der Anstiftung. Es gab einen Riesenprozeß mit nicht wenigen Todesurteilen, angeblich aber «nicht eine Spur von Beweis» (von Pastor). Im selben Jahr verbannte Pombal die jesuitischen Beichtväter des Monarchen wie seiner Familie aus dem Palast und verbot allen Jesuiten den Zutritt zum Hof. Als dann in der Nacht des 3. September 1758 ein Mordanschlag auf den König erfolgte und man im Januar neun Adlige auf dem öffentlichen Platz von Belém hingerichtet, gefoltert, geköpft, gerädert, stranguliert, lebendig verbrannt hat und Pombal die Gesellschaft Jesu beschuldigte, durch ihre Predigten und Lehren die Komplotteure angetrieben zu haben, erließ der König am 3. September 1759, am Jahrestag des Mordversuchs, ein Edikt, das nach Aufzählung einer langen Reihe (angeblicher) Verbrechen der Jesuiten bestimmte, daß «diese Ordensbrüder, da sie verderbt und von ihrem heiligen Gesetz abgefallen und durch solche abscheulichen und hartnäckigen Laster offenkundig unfähig geworden sind, zu einer Innehaltung zurückzukehren, ordentlich und wirksam verbannt ..., geachtet und als notorische Rebellen, Verräter, Widersacher und Angreifer von Seiner Majestät Person und Reich aus allen Ländern Seiner Majestät vertrieben werden; ... und bei Todesstrafe wird befohlen, daß niemand, welches Standes oder Berufes auch immer, sie in eines seiner Besitztümer zu lassen oder durch Wort oder Schrift mit ihnen Verbindung halten darf.»

Der regelmäßig die Messe besuchende Freigeist Pombal aber attackierte immer schärfer den Orden und zögerte 1761 nicht, nachdem er seinen eigenen Bruder zum Haupt der portugiesischen Inquisition erhoben, den mehr als siebzigjährigen Jesuiten Gabriel Malagrida, den 32 Monate Kerker fast verrückt gemacht hatten, als Betrüger, Heuchler, Gotteslästerer, kurz als «Ketzer» erdrosseln und verbrennen zu lassen; ein Schauspiel, das König, Kabinett und diplomatisches Korps gemeinsam genossen. Insgesamt sollen angeblich über neuntausend Menschen die Opfer seines Argwohns und seiner Habsucht geworden sein.[3]

In Frankreich

Was sich in Portugal abspielte, wiederholte sich bald jenseits der Pyrenäen, wo ja die Jesuiten in den Gallikanern, Jansenisten, den Enzyklopädisten so entschiedene Gegner hatten, daß selbst der Jesuitenschüler Voltaire gelegentlich etwas Mitleid empfand, weshalb ihm d'Alembert am 25. September 1742 schrieb: «Glauben Sie mir, weg mit menschlicher Schwäche. Lassen Sie doch die jansenistische Canaille die jesuitische Canaille uns vom Halse schaffen und verhindern Sie nicht, dass diese Spinnen sich gegenseitig auffressen.»

Auch Frankreich hatte sich mehr und mehr gegen die Gesellschaft Jesu gestellt, und zweifellos erwies sich das Land als besonders geeignet für den Kirchenkampf: seit langem tonangebend in antipäpstlichen Auftritten und überhaupt pfaffenfeindlicher als andere Himmelsstriche; vom Norden her wirkte die englische Aufklärung ein, aus dem Süden die antirömische Propaganda Spaniens und Portugals, darunter eine ausgedehnte Flugschriftenaktion Pombals und seiner Gesinnungsgenossen. Auch gab es wohl mächtige, wenngleich geheime Gegner am Hof.

Verschärft wurde der Sturm auf die französischen Loyola-Jünger durch den Pater Antoine Lavalette, nicht nur Missionsprokurator, Missionsoberer und Apostolischer Präfekt für alle Jesuitenniederlassungen auf den Antillen, sondern auch ein cleverer Grossist, den freilich dann das Pech verfolgte. Die Engländer kaperten seine Schiffe, teure Frachten nach Europa, Orkane richteten schwere Schäden an, eine Seuche dezimierte seine schwarzen Plantagenarbeiter, sein Haupthandelspartner in Marseille ging bankrott. Lavalette, der Mann Gottes, geriet in Schulden, stürzte sich in neue riskante Unternehmen, vermehrte seine Fehlbeträge, das ganze französische Ordensinstitut wurde in den Fall hineingezogen und verlor einen Prozeß nach dem andern.

Treibende Kraft bei seiner Niederringung war das Parlament von Paris. Im August 1761 ließ es vor seinem Hauptgebäude 24 Bücher jesuitischer Autoren verbrennen. Im März 1762 edierte es unter dem Titel «Extraits des Assertions» oder «Auszüge aus den gefährlichen und verderblichen Aufstellungen aller Art, welche die Jesuiten immer und beständig vertreten haben» eine umfangreiche Kompilation, in der die Jesuiten immerhin 758 Fälschungen gezählt haben wollen, eine «Kloake von Lügen».

Ein Parlamentsbeschluß vom 6. August 1762 erklärte «die ‹sogenannte› Gesellschaft Jesu ihrer Natur und ihrem Wesen nach als unverträglich mit jedem wohleingerichteten Staatswesen, weil sie dem Naturrecht widerspreche, jede geistliche und weltliche Autorität verletze und danach trachte, unter dem täuschenden Schleier eines religiösen Instituts in Kirche und Staat nicht etwa einen nach der evangelischen Vollkommenheit strebenden Orden, sondern eine politische Korporation einzuführen, deren Trachten darauf hinausgehe, mit allen Mitteln zur völligen Unabhängigkeit und dann zur Usurpation der Macht zu gelangen, indem sie die gesetzmäßige Gewalt untergrabe und den Fanatismus zum Grundsatz erhebe. Ihre Regeln und Gelübde seien mißbräuchliche Eingriffe in die weltliche Gewalt und die Freiheit der gallikanischen Kirche, darum null und nichtig. Ihre Lehre, Moral und Handlungsweise seien verderbt, vernichtend für Religion und natürliche Sittlichkeit, beleidigend für das christliche Sittengesetz, schädlich für die bürgerliche Gesellschaft, aufrührerisch und verletzend für die Rechte, die Macht und Sicherheit der geheiligten Person des Monarchen, geeignet, Unruhen im Staat hervorzurufen und die tiefste Korruption zu unterhalten. Darum solle die Gesellschaft Jesu von Frankreich unwiderruflich ausgeschlossen sein und bleiben und niemand ihre Wiederherstellung betreiben dürfen.»

Die Jesuiten hatten binnen acht Tagen ihre Häuser zu räumen, ihr Gemeinschaftsleben preiszugeben, ebenso jeden Kontakt mit im Ausland wohnenden Genossen; ihr gesamtes Ordensgut wurde konfisziert.

Ähnlich oder fast noch strenger, unter heftigen Ausfällen auch gegen den Römischen Stuhl, ging man in den Parlamenten der Provinzen vor, in Bordeaux und Rennes, in Rouen, Roussillon, Pau und Aix, ja selbst noch in Übersee, in Louisiana und Martinique. Das Parlament von Rouen rief am 3. März 1763 die gesamte katholische Welt zur gemeinsamen Vernichtung der Gesellschaft Jesu auf. Im folgenden Jahr appellierte das Pariser Parlament diesbezüglich an den König.

Und am 1. Dezember 1764 löste ein Edikt Ludwigs XV. in königlicher Machtvollkommenheit die Gesellschaft Jesu in Frankreich auf. Eine begleitende Instruktion machte dabei deutlich, daß der Fürst den Orden wegen seines erbaulichen Wandels und seines Unterrichts zwar als nützlich für Staat und Kirche betrachtet habe, aus

Sorge aber um die Ruhe im Reich, um die gegen die Jesuiten gerichtete öffentliche Meinung zu seiner Stellungnahme bestimmt worden sei.

Der Papst indes, der schon am 3. September 1762 alle Parlamentsbeschlüsse wider die Jesuiten für unwirksam erklärt hatte, trat in der Konstitution vom 7. Januar 1765 noch einmal ausdrücklich für den jetzt so provokant mißachteten, als unreligiös, als gottlos verdammten Orden ein, erinnerte an seine Wertschätzung durch die Kirche durch das Konzil von Trient, attestierte ihm seinerseits mit den Bischöfen des Erdkreises in hohem Grade Frömmigkeit, Heiligkeit gar und bestätigte abschließend zum wiederholten Mal alle Kundgebungen seiner Vorgänger zugunsten der Jesuiten.[4]

In Spanien

Am stärksten war die Machtstellung des Ordens noch in Spanien, wovon er ja ausgegangen und wo er bei der Masse des Volkes auch keinesfalls unbeliebt war. Tanucci spricht in einem Brief vom 30. August 1766 geradezu vom «Fanatismus ... der die spanischen Gemüter zugunsten der Jesuiten beseelt ...». Die maßgebliche Politik aber, der herrschende Staatsabsolutismus, verhielt sich zu ihnen ähnlich wie in Frankreich.

Über Spanien gebot seinerzeit Karl III., der Sohn Philipps V. und Halbbruder des 1759 in geistiger Umnachtung sterbenden Ferdinand VI. Diesem folgte er, bisher König beider Sizilien, auf den spanischen Thron, während in Neapel für ihn Bernardo Tanucci als Justizminister, Außenminister, Hofminister und schließlich als Vorsitzender des Regentschaftsrates die Zügel fest in der Hand hielt.

Karl III. war überzeugter Katholik, ein eifriger Förderer der Verehrung der Unbefleckten Empfängnis Mariens. Täglich besuchte er die Messe, widmete auch dem Morgen- und Abendgebet je eine Viertelstunde. Mancher rühmte zudem seine Fähigkeit, nicht selbst zu regieren, sondern durch einige, «die er regieren ließ, während er sein ganzes Leben auf der Jagd zubrachte» (Leonhard) – dies vielleicht auch um der Unkeuschheit zu entgehen und der hereditären Melancholie seines Hauses.[5]

Obwohl Karl III., wie gesagt, durchaus christgläubig, auch Mitglied des Dritten Ordens war und einen Franziskaner zum «Gewissensrat» hatte, obwohl seine Mutter Elisabeth Farnese sowie seine Gattin Maria Amalie von Sachsen Jesuiten als Beichtväter, seine Söhne Jesuiten als Erzieher hatten, stützte er sich doch auf Minister, die nicht nur im Sinn des aufgeklärten Absolutismus amtierten, sondern, so vor allem sein einstiger Lehrer, der Marchese Bernardo Tanucci, sich auch persönlich führenden Freigeistem Frankreichs verbunden fühlten.

1698 in Toskana geboren, hatte Tanucci die Rechte in Pisa studiert, war dort Professor geworden, dann Minister Karls in Neapel, wo er allmählich das Königreich beider Sizilien faktisch allein beherrschte. Tanucci war nicht prinzipiell gegen die Kirche, bekämpfte aber die Privilegien des Klerus. Er schätzte die Ideale der urchristlichen Zeit und beichtete jahrzehntelang bei einem Jesuiten, stets beim selben. Er war leidenschaftlicher Verfechter der Staatsallmacht und Gegner der Einführung der Inquisition, Gegner insbesondere des Apostolischen Stuhles. Er beleidigte und behinderte gern die Päpste, nannte die Kardinäle die schädlichsten Tiere der Welt, kannte in der ganzen Natur kein wilderes Tier als den Mönch, und unter den Mönchen waren ihm die Jesuiten am verhaßtesten, schlicht «Gift», «Jesuitengift», «Gift und Krebsschaden».

Warum attackierte Tanucci derart die Jesuiten, mehr als alle anderen Orden? Keine theologische Doktrin störte ihn, sondern ihr Auftreten, ihre unersättlichen Ansprüche, ihre Gier nach Reichtum, politischer Macht, ihr kaum kaschierter Stolz. Dabei suchten sie stets den Eindruck zu erwecken, sich nicht in Politik zu mischen, in Wahrheit ging es ihnen um nichts mehr (vgl. Die Beichtväter-Bande IX 191 ff.), sah Tanucci doch die Lehre vom Königsmord unter ihnen ganz natürlich aufkeimen. Und als 1766 in Madrid der sogenannte Hutaufstand ausbrach, bezichtigte Tanucci die Jesuiten der Anstiftung.[6]

Anlaß der Erhebung war der Befehl vom 10. März 1766, der künftig in größeren Städten das Tragen langer, weiter Mäntel und breitrandiger Hüte (capa und sombrero) untersagte, da sie unspanisch seien und überdies allerlei Störenfrieden, Übeltätern die Möglichkeit des Vermummens und leichteren Entkommens bot. Der Aufstand breitete sich rasch über die Hauptstadt aus, ergriff Saragossa, Salamanca, Barcelona, weitere Orte, und selbstverständlich galt er nicht nur der Erhaltung der Nationaltracht, selbstverständlich wollte man auch im Ministerium nur Spanier sehen, wollte vor allem eine Bekämpfung der Teuerung, des Wuchers, der hohen Lebensmittelpreise zumal.

Über die Urheber der Krawalle tappte man zunächst völlig im Dunkeln. Man kannte keine Führer; sah nur den «Pöbel», die «niederen Volksschichten» in die Ausschreitungen verwickelt. Allmählich aber geriet der Klerus ins Blickfeld, wurden besonders Mönche der Brandstiftung verdächtigt, und schließlich und immer häufiger die Jesuiten.

Tanucci, der den König, wie einst in Neapel, auch als spanischen Regenten beriet, hatte zunächst ebenfalls nur die Madrider beschuldigt, dies «gemeine, barbarische Volk, unwürdig, dem Menschengeschlecht anzugehören, wert, den allerunvernünftigsten Tieren beigezählt zu werden». Doch schon bald hatte er auch «die unwissenden, faulen und lasterhaften Priester und Mönche» im Visier, freut er sich «über die gute Nachricht, dass der König zur Einsicht gekommen, die Mönche und Priester seien die Anstifter des Tumults gewesen». Tanucci verspricht der Majestät, den Heiligen Geist um Beihilfe bei der Aufklärung anzuflehen, und alsbald sieht er auch «Spanien zur Überzeugung gelangt, dass das Unheil von der geistlichen Canaille gekommen ist und noch kommt, und zwar von der allerintrigantesten Sorte, den Jesuiten ...»

Selbst der immer wieder angestachelte Monarch dringt schließlich auf ihre Ausschaltung, will aber Beweise. Denn was in Portugal und Frankreich möglich war, muß auch in Spanien möglich sein. Also spürt man ihnen weiter nach, verdächtigt sie, in illegalen Druckereien Schmähschriften gegen die Regierung herzustellen, und hetzt ihnen Polizei wie Inquisition auf den Hals. Es kommt zu Hausdurchsuchungen, man kontrolliert systematisch ihre Post. Ein Sondergericht erforscht den Madrider Aufruhr. Schließlich erläßt Karl III. am 27. Februar 1767 das Verbannungsdekret, das alle Jesuiten aus Spanien und seinen überseeischen Besitzungen, seinen Kolonien in Südamerika, den Philippinen verweist und ihr gesamtes Hab und Gut konfisziert.

Im November 1767 werden die Jesuiten aus Neapel und Sizilien vertrieben, im Februar 1768 aus dem Herzogtum Parma, im April 1768 von der Insel Malta. Nahezu überall geht man bei den Abschiebungen ähnlich vor. Man umzingelt, meist mitten in der Nacht oder in aller Morgenfrühe, mit Soldaten ihre Niederlassungen (sogar gegen die vier Jesuiten Montevideos bietet man am 6. Juli 1767 Militär auf), läßt sie in wenigen Stunden ihre Habseligkeiten pakken, bringt sie unter militärischer Bedeckung an Sammelplätze und schickt sie auf ungewisse Wanderungen über Land und Meer. So verfährt man fast überall in Spanien wie in seinen kolonialen Nebenländern. Bei der Überfahrt nach Korsika verlieren 78 Jesuiten ihr Leben; insgesamt sollen auf hoher See 500 Jesuiten umgekommen sein.

Übergehen wir die wahrlich chaotischen Verhältnisse, in die, immerhin noch mehr oder weniger besoldet, die Ausgewiesenen häufig gerieten. «Für die meisten Mitglieder begann ein langer Leidensweg in der Verbannung» (Theologische Realenzyklopädie), ein Leidensweg, auf den sie ja nicht freche Freigeister schickten oder böse Protestanten. Verweigerte doch selbst der Papst zunächst wiederholt die Aufnahme der Verfemten in den Kirchenstaat. Und als Klemens am 2. Februar 1769 einem Schlaganfall erlag, steigerten sich die Wirren noch.[7]

Lieber Krieg mit einer Grossmacht als ein Jesuitenpapst

Der Nachfolger Klemens XIV. (1769–1774) neigte den Jesuiten zu; so schien es jedenfalls. Er war früh mit Jesuiten befreundet, hielt eine glänzende Rede zum Lobpreis der Gesellschaft, der er den Beginn seines Aufstiegs auch verdankte, und äußerte sich in einem dreimonatigen Konklave sowohl für wie gegen sie. Die Bourbonen aber wünschten keinen Jesuiten als neuen Papst oder, schrieb Spaniens König Karl III. der portugiesischen Königin Mariana Victoria, seiner Schwester, es sei alles verloren. Und diese sah es kaum anders, sah unter einem Jesuitenpapst Hochmut und Grausamkeit grassieren und keinen Fürsten mehr seines Lebens sicher. Ja, Karl III., für Pallavicini, den neuen Kardinalsstaatssekretär, doch «vorbildlich katholisch», nannte nun «Krieg mit einer europäischen Großmacht weniger schädlich als eine Papstwahl, die einen offenen oder geheimen Jesuiten auf den Stuhl Petri bringe».

Auch als Papst erwies sich Klemens XIV. als doppelzüngig, verlor er, jedenfalls in seinen ersten Regierungsjahren, das ihn kennzeichnende Schwanken nicht. Zwar neigte er den bourbonischen Mächten zu, doch daß Staaten wie Österreich, Preußen, Rußland eher jesuitenfreundlich waren, irritierte ihn beträchtlich; mehrmals traf er «Vorsichtsmaßregeln gegen eine Vergiftung» (Pastor). Und kaum war er am. 22. September 1774 eines qualvollen Todes gestorben, kursierten sofort Gerüchte von seiner Vergiftung durch Jesuiten, während diese die Krankheit eine Folge seiner früheren Ausschweifungen nannten.

So vergingen Monate und Jahre angefüllt mit christlicher Diplomatie beziehungsweise Werken des Heiligen Geistes, mit Intrigen und Drohungen, mit Visitationen der Ordenshäuser, mit unterschobenen Schriftstücken, Erschleichnissen; immer wieder Verzögerungen auch, Vertröstungen, immer wieder Bestechungen, Erpressungen.

Die Sache war an sich ja nicht so neu.

Aufsässige und in Mißkredit geratene Gemeinschaften der Catholica, zumal unter den Orden, hatte es immer wieder gegeben: die Templer, zum Beispiel, oder die Regularkanoniker von S. Giorgio in Alga zu Venedig, die Hieronymiten von Fiesole, die Jesuaten, die mit den Jesuiten nichts als die Namensähnlichkeit verband, die Jesuitinnen, von Urban VIII. anno 1631 aufgehoben. Der Heilige Vater ließ jetzt solche Fälle sammeln und gab sie zu einem bescheidenen Teil preis in seinem berühmten Breve «Dominus ac Redemptor» vom 21. Juli 1773. Klöster oder klosterähnliche Vereinigungen gediehen, von papalen Gnadenschätzen begünstigt, prosperierten länger, kürzer, stagnierten schließlich, bis sie «gar zum Schaden gereichten und mehr zur Störung als zur Mehrung des Friedens unter den Volksmassen», so daß «eben dieser apostolische Stuhl, welcher sie bei ihrer Entstehung befördert hatte und mit seinem Ansehen für sie eingetreten war, kein Bedenken getragen, sie durch neue Gesetze zu beschränken oder die alte Zucht wieder herzustellen, ja auch sie gänzlich aufzuheben und zu vernichten.»[8]

So hatte etwa, berichtet Klemens XIV., sein Vorgänger Klemens V. durch dessen Bulle vom 2. Mai 1312 den Ritterorden der Tempelherren – doch «um die christliche Welt so hervorragend verdient» und darum «vom apostolischen Stuhle mit besonderen Benefizien, Freiheiten, Befugnissen, Vorrechten und Zugeständnissen überhäuft» – dann «wegen seines allgemeinen übeln Rufes unterdrückt und völlig vernichtet» (ob universalem diffamationem suppressit et totaliter extinxit).

So hat auch, weiß der Autor des Breve gegen die Jesuiten, dereinst der Heilige Vater Pius V. den regulären Orden der Humiliaten wegen seines mangelnden Wohlverhaltens, seines Ungehorsams gegen den römischen Stuhl, seiner inneren und äußeren Streitigkeiten, «zudem weil sich einige seiner Mitglieder zur Ermordung des heiligen Karl Borromäus, Kardinals der römischen Kirche, des Protektors und Visitators bezeichneten Ordens beim Apostolischen Stuhle, frevelhaft verschworen hatten, vernichtet und gänzlich abgeschafft» (extinxit ac penitus abolevit). So habe auch Vorgänger Urban VIII. würdigen Angedenkens am 2. Dezember 1643 den regulären Orden S. Ambrosii und S. Barnabae am Haine «für immer unterdrückt, getilgt und abgeschafft»; habe auch, meldet Klemens XIV. weiter, Vorgänger Innozenz X. in einem Breve vom 29. Oktober 1650 wegen entstandener Mißhelligkeit und Zwietracht den Orden des heiligen Basilius aus Armenien «völlig unterdrückt», habe ein anderes Breve vom 22. Juni 1651 «in der Wahrnehmung, dass von der regulären Kongregation der Priester des guten Jesus keine geistlichen Früchte in der Kirche erhofft werden könnten, diese Kongregation für immer aufgelöst ...»

All diese sowie analoge sonstige Beschlüsse und Vollstreckungen aber seien von den Vorgängern nach «reiflichster Erwägung» geschehen und ohne – ja, wer staunt da nicht! – ohne «jene beschwerliche und mühevolle Art der Untersuchung, welche bei gerichtlichen Entscheidungen angewendet zu werden pflegt, und erledigten jede Sache einzig (!) nach den Geboten der Klugheit kraft der Machtvollkommenheit, mit welcher sie als Christi Statthalter auf Erden und als oberste Lenker der christlichen Welt so ausgedehnt begabt sind, ohne den regulären Orden, deren Unterdrückung sie bestimmten, Gelegenheit und Befugnis zu geben, ihre Rechte geltend zu machen und jene schweren Beschuldigungen zurückzuweisen …»

Auffallend knapp erwähnt der Unterzeichner des Aufhebungsbreves die doch häufige Begünstigung der Jesuiten durch Rom. Das beginnt mit «Unserm Vorgänger Papst Paul III. würdigen Andenkens», der sie schon in den 1540er Jahren mit «sehr bedeutsamen Privilegien beschenkt», und währt fort: Denn «nicht minder wohlgesinnt und freigebig gegen diese Gesellschaft waren Unsere übrigen Vorgänger … Julius III., Paul IV., Pius IV. und V., Gregor XIII., Sixtus V., Gregor XIV., Clemens VIII., Paul V., Leo XI., Gregor XV., Urban VIII.» Der Heilige Vater zählt nur auf, nennt Namen bloß, ja schweigt von «anderen Päpsten würdigen Andenkens» unter all den Gönnern, Gnadenspenden.

Dagegen waltet der Ankläger, wie sich's denn auch gehört, lang und breit seines Amtes. Liegt es doch überdies «offen zu Tage, dass in eben dieser Gesellschaft fast von ihrer Gründung an mannigfaltiger Same der Zwietracht und Eifersucht emporgeschossen ist, und zwar nicht nur unter ihren Mitgliedern selbst, sondern auch mit andern regulären Orden, mit der Weltgeistlichkeit, mit Akademien, Universitäten und öffentlichen Gymnasien und sogar gerade mit den Fürsten, in deren Gebieten sie Aufnahme gefunden …».

Dabei gab es wenig, sachlich und personell, was man nicht in den Sumpf der Zänkereien, der Streitigkeiten hereingezogen hätte und das, wie es einmal heißt, «fast über den ganzen Erdkreis.» Ja, immer heftiger entbrannten diese Ärgernisse, häuften sich die Klagen («vornehmlich über ihre unmäßige Gier nach irdischen Gütern»), immer öfter brachen Aufstände, Tumulte aus, Skandale und Gehässigkeiten «in Europa, Asien, Amerika» – obwohl doch «der gute

Geruch Christi» so notwendig ist, «um Frucht zu schaffen» (bonus Christi odor necessarius sit ad fructificandum).

Kein Wunder, muß Papst Klemens XIV. angesichts all dessen erkennen, daß selbst noch so heilsame Mittel fast gar keine Kraft und Wirkung gezeigt, «daß vergeblich gewesen ist, was Unsere übrigen Vorgänger dafür getan ...» – und wieder zählt er auf: «Urban VIII., Clemens IX., X., XI. und XII., Alexander VII. und VIII., Innozenz X., XI., XII. und XIII. und Benedikt XIV. ...» Alles umsonst! Weshalb schließlich «Unsere in Christo geliebten Söhne, die Könige von Frankreich, Spanien, Portugal und beider Sizilien, sich in die Notwendigkeit versetzt sahen, die Mitglieder des Ordens aus ihren Reichen, Gebieten und Provinzen zu verbannen und zu vertreiben, indem sie der Meinung waren, dies sei noch das einzige und unumgänglich zu ergreifende Mittel gegen so viele Übel, um zu verhindern, daß Christen sich gar im Schoße ihrer heiligen Mutter, der Kirche, gegenseitig reizten, angriffen, zerfleischten.»[9]

Wohl den Höhepunkt der Auseinandersetzung zwischen dem Heiligen Stuhl und den führenden katholischen Fürstenhäusern im neuzeitlichen Europa erreichte man in der zweiten Hälfte des 18. Jahrhunderts schon nahe dem Ausbruch der Französischen Revolution.

8. KAPITEL

DER JOSEPHINISMUS – «REVOLUTION VON OBEN»?

«Dienst am Staat war die Religion, von der Joseph II. besessen war.»
Karl Vocelka[1]

«Nicht die Kirchenreform, sondern die Modernisierung und Zentralisierung des multi-ethnischen Staatsgebildes der habsburgischen Länder war das primäre Ziel aller – im weiten Sinn verstandenen – josephinischen Maßnahmen ... Die Mittel, um die gesteckten Ziele zu erreichen, waren eine rationalistisch-utilitaristische Staatsauffassung sowie die absolute monarchische Souveränität des Regenten. Die Staatsauffassung wurde (besonders unter Joseph II.) konsequent jeder metaphysischen Grundlegung entkleidet ... Staatswesen und die sich entwickelnde moderne Gesellschaft begannen, sich in einem breit angelegten Entlastungsprozeß von der Bevormundung durch die Kirche zu entledigen.»
Rudolf Pranzl[2]

«Großartig und erschütternd sind seine Maßnahmen, sein Staatsfanatismus, sein Glaube an die Allmacht und Allwirksamkeit des Staates. Der Staat ist ein und alles. Mit den Ständen soll die Kirche gebeugt werden; der Staat soll auch ihr gegenüber souverän werden, souverän schalten. 1781 verkündete ein Toleranzedikt Religionsfreiheit. Siebenhundert Klöster sollen als überflüssig aufgehoben, der Episkopat vom römischen Zentrum losgerissen, dem Staate eingefügt werden ... Österreich war tief aufgewühlt, eben jetzt, zur Höhezeit der Französischen Revolution. Josef II. war in Tat und Wahrheit bereits Revolutionär gewesen. In ihm berührten sich aufgeklärter Absolutismus und Französische Revolution gedanklich ganz nahe.»
Werner Näf[3]

Staatskirchen bis zu Joseph II.

Der Josephinismus, benannt nach Kaiser Joseph II. (1741–1790), war eine spezielle Form des Staatskirchentums.

Staatskirchentümer hatte es im Laufe der Geschichte immer wieder gegeben, bereits in der Antike, im byzantinischen Herrschaftsbereich, im Caesaropapismus. Und wie gewöhnlich ging es auch hier weit weniger um Religion und Christentum als um einen handfesten, meist eng mit Ehrgeiz, mit Ruhmsucht verschlungenen Etatismus, um nackte politische Macht, sei es, daß dabei der Staat die Kirche oder daß die Kirche den Staat zu dominieren suchte.

Als erster und welthistorisch entscheidend hat so im 4. Jahrhundert Kaiser Konstantin ein Bündnis mit der stets mehr erstarkten Kirche erstrebt, hat er den katholischen Episkopat mit Vorrechten überschüttet, natürlich um ihn bereitwilliger, effektiver in seine Händel, seine Offensivambitionen zu verwickeln (I 235 ff. 241 ff. 247 ff.). Und nachdem man längst alleinberechtigte Reichsreligion war, griff Kaiser Justinian (527–565) noch viel dezidierter in den klerikalen Sektor, das sogenannte ius sacrum, ein, galt den Kirchen seine «besondere Fürsorge, weil er glaubte, durch sie sein Reich behaupten» zu können (Der Kleine Pauly). Als sacerdos imperator, als priesterlicher Regent regelte er Glaubens- wie Disziplinarprobleme, bestimmte er die Leitung großer Synoden wie die Besetzung maßgeblicher Bischofsstühle und schlug auch die Reste des Heidentums brutal zusammen; kurz, der weltliche Souverän ist zugleich oberster Gebieter der Ecclesia, er steht nicht in, sondern er steht über ihr.[4]

In den Germanenreichen hatten sich während des ausgehenden Altertums auf sehr verschiedene Art Volkskirchen gebildet, Landeskirchen, deren geistliche Leiter mehr mit ihren Landesfürsten verbunden waren als mit dem päpstlichen Rom. Und seit Chlodwig I. der Merowinger (482–511), der Begründer des fränkischen Großreiches, katholisch geworden, seit er Gallien zum Kern- und Drehpunkt der Geschichte gemacht und dort die Reste römischer Herrschaft beseitigt hatte, wurde er von vielen Oberhirten unterstützt. Schließlich hatte auch er, wie schon Konstantin, «gewichtige politische Gründe, einen Bund mit der Kirche einzugehen» (Zippelius).

Der merowingische Potentat gewann also rasch mehr Rechte, mehr Macht, gewann die Gerichtshoheit, die Synodalhoheit, gewann die strafrechtliche Unverantwortlichkeit, er vergab auch die immer einflußreicher werdenden Bischofsstühle und nahm zu ihren Gunsten umfangreiche Besitzübertragungen vor. Auf der anderen Seite wurde der Episkopat eine politische, eine wirtschaftliche Großmacht. Allein im ausgehenden 5. Jahrhundert verzehnfachte sich die Zahl der gallischen Klöster (IV, 9. Kap. 1). Und schließlich konnte man im Hinblick auf eine etwas spätere Zeit, wenn auch überspitzt, sogar von einem Bischofs-, einem Mönchsstaat sprechen. Jedenfalls wahrten die fränkischen Kirchen ihren Charakter als Nationalkirchen, wurden freilich zugleich der römischen Hierarchie stärker eingegliedert. So wuchsen im Abendland Feudalstaat und feudale Reichskirche unter den Franken mehr und mehr zusammen, waren im Imperium christianum Karls «des Großen» geradezu unlösbar verbunden.

Karl, schon von den Zeitgenossen als «pater Europae» gefeiert, galt auch als «Vater der Kirche», als «rex et sacerdos», als «Priesterkönig», ja, er fühlte sich, schrieb er nicht gerade bescheiden an Papst Leo III., als «Stellvertreter Gottes» (IV, 497 ff.). Als König der Franken und Kaiser baute er die von Bonifatius geschaffene Organisation der Kirche aus. Er leitete nicht nur den Staat, sondern auch sie, war ihr oberster Administrator und Gesetzgeber, nahm Einfluß auf die Besetzung hoher geistlicher Ämter, auf Bischofs-, Abtswahlen, die Synoden, die sich kaum mehr von den Hoftagen unterschieden. Karl verfügte über das Kirchengut, richtete Diözesen ein, behielt sich zumindest die Bestätigung vor. Er griff noch in liturgische, in dogmatische Angelegenheiten, griff in den Adoptianismus, den

Bilderstreit ein. Auf der Frankfurter Synode von 794 entschied er in Glaubensfragen gegen den Papst. Und in Rom beugte man bei Nennung von Karls Namen auf päpstliche Weisung im Gottesdienst der Fastenzeit das Knie.

Doch mit dem Zerfall der karolingischen Dynastie, dem Niedergang der säkularen Kräfte entwand sich das Papsttum der weltlichen Bevormundung, wurde ebenbürtig und errang schließlich, durch Kriege und Greuel, durch den wohl größten Betrug aller Zeiten (IV, Kap. 13 und 14!) die Universalherrschaft. Freilich, sein Glück währte nicht lang, und noch im ausgehenden Mittelalter erstanden ihm viel gefährlichere Machtkonkurrenzen, die neuzeitlichen Territorialgewalten und ihr Staatskirchentum.[5]

In England, wo sich besonders frühe Auflösungserscheinungen des papalen Kirchenzentralismus schon im 12. Jahrhundert unter König Heinrich II. zeigten, was dann zur Ermordung Thomas Bekkets, des Erzbischofs von Canterbury, führte; in England kam es gar im 16. Jahrhundert zum endgültigen Bruch mit Rom und zur Errichtung der Church of England, der neuen Nationalkirche.

Lange und massive «Los-von-Rom»-Tendenzen kennzeichnen auch die Geschichte Frankreichs. Zumal seit dem fast siebzigjährigen Avignoner Exil, der sogenannten «babylonischen Gefangenschaft» der Kirche (1305 bzw. 1309–1377), geriet das Papsttum in Abhängigkeit vom französischen König und die französische Kirche unter strengere staatliche Kontrolle zu Gunsten des Herrschers, wirkten die aufkommenden gallikanischen Freiheiten, wirkten nationale Eigenrechte, diverse Denkschriften der Pariser Universität, Dekrete verschiedener Synoden. Und im Zeitalter Ludwigs XIV. (1643–1715) setzte sich die gallikanische Art des staatskirchlichen Absolutismus mit gewissen Modifikationen auch in anderen katholischen Ländern durch, in Spanien, Portugal, Sizilien, Sardinien.

In Deutschland endlich hatte sich die moderne Trennung von Staat und Kirche bereits scharf im 14. Jahrhundert unter Ludwig IV. dem Bayern und unter Karl IV. abgezeichnet (1346–1378), beide unterstützt von so bemerkenswerten politischen Theoretikern wie Marsilius von Padua (VII 493 f.) wie Wilhelm von Ockham. Und in Österreich erklärte seinerzeit Erzherzog Rudolf IV. (1339–1365), der Geistreiche, auch der Verständige, der Vollender der Stephanskirche und Gründer der Wiener Universität, der die landesfürstliche Gewalt gegenüber den Kirchen stärkte: «In meinen Landen will ich Papst, Erzbischof, Bischof, Archidiakon und Dekan sein.»[6]

So kühn hatte sich hernach im 18. Jahrhundert Maria Theresia kaum geäußert, hatte sie wohl nicht einmal gedacht, wenngleich unter ihr der Josephinismus schon begann, später dann «Frühjosephinismus», «Josephinismus vor Joseph II.» u.a. genannt.

Die «Mutter des Josephinismus»

In die Zeitenwende vom Barock zur Aufklärung hineingeboren und durch beide beeinflußt, stand Maria Theresia, Königin von Ungarn und Böhmen, Erzherzogin von Österreich, kraft der einst durch ihren Vater Karl VI. erlassenen (die weibliche Erbfolge legitimierenden) «Pragmatischen Sanktion» bei dessen Tod 1740 an der Spitze eines riesigen Reiches. Mit dreiundzwanzig Jahren einer Großmacht gebietend, die vom Balkan bis ans Nordmeer reichte, deren Finanzen freilich, deren Verwaltung, Justiz zerrüttet waren, sah sie sich gleichsam über Nacht «auf einmal zusammen von Geld, Truppen und Rat entblößet.»

Trotzdem gab es bald keinen Grund mehr, «Weiberregiment» zu munkeln. Gerade ihr größter Gegner, der Preuße Friedrich II., soll nie ohne Respekt von der «Königin von Ungarn» gesprochen, indes auch bei Polens barbarischer Zerstückelung und ihrem Zögern wieder gehöhnt haben: «Sie weinte, doch sie nahm.» Jedenfalls ist für sie Friedrich stets der «böse Mann in Berlin» geblieben, der «Charlatan», der «Feind ohne Glauben und Rechtsbewußtsein», das «Ungeheuer». Und obwohl die 1717 in Wien geborene Mutter von 16 mit dem späteren Kaiser Franz I. gezeugten Kindern nicht unpopulär war, obwohl ihr in mancher Hinsicht die Rolle der jovialen Landesmutter auf den Leib geschrieben schien, konnte sie doch auch truppennah sein, suchte sie das Offizierskorps zu qualifizieren und mehr ans Herrscherhaus zu binden, ohne als «mater castrorum», als

«Mutter der Feldlager» das billigere Kanonenfutter zu vergessen. Sie verstand sich als «allgemeine und erste Mutter», «als Mutter sowohl als Regentin», wie es in einer Denkschrift von 1755/56 heißt.

Im Krieg griff sie auch persönlich ein, erteilte Nachschubbefehle, strategische Anweisungen, konnte alles aufs Spiel setzen, aufs Ganze gehen. So beteuerte sie im Dezember 1741, kurz nach dem Verlust von Prag, dem Grafen Philipp Joseph Kinsky, ihrem böhmischen Hofkanzler: «Alle meine Heere, alle Ungarn sollen eher vernichtet werden, als daß ich irgend etwas abtrete.» Oder stachelte in einem weiteren Brief – begleitet von einem Bildnis ihres kleinen Sohnes Joseph – den Feldmarschall Ludwig Andreas Graf von Khevenhüller und seine Mitstreiter auf: «Hier hast Du eine von der ganzen Welt verlassene Königin vor Augen mit ihrem männlichen Erben; was vermeinst Du will aus diesem Kind werden? Sieh Deine gnädigste Frau erbietet sich Dir als einem getreuen Minister; mit diesem auch ihre ganze Macht, Gewalt und alles, was unser Reich vermag und enthält. Handle, o Held und getreuer Vasall, wie Du es vor Gott und der Welt zu verantworten Dich getrauest ... Folge Deinem in Gott ruhenden Lehrmeister in den unsterblichen Eugenischen Thaten und sei versichert, daß Du und Deine Familie zu jetzigen und zu ewigen Zeiten von Unserer Majestät und allen Nachkommen alle Gnaden, Gunst und Dank, von der Welt aber einen Ruhm erlangest. Solches schwören Wir Dir bei Unserer Majestät. Lebe und streite wohl! Maria Theresia.»

Im übrigen war ihre Regierungspraxis, bei aller femininen Impulsivität, doch eher, den gewandelten Belangen der Epoche entsprechend, sachbezogen, pragmatisch; beließ sie beispielsweise auch in höchsten Rängen Amtierende, die anders dachten als sie, was durchaus nicht (nur) auf landesmütterlichen Edelmut zurückging oder auf die – ihre Worte – «dem österreichischen Haus angeborene Milde und Gnad».

Man merkt das noch scheinbar Beiläufigem an, etwa Äußerungen zu den Aufständen böhmischer Bauern, denen sie zwar gewisse Erleichterungen gönnt, freilich im Rahmen strikter Unterwerfung, ohne die bäuerliche Erbuntertänigkeit oder gar die feudale Gesellschaftsstruktur grundsätzlich anzutasten. Hatte ihr Vater, der fromme, intolerante, die Lutheraner verfolgende – schon damals ein Anachronismus – Kaiser Karl VI., in Fortsetzung einer alten Gepflogenheit, seiner Herrschaft sozusagen die Devise vorangestellt «Constanter continet orbem» (Fest hält er das Weltreich zusammen), so wählte die ihm nachfolgende Tochter zwar als ihr Leitwort «Justitia et clementia» (durch Gerechtigkeit und Milde); doch die christliche Milde kannte und kennt Grenzen, dito die christliche Gerechtigkeit. So war das fiskalische Interesse letzten Endes allemal wichtiger als die obrigkeitliche Fürsorge. Ergo ließ die Kaiserin von 80 offiziellen Feiertagen (mit päpstlicher Billigung) 23 streichen, wodurch man 23 Arbeitstage gewann. Auch erlaubte die 1768 erlassene «Constitutio Criminalis Theresiana», die «Peinliche Halsgerichtsordnung», immer noch die Folter zur Erzwingung von Geständnissen. Erlaubte auch noch Verbrennen, Pfählen, Vierteilen. Zugleich aber, bei aller althergebrachten Barbarei, mußte man der hörigen Masse immer etwas Gutes, Begehrenswertes verheißen, etwas zu hoffen geben. «Leute ohne Hoffnung», sagt Maria Theresia, «haben nichts zu verlieren und sind zu fürchten.»[7]

Was die Religion angeht, so fühlte sie sich, zu deren Taufpaten Papst Klemens XI. gehörte, als sittenstrenge Tochter der Kirche, Jesuiten unterrichteten sie und waren ihre Beichtväter («Mein ganzes Leben habe ich sie geliebt und hoch geachtet», bekannte sie noch im Jahr der Ordensauflösung, «und nichts als Erbauliches von ihnen gesehen.»). Sie wollte gottesfürchtig und tugendhaft sein, ein Vorbild für ihre Töchter, wenngleich sie selbst, temperament- und lebensvoll, es in jüngeren Jahren etwas lockerer trieb.

Als Regentin aber schätzte sie eine gewisse durch die Religion gewährleistete gesellschaftliche Stabilität. Sie stand kirchlich in der Tradition ihrer habsburgischen Vorfahren, stand zum Papst, was sie indes keinesfalls abhielt, von ihm Indiziertes zu lesen oder rigoros das landesherrliche Plazet für papale Bullen zu wahren. Täglich freilich hörte sie die Messe, sonn- und feiertags zweimal, und stark widerstrebte ihr die zunehmende Kompromittierung der Klerisei, der ganze skeptisch-ironische Zug der Zeit, sehr leichtfertig und wenig wohlwollend, alles bagatellisierend, ins Lächerliche ziehend. «Unsere Deutschen verlieren hiedurch die beste Eigenschaft, die sie besaßen; ein wenig schwerfällig und rauh zu sein, aber gerade, wahrhaft und fleißig ...» Zumal die Großen der Aufklärung finden keine Gnade. «Niemand», behauptet sie 1774, «ist schwächer, mutloser, als diese starken Geister, niemand kriechender und verzweifelter beim geringsten Mißgeschick. Sie sind schlechte Väter, Söhne, Ehemänner, Minister, Generäle, Bürger. Warum? Die Grundlage fehlt ihnen; ihre ganze Philosophie, all ihre Grundsätze sind nur aus ihrer Eigenliebe geschöpft; die geringste Widerwärtigkeit bringt sie rettungslos zu Fall.»

Sie dagegen, wenngleich cum grano salis fortgeschritten, lebte doch stark traditionsbewußt, geprägt vom Auserwähltheitsglauben eines zwanzig Kaiser bzw. Könige hervorbringenden Geschlechts, empfand sich, wie diese ganze Dynastie, in herausragendem Maße «von Gottes Gnaden». Und dieses Gottesgnadentum, dieses betont theokratische Selbstverständnis, das die so Hochbegnadeten irdischer Sphäre fast enthob, die Untertanen aber wieder besonders verpflichtete, an das gottliierte Herrscherhaus band, spiegelte sich in einem aufwendigen, die ganze Öffentlichkeit einbeziehenden Zeremoniell, in ungezählten kirchenpolitischen Aktivitäten, in Prozessionen, «Ausfahrten» zu Wallfahrtstätten, Klöstern, die vielen üblichen «gottesdienstlichen Verrichtungen» ganz beiseite. Allein im Stephansdom fanden im Jahr 1732 nicht weniger als 407 Pontifikalämter statt und 54558 Messen, von Hunderten von «Rosenkränzen» zu schweigen.

Zu den Kostbarkeiten der kaiserlichen Familie zählte Wasser vom Jordan, in dem einst Jesus getauft worden, ein Nagel von seinem Kreuz, ein Dorn aus der Leidenskrone, Tropfen vom Blut des Gekreuzigten, ein Zahn aber auch der heiligen Jungfrau und Märtyrerin Apollonia, zuweilen, aus festlichem Anlaß, aus der «Kaiserlichen Geistlichen Schatz-Kammer» geholt und «zu küssen gegeben.»[8]

In einer Instruktion an ihren neuen Botschafter in Rom, Franz Herzan, Reichsgraf von Harras, an Silvester 1779 faßte Maria Theresia das Prinzip ihrer Kirchenpolitik noch einmal prägnant zusammen; wobei sie betont, dem Ansehen des Papstes und seiner rechtmäßigen Gewalt in Kirchensachen nicht nur nichts entzogen, sondern anderen Souveränen das Beispiel ehrerbietiger Achtung gegen den Heiligen Apostolischen Stuhl gegeben zu haben, ohne dessen ursprüngliche Rechte zu schwächen oder außer acht zu lassen. «Die Grenzen der Kirchengewalt sind durch ihren geheiligten Gegenstand bestimmt; dieser ist, gleichwie sein Endzweck, pur geistlich und besteht in der Verkündigung christlicher Glaubens- und Sittenlehre, Ausspendung der Sakramente, Anordnung des Gottesdienstes und der inneren Kirchendisziplin. Alle übrige Gewalt, die außer diesen geistlichen Gegenständen von der Kirche, derselben Vorstehern und insonderheit ihrem Oberhaupt dem Papst besessen und ausgeübt wird, kommt nicht von der ursprünglichen göttlichen Einsetzung ...»

In den habsburgischen Ländern wurde der Trend zum Staatskirchentum besonders deutlich. Das zeichnete sich schon seit Maria Theresia ab. Schon sie «nahm die Oberaufsicht des Staates in kirchlichen Angelegenheiten ohne weiteres in Anspruch, schränkte das Klosterwesen ein und verwahrte sich gegen die Mitsprache der Kirche in weltlichen Dingen» (Fenske). So ungebrochen kirchlich katholisch, wie manche Geschichtsberichter glaubten, war Maria Theresia nicht. Vielmehr gehen Vorbereitung und Anfänge des Josephinismus (allererste Versuche unter ihrem Vater Karl VI. beiseite) derart auf sie zurück, daß man sie geradezu als «Mutter des Josephinismus» bezeichnet hat.[9]

Joseph II. oder «Die Herabsetzung der Grossen ...»

Während sich im 17. Jahrhundert in Österreich eine spezifische Barockfrömmigkeit entwickelt hatte, der «Austrokatholizismus», ein Bündnis von Aristokratie und Klerus, hatte auch das Staatskirchentum mehr und mehr sein Haupt erhoben, stark episkopalistisch, stark antikurial, wenn auch nicht so «absolut», wie man lang geglaubt, am straffsten jedoch ausgebildet in absolutistischen katholischen Staaten wie Frankreich oder Spanien.

Maria Theresia war politisch und religiös begrenzt reformwillig.

Sie stand zwar der Aufklärung weltanschaulich eher fern, verhielt sich deren Beratern gegenüber aber nicht gerade verschlossen. So sehr ihr beispielsweise die religiöse Laxheit ihres versierten Staatskanzlers missfiel, war sie klug genug, seine Demissionsgesuche zu ignorieren und bis zuletzt an ihm festzuhalten. Konnte man doch geradezu schreiben, von staatspolitischen Überlegungen ausgehend habe sie «der Aufklärung die Türen der Monarchie» geöffnet (Barbara Gant). Dennoch war ihr «Absolutismus», anders als bei ihrem Sohn Joseph, ausgesprochen theokratisch fundiert.[10]

Obwohl Joseph II. mit seltener Konsequenz auf seinen künftigen Aufgabenbereich vorbereitet, obwohl er politisch wie religiös mehr im Sinne des alten Regimes erzogen wurde, entwickelte er sich zum «Revolutionär von oben», wenngleich dies seit seiner Mitregentschaft 1765 auch noch relativ gezähmt, seit Beginn seiner Alleinherrschaft 1780 aber voll zum Ausdruck kam – inwieweit aus politischem Kalkül oder aus persönlicher Überzeugung, bleibt offen.

Joseph hatte menschlich nicht wenige gewinnende Züge. Zwar erstrebte er vielleicht etwas zu ostentativ geschichtlichen Ruhm, verabscheute aber Pomp und Aufwand, war nüchtern und rastlos tätig, «Tag und Nacht», wie selbst ein Kritiker zugestand, war bescheiden, wohnte bescheiden, beschnitt, sobald ihm möglich, den aufwendigen Habsburger Hofstaat wie die Zuwendungen an die kaiserliche Familie. Er selbst trat bei seinen häufigen, der Information dienenden, Maria Theresia jedoch wenig erwünschten, über 30000 Meilen führenden Auslandsreisen meist inkognito als «Graf von Falkenstein» in einfacher Uniform auf. Nicht zuletzt diese Reisen machten ihn beim Volk populär, auch seine Erschließung des Praters, des Augartens, auch sein Verhältnis zu den Wienern, sein Verständnis für gesellschaftliche Fragen, seine Spendenfreudigkeit.

Besonders sozial dachte Joseph, der in seiner Jugend große Wohltätigkeit geübt haben soll, gegenüber Kranken und Behinderten. Überhaupt war sein Interesse an der (kirchlich) organisierten Wohlfahrtspflege schon als Mitregent, wie sich zumal bei seinen Auslandsaufenthalten zeigte, evident, wozu ihn allerdings weniger religiöse Verpflichtung, die urchristliche Nächstenliebe geleitet haben mochte als die Staatsräson: er wurde von beträchtlichen Ausgaben entlastet und mußte weniger die aufrührerischen Attacken Mittelloser fürchten.[11]

Als Thronfolger ersehnt und als ältester Sohn der letzten Habsburgerin und des Herzogs Franz Stephan von Lothringen am 13. März 1741 in der Wiener Hofburg geboren, erlebte er in Habsburgs schwieriger Zeit eine glückliche Kindheit. Trotz differierender Charakterzüge bevorzugte ihn die Mutter. Er war intelligent und aufgeweckt, beherrschte die französische, italienische, lateinische Sprache, hatte Grundkenntnisse im Ungarischen, Tschechischen, war musikalisch. Religiös belehrten ihn die Jesuiten Parhamer und Frantz, siebenjährig bekam er den Feldmarschall Karl Graf von Batthyány, einen Ungarn, als Mentor, der weisungsgemäß dem Unterricht Geschichte und Geographie zugrundelegte sowie sein Faible für das Militär entfachte, eine, was die eigenen Feldherrntalente betraf, etwas unglückliche Liebe. Wahrhaft imponierend aber sein Sinn für Gerechtigkeit; ein Mann, fest entschlossen, wie er 1763 bekennt, Verfehlungen aus Böswilligkeit mit äußerster Strenge und ohne jedes Ansehen der Geburt zu bestrafen, «weil ich nicht einsehe, mit welcher Berechtigung ein Mensch, der alte Adelsbriefe besitzt, sich ungestraft als Spitzbube gebärden darf, während ein anderer, der über solche Papierfetzen nicht verfügt, im gleichen Fall augenblicklich aufgehängt werden würde.»

Schon früh ließ sich Joseph von dem Grundsatz leiten, daß jeder Untertan nach den Gesetzen gleich behandelt werden sollte. Schon in seiner ersten, 1763 entstandenen politischen Denkschrift «Rêveries politiques» (Politische Träumereien) heißt es: «Die beiden grundlegenden Prinzipien, nach denen man handeln soll, sind die unumschränkte Macht, für den Staat alles Gute tun zu können, und das Mittel, diesen Staat ohne fremde Hilfe zu unterhalten. Um diese beiden Ziele zu erreichen, würde ich befürworten, 1. die Großen herabzusetzen und ärmer zu machen, da ich es nicht für sehr nützlich halte, daß es kleine Könige und reiche Untertanen gibt, die in Wohlstand leben, ohne sich darum zu sorgen, was aus dem Staat wird ... 2. Das Mittel, das ich vorschlagen werde, um den Staat augenblicklich wieder instand zu setzen, wird den nutzlosesten Elementen eines Gemeinwesens, nämlich denjenigen, die von ihrem

Kapital leben, einen großen Schlag versetzen. Ich würde verkünden, daß man von jetzt an keinen höheren Zinssatz als drei Prozent zahlen werde ... Die Herabsetzung der Großen, die ich am nützlichsten und notwendigsten finde, ist eine Zielsetzung, die man kaum sich selbst eingestehen sollte, aber die man bei allen seinen Handlungen im Blick haben muß ...»[12]

Toleranzpatente und «Verminderung der Mönche»

Wodurch sich die josephinische Politik, insbesondere deren Religionspolitik von früheren verwandten Formen, älteren französischen oder spanischen Vorbildern, unterschied, war die einzigartige Geballtheit ihres Ansturms, ihre Totalität, Radikalität, ihr ganzer ungestümer Elan.

Zu Lebzeiten der Mutter blieben Joseph die Hände mehr oder weniger gebunden; inwieweit, ist umstritten. Sie selbst hatte ihn – seit dem Tod seines Vaters 1765 dessen Nachfolger an der Spitze des Heiligen Römischen Reiches Deutscher Nation – durch einen Ernennungsakt zum Mitregenten auch in Österreich, Böhmen und Ungarn gemacht. Und schon kurz nach dem Tod der Mutter, ein Jahr nach seinem Regierungsbeginn als Alleinherrscher, setzte er, ausgehend vom Gedanken der Gleichheit aller Menschen vor dem Gesetz sowie vom Unrecht der Bevorzugung des Adels, des Klerus, 1781 den Gleichheitsgrundsatz mit seiner Gerichtsordnung für die deutschen Erblande durch.

Im selben Jahr befreite er die Bauern Österreichs und Böhmens von der Erbuntertänigkeit, gedrängt wohl auch durch diverse Unruhen. War doch erst 1775 in Böhmen ein nur mit Truppen niederzuschlagender Aufstand ausgebrochen, war in Böhmen auch der größte Grundbesitzer, der Erzbischof von Prag, Antonin Petr Graf Prichovský, ein besonderer Schröpfer des Landvolks, was selbst der päpstliche Nuntius durchblicken ließ. Überhaupt besaß dort der Klerus den siebenten Teil aller «Realitäten» des Königreichs. Allein im Königgrätzer Kreis wurden damals von den ausgebeuteten Menschen 28 Schlösser geplündert oder niedergebrannt.

Noch 1781 gewährte Joseph in Böhmen und Mähren, wo Maria Theresia unter keinen Umständen Nichtkatholiken dulden wollte, durch ein (für die jeweiligen Länder modifiziertes) Toleranzpatent Religionsfreiheit. Allerdings galt dies, obwohl eigentlich seinerzeit schon ein Gebot der Staatsräson, nur für die größeren akatholischen Konfessionen, für Lutheraner, Calvinisten und nicht unierte griechisch Orthodoxe, was immerhin den österreichischen «Geheimprotestantismus» beendet hat.[13]

Ein weiteres Toleranzedikt entband im folgenden Jahr eine weitere Minorität, die Juden, von allerlei Diskriminierungen und ermöglichte ihnen Teilhabe an Grund- und Bodenbesitz, an Gewerbebetrieben sowie den Besuch von Schulen und Universitäten, wobei freilich die mehreren hunderttausend Juden Böhmens und Galiziens bloß eingeschränkt, die wenigen hundert Juden Wiens aber großzügig begünstigt worden sind. Kein Wunder, daß sie den Kaiser in hohen Tönen lobten. Dagegen tendierte Maria Theresia zum traditionellen christlichen Antijudaismus. Wiederholt suchte sie in Wien Juden aufzustöbern und auszuweisen. «Habe schon öfters befohlen, hier die Juden zu vermindern, keineswegs mehr zu vermehren, unter keinem Vorwand.» «Ich kenne keine ärgere Pest für den Staat als diese Nation.»

Auch der Kaiser hatte für Juden keine große Sympathie. Seine philosemitischen Bekundungen waren von der Absicht motiviert, sie «dem Staate nützlicher zu machen». So konnten oder sollten sie «durch vermehrte und erweiterte Nahrungswege von dem ihnen so eigenen Wucher und betrügerischen Handel abgeleitet werden» – zum Beispiel durch Ackerbau, «jedoch nur pachtweise»; jedoch nur «durch jüdische Hände» (!) und dann «besonders» von unbearbeitetem und unkultiviertem Land. Auch Fuhrleute konnten sie werden, Handwerker, Schuster, Schneider, Maurer, Zimmerleute, in den Hauptstädten durften sie sogar die Universitäten besuchen, jedenfalls die «Vermöglichern». Übrigens, konzedierte der Herrscher weiter, seien auch alle «jene demüthigenden und den Geist niederschlagenden Zwangsgesätze», die den Juden einen Unterschied der

Kleidung und Tracht oder besondere äußerliche Zeichen auflegten, zu beseitigen.

1783 führte sein neues Eherecht die Zivilehe ein und erlaubte die Scheidung prinzipiell. Auch stellte jetzt ein neues Erbrecht die Ansprüche der Töchter auf eine Stufe mit denen der Söhne. 1784 sicherte er in Fabriken tätigen Kindern mehr Schutz zu. 1787 schaffte er die Folter ab und beschränkte das Verhängen der Todesstrafe.

Natürlich war nicht alles in den rechtspolitischen oder sozialreformerischen Vorstellungen des Monarchen von humanitären Gedanken beflügelt. Nützlichkeitskalküle spielten eine Rolle; so, wenn Schwerverbrecher nicht mehr zur Todesstrafe verurteilt wurden, sondern zu lebenslänglicher Zwangsarbeit, etwa beim Schiffeziehen durch gefährliche Donauwirbel. Auch seine Einführung des Deutschen als allgemeine Amtssprache 1784 sollte nicht der «Germanisierung» dienen oder irgendwelchen edlen kulturellen Zwecken, sondern österreichischer Großmachtpolitik, der Schaffung einer Zentralmonarchie.[14]

Hohe Aufmerksamkeit erregte damals und weit über seine Zeit hinaus Josephs landesherrliche Religionspolitik, zumal seine Klosteraufhebung.

Zwar gab es bereits ein «theresianisches» Staatskirchentum in vieler Hinsicht, auch was die «Verminderung der Mönche» betrifft, die Säkularisation von Klöstern in der österreichischen Lombardei. Doch erwies sich dies als nahezu harmlos im Vergleich zu dem, was nun wie eine Sturzflut über Kirche und Orden hereinbrach.

Gewiß, andere hatten vorgearbeitet, die Gesetzgebung seit den 1750er Jahren beeinflußt, etwa durch Verbot der Klosterkerker («Keine Justiz war willkürlicher und grausamer als gerade die kirchliche»: Winter) oder des Kirchenasyls oder durch die Einführung des landesherrlichen Plazets, wonach keine päpstliche Bulle ohne staatliche Zustimmung veröffentlicht werden durfte. Zunächst war Rom mit den Restriktionen einverstanden. Aber die Wünsche Wiens kannten keine Grenzen. Ein Promemoria des mächtigen Staatskanzlern Fürst Kaunitz vom 21. Juni 1770 hatte die Schädlichkeit der Religiosen für die Gesellschaft betont und die Verminderung des Ordensklerus gefordert. Seine Anzahl sei ebenso übertrieben wie unnötig, für Staat und Religion nur nachteilig. Der Zölibat diene nicht der Fortpflanzung des menschlichen Geschlechts, die Geistlichen würden «auf ewig» auch dem Ackerbau und Kriegsdienst entzogen, «der Magistratur, den Manufacturen und Fabriquen, dem commercio etc., mit einem Worte beynahe allen andern nützlichen Anwendungen der Gesellschaft ...» Überdies habe man von Mönchen in der Kirche, und zwar in ihrer vollkommensten, der frühchristlichen Epoche, «mehr dann 3 saecula», nicht das geringste gewußt und später mit ihrer Einbeziehung das Christentum überfremdet. Kurz, nach Anführung weiterer Defizite der Religiosen war es für den Staatskanzler offenbar so, «daß der Stand der Geistlichen überhaupt, und noch weit mehr der Mönchen, da sich derselbe auf beyde Geschlechter erstrecket, dem Staat und der menschlichen Gesellschaft an sich höchst schädlich seye ...»

Am 30. Oktober 1781 verfügte ein kaiserliches Handschreiben die Kassation aller Orden, die «ein bloß beschauliches Leben führten und zum Besten des Nächsten und der bürgerlichen Gesellschaft nichts Sichtbares beitrügen». Rund 700 Klöster fielen in Kürze dieser Verordnung zum Opfer. Und da die Aufnahme von Novizen in die noch bestehenden Konvente für die nächsten zwölf Jahre sehr erschwert, kaum noch erlaubt war, schrumpfte deren Personalstand. Auch der Orden der Tertiarier wurde gänzlich aufgelöst.

Die bei den Klosterreduktionen erzielten Gelder aber hat man nur teilweise wieder einem «Religionsfonds» zugeführt. War doch überhaupt der Eingriff in die kirchlichen Besitz- und Vermögensverhältnisse bezeichnend für die josephinische Finanzpolitik, ja diese «eine Haupttriebfeder auch der Klosteraufhebungen» (Handbuch der Kirchengeschichte).[15]

«Das riecht nach Despotismus ...»

Joseph II. strebte früh nach Macht, nach der ganzen Macht. Er will den hohen Adel ebenso dominieren wie die hohe Klerisei, das ganze Volk. «Das riecht nach Despotismus», meint er einmal. Doch ohne diese Macht, ohne diese «absolute Macht ... ohne diese unumschränkte Macht ist es weder für einen Staat möglich, glücklich zu sein, noch für einen Herrscher, Großes zu vollbringen.» Es ging in der Tat um die Erlangung der Allgewalt, der Allmacht, die Reformen der Kirche dienten nur als Mittel dazu, ein Mittel, das der Kaiser für besonders wirksam hielt. Hunderte und Aberhunderte von Religionsbescheiden gingen ihm deshalb durch den Kopf. Seine staatskirchenrechtlichen Programme suchten noch die detailliertesten Fragen zu regeln. Er erwog die Länge der Predigt beim Gottesdienst oder die Anzahl der Kerzen. Er schrieb selbst eine Gottesdienstordnung für Wien. Und seiner schon peinlichen Einmischungssucht folgten Hohn und Spott. «Mon frère le sacristain», stichelte der Preußenfürst. Und König Peter III. von Portugal verordnete «öffentliche Gebetsstunden für den vom Teufel verblendeten Kaiser». Der ventilierte gar, trotz der jahrhundertelangen oft engen Verbundenheit Habsburgs mit Rom, eine förmliche Losreißung seiner Staaten vom Papsttum und die Etablierung einer österreichischen Landeskirche nach dem Muster der englischen. Ja, 1783, während seines Aufenthaltes in Rom, wo er Mißwirtschaft und Korruption der Prälaten von Tag zu Tag mehr kennenlernte, sprach er davon, den Kirchenstaat aufzuheben, um dort selbst König zu werden. Äußerte er doch auch gegenüber dem spanischen Gesandten in Wien: «Ich will meine Untertanen lehren, dass sie katholisch sein können, ohne römisch zu sein.» Gläubige könnten, ja sollten sie ruhig bleiben; Gläubige sind, ganz generell gesprochen, manipulierbarer. Und konfessionell disziplinierte Untertanen «waren in jeder Hinsicht gehorsamere Untertanen» (Stollberg-Rilinger). Selbst Voltaire hielt, wie übrigens die meisten Aufklärer, die Religion für das Fundament aller politisch-moralischen Ordnung und für deren Aufrechterhaltung unentbehrlich.[16]

Und wie für fast alle Diktatoren, spielte auch für Joseph II. die Erziehung der Jugend eine wichtige Rolle, zumal die der unteren Schichten, wie man ihm denn auch die «niederen Schulen» als «das wirksamste Mittel» empfahl, «eine Nation aufzuklären». Er selbst bekannte einst dem Piaristen Gratian Marx über den Zweck einer Schule: «3tio: Muß förderst auf die Einführung einer guten Disciplin und Schul-Zucht das Augenmerk gerichtet werden, da eine gesittete, sittsame, ordentliche Jugend nothwendiger als eine gelehrte ist.»[17] Ein Satz, der Bände spricht und in seiner verwerflichsten Fassung lautet: besser hörig als informiert.

Eine hohe Aufmerksamkeit des Kaisers – doch lag das auf derselben Linie – galt neben der Erziehung den Erziehern, dem Pfarrerstand. Freilich hatte der Potentat einen anderen Pfarrer, hatte er statt des kirchlichen Hirten einen kaiserlichen im Sinn. Folglich sprach er sich auch statt der bisherigen theologischen Klerikerseminare für die Schaffung staatlicher Priesterschulen aus, die sogenannten Generalseminare; seine Idee, seine «Lieblingsschöpfung»: der österreichische Pfarrer, der «josefinische Pfarrer».

Der «Entwurf zur Errichtung der Generalseminare in den k.k. Erbländern» wurde 1784 veröffentlicht und macht das Ideal des Herrschers deutlich, der manchmal tagelang die dafür vorgesehenen Gebäude besichtigte. Mit dem bisherigen Seelsorger zumal der chronisch maroden Kirche hatte der «josefinische Pfarrer» wenig zu tun. Vielmehr sollte dieser staatlich ausgebildete Mann eine Art «geistlicher Ökonom» oder «geistlicher Offizier» des Kaisers werden, sein Sprachrohr gleichsam, besonders im Hinblick auf Schule und Wirtschaft, Viehzucht und Ackerbau. Vor allem aber sollten ihm die im Generalseminar Studierenden «den idealen Untertan heranbilden», «brave Untertanen», «gute Untertanen», wie immer wieder betont wird. «Von der Kirche im römischen Sinne ist in dem Entwurf überhaupt nicht die Rede ... Von einer Ausrichtung auf Rom als dem Herzen der sichtbaren Kirche weiß der Generalseminarist nichts» (Winter). Dabei war eine zunächst sechs-, dann fünfjährige Ausbildungsdauer vorgesehen.[18]

Von den Bischöfen, sehr wenige ausgenommen, wurde das Seminar gehässig bekämpft und von den ultramontan gesinnten Kreisen noch lange über seinen Untergang hinaus mit Verleumdungen überschüttet, wurde dem kaiserlichen Lieblingsobjekt in Wien eine derart «gräuliche Sittenlosigkeit» nachgerühmt, daß es ein frommer Tiroler Franziskaner nicht geglaubt hätte, hätte er es nicht «mit eigenen Augen gesehen». «Man zählt hier achtzig Seminaristen; doch die Zahl der Freudenmädchen, denen die Directoren freien Zutritt in dasselbe gestatteten, in der Absicht, jener Jugend alles Schamgefühl zu rauben, war bei weitem größer. Was soll ich erst von den Thesen sagen, die man hier verteidigt?»

Joseph freilich blieb unermüdlich, blieb arbeitswütig, ohne Fanatiker zu werden. «Mehr als 6000 Dekrete wurden in einem Jahrzehnt erlassen mit dem Ziel, jedes Mitspracherecht der Kirche in gemischten Dingen auszuschalten, die Kirche auf Sakramentenverwaltung, innerkirchliche Fragen und auf eine dienende Funktion im aufgeklärten Wohlfahrtsstaat zu beschränken» (Handbuch der Kirchengeschichte).

In der österreichischen Monarchie mußte der Kaiser gegen Ende seines Lebens viele Reformen abschwächen oder ganz zurücknehmen. Er scheiterte an ihrem Übermaß, ihrem Tempo, am oppositionellen Adel, Klerus. Er scheiterte damit noch mehr in Ungarn und den zehn Provinzen der österreichischen Niederlande, wo man 1787 Josephs Reformen für verfassungswidrig und Joseph selbst 1789 noch kurz vor seinem Tod (20. Februar 1790) im «Manifest des Brabanter Volkes» für abgesetzt erklärte.[19]

9. KAPITEL

ARMUT ALS MASSENPHÄNOMEN IM ABSOLUTISTISCHEN ZEITALTER

«Man sollte überhaupt alle Kinder von ihrer Kindheit an immer mehr zur Arbeitsamkeit anhalten und ihnen die Arbeit gewohnt ... machen. Gebe es doch hunderterley Arbeiten, wozu Kinder in ihrem 5. und 6. Jahr fähig sind; und wodurch man die Arbeit gleichsam zu ihrer Natur machen würde, indem sie den Müßiggang niemals kennen lernten.»
J. H. G. Justi in seiner «Grundfeste der Macht und der Glückseligkeit der Staaten» 1760[1]

«Bei einem Lohn von ungefähr 100 Gulden im Jahr und bei Wohnungskosten von 50 bis 70 Gulden konnten die Arbeiter ... wählen zwischen einem Dach über dem Kopfe und einer kärglichen Ernährung. Beides zugleich war ihnen nicht erreichbar ...»
Zit. nach Ernst Bruckmüller, Sozialgeschichte Österreichs[2]

«Man griff zu Flechten, Moosen, Baumrinden, um den Magen zu füllen, grub Quecken und Graswurzeln aus dem Boden, sammelte Brennesseln und gab viel Geld auch noch für die Kleie aus, die bei der Mehlherstellung abfiel. Man überwand den Ekel vor Pferde- und Hundefleisch, und die Kinder, so heißt es in einem Bericht aus Bayern, ‹nahmen den Schweinen das Essen aus den Trögen›.»
Wilhelm Abel[3]

«... UND DICKE FINSTERNIS RUHT ÜBER DEM LANDE»

Ich beschließe die Kriminalgeschichte des Christentums mit einer Thematik aus der Frühzeit meiner Geschichtskritik. Aus dem ursprünglichen Plan einer «Geschichte des menschlichen Elends» erwuchs das vorliegende zehnbändige Werk, wie alles, was ich schrieb, dem einen Hauptantrieb verpflichtet – mit den Worten des von mir hochgeschätzten österreichischen Priesters, Lebensreformers, Vegetariers, Atomkraftgegners und Pazifisten Johannes Ude (1874–1965): «Ich kann das Unrecht nicht leiden.»

In Frankreich führte die Krise des Absolutismus, die mangelnde Reformbereitschaft weltlicher und geistlicher Potentaten unaufhaltsam in die politische Revolution; in Österreich scheiterte die josephinische Erneuerung – Leitsatz: «Alles für das Volk, nichts durch das Volk» – vor allem an deren Übermaß in wenigen Jahren, am Widerstand von Adel und Geistlichkeit. Die Kriminalgeschichte des Christentums, so scheint es, tritt zurück. Doch tatsächlich ist ihr bestürzender Anteil an der Verelendung des Volkes, an seiner sozialen und wirtschaftlichen Not, seiner geistigen Unmündigkeit – hier wie stets zuvor – gravierend, mal mehr, mal weniger augenfällig, was die folgenden Beispiele, pars pro toto, verdeutlichen.

Auf der ersten Seite seines Buches «Massenarmut und Hungerkrisen im vorindustriellen Europa» betont der deutsche Wirtschaftswissenschaftler Wilhelm Abel, daß «die Geschichte des Abendlandes auf weite Strecken hin eine Geschichte der Not, des Hungers und des Elends war. Das ist in unser Geschichtsbewußtsein noch kaum eingedrungen ...» Es steht aber ohne Zweifel in einem engen Zusammenhang mit der kolossalen Verdummung, in der man die abendländischen Völker, Generation um Generation, gehalten hat!

Noch im späteren 19. Jahrhundert wimmelt es – laut staatlichen Ermittlungen – in Mittelosteuropa, in Südosteuropa nur so von Analphabeten: 57 % in Ungarn, 77 % in Galizien, 78 % in Kroatien, in der Bukowina 80 %, in Dalmatien 83 %.

Noch zu Beginn des 18. Jahrhunderts können mindestens zwei Drittel aller Deutschen weder lesen noch schreiben. Und in Bayern sind noch gegen Ende des 18. Jahrhunderts wenigstens die Hälfte aller Einwohner Analphabeten; ja in vielen Gegenden gibt es überhaupt keine Schulen. «Das Schulwesen ist ganz vernachlässigt», heißt es um 1800 vom Gericht Schongau; vom Gericht Aichach: «Die Schulen schlafen noch»; vom Gericht Vohburg: «Niemand kann lesen und schreiben, und dicke Finsternis ruht über dem Lande ...» Ein zeitgenössisches Zeugnis aus der Niederlausitz beklagt 1789 den schlechten Volksunterricht, die Unwissenheit, den Aberglauben. «Luthers Catechismus und die Bibel, so wie sie da ist, sind immer noch die einzigen Bücher, woraus die Jugend buchstabiren, lesen und denken lernt, und dieß unter Anführung von Schulmeistern, die selbst kaum lesen können ...»

Den Zustand all der Schulen auf dem Land, wo etwa 90 % der Menschen lebten, nennt Reinhard Wittmanns Studie «Der lesende Landmann» bis in das beginnende 19. Jahrhundert – sehr wenige ausgenommen – «höchst erbärmlich»; vom Baltikum bis in die Schweiz glichen sich die Bilder «in erschreckender Weise». Die Schule, oft das baufälligste Haus, ein verabscheuter Fremdkörper im Dorf: im Winter eine Horde von fünfzig Kindern fünf bis acht Stunden in die enge Wohnstube des Lehrers gepfercht – wenn er denn überhaupt zur Stelle war, wenn ihn nicht seine Frau, seine Kinder entsprechend «vertraten», während er, bestochen, trinkend, spielend im Wirtshaus saß, auf Kindstaufen, Hochzeiten den Spaßmacher mimte. Im Sommer hüteten viele Volkserzieher die Gänse, die Fohlen, waren doch manche ohnedies hauptamtlich Kuhhirten. Und von den Kindern, in der warmen Jahreszeit unentbehrliche Arbeitskräfte auf dem Feld, wurde die «Sommerschule», trotz des dann teilweise eingeführten staatlichen Schulzwangs, «im gesamten mittel- und mittelosteuropäischen Raum fast gar nicht besucht».[5]

Lasset die Kleinen zu mir kommen

Es gab ja auch Kreise, die Kinder lieber woanders als in der Schule sahen, in Bergwerken etwa, Vier- und Fünfjährige, in engen, schweißtreibenden Stollen. Oder, erst Drei-, Vierjährige, bei der Spitzenfabrikation! Lasset die Kleinen zu mir kommen ...

Manche konnten sie nicht früh genug ins Arbeitsjoch spannen, wie J. H. G. Justi, der 1760 in seiner «Grundfeste der Macht und der Glückseligkeit der Staaten» «alle Kinder von ihrer Kindheit an immer mehr zur Arbeitsamkeit anhalten und ihnen die Arbeit gewohnt» machen will. Gebe es doch «hunderterley» zu tun, «wozu Kinder in ihrem 5. und 6. Jahr fähig sind; und wodurch man die Arbeit gleichsam zu ihrer Natur machen würde ...» Nach marxistischer Geschichtsforschung stellten die Kinder überhaupt eine «sehr wesentliche Gruppe der Zwangsarbeiter im 17./18. Jahrhundert» (Kuszynski). Kinderarbeit war weit verbreitet und brachte Jugendlichen vorzeitig Kummer, entzündete Augen, Hautausschläge, asthmatische Beschwerden u. a. Kinderarbeit führte zur sogenannten englischen Krankheit, die man aber auch, so der sie in Wien beobachtende Dr. Ludwig Mauthner, «die Wiener Krankheit» nennen könnte; «frühzeitiges Altern und Absterben (sollte) das gewöhnliche Los» der Opfer sein. Marx nennt es die «Verwandlung von Kinderblut in Kapital».

Es gab Fabriken, die ausschließlich auf Kinderarbeit beruhten, wie eine Kattunfabrik in Berlin, mit Genehmigung Friedrichs «des Großen» gegründet. Der König war auch bereit, Hirschberger Garnherstellern zur Vermehrung der Produktion (Wachstum, Wachstum!), tausend Zehn- bis Zwölfjährige zu schicken. Das Potsdamer Militärwaisenhaus lieferte bis zu 1400 Buben für Spinnarbeiten und 700 Waisenmädchen für Arbeiten am Klöppelsack. 1748 teilte der König dieses Waisenhauspotential dem Seiden- und Damastproduzenten Rieß zu. In Oberleutensdorf/Österreich schuf man 1755 für die dortige Waldstein'sche Fabrik ein eigenes Waisenhaus nur für das Manufakturgeschäft.[6]

Was die Erwachsenenbildung angeht, überrascht es wohl nicht, daß es im gesamten mittel- und mittelosteuropäischen Raum so gut wie keine einzige aufklärerische Dorfbibliothek gab. Glaubte doch der größte Teil der Guts- und Grundherren offensichtlich, daß die hörigen Bauern «bloß ihrenthalben, zu ihren Diensten, und um solche nach ihrer Willkühr quälen und martern zu können, vorhanden wären», lediglich für den ökonomischen Nutzen, den Profit. «Für den ... Bauer als Sklav ... dörffe es ja hinlänglich seyn, wenn er nur seinen Pflug und Ackerbau versteht. Nicht einmal Lesen und Schreiben ist ihm nöthig.»

Da war der «Weise von Sanssouci» fast großzügiger, als er 1779 seinem Minister, dem Freiherrn von Zedlitz, schrieb: «Daß die Schulmeister auf dem Lande die Religion und die Moral den jungen Leuten lehren, ist recht gut, und müssen sie davon nicht abgehen, damit die Leute bei ihrer Religion hübsch bleiben und nicht zur katholischen übergehen; denn die evangelische Religion ist die beste und weit besser als die katholische; darum müssen sich die Schulmeister Mühe geben, daß die Leute Attachement zur Religion behalten, und sie soweit bringen, daß sie nicht stehlen und morden. Sonsten ist es auf dem platten Land genug, wenn sie ein bisgen lesen und schreiben lernen; wissen sie aber zu viel ...»

Ja, zu viel Wissen schien Friedrich «dem Großen» nicht nur bei den Bauern deplaziert. Als er einst 1740 aus den katholischen Klöstern von Halberstadt einen Priester beorderte, «der mir als Feldprediger bei den Regimentern, die ins Feld ziehen sollen, in Vorschlag gebracht werden kann», setzte er gleich hinzu: «Das Priesterlein braucht nicht intelligent zu sein, im Gegenteil: je dümmer, desto besser ...»[7]

«Disziplin des Stocks»

Wenn die sozialen Verhältnisse auch der Armen natürlich differieren, immer wieder selbst innerhalb der Landesgrenzen, ja innerhalb desselben örtlichen Bereichs, das hängt von vielen generellen wie individuellen, hier nicht zu erörternden Faktoren ab: Im allgemeinen wächst die Armut einer breiten Schicht in unserem Zeitraum ins

19. Jahrhundert hinein, wo dann – die Erscheinungsformen wechseln, das Wesen der Sache bleibt! – etwa Georg Büchner sein «Krieg den Palästen» hinaustrompetet, den lebenslangen Sonntag der Besitzenden geißelt. «Sie wohnen in schönen Häusern, sie tragen herrliche Kleider, sie haben feiste Gesichter und reden eine eigne Sprache. Das Volk aber liegt vor ihnen wie Dünger auf dem Acker ...»).

Besonders die Situation der außerhalb der Saison oft arbeits- und einkommenslosen freien Taglöhner ist «nackter Existenzkampf», wie das zum Beispiel Florian Tennstedt in seiner «Sozialgeschichte der Sozialpolitik in Deutschland» anschaulich zeigt. Viele dieser relativ unabhängigen, allerdings auf Gelegenheitsarbeit angewiesenen und, kein Wunder, als «Spitzbuben» verrufenen Leute hausen mit ihrer Familie, manchmal gar mit mehreren Familien, in einem einzigen Raum. Sie schlafen in nicht unterkellerten, mit Moos oder Lumpen geflickten Katen, meist früheren Viehställen, auf Stroh, auf Reisig und ernähren sich mehr schlecht als recht von Feld- und Walddiebstählen, deren Zahl «jährlich ins Unglaubliche» geht (Bleiber).

Dem freien Taglöhner gegenüber hat der mit dem Herrenhof verbundene, sagen wir, der Gutstaglöhner gewisse Vorteile, die sich aus eben dieser Dauerstellung ergeben, eben dadurch aber auch zum Nachteil ausschlagen können.

Über Frondienste pflegte man zu sagen: «Ein Guth ohne Hofedienste oder ohne Frohnen sey ein Vogel ohne Flügel oder ein Fuhrmann ohne Pferde.» Oder es hieß auch: «Wer alles Feld mit Miethleuten bauen wolle, der schöpfe Wasser mit einem Siebe.» Der unfreie Gutstaglöhner war seinem Herrn gleichsam ständig verfügbar, so daß sein Wohl und Wehe hauptsächlich vom Umgang des Arbeitgebers mit ihm abhing, womit es freilich weithin nicht zum besten stand. Schließlich war ein Großteil der Drangsalierer all dieser gnadenlos Abhängigen der Überzeugung: «Eine nachdrückliche herrschaftliche Bestrafung würket gemeiniglich mehr, als 100 der beweglichsten Predigten.» Der Reichsfreiherr vom und zum Stein, ein liberaler Konservativer, der das «Lumpengesindel der deutschen Fürsten» gut kennt, beobachtet 1802 in Mecklenburg einen Edelmann, der seine Leibeigenen wie Vieh behandelt. War das nicht die Regel, ist es doch auch kaum die große Ausnahme gewesen.[8]

Dies gilt wohl auch für den Bericht des Georg Schwarick aus Repten vom Dezember 1784 über seine Landflucht und steht hier für ungezähltes Analoges. «Ich George Schwarick aus Repten gebürtig habe mein Cossäthengüthgen bis auf 38 Jahre behauptet und während der Zeit den 7jährigen Krieg, Teuerung und alles mögliche ausgestanden und zwar bey dem ehemaligen v. Leipziger, wo es mir und meinen Consorten jederzeit erleidlich ergangen. Nachdem aber der Herr von Rabenau in dieses Guth geheyrathet, so war es gleich anders, doch aber noch auszustehen. Anno 1778 aber gieng die Unterdrückung derer Unterthanen an, indem der Herr von Rabenau, wenn ich meine Kinder zu Hofe schickte, [sie] mit der Peitsche nicht menschlich, sondern viehisch tractirte, welches mir mein Herze brach und ich auch befürchten mußte, daß sie aus dem Lande gehen mögten, da ich ihm, den von Rabenau, um die Wunden Christi gebethen habe, es nicht zu thun. Es half aber kein Bitten, sondern es wurde ärger. Er gab meinen [!] armen Sohn 16 bis 20 Hiebe und hetzte ihm [!] mit den Hunden vom Hofe, welche ihm eine große Wunde ins Bein rissen. Ich wurde immer noch mehr geängstet mit Fuhren, als Ziegelsteine, Fische, Holtz, Obst und Getreyde zu verfahren und anzuholen. Mein ältester Sohn und älteste Tochter musten um Dienstzwang und Lohn bey der Herrschaft dienen. Ich muste bey schlimmen Wege nach Lübben Dienstfuhre thun; ich war krank, und als ich nach Hause kam, sollte ich wieder zu Hofe. Da kam der böse herrschaftliche Hund, den Herrn von Rabenau sein Liebling, und wollte mich beißen. Ich sezte mich derowegen zur Wehre. Als dieses der Herr sahe, so steckte er mich ins Brettchen kreutzweise geschlossen, und das 24 Stunden lang, obschon meine Frau ihm [!] um Gottes willen bittet, hinwiederum mich herauszulassen. Da ich nun wieder auf freien [!] Fuß, so muste ich ... nach Lübben mit einer Fuhre Obst – Doch ich muß noch erwehnen, daß, da meiner Frau ihr Bitten den von Rabenau nicht, mich herauszulassen, bewegte, meine älteste Tochter ebenfalls für mich auf das submisseste gebethen, der aber der von Rabenau zur Antwort gegeben: ‹Wird der Hund crepieren, so wird deinen Vater auch der Teufel holen.› – Oberwehntes Obst muste ich also nach Lübben fahren, und rückwärts sollte ich Saltz laden. Da nun aber meine Pferde abgetrieben, und mir nicht möglich war, Saltz zu laden, so kam ich leer zu Hause. Da ging nun meine Pein von neuem los, und ich muste wieder 24 Stunden kreutzweis geschlossen im Brettchen liegen.»

Und wer den Schaden hat, bekommt bekanntlich den Spott obendrein. «Nichts gehört euch zu», prahlt der Ostholsteiner Gutsherr von Brokdorf, «die Seele gehört Gott, eure Leiber, Güter und alles was ihr habt ist mein ...» Der Mecklenburger von Bülow demütigt einen Schulzen, weil er ihn «mit Haut und Haar bezahlt», weil er «kein Haar auf dem Kopf habe, welches nicht sein (v. Bülows) wäre ...» Lenin spricht von der «Disziplin des Stocks», von «äußerster Unwissenheit und Verschüchterung der Werktätigen, die von einer Handvoll Gutsbesitzer ausgeplündert und verhöhnt wurden.»[9]

VERDIENSTSPANNEN

Zu Beginn des 18. Jahrhunderts sollen unter den 5,5 Millionen Einwohnern Englands 1,3 Millionen Arme gewesen sein, in Frankreich Mitte des 18. Jahrhunderts 3 Millionen Menschen, die nicht aus eigenen Mitteln existenzfähig waren. In Deutschland, in Ostelbien, schufteten im Sommer die landarmen Bauern und Taglöhner von Sonnenaufgang bis Sonnenuntergang und im Winter immer noch zwölf, dreizehn Stunden, ohne mehr als von der Hand in den Mund leben zu können. In Holstein hausen die Ärmsten mit Kranken und Säuglingen unter freiem Himmel oder in Kuhställen. In Schlesien, wo sich Katholiken und Protestanten bekämpfen, stürzen die Weber trotz härtester Fron in immer größeres Elend. In Wien können im frühen 19. Jahrhundert die Arbeiter bei einem rund 100-Gulden-Jahreslohn «wählen zwischen einem Dach über dem Kopfe und einer kärglichen Ernährung. Beides zugleich war ihnen nicht erreichbar ...» (Bruckmüller). Für Württemberg hat man errechnet, daß sich «der Mindestjahreshaushalt für eine fünfköpfige Familie auf ca. 190 Gulden belief. Der Jahresverdienst eines Webers aber betrug nur 75 Gulden – der des Verlagsteilhabers in Calw dagegen etwa 2500 Gulden ...» Ähnliches ist aus dem Harzer Bergbau bekannt oder aus dem Baumwollverlagswesen des sächsischen Vogtlandes. «Selbst beim Mitverdienst aller Familienmitglieder wurde kaum das Existenzminimum erreicht ...»(Endres).[10]

Um aber gerecht zu bleiben, es gab auch höhere Verdienstspannen, gerade im kirchlichen Bereich. Während etwa im frühen 19. Jahrhundert Diener und Bierbrauergesellen des Bamberger Franziskanerklosters ein Jahresgehalt von 39 Gulden bezogen, erhielten die dortigen Domherren bis zu 10000 und 12000 Gulden pro Jahr, das Dreihundertfache. Der Mainzer Dompropst Graf von Eltz brachte es schließlich auf 75000 Gulden im Jahr. Und Oberhirten verdienten in aller Regel nicht weniger. Der Passauer Fürstbischof Leopold Leonhard Graf von Thun hatte mehr als 80000 Gulden jährlich «zur freien Verfügung».

Was im übrigen die geistlichen Territorien betrifft, «rechnete man im 18. Jahrhundert allgemein je 1000 Einwohner mit 50 Geistlichen und 260 Bettlern» (Lütge). Und während die Not vieler und viel zu vieler zum Himmel schreit, während Ungezählte vorzeitig unsäglich elend sterben, amüsieren sich die Ausbeuter, die Profiteure, schwelgen auch Bischöfe in Luxus und Lüsten, bauen sie sich neue prachtvolle Residenzen, Renommiersitze und Jagdschlösser mit stimmungsvollen Parks, weitläufigen Alleen, mit Pavillons, Bassins, Fontänen, Grotten, Eremitagen – «ein den vielfältigen Bedürfnissen höfischer Repräsentation angemessener Rahmen» (Kunisch). Clemens August, Kurfürst von Köln, mehrfacher Diözeseninhaber durch Ämterkumulation, errichtet die Lustschlösser Poppelsdorf, Brühl, Falkenluft. Und noch der letzte Kurfürst Max Franz, Josephs II. Bruder, hat 129 Kammerherren.

Die hohen Seelenhirten veranstalten aufwendige Festivitäten, Jagdpartien, Theater, zeigen sich oft recht freimütig an der Seite ihrer Mätressen, erscheinen überhaupt gern in Damenzirkeln. Der Würzburger Fürstbischof spielt abends fast regelmäßig mit Frauen Karten, wobei er mit eigens dazu geprägten Goldstücken zahlt. «Die ganze hohe Geistlichkeit mästete sich in Wollüsten auf Kosten der Unterthanen», schreibt Wolfgang Menzel in seiner ‹Geschichte der Deutschen›. «Die französische Geistlichkeit war noch verdorbener. Der Bischof von Straßburg, Kardinal Rohan, raubte ein unschuldiges Mädchen ihren Eltern, entehrte sie mit Gewalt und hielt sie in seinem Harem zu Zabern neben vielen andern Mädchen gefangen ...»[11]

«Wer den Nächsten liebt wie sich selbst, hat nicht mehr als der Nächste.» (Kirchenlehrer Basilius)

Die Armut wachst im ausgehenden 16., vor allem im 17. Jahrhundert, nicht zuletzt, weil so viele Menschen durch die jeweiligen Kriege entwurzelt sind. (In Berlin bezieht nach dem Siebenjährigen Krieg ein Drittel der Bevölkerung Armenunterstützung.) Und wie auf der einen Seite die Armut zunimmt, so auf der andern die Sucht, die Armen auszuschalten, unschädlich zu machen, schwillt die Härte des Bürgers, ja, steigert sich «ins Ungemessene», notiert Fernand Braudel in seiner Sozialgeschichte des 15.–18. Jahrhunderts und zitiert seinerseits: «Im 16. Jahrhundert pflegt und speist man den Bettler, bevor man ihn fortschickt. Zu Beginn des 17. Jahrhunderts schert man ihn kahl. Später peitscht man ihn aus; und gegen Ende des Jahrhunderts greift die Repression zum letzten Mittel und macht ihn zum Zuchthäusler.»

Verschärft wird das Elend durch immer wieder wütende Hungersnöte. Und wie etwa zu den bekannten großen, die Staaten erschütternden Bauernkriegen noch ungezählte kleinere Erhebungen des Landvolks, der Bauern besonders, kommen, kleinere bis kleinste Regungen ihres Widerstands, Proteste, Demonstrationen, Unruhen, Tumulte, Streikaktionen, Sabotageakte, so gibt es neben den größeren Hungersnöten – in Frankreich beispielsweise im 17. Jahrhundert elf, im 18. Jahrhundert sechzehn – noch Hunderte und Aberhunderte von örtlich begrenzten Hungerkatastrophen. Die Menschen essen Katzen, Mäuse, andere Tiere – und Menschen. Immer wieder überliefern dies Chronisten und Augenzeugen. Vor den Toren Brandenburgs schreien Hungernde gegen Mitte des 17. Jahrhunderts: Gebt uns nur von verwesenden Tieren heraus, was ein gesunder Mensch nicht sehen kann. Andere graben verendete Hunde und Pferde aus der Erde, um den Hunger zu stillen. In Köln sind 1817 fast 44 % der Einwohner Almosenempfänger.

Die Berichte klingen in allen Himmelsrichtungen ähnlich. Von München hört man 1771: «Arme und Bettler durchzogen gräßlich die Stadt. Manche blieben auch vor Hunger und Erschöpfung liegen.» Andere «wandern wie Schatten auf den Gräbern herum», sie fallen vor Hunger in tödliche Krankheiten. In den Dörfern des Erzgebirges verbrennt man die verlassenen Hütten von Nachbarn, um es wenigstens noch ein paar Tage wärmer zu haben. Durch Annaberg schleppen sich Haufen Mittelloser, «an den Beinen geschwollen», «im Gesicht verdorrt», sie bitten «fußfällig und flehentlich um einen Bissen Brot», sie stellen Hunden und Katzen nach.

Die Hungerjahre 1771, 1772, sie lähmen nicht nur das Erzgebirge, sie erfassen den größten Teil Deutschlands und Böhmens. Es sind auch die Tage Ulrich Bräkers, des Armen Mannes in Toggenburg. Eltern tragen ihre Kinder, Kinder ihre Eltern selbst zu Grab, auf Zaunlatten oft, oft «ohne Gesang und Klang, ohne Sarg und Kasten, meistens nackigt und bloß, viele mit aufgedeckter Schaam, vielmahls abends wie Übelthäter, ja wie arme Hunde, in drittehalb elligte (Gräber), zu 4 oder 5 sind geschmissen worden, auch in Löcher, wo eine halbe Elle hoch eine Leimpfütze (Lehmpfütze) stund ...»[12]

Scharen von Habenichtsen, einheimischen, fremden, bevölkern auch im Zeitalter des Absolutismus die Landstraßen, die Städte, Berufsbettler, Vagabunden, Dirnen, Taglöhner, Knechte, Mägde, Handwerksburschen, Manufakturarbeiter, die Outcasts, die Miseri et Mali, das von Friedrich Engels so etikettierte «Lumpenproletariat», immer wieder von Polizeistreifen, von Husareneinheiten gejagt, von Land zu Land abgeschoben, in Zuchthäuser gesperrt. Die märkische Ediktsammlung bietet über hundert Erlasse gegen Bettler und Landstreicher auf, die Hälfte davon aus dem 18. Jahrhundert.

Zigeuner konnten wie Räuber behandelt, konnten allein aufgrund ihres Lebenswandels hingerichtet werden. So ließ man 1724 im Fichtelgebirge von 28 gefangenen Zigeunern 15 sofort aufhängen, den Rest zugucken, bald darauf in Gießen 25 Zigeuner ohne vorausgehendes Verfahren rädern – verlor dabei auch seinen gottgesegneten Humor nicht, wie der Jagdreport aus einem rheinischen Fürstentum belegt. Führt er doch unter «anderem erlegten Wild» eine Zigeunerin samt Säugling an. In der Regel sollte man Zigeuner freilich wie andere Gejagte auf frischer Tat (das konnte schon ein wiederholter Hühnerdiebstahl sein) ertappen. Die Straf-Patente dauern durch das ganze Jahrhundert an, und schließlich droht man den Beamten, setzten sie die Gesetze nicht strenger um, sogar mit Vermögens- und Amtsentzug.

Ganze Elendsheere fielen zeitweise in größere Städte ein, wo man sie wieder hinaustrieb oder hinaustrickste oder in Spitäler, Halbgefängnisse, Strafanstalten steckte, die Arbeitsfähigen zu zweien aneinandergekettet, wie in Paris, wo die Zahl der Bettler im 17. Jahrhundert auf 40 000 angewachsen sein soll, wo man sie, wie auch in anderen Ländern, in Holland etwa, in England, in Arbeitshäuser schloß, in «Hospize», «Dépôts», «Besserungsanstalten», und ihre konzentrierte Absonderung, ihre «große Einsperrung», als «wohltätiges Werk» galt.

In den Generalspitälern aber mußten selbst Alte, Krüppel, Lahme vom Morgengrauen bis zum Sonnenuntergang ihrer Arbeitspflicht genügen; wer wiederholt versagte, landete hinter Gittern. Beim Betteln in flagranti erwischte Frauen hat man in der Metropole durch Kahlscheren und öffentliches Auspeitschen bestraft.

Bis zum Ausbruch der Revolution wurde Betteln in Frankreich als Verbrechen angesehen: «Beim ersten Mal drohte die Einschließung für mindestens zwei Monate im Generalspital, beim zweiten Mal die Einschließung für mindestens drei Monate und die Kennzeichnung mit dem Buchstaben M (für mendiant, Bettler); beim dritten Mal drohte Männern eine Galeerenstrafe von fünf Jahren, den Frauen fünf Jahre Einschließung im Generalspital (die Gerichte konnten die Dauer dieser Strafe bis zur lebenslänglichen Einschließung heraufsetzen).»

Wie Paris aber quoll Rom, die große Zehntscheuer der Welt, so höhnte Hutten, zeitweise von Hilfesuchenden über. Doch bereits ein Edikt von Papst Pius IV. im Jahr 1561 nennt öffentliche Bettelei ein «Verbrechen» und verbietet sie bei Androhung von Gefängnis, Exilierung, Verfrachtung auf die Galeeren. Schließlich gilt gerade hier der schöne Schein alles. Jahrzehnte später, 1587, wettert Sixtus V. in der Bulle «Quamvis infirma» gegen die Bettler: «Ihr Rufen und Jammern störe die Gläubigen in den Kirchen. Wie Tiere zögen sie umher auf der Suche nach Nahrung, mit dem einen Gedanken, den Hunger zu stillen und sich die Bäuche vollzuschlagen ...» Unter dem Vorwand, Barmherzigkeit zu üben, konzentrierte man sie in bestimmten Häusern, führte sie gar in Prozessionen dorthin, fing sie auch in regelmäßigen Razzien durch die Büttel der päpstlichen Verwaltung ein. Und von «grundlegender Bedeutung» nennt Bronislaw Geremek in seiner «Geschichte der Armut» mit Recht «die Tatsache, daß die Idee, die Bettler einzusperren, in der Hauptstadt der katholischen Welt zu einem selbstverständlichen Mittel der Sozialpolitik wird». Das liegt ja ganz auf deren Linie, auf dem erprobten alten Umgang mit ihren ärmsten Brüdern und Schwestern in Christo.[13]

Es muss ein eigentümliches Vergnügen sein

Bekanntlich hat das christliche Rom einst auch die Sklaverei von der Antike übernommen und fortgesetzt, haben Paulus, Augustinus, Thomas von Aquin, die größten Leuchten dieser Religion, auf das Beredteste durch alle Zeiten auch die Sklaverei propagiert, hat die Catholica von Generation zu Generation stets neue Unfreiheit verhängt und unter allen europäischen Großstädten das päpstliche Rom auch am längsten an der Sklaverei festgehalten.

Doch räumt man ein, so schrieb ich schon vor langem und möchte es jetzt wiederholen, nicht nur weil es mir einen (wegen Geringfügigkeit eingestellten) Prozeß eintrug ..., doch räumt man ein, daß die Ideale des Evangeliums sehr hochgesteckt sind, daß man Christentum und Kirchen nicht schon deshalb verdammen darf, weil sie diese Ideale nicht ganz, nicht halb oder, wenn Sie wollen, noch weniger realisieren. Aber es faßt, um es zu wiederholen, den Begriff des Menschlichen und Allzumenschlichen doch etwas weit, wenn man von Jahrhundert zu Jahrhundert, von Jahrtausend zu Jahrtausend genau das Gegenteil realisiert, kurz, wenn man durch seine ganze Geschichte als Inbegriff und leibhaftige Verkörperung und absoluter Gipfel welthistorischen Verbrechertums ausgewiesen ist! Eines Verbrechertums, neben dem selbst ein hypertropher Bluthund wie Hitler noch fast wie ein Ehrenmann erscheint, weilt er doch von Anfang an die Gewalt gepredigt und nicht, wie die Kirche, den Frieden!

Ja, es muß ein eigentümliches Vergnügen sein – und auch dies ein alter Text schon, der mir nahsteht und den Bogen über all die Bände spannt, die da nun Jahr um Jahr, die vierzig Jahre meines Lebens jetzt verschlungen haben (siehe Anm. 14) – ja, es muß ein eigentümliches Vergnügen für die Menschen sein, sich fort und fort verdummen, verkaufen, vernichten zu lassen: für das Vaterland, den Lebensraum, die Freiheit, für den Osten, den Westen, für diesen und für jenen Herrn, am meisten aber für die, die Gott stets so sicher mit ihrem Vorteil verwechseln und ihren Vorteil mit Gott, die so zielstrebig dem Tag dienen, doch die Ewigkeit nie aus dem Auge verlieren, die im Frieden Frieden propagieren und im Krieg den Krieg, und beides mit gleicher Überzeugungskraft und gleicher Perfektion: da das Christkind, dort Kanonen; da die Bibel, dort Pulver; da «Liebet einander», dort «Bringt sie um, Gott will es». «Sie haben geschworen, sie müssen gehorsam sein!» Sie müssen verrecken, sobald ein Haupt- und Staatsverbrecher es befiehlt, zu Tausenden, zu Hunderttausenden, Millionen. Ja, es muß ein eigentümliches Vergnügen sein, von Jahrhundert zu Jahrhundert im Blut der Menschheit zu schwimmen und Halleluja zu rufen! Es muß ein eigentümliches Vergnügen sein, fast zwei Jahrtausende hindurch zu lügen, zu fälschen, zu täuschen. Es muß ein eigentümliches Vergnügen sein, über Äonen, über alle Zusammenbrüche, alles große Völkernasführen und Völkerruinieren hinweg die Heuchelei zur Kunst aller Künste zu machen und sie fort und fort zu sanktionieren – auf daß es einem wohl ergehe und man lange lebe auf Erden.

Wo sonst noch gibt es diese atemverschlagende Mischung von Wolfsgeheul und Friedensschalmei, Weihnachtsbotschaft und Scheiterhaufen, von Heiligenlegende und Henkersgeschichte! Wo sonst dies allumfassende Liebespalaver und den praktisch allesverschlingenden Haß! Wo sonst eine Religion, die aus Liebe tötet, aus Liebe foltert, aus Liebe raubt, erpreßt, entehrt, verteufelt und verdammt! Es wurde die große, die weltbeglückende Praxis des Christentums, die grassierende Pest der Jahrtausende. Mit einem Wort: Das Christentum wurde der Antichrist. Jener Teufel, den es an die Wand malte: er war es selber! Jenes Böse, das es zu bekämpfen vorgab: es war es selber! Jene Hölle, mit der es drohte: sie war es selbst! Von allem Schlimmen wurde es das Schlimmste: nicht weil andre minder schlecht gewesen, sondern weil sie's nicht so lang sein konnten, nicht so intensiv, weil sie nicht solche Macht über das Volk gewannen, das sich mit Hokus und Pokus, Latein und Lügen, mit pastoralem Pathos, den Gesten der Heiligkeit, den Schrecknissen und Süßigkeiten des Jenseits verzücken und bestürzen und zu jedem Verbrechen hinreißen ließ, geschah es nur in Gottes (und in ihrem) Namen, der alles erlaubte, alles erleichterte, alles ermöglichte, indes man sich selber die Hände in Unschuld wusch, die eigene Haut sicherte, den eigenen Säckel füllte und lehrte: «Sammelt nicht Schätze auf Erden», «Richtet nicht», «Liebet einander», «Tut Gutes denen, die euch hassen». Sie taten Böses jenen, die Jesus liebten, die seine Gebote befolgen wollten, sie rissen ihnen die Zungen, die Augen aus, zertrümmerten ihre Gebeine, sie begruben sie lebendig, sie kreuzigten, verbrannten, mauerten ein Leben lang ein, sie taten ihnen jede Schmach und jede Schande an und jeden Schmerz, sie rächten sich an ihren Kindern noch und Kindeskindern, sie fühlten sich gut und im Recht, sie fühlen sich noch immer so. Und schlugen doch die Menschheit ans Kreuz. Alle für Einen? Alle für sie! Seit Konstantin wurden Heuchelei und Gewalt die Kennzeichen der Kirchengeschichte, wurde Massenmord zur Praxis einer Religion. *Einen* zu töten war strikt verboten, Tausende umzubringen ein gottgefälliges Werk. Das Ganze heißt nicht Geisteskrankheit, das Ganze heißt Christentum.[11]

NACHBEMERKUNG

Im späten 19., im 20. Jahrhundert erstarkte der Vatikan wieder. Sein wachsender Einfluß wurde offenkundig vor allem in den beiden Weltkriegen und der Kollaboration mit den Faschisten Italiens, Deutschlands, Spaniens und Kroatiens, u.a. von mir aufgezeigt in «Abermals krähte der Hahn» (1962), «Mit Gott und den Faschisten» (1965), am ausführlichsten in «Ein Jahrhundert Heilsgeschichte» 1982/1983 bei Kiepenheuer & Witsch.

Diese beiden Bände verlegte Rowohlt 1991 als Einbänder unter dem Titel «Die Politik der Päpste im 20. Jahrhundert». Und da das Fast-vierzehnhundert-Seiten-Buch auch das 19. Jahrhundert einbezieht und zudem thematisch beginnt, wo die «Kriminalgeschichte» endet, läßt sich «Die Politik der Päpste» gleichsam als Fortsetzung der «Kriminalgeschichte» lesen, sozusagen als deren elfte Folge; sie hat nahezu alle Voraussetzungen dafür. Freilich, sie jetzt, rebus sic stantibus, mit vielfach denselben Fakten, Vorgängen, Figuren, denselben Quellen und Belegen, noch einmal zu schreiben und dem Leser anzubieten, wäre unzumutbar für diesen wie für den Autor, der indes allen sehr herzlich dankt, die ihm halfen, so weit zu kommen, wie er nie zu hoffen wagte.

Den weit reichenden Sinn dieses Dankes erhellen zentrale Überlegungen meiner Geburtstagsrede (2004) «Warum man zu Lebzeiten nicht aus seiner Haut fahren kann», nachzulesen auf deschner.info (dort s. «Aufklärung ist Ärgernis ...»), Bekenntnis der viel zu selten eingestandenen Determiniertheit alles dessen, was wir fühlen, denken, tun – im Guten wie im Bösen. So bin ich mir seit langem Lichtenbergs eindrucksvoller Mahnung bewußt: «Wenn du die Geschichte eines großen Verbrechers liesest, so danke immer, ehe du ihn verdammst, dem gütigen Himmel, der dich mit deinem ehrlichen Gesicht nicht an den Anfang einer solchen Reihe von Umständen gestellt hat.» Und teile als Verfasser der «Kriminalgeschichte des Christentums» auch Goethes Eingeständnis: «Ich kann mir kein Verbrechen denken, das ich nicht unter den gegebenen Umständen auch hätte tun können.» Wenn jedoch Kriminelle, schändlichste, scheußlichste selbst, weltliche wie geistliche Potentaten auch, gewissermaßen nicht schuldfähig, weil durch ein hochkomplexes Determinanten-Geflecht sozusagen ent-schuldet sind, bedeutet das keinesfalls Duldung ihrer Untaten, in meiner Kriminalgeschichte zuhauf belegt. Und es bedeutet ebensowenig Schonung der Täter durch die Gesellschaft. Sie muß sich vielmehr vor jenen schützen, schon präventiv, indem sie allen ein menschenwürdiges Dasein, frei von Ausbeutung und sie flankierender Verdummung, ermöglicht und dessen Saboteure, Ruinierer rechtzeitig rigoros entmachtet.

HERMANN GIESELBUSCH

EINE UNWIDERSTEHLICHE MISCHUNG

KARLHEINZ DESCHNER UND ROWOHLT

Karlheinz Deschner hatte 1955, mit 31 Jahren, binnen einer einzigen Woche seinen ersten Roman aufs Papier geworfen. «Ich eilte», schrieb Deschner 31 Jahre später, «zu Ernst Rowohlt, dem bewunderten Verleger. Er weilte gerade, ich wußte es zufällig, in Baden auf der Bühler Höhe. Ich erschien unangemeldet, Siesta schon, er empfing mich noch und, wirklich, er kannte meinen Namen. ‹Sie sind doch der Mann, der die Vorträge hält!?› Jawohl. Aber ich *schrieb* auch – und griff im Sakko nach den ausgesuchten Seiten des Romans. Doch der Verleger von Dos Passos, Wolfe, Faulkner, Hemingway hatte Schwierigkeiten mit den Augen, auch von einer Dichterlesung hielt er nichts, nein, telefonierte aber gleich mit seinem Lektor, und bereits zwei Wochen später hatte ich dessen Absage in der Hand.»

Der damalige Rowohlt-Lektor hieß Wolfgang Weyrauch. Sein Absagebrief an Deschner ist leider Anfang der siebziger Jahre einem Archivbrand zum Opfer gefallen. Also wurde Deschners erstes Buch nicht bei Rowohlt, sondern unter dem Titel «Die Nacht steht um mein Haus» in München bei List veröffentlicht. Das war 1956.

Nach diesem stark beachteten Debüt erschien 1957, wieder bei List, Deschners zweites Buch, die Enquete «Was halten Sie vom Christentum?» Er hatte auch jenen ablehnenden Rowohlt-Lektor Wolfgang Weyrauch, ein Mitglied der Gruppe 47, um einen Beitrag gebeten. Weyrauch war über Deschners so gar nicht nachtragendes Verhalten verblüfft, nannte im nachhinein, also nachdem «Die Nacht steht um mein Haus» bei List ein spektakulärer Erfolg geworden war, den «run» und «Sog» dieses Textes plötzlich «einmalig», verstand sein Verdikt vom verflossenen Jahr nicht mehr und schob seine Ablehnung auf ein Stimmungstief, das er euphemistisch seinen «restaurativen Tag» nannte. Es wäre ja auch ein besonders ironischer Namenszauber gewesen, wäre der spätere Kirchenkritiker ausgerechnet von einem Mann entdeckt worden mit dem Namen Weyrauch.

Im selben Jahr 1957 erschien, wieder bei List, Deschners literarische Streitschrift «Kitsch, Konvention und Kunst». Ein Buch, das die literarische Landschaft der restaurativen fünfziger Jahre heftig erschütterte. Damit war Karlheinz Deschner, dieser ewige Außenseiter, das erklärte Nicht-Mitglied der damals marktbeherrschenden Gruppe 47, etabliert (ein Ausdruck, der so gar nicht zu ihm paßt). Nun war er für jeden deutschen Verlagsmann, Buchhändler, Leser ein Großkritiker und Bestsellerautor. Drum erschien auch gleich 1958 sein zweiter und bisher letzter Roman, «Florenz ohne Sonne», wieder bei Paul List.

Dies im Sinn, bekommen die folgenden Worte einen durchsichtigen Klang:

> «Sehr geehrter Herr Dr. Deschner, selbstverständlich interessiert uns eine Arbeit aus Ihrer Feder. Der Titel Gott ging in den Schuhen des Teufels klingt freilich leider nur zu rowohltisch! Was schwebt Ihnen denn vor? Eine Art atheistischer Kirchengeschichte im Ceram-Stil? Aber ich will lieber keine gewagten Schlüsse ziehen. Könnten Sie sich nicht dazu überwinden, mir in einem weiteren Brief zu verraten, was Sie ungefähr vorhaben, nachdem ich Sie unserer grundsätzlichen Sympathie für Ihre Arbeit versichert habe? Dann brauche ich nicht bis Anfang nächsten Jahres auf Expose und Probekapital zu warten. Verleger sind ja immer ungeduldig. Noch eines freilich: Werden wir damit nicht List gegenüber unkollegial erscheinen? – Inzwischen schönste Grüße Ihres H. M. Ledig-Rowohlt.»

So also der Juniorchef des damals noch in Hamburg ansässigen Rowohlt Verlags am 10. September 1957. «Eine Art atheistischer Kirchengeschichte im Ceram-Stil» – darauf mußte Rowohlt sofort anspringen, denn das roch nach einem fetten Braten. C. W. Cerams «Götter, Gräber und Gelehrte» waren in den acht Jahren seit ihrem Erscheinen bei Rowohlt (1949) in Hunderttausenden von Exemplaren verkauft worden. Und so etwas vergißt ein Verleger nie.

Warum es damals, 1957, zum Vertragsabschluß zwischen Deschner und Rowohlt nicht gekommen ist, gehört zum Kleinkram aller Geschichte, der wegen seiner Kompliziertheit regelmäßig unter den

Tisch fällt. Tatsache ist: Rowohlt schloß keinen Vertrag, Deschner blieb bei List. Titel des Vorhabens war damals «Gott geht in den Schuhen des Teufels». Ledig-Rowohlt machte in seinem Brief, das ist aufschlußreich, aus dem «geht» ein «ging»: «Gott ging in den Schuhen des Teufels». Damit wurde diese «Art atheistischer Kirchengeschichte» in die Vergangenheit verschoben, wurde zu etwas Gewesenem, das heute nicht mehr ist, wurde zur archäologischen Ceramik. Deschners Idee war aber gerade nicht Archäologie à la Ceram, sondern Geschichtsschreibung à la Deschner: als Anamnese einer schweren chronischen Pathologie.

«Gott geht in den Schuhen des Teufels» – dieser Titeleinfall kam Deschner in den fünfziger Jahren, als er, von einem Hundespaziergang nach Hause in Tretzendorf zurückgekehrt, folgende Vision erlebte:

> «... ein paar Wasserflächen, verdöstes Froschgequarre, und drüben, gemächlich unter Apfelbäumen, zwei Herren in Schwarz. Ich griff zum Fernglas: wie vermutet, mein Pate [Deschners Tauf- und Firmpate war der Geistliche Rat Leopold Baumann] nebst Gast, einem Erzabt aus Niederbayern. Etwas atemlos noch verfolgte ich beide, genoß, übers Wasser hin, ihr geistlichtes Gehen, so ruhig alles, friedlich, und dachte plötzlich: *Gott geht in den Schuhen des Teufels.* Dieser Gedanke bestimmte meine Arbeit, mein Leben.»

25 000 Arbeitsstunden in fünf Jahren brauchte Deschner für sein von Rowohlt abgelehntes Buch. Es trug inzwischen den Titel «Abermals krähte der Hahn» und war bei List unter Vertrag. Der Münchener Paul List Verlag bekam, je klarer sich das Buchprojekt erkennen ließ, kalte Füße, «bangte schon um den Absatz seiner Schulbücher in Bayern» und «erbat ein Gutachten – ausgerechnet bei Rowohlts einstigem Lektor» – also bei dem inzwischen freien Schriftsteller Wolfgang Weyrauch. Prompt folgte ein Totalverriß, und List kündigte, auf Rückzahlung des Vorschusses verzichtend, den Vertrag.

«Abermals krähte der Hahn» erschien 1962 im Hans E. Günther Verlag in Stuttgart: im wesentlichen eine frühchristliche Dogmen-, teilweise eine vergleichende Religionsgeschichte. Nur die letzten hundert Seiten näherten sich der anfänglichen Idee, nämlich der Dokumentation aller Schandtaten des Christentums.

Ich springe jetzt über die Jahre von Titel zu Titel:

1962 «Abermals krähte der Hahn», 700 Seiten
1964 «Talente, Dichter, Dilettanten. Überschätzte und unterschätzte Werke in der deutschen Literatur der Gegenwart», Limes Verlag, acht Essays auf knapp 400 Seiten
1965 «Mit Gott und den Faschisten. Der Vatikan im Bunde mit Mussolini, Franco, Hitler und Pavelić, Hans E. Günther Verlag, 300 besonders lesenswerte Seiten, auf denen zum ersten Mal in Deutschland die Greuelpolitik in Kroatien und Serbien während der vierziger Jahre geschildert wird
1966 «Jesusbilder in theologischer Sicht», Paul List Verlag, 500 Seiten
1966 «Das Jahrhundert der Barbarei», Kurt Desch Verlag, 530 Seiten
1968 «Wer lehrt an deutschen Universitäten?», Limes Verlag, 240 Seiten
1968 «Kirche und Faschismus», Jugenddienst-Verlag, 100 Seiten
1969 «Das Christentum im Urteil seiner Gegner», Band 1, Limes Verlag, 400 Seiten

Am Ende dieses Jahrzehnts, im Dunstkreis des rebellischen Jahres 1968, wurde Deschner wegen «Kirchenbeschimpfung» vor Gericht gezogen. Dieser Versuch, ihn zu kriminalisieren, brachte den Autor auf seine 15 Jahre zuvor konzipierte Buchidee zurück: «Gott geht in den Schuhen des Teufels».

Und damit betrete ich einen Zeitraum, in dem ich selber mitagiert habe und über den ich nun als Mittäter und Zeuge aussagen kann. Deschner hatte für ein neues Projekt ein noch vages Interesse gefunden bei dem kleinen und feinen Szczesny-Verlag mit seinem anspruchsvollen religions- und kirchenkritischen Programm. Leider mußte dieser Münchener Verlag Ende der 60er Jahre schließen. Gerhard Szczesny, ein Mitbegründer der Humanistischen Union, schloß sich dem Rowohlt Verlag an und gab dort eine Taschenbuchreihe heraus: rororo tele.

Eines Frühlingstages 1970 kamen Szczesny und ich auf dem Flur des hellen Reinbeker Verlagshauses ins Gespräch. Er war damals 52 und im Begriff, sich aus dem literarisch-publizistischen Getriebe zurückzuziehen. Ich war ein Heißsporn von 32 und unternahm gelegentlich Seitensprünge vom Taschenbuchgeschäft in den Hardcoverbereich. Zum Beispiel hatte ich gerade in jener Zeit C. W. Cerams letztes Buch «Der erste Amerikaner» redigiert. «Deschner schreibt was Neues», sagte Szczesny. «Vielleicht ist das für Rowohlt interessant. Sie kennen ja Deschner, nicht wahr?»

«Oh ja!», war meine prompte Antwort. Als Student in Tübingen hatte ich mich für seine bilderstürmenden Kritiken an literarischen Größen begeistert. «Kitsch, Konvention und Kunst» gehörte damals auf jedes Bücherbrett der literarisch Interessierten. Deschner arbeite seit Jahren, sagte Szczesny damals, an einem ganz großen Werk, einer weltlichen Kirchengeschichte, einer *Kriminalgeschichte des Christentums* von den Anfängen bis in die Gegenwart.

Dieser funkelnde Titel sprang sofort über. Ich schrieb dem Autor nach Haßfurt: ob ich ihn besuchen dürfe. Am 18. April 1970 machte ich mich auf die Reise. Deschner erwies sich als ein liebenswürdiger Gastgeber, als interessanter Gesprächspartner, aufmerksamer Zuhörer und ebenso kluger wie warmherziger Melancholiker. Eine unwiderstehliche Mischung. Auch für mich. Jedenfalls waren es wunderschöne Stunden damals an jenem Aprilsamstag im bescheidenen Haßfurter Häuschen der Familie Deschner mit drei Kindern, einem Hund, einer Katze, mehreren Kaninchen und Meerschweinchen.

In der kargen Dachkammer, wo Deschner jeden Tag des Jahres von morgens 5 bis 11 Uhr nachts seine literarische Schwerarbeit leistete, schaute ich mir seine Materialsammlung an: Stapel, Berge von Papierblättern mit Exzerpten, Notizen, Entwürfen.

Ich war Feuer und Flamme für das Projekt. Als fast noch jugendlicher Verlagslektor konnte ich ein solch bedeutendes Projekt aber nicht alleine unter Vertrag nehmen. Also ging ich zur Audienz zu meinem Chef Heinrich Maria Ledig-Rowohlt und wollte ihn mit meiner Begeisterung für das Riesenprojekt der Kriminalgeschichte des Christentums anstecken. Der alte, vorsichtig gewordene Fuchs Ledig-Rowohlt ließ sich von meinem missionarischen Feuer nicht mitreißen, sondern diktierte gleich in meiner Gegenwart einen ersten Brief an den sehr geehrten Dr. Karlheinz Deschner. Die Vermittlung durch Dr. Szczesny, die kritischen Glanzleistungen in «Kitsch, Konvention und Kunst» erwähnte er diplomatisch. Jedoch wünsche er sich ein ausführliches und detailliertes Exposé. Dieser Wunsch eines erfahrenen Verlegers war berechtigt und in jeder Hinsicht verständlich.

Also trug ich Ledig-Rowohlts Nachfrage dem Einsamen von

Haßfurt vor, bat ihn um ein sorgfältig ausgearbeitetes Exposé mit Zeitplan. Wochenlang quälte sich der Autor mit ein paar Seiten Projektbeschreibung ab, mein Schreiben blieb unbeantwortet. Aber dann kam doch endlich ein Brief aus Haßfurt. Charakteristisch für ihn ist gleich die Präambel:

«*Vorbemerkung:* Der Verfasser, man verzeihe dies Bekenntnis, ist kein Freund von Exposés. Sie rauben ihm nur die Zeit und spiegeln seine späteren Bücher kaum. Das folgende soll nur kurz den Grundgedanken zeigen sowie – absolut ungegliedert und bruchstückhaft – eine Reihe der wichtigeren Themen.
Standpunkt des Verfassers: Er ist weder Faschist noch Kommunist, fühlt sich aber jenem Humanismus, der von der Antike über die Aufklärung bis heute das wertvollste Gut europäischer Geistesgeschichte ausmacht, ebenso verbunden wie den Erniedrigten und Beleidigten aller Völker, Rassen und Zeiten.»

Bei seiner Arbeitsweise, schrieb Deschner, könne er unmöglich mit Stoppuhr und Kalender angeben, was wann zu Papier gebracht und als Manuskript geliefert werde. So ein Werk wachse Tag und Nacht, Schicht um Schicht.

Das war «echt» Deschner. Wer sein exhibitionistisches Frühwerk «Die Nacht steht um mein Haus» kannte, der wußte, daß Deschner kein geruhsamer akademischer Literaturarbeiter war, sondern Schriftsteller durch und durch, Künstler, der angewiesen war auf Inspiration, auf die Liebesgunst der Muse Klio, die bei den alten Griechen die Extra-Muse war für das Ressort Geschichtsschreibung.

Das in der Tat «absolut ungegliederte und bruchstückhafte» Exposé schließt mit dem Satz: «Ich möchte das Werk zu einer der größten Anklagen machen, die je ein Mensch gegen die Geschichte des Menschen erhoben hat.»

Die Schwächen des unordentlichen Entwurfs standen seiner Realisierung zunächst im Wege. Der Autor drängte und drohte ein bißchen. Ich schrieb beschwichtigend nach Haßfurt: «Ich kann Ihre Ungeduld sehr gut verstehen. Wir Lektoren leiden selber oft unter der Zähflüssigkeit, mit welcher der Entscheidungsprozeß über ein Buch bei uns sich dahinwälzt.»

Endlich, am 22. Juni 1970, die frohe Botschaft: «Lieber Herr Deschner», schrieb ich,

«zum Glück gehört Ihr Buchprojekt mit dem hinreißenden Titel *Kriminalgeschichte des Christentums* nicht zu den Problemen, wie sich schließlich herausgestellt hat. Der Verlag will also wirklich Ernst machen und dieses Buch veröffentlichen.
Ich darf jetzt in Stichworten zusammenfassen, wie ein Vertrag zwischen Ihnen und uns über Ihr Werk *Kriminalgeschichte des Christentums* aussähe. Umfang: 320 bis 350 Druckseiten; darin enthalten 40 bis 50 Seiten Quellenanhang. Der Quellenanhang wird exakte Belege liefern für die Ausführungen im Text. Der Haupttext soll von Anmerkungen, Fußnoten und dergleichen weitgehend befreit werden und eine ungehinderte zügige Lektüre darstellen. Hier soll der Stil bei aller Sachlichkeit eher kritisch pointiert sein. Die Garantie für historische Korrektheit der Darstellung wird vom Autor getragen. Der Verlag kann sich nicht verpflichten, die zahlreichen und schwer zugänglichen Quellenschriften im Rahmen einer Zitatkontrolle nachzuprüfen.
Ablieferungstermin: Der Autor liefert das vollständige Manuskript des Textteils und des Quellenanhangs bis Ende Juni 1972 in zweifacher Ausfertigung als maschinenschriftliches Manuskript ohne umfangreiche handschriftliche Korrekturen an den Verlag ab. Dieser Ablieferungstermin bedeutet, daß als Erscheinungstermin für das Werk nicht mehr der Herbst 1972, sondern erst das Frühjahr 1973 in Frage kommt.
Der Verlag geht zunächst einmal von einer Erstauflage in Höhe von 6000 Exemplaren aus bei einem geschätzten Ladenpreis von DM 20,-.
Ich darf Ihnen versichern, daß – von mir einmal ganz abgesehen – Herr Ledig-Rowohlt froh wäre, Sie, lieber Herr Deschner, als Autor zu gewinnen. Bitte denken Sie doch daran, mit einer Zeile anzudeuten, ob wir schon jetzt Ihren glänzenden Titel *Kriminalgeschichte des Christentums* schützen lassen sollen.»

Eine Woche später, am 29. Juni 1970, schrieb mir Deschner:

«Um es kurz zu machen: Ich akzeptiere alles. Nur der geringe Vorschuß enttäuscht mich. (Anderwärts hätte ich wesentlich mehr bekommen können!) Doch hoffe ich, letzten Endes bei Ihnen besser zu fahren. Eine einzige Änderung erbitte ich. Da ich von der Hand in den Mund lebe, reicht der Vorschuß nicht für eine Minimal-Existenz meiner Familie während der Niederschrift. Ich muß also die eine oder andere kleine Nebenarbeit dazu machen und werde folglich etwas länger für die Kriminalgeschichte brauchen, als ich es Ihnen zusagen konnte. Da Sie aber ohnedies das Buch erst im Frühjahr 1973 bringen wollen, spricht sicher nichts gegen eine Ablieferung Ende 1972. Das wärs.»

Es kam, natürlich, alles ganz anders. Deschner mußte, wie angekündigt, «die eine oder andere kleine Nebenarbeit dazu machen» und folglich «etwas länger für die Kriminalgeschichte brauchen».

Etwas länger als 16 Jahre hat es gedauert, bis endlich die «Kriminalgeschichte des Christentums» erscheinen konnte. Im Verlagsvertrag von 1970 ging es um einen einzigen, noch dazu schlanken Band von höchstens 350 Seiten – was für Deschner ein geradezu magersüchtiger Umfang gewesen wäre – mit einem Ladenpreis von 20 Mark und einer Auflagekalkulation von nur 6000 Exemplaren zunächst.

Wie jedermann weiß, bewegt sich das Autorenhonorar bei relativ niedriger Auflageerwartung in der Gegend von 10 Prozent vom Ladenpreis. Rowohlts Vorschuß war auch in diesem Falle großzügig, deutlich oberhalb der buchhalterischen Proportionen, jedenfalls höher als der gesamte Honoraranteil der veranschlagten Auflage. Und das, als uns noch keine Zeile des Manuskripts vorlag! Kaufmännisch ein beachtliches Risiko. Nein, eigentlich ein Wahnsinn – rein kaufmännisch gesehen. Und trotzdem – der Vorschuß konnte die Familie Deschner unmöglich zweieinhalb Jahre über Wasser halten (von Mitte 1970 bis zum versprochenen Manuskriptabgabetermin im Dezember 1972).

Was Deschner in seinem Brief vom 29. 6. 1970 in das herrliche Understatement kleidet «die eine oder andere kleine Nebenarbeit» zum Brotverdienen, das wurde – ich beschränke mich auf seine Buchveröffentlichungen – im Laufe der Jahre ein stattlicher Stapel von zumeist voluminösen Bänden:

1970 «Warum ich aus der Kirche ausgetreten bin», Kindler Verlag, 200 Seiten

1970 «Kirche und Krieg. Der kirchliche Weg zum Ewigen Leben», Hans E. Günther Verlag, 540 Seiten

1971 «Der manipulierte Glaube. Eine Kritik der christlichen Dogmen», Kindler Verlag, 330 Seiten (später mehrfach neu unter dem Titel «Der gefälschte Glaube»)

1971 «Das Christentum im Urteil seiner Gegner», Band 2, Limes Verlag, 290 Seiten

1974 «Das Kreuz mit der Kirche. Eine Sexualgeschichte des Christentums, Econ Verlag, 490 Seiten

1974 «Kirche des Un-Heils. Argumente um Konsequenzen zu ziehen», Wilhelm Heyne Verlag, 127 Seiten

1977 «Warum ich Christ/Atheist/Agnostiker bin», Kiepenheuer & Witsch, 205 Seiten

1981 «Ein Papst reist zum Tatort. Eine Flugschrift», Hoffmann und Campe Verlag, 24 Seiten

1982 «Ein Jahrhundert Heilsgeschichte. Die Politik der Päpste im Zeitalter der Weltkriege», Band 1, 658 Seiten, und im folgenden Jahr
1983 Band 2, 673 Seiten; beide Bände bei Kiepenheuer & Witsch
1985 «Nur Lebendiges schwimmt gegen den Strom. Aphorismen», Lenos Verlag, 108 Seiten
1986 «Die beleidigte Kirche. Oder: Wer stört den öffentlichen Frieden?», Ahriman Verlag, 62 Seiten

Und damit sind wir im Jahre 1986, in dem – 16 Jahre nach Vertragsabschluß – endlich die «Kriminalgeschichte des Christentums» zu erscheinen begann. Zur Zeit der Konzeption war Deschner Mitte vierzig gewesen, bei Erscheinen war er 62. Was für ein langer Atem! Wie ein Baum wuchs dieses Projekt. Ein- bis zweimal jährlich schaute ich in Haßfurt herein. Deschners Materialsammlungen und Entwürfe über zwei Jahrtausende christlicher Crimina füllten langsam einen ganzen Archivschrank: mehr als 25000 Blätter waren es bis 1986 geworden.

Blicken wir noch einmal zurück: Der vertragliche Manuskriptablieferungstermin «Ende 1972» verstrich, das Jahr 1973 verstrich und noch viele weitere Jahre verstrichen. Bald verschwand die «Kriminalgeschichte des Christentums» auch aus den Kandidatenlisten für Rowohlts Frühjahrs- und Herbstprogramme und ruhte als verblassende Hoffnung im Fundus vager Projekte. Irgendwann mochte niemand mehr in Reinbek an die Realisierung glauben. Und auch ich konnte mich der Zweifel am Gelingen des Werkes nicht mehr erwehren.

Dieses Werk nahm von Jahr zu Jahr gewaltigere Proportionen an. Deschner ist ja kein Buchproduzent, der sein einmal gefaßtes Konzept rationell abwickelt. Seine Kreativität bringt fortwährendes Wachstum hervor. Aus dem einen Band von höchstens 350 Seiten des Jahres 1970 wurden bald zwei: von Konstantin dem Großen bis zum Hochmittelalter und vom Spätmittelalter bis zur Gegenwart. Dann drei: von den Anfängen bis zu Karl dem Großen, von Kaiser Karl bis Martin Luther und von Luther bis heute. Ende der 70er Jahre diskutierten Autor und Lektor über sechs Bände: ein Band Antike, zwei Bände Mittelalter, drei Bände Neuzeit. Rowohlts Vertriebs- und Finanzchef schüttelte den Kopf und glaubte kein Wort mehr. «Daraus wird doch nie etwas. Lassen Sie uns die ganze utopische Sache absetzen, die gezahlten Vorschüsse [es gab inzwischen mehrere] gehen à fonds perdu und damit basta. Der Mann geht auf die Sechzig zu und will immer noch sechs oder sieben oder neun dicke Bände schreiben. Daran glauben Sie doch selber nicht.» Dochdoch, behauptete ich dann tapfer.

Das Anschwellen eines Projekts ist ja auch sonst schon vorgekommen, und zwar in allen Literaturgattungen, sogar im strengen Feld der Lexikographie. Denken Sie nur an die große französische Encyclopédie oder an das Grimmsche Wörterbuch der deutschen Sprache. Oder nehmen wir Dölgers Reallexikon für Antike und Christentum, das ursprünglich drei Bände umfassen sollte, von dem aber heute bereits 24 Bände vorliegen, die damit erst bis zum Stichwort «Montanismus» vorgedrungen sind, was nur etwa die Hälfte des Alphabets ist. Mit solchen hinkenden Vergleichen habe ich mich damals getröstet. Den Autor zu trösten, fehlten mir die Mittel.

Deschners wirtschaftliche Lage – allzeit prekär, meist miserabel – wurde immer bedrückender. Noch mehr arbeiten war undenkbar. Der Herzinfarkt 1967, also mit nur 43 Jahren, war ein todernstes Memento gewesen. Anfang 1976 stellte Deschner einen Antrag auf Gewährung eines Forschungsstipendiums bei der Deutschen Forschungsgemeinschaft, um die Arbeit an der Kriminalgeschichte des Christentums fortsetzen zu können. Unter Punkt 4 heißt es: «Seit 1970 habe ich nebenbei, seit 1973 fast ausschließlich an dem Projekt gearbeitet. Bis zum Abschluß beider Bände benötige ich noch etwa vier Jahre. – Schon ein einjähriges Stipendium wäre für mich eine große Hilfe.»

Der eine Befürworter, Prof. Dr. Carl Schneider, schrieb in seiner Stellungnahme:

«Die Fragestellung ist originell: In welchem Verhältnis steht das Christentum seinem geistigen Gehalt nach zu den jeweiligen juristischen, aber auch allgemein ethischen Konzeptionen jener Epoche? Hätte man vielleicht zunächst Bedenken, daß auch in einem mehrbändigen Werk für einen einzelnen dieser Vorsatz zu groß sein könnte, habe ich bei Deschner diese Bedenken nicht, vorausgesetzt, daß ihm die Möglichkeit gegeben wird, mehrere Jahre an diesem Projekt zu arbeiten. Nur dann, wenn ihm Zeit und auch Mittel dafür bleiben, Quellen und Material ohne Einschränkung zu sichten, ist das Vorhaben sinnvoll. Sollte dies aber der Fall sein, halte ich es für sehr wahrscheinlich, daß

Deschner etwas in der Forschung Neues und Einmaliges schafft, nämlich eine sachliche, unbestechliche Konfrontation von geistiger Substanz des Christentums mit den Verhältnissen der jeweiligen Zeit und der konkret geschichtlichen Menschen. Unter diesen Umständen würde ich es begrüßen, wenn man Deschner die Möglichkeit gäbe, dieses Werk, von dem der erste Band bereits im Rohbau vorliegt, wirklich zu Ende zu führen.»

Der andere Befürworter, Prof. Dr. Dr. Hans Albert, schrieb:

«Daß Deschner sein umfangreiches Werk bisher ohne jede institutionelle Stützung in unermüdlicher privater Forschung – ganz auf sich selbst gestellt – geschaffen hat, verdient größte Bewunderung. Er hätte längst eine Förderung durch Institutionen, die dazu in der Lage sind, verdient, aber das hat sich, wohl dank der Tatsache, daß er in keiner Universität verankert ist, offenbar bisher als zu schwierig erwiesen. An sich würde Deschner in eine theologische Fakultät oder ein theologisches Forschungsinstitut gehören, wo er bessere Arbeitsmöglichkeiten finden würde, aber solange solche Einrichtungen kirchengebunden sind, ist kaum daran zu denken, daß sie einen unabhängigen Forscher dieses Schlages fördern.
Was sein jetziges Projekt – eine Kriminalgeschichte des Christentums – angeht, so darf man angesichts der dazu vorhandenen Vorarbeiten und der bisherigen Leistungen des Autors mit Sicherheit erwarten, daß es zu einem nicht nur religions- und kirchengeschichtlich, sondern auch geistesgeschichtlich und allgemeingeschichtlich sehr interessanten Werk führen wird. Wie das Exposé des Antragstellers deutlich macht, handelt es sich keineswegs um ein Projekt, das sich auf die Erforschung krimineller Tatbestände im engeren Sinne beschränkt, wie das durch den Titel suggeriert werden könnte, sondern um eine Untersuchung zentraler Tendenzen der Geschichte des Christentums. Ein solches Unternehmen ist schon deshalb wünschenswert, weil die von Deschner ins Auge gefaßten Zusammenhänge heute im Allgemeinen zu wenig beachtet werden. Seiner Forschungsarbeit kommt eine Korrekturfunktion zu, deren Bedeutung nicht zu unterschätzen ist. Man wird heute kaum jemanden finden, der bereit ist, seine ganze Zeit einem solchen Projekt zu widmen, zumal innerhalb des universitären Forschungsbetriebs an solche Problemstellungen kaum zu denken ist. Ich möchte daher den Antrag Deschners mit besonderem Nachdruck unterstützen und für ein nach Möglichkeit mehr als einjähriges Stipendium plädieren.»

Die DFG hat Deschners Antrag natürlich abgelehnt. Deschner lebte fast immer hart am Rande der Pleite. Er mußte Schulden machen und hatte wenigstens bei seinen Gläubigern Glück: Sie blieben geduldig. Und außerdem fanden sich in der höchsten Bedrängnis immer wieder private Wohltäter, die der Familie auf mancherlei Weise halfen. Auffälligerweise waren es nicht Institutionen, Firmen, Stiftungen, die ihn gesponsert hätten, sondern stets Einzelpersonen, die Deschners Arbeit bewunderten und ihr Scherflein dazu beitragen wollten, daß der Einzelkämpfer weitermachen konnte. Ein Name muß hier herausgestellt werden: Alfred Schwarz aus Luzern. Ohne seine Freundschaft und Großzügigkeit wäre die «Kriminalgeschichte des Christentums» wohl nie erschienen. Sein stilles Mäzenatentum war kein einmaliger Gnadenakt. Den ersten Band hat Fredy Schwarz noch lesen können, den zweiten nicht mehr erlebt.

In unserer verwalteten Welt mutet es nostalgisch an, daß es das noch gibt, den persönlichen Freund und Förderer, den Mäzen, den Gönner. Für Karlheinz Deschner haben sich immer wieder solche noblen Nothelfer eingesetzt, und es gibt sie heute noch. Nach dem Tod von Alfred Schwarz meldete sich spontan der deutsche Unternehmer Herbert Steffen bei Deschner: «Ich bin Ihr neuer Mäzen.»

Im März 1986 bekam ich den größten Teil des Manuskripts von Band 1 der Kriminalgeschichte des Christentums auf den Tisch. Es war ein – wie soll ich es sagen? – ein reichlich künstlerisches Produkt, eine Riesencollage, eine höchst unkonventionelle Manuskriptform mit vielen, vielen Nachträgen und unzähligen schwer entzifferbaren handschriftlichen Korrekturen und Zusätzen. Die Kalkulatorin in der Herstellungsabteilung zählte einen ganzen Achtstundentag lang die Anschläge auf den zusammengestoppelten Blättern aus. Am Ende kam sie auf 500 Druckseiten. Und es fehlten noch: die Titelei, die Einleitung, die Anmerkungen, das Abkürzungsverzeichnis, die Literaturliste, das Register – alles zusammen bestimmt 200 bis 300 Seiten.

Ein Debakel! Wir konnten doch unmöglich einen Wälzer von 800 Seiten für mindestens 65 Mark herausbringen. Wie viele Käufer würden sich wohl für solch ein Mega-Buch erwärmen? Nervosität auf beiden Seiten, beim Verlag und beim Autor. Schweren Herzens und schlechten Gewissens fanden wir uns mit einer Notlösung ab: Band 1 bekommt nur noch die «Einleitung zum Gesamtwerk» vorangestellt, der gesamte Anhang wandert ans Ende von Band 2. Eine schlechte Lösung. Wir haben dafür auch Prügel bezogen. Ich mußte in Dutzenden von Briefen und Telefonaten etwas wenn nicht verteidigen, so doch erklären, das weder der Autor noch ich selbst gut fand. Aber welche bessere Lösung hätte es gegeben?

Zu Beginn der achtziger Jahre hatte Deschners Ruhmesstern an Leuchtkraft verloren. Seine größten Bucherfolge lagen lange zurück. Ich bin 1986 von Lektoratskollegen und Rezensenten gefragt worden: «Deschner? Ja lebt der denn noch?» Da war es eine glänzende Idee des damaligen Rowohlt-Werbeleiters Michael Berent, eine kleine Broschüre über Leben, Werk und Resonanz des Gelehrten und Schriftstellers Karlheinz Deschner zu produzieren, die kostenlos verteilt werden und für Deschner-Leser von bleibendem Wert sein sollte. Ein sehr aufwendiges Werbemittel. Alfred Schwarz, der Mäzen aus Luzern, gab eine Anschubfinanzierung, so daß Rowohlt sich nicht lumpen lassen konnte und den Löwenanteil trug: 25 000 Exemplare dieses «Prospekts» wurden aufgelegt, der sogar noch eine zweite Auflage erlebte.

Dieses Heft erschien zusammen mit dem ersten Band der «Kriminalgeschichte des Christentums» gerade noch rechtzeitig zur Frankfurter Buchmesse am 26. September 1986. Bei Erscheinen der folgenden Bände wurde ebenso verfahren. Mit Erfolg. Jedenfalls ist Karlheinz Deschner seither wieder präsent mit seinem schriftstellerischen und historiographischen Werk.

Der Erzähltext für den zweiten Band der Kriminalgeschichte über die Spätantike lag bereits seit März 1986 dem Reinbeker Verlag vor. So fiel es nicht schwer, diesen Band mit den umfangreichen Anhängen – Anmerkungen, Literaturverzeichnisse, Abkürzungen, Register – für Band 1 und 2, wie geplant, im Oktober 1988 folgen zu lassen. Als auch der über 700 Seiten starke dritte Band über die von der antiken Kirche betriebene systematische Fälschung, Verdummung, Ausbeutung und Vernichtung termingerecht zwei Jahre später, im Oktober 1990, herausgekommen war, glaubten alle an den Zweijahresrhythmus und rechneten mit dem abschließenden zehnten Band im Jahre 2004, vielleicht zum achtzigsten Geburtstag des Autors.

Es kam anders. Die an sich erfreuliche Deschner-Konjunktur brachte es mit sich, daß dieser asketisch zielstrebige Arbeiter viel zu oft von seinem Hauptwerk – der «Kriminalgeschichte des Christentums» – abgelenkt wurde. Andere Verlage brachten neue Bücher von Deschner heraus, z.B. «Der Anti-Katechismus» (1991), «Der Moloch. Zur Amerikanisierung der Welt» (1992), bei Rowohlt seine Aphorismensammlung «Ärgernisse» (1994). Das Fernsehen, der Rundfunk und die Presse lockten ihn immer wieder aus seiner Haßfurter Klause heraus. Damals, Anfang der Neunziger, hielt Karlheinz Deschner pro Jahr durchschnittlich vierzig öffentliche Vorträge zwischen Kiel und Klagenfurt – viel Zeit, die seiner Arbeit an der Kriminalgeschichte verloren ging, weshalb deren vierter Band über das Frühmittelalter statt nach zwei erst nach vier Jahren in die Buchhandlungen kam: im April 1994, kurz vor seinem siebzigsten Geburtstag.

Der Hunsrücker Unternehmer Herbert Steffen, Deschners Mäzen, machte besorgt die Rechnung auf, daß bei diesem Erscheinungstakt Band 10 der Kriminalgeschichte des Christentums erst im Jahr 2018 zu erwarten sei. Zwar nicht unmöglich, aber nicht wahrscheinlich und schon gar nicht wünschenswert. Steffen machte es möglich, daß fortan alle – oder wenigstens fast alle – Nebentätigkeiten, speziell die zeitraubenden Vorträge, abgewehrt wurden zugunsten des Zehnbänders. Eine solche «Nebentätigkeit» war das weit gediehene, gemeinsam mit dem serbischen Staatsrechtler Prof. Milan Petrović verfaßte Buch «Weltkrieg der Religionen. Der ewige Kreuzzug auf dem Balkan», das 1995 erschien.

Immerhin konnte Deschner nun seiner Haupttätigkeit so viel Arbeitszeit widmen, daß Band 5 der Kriminalgeschichte noch im Dezember 1996 ausgeliefert wurde und im Januar 1997 in den Schaufenstern lag. Es gab also wieder Hoffnung auf die Deschner-Biennale: alle zwei Jahre ein neuer Band der Kriminalgeschichte des Christentums. Und richtig: Im März 1999 lag Band 6 über das 11. und 12. Jahrhundert vor, Band 7 über das 13. und 14. Jahrhundert war mit noch passabler Verspätung im Dezember 2001 fertig und lag im Januar 2002 zum Verkauf aus. Der achte Band, der die von Christen begangenen Verbrechen vom Exil der Päpste in Avignon bis zum Augsburger Religionsfrieden 1555 aufdeckt, folgte im März 2004.

Nur Wochen später wurde am 23. Mai in Haßfurt ganz groß – mit Reden sogar des Bürgermeisters und des Landrats! – Deschners achtzigster Geburtstag gefeiert. Späte Ehrung des nunmehr «großen Sohnes der Stadt» im tief katholisch geprägten Mainfranken. Die nächste erfuhr Karlheinz Deschner am 15. Oktober 2004, als ihm der Wolfram-von-Eschenbach-Preis verliehen wurde.

Apropos Preise! 1988 verlieh Jan Philipp Reemtsma den Arno-Schmidt-Preis an Karlheinz Deschner, 1993 Walter Steinmetz den Alternativen Büchnerpreis, ebenfalls 1993 wurde Deschner der International Humanist Award zugesprochen. Ludger Lütkehaus hielt 2001 auf Deschner die Laudatio bei der Verleihung des Preises des Internationalen Bundes der Konfessionslosen und Atheisten, dem im selben Jahr der Ludwig-Feuerbach-Preis folgte.

Natürlich gab es in den Jahrzehnten der Arbeit an der Kriminalgeschichte auch Phasen depressiver Stimmung, Momente der Hoffnungslosigkeit. Auf Dauer ist kein Mensch dazu fähig, einer solch konstanten Belastung, die die selbstgestellte Aufgabe eben auch bedeutete, ohne Zermürbungserscheinungen über Jahre gewachsen zu bleiben. «Nur jetzt nicht nachgeben!», war dann Deschners Maxime. Zwischenzeitlich wünschte er sich insgeheim, die Last seiner literarischen Arbeit (die er sein Joch, eine «Maloche» nannte) los zu sein und frei zu leben, draußen in freier Natur und frischer Luft. Leben, einfach nur leben dürfen! Es zog ihn sommers gern ans Meer, an die Ostsee, zum Beispiel nach Bornholm, wo sein Freund Hans Henny Jahnn eine Zeitlang gelebt hat. Oder nach Norwegen, Knut Hamsuns Heimat und Herkunftsland seines Schriftstellerfreundes Jens Bjørneboe. Später verbrachte er im Winter ein paar Ruhetage auf Rügen oder auf verschiedenen ostfriesischen Sandinseln.

Noch später war es nötig, den älter werdenden Autor zu ermutigen und zu ermuntern. Ich schrieb ihm zum Frühstück einen langen Erzählbrief über die Altersphase seines großen Zunftbruders Leopold von Ranke, der von 1795 bis 1886 gelebt hat, hochgeehrter deutscher Historiker, Biograph des preußischen Staates, führender Vertreter des Historismus und Begründer der quellenkritischen Geschichtsschreibung. Nach Ranke soll der Historiker nicht richten oder lehren, sondern «zeigen, wie es eigentlich gewesen ist». Dieser große Historiker, so dachte ich damals, könnte Deschner als tröstliches Vorbild dienen. Ranke erblindete vor Beendigung seiner letzten Buchvorhaben. Er mußte seine mehrbändige «Deutsche Geschichte im Zeitalter der Reformation» diktieren, ebenso die «Zwölf Bücher preußischer Geschichte», mehrere Bände über die römischen Päpste in den letzten vier Jahrhunderten sowie – ohne mit seinen erblindeten Augen lesen zu können – auswendig eine mehrbändige «Weltgeschichte». Wahrlich ein beeindruckendes Alterswerk, unter erschwerten Bedingungen geschaffen. Mit diesem Leuchtturm der Historiographie wollte ich Deschner dabei helfen, nicht lockerzulassen, sondern seine Kriminalgeschichte bis zum abschließenden zehnten Band fortzuschreiben, voranzutreiben.

Nach seinem 80. Geburtstag mußte Deschner jedoch immer häufiger Pausen einlegen. Und so vergingen danach vier Jahre bis zur Veröffentlichung des neunten Bandes (2008) und weitere fünf Jahre bis zum Erscheinen des zehnten (2013). Aber mit der ihm eigenen Willensstärke und Beharrlichkeit hat Karlheinz Deschner in seinem 88. Lebensjahr sein großes Werk nun abgeschlossen.

«Bewundert viel und viel gescholten» – Goethes Kontrapunktierung gilt auch für Karlheinz Deschner. Der Mann war von Anfang an, seit 1956, seit seinem Debüt mit dem Roman «Die Nacht steht um mein Haus», umstritten. Deschners Lebenselement ist nun einmal Kritik, Enthüllung, Aufklärung. Fast alles, was er schrieb und schreibt, ist Streitschrift. Man könnte ihn einen «Streitschriftsteller» nennen. Er nimmt andere beim Wort, mißt sie an ihren Taten und will selber ebenso behandelt werden. Ursprung und Ziel seiner monumentalen «Kriminalgeschichte des Christentums» ist genau dies: die akribische Offenlegung des himmelschreienden Widerspruchs zwischen den Worten Christi und den Taten der Christen durch zwei Jahrtausende. Deschner, der Literatur- und Religionskritiker, will beim Wort genommen werden. Einer, der es getan hat, Norbert Ahrens, sagte bei einer Diskussion mit Deschner im Sender Freies Berlin: «Wenn man Ihre Veröffentlichungen liest, ich meine jetzt speziell die kirchen- und religionskritischen, dann kann man, wenn man redlich ist, nicht anders als zu dem Schluß kommen, daß Sie eigentlich jemand sind, der Kirche und Religion viel, viel ernster nimmt als die meisten der getauften Christen – Priester, Prälaten, Bischöfe eingeschlossen.»

50 Jahre hat Karlheinz Deschner der «Kriminalgeschichte des Christentums» gewidmet, länger als ein Vierteljahrhundert umfaßt ihre Editionsgeschichte bei Rowohlt und zusammen fast 6000 Seiten Text. Eine Geschichte, über die der Autor schon in Band 1 in seiner 60seitigen «Einleitung zum Gesamtwerk» schrieb: «Und selbstverständlich wird nicht behauptet, an allem Elend sei bloß das Christentum schuld. Es geht eines Tages vielleicht genauso elend ohne Christentum weiter. Dies wissen wir nicht. Wir wissen nur: mit ihm wird und muß es so weitergehen. Nicht zuletzt deshalb mache ich seine Schuld sichtbar in allen wesentlichen Fällen, auf die ich gestoßen bin, möglichst umfassend zwar, doch nie überzeichnet, wie es nur jenen scheinen kann, die von christlicher Geschichte keine Ahnung haben oder die darüber getäuscht worden sind.»

Heute wissen wir sehr viel mehr über die christliche Geschichte. Und niemand muß sich mehr täuschen lassen. Karlheinz Deschner sei Dank.

Dieser Text ist eine überarbeitete und erweiterte Fassung des Beitrags «Deschner bei Rowohlt», in: Hermann Gieselbusch/Michael Schmidt-Salomon (Hg.), «Aufklärung ist Ärgernis ...» Karlheinz Deschner – Leben, Werk, Wirkung. Alibri Verlag 2006

ANHANG

ANMERKUNGEN ZUM ZEHNTEN BAND

Die vollständigen Titel der angeführten Sekundärliteratur stehen auf S. 258 ff., ebenso die vollständigen Titel der wichtigsten Quellenschriften und Abkürzungen. Autoren, von denen nur ein Werk benutzt wurde, werden in den Anmerkungen meist nur mit ihren Namen zitiert, die übrigen Werke mit Stichworten.

1. Kapitel
Aus der Skandalchronik des Nordens

1 Schröter, Geschichte Skandinaviens 24 ff.

2 Pierer XV 554

3 Ahasver v. Brandt, HEG III 996 f.

4 Matz, Die 1000 wichtigsten Daten 76 ff. Geiss I 216, III 560, Der Kleine Ploetz 138. Der Große Ploetz 685, 822 f., 1104 f. Kunisch, Prinz Eugen 22, 27. Ders. Absolutismus 136 ff. Deschner/Petrovič, Weltkrieg 70 ff. Duchhardt, Balance 40 f. 240, 264, 395 f. Schilling, Die neue Zeit 161 ff. Burkhardt, Vollendung 146, 151 ff. 156 ff. Kroener zit. bei Burkhardt 155. Dirlmeier/Gestrich u.a., Kleine deutsche Geschichte 210. Vgl. auch Heer, Sieben Kapitel 96 f.

5 Der Kleine Ploetz 75. Der Große Ploetz 588 f. Geiss III 250. HEG I 966 f. Gerhardt, Norwegische Geschichte 123. Bohn, Dänische Geschichte 9. Schröter, Geschichte Skandinaviens 11 ff. 15, 26 f. Tuchtenhagen, Kleine Geschichte Schwedens 16 f.

6 Pierer XII 124 f. Wetzer/Welte VII 645 f. LMA III 2142 f. 12 IV 1868 f. 1929 f. V 1238 f. VI 1257, 1384 f. VIII 342, Geiss II 116, 125, 127, 130, 137, III 328, Der Große Ploetz 589, 592. HEG I 946, 954, 987, f. 968, 987. Gerhardt, Norwegische Geschichte 48 f. 76 ff. 84 ff. 88 ff. 99, 101, 109 ff. 114 ff. 130. HKG III/1, 264 f. Wührer, Die skandinavischen Königreiche 955, 957. Ders., England 944. Bohn, Dänische Geschichte 10 ff. 22. Schröter, Geschichte Skaninaviens 17

7 Pierer IV 701, 703 f. LMA II 1936. III 504, 2130 f. 2154. IV 1868. V 1239 f. VI 97 f. 162 f. VII 1630, 1896 f. Gerhardt, Norwegische Geschichte 83 f. 123 ff. 128, 134 ff. 147, 175 f. Bohn, Dänische Geschichte 22 f. 26, 28. Tuchtenhagen, Kleine Geschichte Schwedens 20

8 Kinder/Hilgemann, dtv-Atlas Weltgeschichte I 162 f. LMA II 214, IV 479 f. 1578 ff. V 1238 f. VIII 1946 ff.

1949 ff. Bohn, Dänische Geschichte 11 f. 20 ff. 23 ff. 29 ff. Schröter, Geschichte Skandinaviens 24 f. Tuchtenhagen, Kleine Geschichte Schwedens 24 f. 30, 58 f.

9 Pierer VIII 22 f. XV 553 f. LMA II 1909 f. V 875 ff. VI 234 f. LThK IX 330. Der Große Ploetz 599. Gerhardt, Norwegische Geschichte 52 ff. 56, 182 ff. bes. 185. Schwaiger, Die Reformation 10 ff. 18 ff. 99. Jutikkala, Geschichte Finnlands 59, 68, 72 f. 178. Zernack, Das Zeitalter der nordischen Kriege 60. A. v. Brandt, Die nordischen Länder 962 ff. 972 f. Bohn, Dänische Geschichte 52. Olesen, Dänemark, Norwegen und Island 27 f. 32 f. 35 f. Schröter, Geschichte Skandinaviens 19, 30, 32 ff. Vogler, Europas Aufbruch 171 f.

10 Pierer IV 708, XV 554. LThK II 1132, IV 1112. Der Große Ploetz 599 ff. Pastor IV/1 , 602 ff. Schwaiger, Die Reformation in den nordischen Ländern 16 ff. 19 ff. 22 ff. 28 ff. 33 ff. 38 ff. 103 ff. A. v. Brandt, Die nordischen Länder 968 ff. 972 ff. 979. Findeisen, Das Ringen 32. Vogler, Europas Aufbruch 173 f. Olesen, Dänemark, Norwegen und Island 36 f. 43. Bohn, Dänische Geschichte 47 f. Buchholz, Schweden mit Finnland 128 f. 137. Schwarz Lausten, Die Reformation in Dänemark 21 ff. 27

11 Pierer IV 708. LMA VIII 188. Pastor IV/1, 368, 602 ff. Schwaiger, Die Reformation in den nordischen Ländern 23 ff. 28 ff. 36 ff. 40, Jutikkala, Geschichte Finnlands 74 f. A. v. Brandt, Die nordischen Länder 974. Findeisen, Das Ringen 25 f. Nyberg, Das religiöse Profil 257 f.

12 LThK IV 1111 f. Der Große Ploetz 1044. HKG IV 315. Schwaiger, Die Reformation in den nordischen Ländern 106 f. Zernack, Das Zeitalter der Nordischen Kriege 59 ff. Findeisen, Das Ringen 26, 31 f. 56 f. A. v. Brandt, Die nordischen Länder 976 ff. 980 f. 987 Anm. 20. Bohn, Dänische Geschichte 40, 46

13 HKG IV 314. Schwaiger, Die Reformation in den nordischen Ländern 106 f. 112 f. 116 f. 121 f. 124 ff. 130, 136, 139 f. Jutikkala, Geschichte Finnlands 80 ff. 83 ff. A. v. Brandt, Die nordischen Länder 977 ff. 987 Anm. 20. Findeisen, Das Ringen 27 ff. 34, 36 ff. 38 ff. 43 ff. 47, 49 f. 54, 60, 109. Buchholz, Schweden mit Finnland 139 ff. 142 ff. 149 ff. 155, 158 f. 181. Tuchtenhagen, Kleine Geschichte Schwedens 46 ff.

14 Pierer VII 789. VIII 23. XV 554 f. LThK IV 1111 f. IX 330 ff. Der Große Ploetz 1044. HKG IV 317. Pastor IV/2 103 f. 517 ff. Schwaiger, Die Reformation in den nordischen Ländern 44 ff. 123 ff. 135 f. Jutikkala, Geschichte Finnlands 83 ff. Zernack, Schweden als europäische Großmacht 333. A. v. Brandt, Die nordischen Länder 978 f. Findeisen, Das Ringen 38 ff. 46 ff. Vogler, Europas Aufbruch 173 ff. Buchholz, Schweden mit Finnland 144 ff. 149 ff. 162. Schwarz Lausten, Die Reformation in Dänemark 30 f. Tuchtenhagen, Kleine Geschichte Schwedens 46 ff. 66 f.

15 Geiss II 226. HKG IV 314 ff. Hergenröther III 132. Gerhardt, Norwegische Geschichte, 201. Jutikkala, Geschichte Finnlands 74 f. Schwaiger, Die Reformation in den

nordischen Ländern 53, 58ff. 61ff. 92ff. Olesen, Dänemark, Norwegen und Island 27f. 34, 36ff. 40ff. 46, 50, 53ff. 61ff. 71ff. 76ff. Grane, Reformationsstudien 188ff. 228. Asche, Zentrum und Peripherie 15f. 19. Schwarz Lausten, Die Reformation in Dänemark 15ff. 21ff., 30ff. 34f. 40ff. 47, 82f. 89f. 92ff. 98ff. 103, 183f.

16 Vgl. die Zwischenüberschrift in IX 376

17 Pierer XV 555f. Der Große Ploetz 1044f. Gerhardt, Norwegische Geschichte 208ff. Jutikkala, Geschichte Finnlands 100ff. 111ff. Pastor IX 693. Schwaiger, Die Reformation in den nordischen Ländern 84. A. v. Brandt, Die nordischen Länder 980ff. 985f. 988ff. Zernack, Schweden als europäische Großmacht 333ff. 337ff. (hier das Zitat von Curt Weibull). Findeisen, Das Ringen 59ff. 67ff. 72ff. 75, 79ff. 86, 91. Nyberg, Das religiöse Profil 291

18 Geiss II 264f. 274. III 549. Der Große Ploetz 1044f. Schnürer, Katholische Kirche und Kultur 358ff. Bihlmeyer, Kirchengeschichte III 67f. 174f. Zernack, Das Zeitalter der Nordischen Kriege 65f. Ders. Schweden als europäische Großmacht 327ff. Ders. Der Große Nordische Krieg 260ff. Ders. Die Expansion des Moskauer Reiches 134ff. Findeisen, Karl XII. 16, 25. Ders. Das Ringen 191ff. 211ff. Schilling, Die neue Zeit 167, 169. Kunisch, Absolutismus 130ff. Tuchtenhagen, Kleine Geschichte Schwedens 57ff. A.v. Brandt, Die nordischen Länder 997ff.

2. Kapitel
Karl XII. von Gottes Gnaden (1697–1718) und der Große Nordische Krieg (1700–1721)

1 Zit. bei Findeisen, Karl XII. 71. Vgl. 60

2 Ebd. 98f.

3 Taddey, Lexikon 208. Findeisen, Karl XII., 5f. 10, 13f. 20, 23, 28ff. 36ff. 40, 246ff. 249ff. Ders. Das Ringen 221, 223. Press, Kriege und Krisen 22. Tuchtenhagen, Kleine Geschichte Schwedens 57ff.

4 Pierer VI 292, XII 87f. XIV 161. XVII 776. Geiss I 217. II 283ff. III 367f. 501. Der Kleine Ploetz 144. Der Große Ploetz 685f. Schick, Kirchengeschichte Rußlands 258. Pastor XIV/2, 1156ff. Winter II 23. Jutikkala, Geschichte Finnlands 135, 172ff. Zernack, Der Große Nordische Krieg 259ff. Findeisen, Karl XII. 5f. 40ff. 44ff. 49ff. 56, 60ff. Ders., Das Ringen 224ff. 228. Gestrich, Vom Westfälischen Frieden 205. Burkhardt, Vollendung 315ff. 320, 328ff. Duchhardt, Balance of Power 240f.

5 Pierer XII 88. XVII 544. Geiss I 217f. II 285, 288. Findeisen, Karl XII. 35, 50, 60ff. 69ff. 76ff. 79ff. 82, 111, 117, 126. Schilling, Die neue Zeit 167. Burkhardt, Vollendung 317

6 Bienemann, Die Katastrophe 75ff. Findeisen, Karl XII. 71f. 79f. 95

7 Geiss III 564f. Kunisch, Prinz Eugen, 25. Findeisen, Karl XII. 19, 23, 35, 48, 50, 54ff. 60, 62f. 69ff. 76ff. 80, 88, 90ff. 94f. 101, 122, 140, 146ff. (hier auch die Zitate von Åberg und Carlson) 150, 166,

196 ff. 207, 218 u. a. Ders., Das Ringen , 212 ff. 231. Deschner, Mörder machen Geschichte 46. Duchhardt, Balance of Power 53 ff. Kroener, «Das Schwungrad» 8

8 Findeisen, Karl XII. 32, 37 f. 50, 58, 72, 90 ff. 123 ff. 147 ff. 150, 154 f. 164 f. 192, 217 f. 227 f. 231. Ders. Das Ringen, 23, 222, 229 ff. 232 ff.

9 Pierer XII 88 ff. dtv-Lexikon 13, 155. Geiss I 218 ff. II 283 ff. III 561, 563 ff. Der Kleine Ploetz 145. Der Große Ploetz 686, 1046. Schick; Kirchengeschichte 258. Winter II 30. Burkhardt, Vollendung 317 ff. 322. Findeisen, Karl XII. 82, 84, 87, 89, 111 ff. 144, 153 ff. 162 ff. 187 ff. 195, 207 ff. 231 ff. Ulbert, Frankreichs Deutschlandpolitik 377 f.

10 Jutikkala, Geschichte Finnlands 187 f.

3. Kapitel
«Lichter als die Sonne ...» Seitenblick auf das orthodoxe Christentum

1 Zit. nach Grey, Ivan 70. Vgl. Anm. 3 dieses Kapitels

2 Der Große Ploetz 608 f. 619 ff. Schick, Kirchengeschichte 101 ff. Federmann, Popen und Bojaren 59 ff. Donnert, Rußland 27 ff. 31 ff. 35. Schilling, Die neue Zeit 174 f. Nolte, Kleine Geschichte Rußlands 26. Grey, Ivan 15 ff.

3 dtv-Lexikon 7, 316. Der Große Ploetz 621 ff. 978. Schick, Kirchengeschichte 101 ff. Grey, Ivan 15 ff. 70. Donnert, Rußland 42. Schmidt, Russische Geschichte 4. Nolte, Kleine Geschichte Rußlands 57 ff. 65 f.

4 Geiss II 204, 208, 210, 234. Der Kleine Ploetz 111, HKG V 206 ff. 213. Schick, Kirchengeschichte 101 ff. 107. Neumann-Hoditz, Peter der Große 9 ff. 14 f. Cawthorne, Das Sexleben der Päpste 171. Grey, Ivan, 12, 15 ff., 24 ff. 29 ff. 32 ff. 68 ff. Donnert, Rußland 37 ff.

5 Grey, Ivan 37 ff. 42 ff. 48 ff. 59 ff. 82

6 Pierer XIV 523. HKG V 208. Schick, Kirchengeschichte 104. Grey, Ivan 61, 64 f. 78, 82 f. 90, 176, 200, 207, 212 ff. 216 ff. 222 ff. 250 f. 257

7 Schick, Kirchengeschichte 179 ff. K. Stählin, Geschichte Rußlands von den Anfängen bis zur Gegenwart I 1923, 259. Zit. bei Schick, Kirchengeschichte 182 f. Grey, Ivan 47, 59 f. 66 f. 72 ff. 77 ff. 84 ff. 92 ff. 119, 129, 182 ff. 249 ff. 299

8 Der Große Ploetz 979. Grey, Ivan 68, 96 f. 105 f. 110 ff. 115 ff. 120 ff. 125 ff. 130 f. 290 ff. 294 ff. Nolte, Kleine Geschichte Rußlands 62 ff. Schmidt, Russische Geschichte 3, 7

9 Pierer XIV 523 f. Geiss II 253, 256 f. III 369 f. Der Große Ploetz 622, 979 f. HKG V 208 ff. Pastor XII 471 f. Schmidt, Russische Geschichte 11 ff. Grey, Ivan 27 ff. 35 f. 38 f. 44 f. 154 f. 164 ff. 176 ff. 230 ff. 261 ff. 266 ff. 270, 303. Löwe, Der Strelitzen-Aufstand von 1682 in Moskau 178 f.

10 Der Große Ploetz 980. Goldberg, Getaufte Juden 163 ff. Czermak, Christen gegen Juden 78 f. Deschner, Opus Diaboli 42 ff. Schmidt, Russische Geschichte 15 ff. bes. 17 f. 20, 22. Krispin, Der Bolotnikov-Aufstand 27 f. 34 ff. 51, 54 ff. 64 ff.

Löwe, Aufstände im Russischen Reich 1 ff. Roller-Aßfalg, Der Moskauer Aufstand von 1648, 70 ff. Vgl. etwa auch Erhardt, Von der Inquisition 131 ff. Streminger, Gottes Güte 250 ff.

11 Pierer IV 64. Geiss IV 440. Der Kleine Ploetz 130, 144, Der Große Ploetz 980, 989. Oswalt, Die inneren Reformen 346 f. Grey, Ivan 106 ff. Löwe, Aufstände im Russischen Reich, in: Volksaufstände in Rußland 1 ff. 7 f. 15 f. 26. Ders. Der Moskauer Kupfergeldaufstand von 1662, 105 ff. 116. Ders. Der Strelitzen-Aufstand von 1682 in Moskau 163 ff. 184 ff. Ders. Der Aufstand der Don-Kosaken unter Kondratij Bulavin, 1707–1708 223 ff. Roller-Aßfalg, Der Moskauer Aufstand von 1648 69 ff. 75 ff. 79, 82. 89 ff. 93 ff. 102 f. Krispin, Der Bolotnikov-Aufstand 29 ff. Schleuning/Tuchtenhagen, Der Kosaken-Aufstand unter Stepan Razin 1667–1671 131 ff. 156. Moutchnik, Der «Strelitzen-Aufstand» von 1698 197 ff.

4. Kapitel
Prinz Eugen, «der edle Ritter», und der Spanische Erbfolgekrieg

1 Swift zit. bei Braubach III 93

2 Egghardt, Prinz Eugen 100, 102

3 Schüßler, Prinz Eugen 47

4 Duchhardt, Europa am Vorabend 70

5 Geiss II 286. Der Kleine Ploetz 148. Landmann, Prinz Eugen 38. HEG 556 f. HKG V 146 f. R. Krebs, in: HEG IV 553. Schüßler, Prinz Eugen 42. Braubach I 49, 78, 101, 303 f. Fuchs/Raab, dtv-Wörterbuch zur Geschichte II 755. Voss, Geschichte Frankreichs, Kunisch, Prinz Eugen 135 f. Press, Kriege und Krisen 451 ff. Schindling, Leopold I. 183. Duchhardt, Altes Reich 24. Egghardt, Prinz Eugen 72 f. Burkhardt, Vollendung und Neuorientierung 261. Vgl. ebenda 155

6 Sautter, Biographisches Lexikon 369. Landmann, Prinz Eugen 78. Schüßler, Prinz Eugen 41, 44. Kerchnawe, Prinz Eugen 7 f. Braubach, Geheimdiplomatie 11. Ders. I 141 f. 396 Anm. 155. III 275. IV 101 ff. 146, 270. V 15, 22, 25, 119 f. 344. Egghardt, Prinz Eugen 62. Deschner, Mörder machen Geschichte, 87

7 Schüßler, Prinz Eugen 41. Braubach I 21 f. 31 ff. 43 ff. 51, 57 ff. 61 f. 68 ff. 71 ff. Egghardt, Prinz Eugen 11, 20, 26, 113

8 Braubach I 71, 73 ff. 81 f. 85 ff. 98. III 85. 397 Anm. 234. Kerchnawe, Prinz Eugen 12. Schindling, Leopold I. 179, 184. Egghardt, Prinz Eugen 8, 11, 20 ff. 27 ff. 32, 34 ff. 38, 117 ff.

9 Geiss II 275. Braubach I 90 f. 96, 106 f. 110, 117, 168, 196 ff. 312 f. 331 f. 351 ff. II 22, 28 ff. 35, 110, 140. III 71. Egghardt, Prinz Eugen 40 f.

10 Braubach I 51 ff. 55 ff. 123, 186, 235. V 108. Egghardt, Prinz Eugen 46, 49

11 Braubach I 338, 349 ff. 352 ff. 358 ff. 363 ff. II 11 f. V 355. Schmidt, Joseph I 189 f.

12 Braubach I 117, 258. Egghardt, Prinz Eugen 45 f.

13 Taddey, Lexikon 1127. Schüßler, Prinz Eugen 55f. 63. Braubach, I 226, 271, 310, 349f. II 188, 233, 260, 379. III 38, 93, 110, 348

14 Geiss II 282. Taddey, Lexikon 744, Sautter, Biographisches Lexikon 275. Landmann, Prinz Eugen 52f. Braubach I 235, 343ff. II 118ff. Burkhardt, Vollendung und Neuorientierung 261f.

15 Landmann, Prinz Eugen 78f. 87. Kerchnawe, Prinz Eugen 13f. Braubach I 109f. 113, 139, 141, 173, 235, V 14ff. 20, 29, 55, 57, 68ff. 121ff. 337, 354, 363 Anm. 7. De Quincey bei Braubach I 346 angeführt. Egghardt, Prinz Eugen 42f. 46, 50, 60, 84, 95, 133. – In diesem Abschnitt bin ich besonders Hanne Egghardt, Prinz Eugen. Der Philosoph in Kriegsrüstung verpflichtet (S. 93ff. 99, 107, 125ff. 131, 136f. 158ff. 164ff.), die sich ihrerseits häufig auf die fünfbändige, äußerst detailreiche Biographie Max Braubachs, Prinz Eugen von Savoyen, stützt, die auch ich immer wieder benutze, hier besonders I 280ff. V 14ff. 17, 21ff. 53, 61ff. 71ff. 78ff. 91ff. 106ff. 122ff. 172f. 351f.

16 Landmann, Prinz Eugen 50, 62, 67, 78. Schüßler, Prinz Eugen 42. Kerchnawe, Prinz Eugen 18ff. bes. 27ff. Braubach I 260, 262ff. 271, 358. II 74ff. 305ff. V 17. Duchhardt, Europa am Vorabend 70. Egghardt, Prinz Eugen 48, 54, 62ff. 66f. 77ff.

17 Pierer XV 916. XVI 435. Braubach II 22f. 127f. IV 142ff. Blickle, Unruhen 40. Egghardt, Prinz Eugen 102f.

18 Landmann, Prinz Eugen 43. Braubach IV 194ff. 210ff. V 220f. 435 Anm. 76. Egghardt, Prinz Eugen 67, 103ff.

19 Braubach, Die Geheimdiplomatie 11ff. 19f. bes. 25ff. 52 Anm. 81 und 82. Vgl. auch Braubach I 334, II 314f. III 81, 123. IV 135f. 240ff. 244, 252ff. V 347ff. 467f. Anm. 45. Duchhardt, Balance 36

5. Kapitel
Der Siebenjährige Krieg

1 J. Burkhardt, Abschied 256

2 Zit. ebd. 300f.

3 Duffy, Friedrich der Große 317f.

4 Ranke, Die Päpste 697

5 LThK V 699. Kelly, Lexikon 301, 303, 307. Schopenhauer, Parerga und Paralipomena II, Kap. XV Über Religion § 174. HEG IV 169, 208f. Ranke, Die Päpste 722ff. 735, 738. Pastor XIV/1 15ff. 305ff. 611ff. XIV/2 1073ff. XV 5f. 25. Kühner, Das Imperium 319. Burkhardt, Abschied 8, 19ff. 50f. 187f. Franzen, Kleine Kirchengeschichte 326. Duchhardt, Europa am Vorabend 181

6 dtv-Lexikon 7, 93; 9, 239; 15, 27. LMA IV 1094f. LThK III 726f. IV 274ff. VIII 431f. HEG IV 208ff. 215. Pastor XIV/1 438. Ranke, Die Päpste 708ff. Franzen, Kleine Kirchengeschichte 325ff. Seppelt, Das Papsttum im Kampf mit Staatsabsolutismus 310ff. 378, 381, 395. Ders. Das Papsttum in der Neueren Zeit 313ff. 318f. 400ff. Kühner, Das Imperium 315, 339. Duchhardt, Europa am Vorabend 143f.

7 Geiss IV 560f. Ranke, Die Päp-

ste 730ff. Pastor XV 9ff. 14f. 17, 20f. 25ff. Seppelt, Das Papsttum im Kampf mit Staatsabsolutismus 382ff. 386. Ders. Das Papsttum in der Neueren Zeit 387ff.

8 Sautter, Biographisches Lexikon 223. Der Kleine Ploetz 137. HEG IV 585ff. Seppelt, Das Papsttum im Kampf mit Staatsabsolutismus 385ff. Pastor XV 27ff. 31ff. 34, 42. Burkhardt, Abschied 23. Schmidt, Joseph I. 195, 197f. Schindling, Leopold I., 171

9 Geiss II 286, 289f. HEG IV 585ff. Ranke, Die Päpste 732. Pastor, XV 29, 32, 34ff. 37ff. 40ff. Seppelt, Das Papsttum im Kampf mit dem Staatsabsolutismus 386f. Ders. Das Papsttum in der Neueren Zeit 392ff. Schmidt, Joseph I. 198

10 dtv-Lexikon 12, 289. Burkhardt, Abschied 1ff. 113ff. 123, 127ff. 130ff. 204f.

11 Burkhardt, Abschied 2f. 5f. 12ff. 19ff. 24f.

12 HEG IV 450, 456. Der Kleine Ploetz 140f. Duffy, Friedrich 21, 246f. Burkhardt, Abschied 25ff. 42f. 153. Messerschmidt, Nachwirkungen Friedrichs II. 283ff.

13 Pastor XVI/1 422f. Burkhardt, Abschied 32ff. 42ff. 49f. 100ff. 111. Kroener, Die materiellen Grundlagen 76

14 Ranke, Die Päpste 612ff. Burkhardt, Abschied 42f. 106ff. 156

15 Der Kleine Ploetz 140. Burkhardt, Abschied 42ff. 46ff. 53, 108f. 161f. 206, 211. Pommerin, Bündnispolitik 113ff. bes. 127, 135f. 149f. 163f. Pommerin/Schilling, Denkschrift des Grafen Kaunitz 165ff. 205, 208, 228

16 Pastor XVI/1 424f. 479. Burkhardt, Abschied 51ff. 61f. 107ff. 113ff. 118

17 Duffy, Friedrich der Große 83, 210

18 Duffy, ebd. 211f.

19 Geiss III 575, 579, 581. Sautter, Biographisches Lexikon 431. Duffy, Friedrich der Große 244, 285, 310ff.

20 Duffy, Friedrich der Große 55, 286f. Kroener, Militärischer Professionalismus 104

21 Pierer XV 925f. Geiss III 580. Sautter, Biographisches Lexikon 193, 238. Der Kleine Ploetz 141. Duffy, Friedrich der Große 283, 286ff. 291f. 297ff. Bleckwenn, Montierung und Ausrüstung 292

22 Duffy, Friedrich der Große 96. Berenhorst, Betrachtungen über die Kriegskunst, über ihre Fortschritte, ihre Widersprüche und ihre Zuverlässigkeit, zit. nach M. Messerschmidt, Nachwirkungen Friedrichs II. in Preußen-Deutschland 270. Clausewitz, Machiavel, Arndt ebenfalls zit. nach Messerschmidt 270f. 273. Vgl. zu Berenhorst auch Kunisch, Der kleine Krieg 42

23 Kunisch, Der kleine Krieg 50ff. bes. 55f. 58, 62. Duffy, Friedrich der Große 19, 27, 29ff. 56f. 62, 88, 208

24 Duffy, Friedrich der Große 88ff. 91, 93ff. Kroener, Die materiellen Grundlagen 52, 56

25 M. Schlenke, England und das friderizianische Preußen 1740–1763, 1963, S. 222. Zit. nach Burkhardt, Abschied 51f. Vgl. auch ebd. 115f.

26 Pastor XVI/1 425. Duffy, Friedrich der Große 262f. 266. Burkhardt, Abschied 110ff. Zitat S. 113. 136ff. 140ff. 146ff.

27 Burkhardt, Abschied 117ff. 123ff. 133ff. 148, 210, 212ff.
28 Ebd. 205ff.
29 Pastor XVI/1 451ff. 463, 469, 478f.
30 Burkhardt, Abschied 147f. 256 f

6. Kapitel
Der Niedergang des Papsttums

1 Gontard, Die Päpste 425
2 Gelmi, Das Papsttum im Zeitalter der Aufklärung 231
3 LThK V 522, Kelly, Reclams Lexikon der Päpste 299. Kühner, Lexikon 233f. Pastor XIV/1 28ff. Natan, Graue Eminenzen 55ff. Gelmi, Das Papsttum der katholischen Reform 171. de Rosa, Gottes erste Diener 520
4 LMA VI 1093f. LThK I 370f. VII 738f. Kelly, Reclams Lexikon 301. Pastor XIV/1 313ff. 317ff. 322f. Gelmi, Das Papsttum im Zeitalter der Aufklärung 235f.
5 Pierer VI 760. XI 37f. XIV 69f. Wetzer/Welte VI 953ff. IX 229ff. LThK VII 16. VIII 1134. Kelly, Reclams Lexikon der Päpste 301. Geiss I 210. Pastor, XIV/1 359ff. 368
6 Pastor XIV/1 365ff. 369ff. 375ff. 381. XIV/2 841ff. 912, 919. Gontard, Die Päpste 430. Gelmi, Das Papsttum im Zeitalter der Aufklärung 232
7 LThK V 523f. Kühner, Lexikon der Päpste 242ff. Kelly, Reclams Lexikon 304f. HKG V 133f. 139f. Pastor XIV/2 695ff. 704, 803, 807, 813, 890ff. Vgl. auch 780ff.
8 Pastor XIV/2 695ff. 757, 801f.
9 LThK VIII 960f. Kelly, Reclams Lexikon 177, 185, 198, 304ff. HKG V 134f. Seppelt, Das Papsttum in der Neueren Zeit 356ff. Pastor XIV/2 843ff. 877f. Gelmi, Das Papsttum im Zeitalter der Aufklärung 233f.
10 HKG V 136f. Pastor XIV/2 Kap. IV u. V passim u.a. 845, 847, 850ff. 861f. 877ff. 890ff. 897, 931, 947ff.
11 Kühner, Lexikon der Päpste 248. Kelly, Reclams Lexikon der Päpste 306f. LThK VII 381f. HKG V 143f. HEG IV 127. Seppelt, Das Papsttum in der Neueren Zeit 374f. 377f. Pastor XIV/2 985ff. 1050ff. 1054ff. 1057f.
12 Kühner, Lexikon der Päpste 248. Kelly, Reclams Lexikon der Päpste 307ff. Seppelt, Das Papsttum in der Neueren Zeit 379f. Pastor XIV/2 1073ff.
13 Kühner, Lexikon der Päpste 249ff. Kelly, Reclams Lexikon der Päpste 309ff. Geiss II 284, 287. HKG V 146ff. Seppelt, Das Papsttum in der Neueren Zeit 379, 388f. 395f.
14 Pierer I 265. Kühner, Lexikon der Päpste 252. Kelly, Reclams Lexikon der Päpste 309. HKG V 149f. Seppelt, Das Papsttum in der Neueren Zeit 397f. Pastor XV 88f. 98ff. 105ff.
15 Pierer V 370. Kühner, Lexikon der Päpste 253ff. Kelly, Reclams Lexikon der Päpste 310ff. HEG IV 226. Seppelt, Das Papsttum in der Neueren Zeit 409, 421, 424f. Pastor XIV/2, 681. XV 220, 405, 409, 411, 443, 478ff. 484ff. 607f. 616f. 636ff.
16 Kühner, Lexikon der Päpste 255ff. Kelly, Reclams Lexikon der Päpste 313f. Ranke, Die Päpste 719. Seppelt, Das Papsttum in der Neueren

Zeit 429 ff. Gontard, Die Päpste 436. Pastor XV 613, 623 ff. 629 ff. Köhler, Das Papsttum im Urteil 175

17 Kühner, Lexikon der Päpste 258, 261 ff. Kelly, Reclams Lexikon der Päpste 314 ff. Seppelt, Das Papsttum in der Neueren Zeit 435 ff. 444, 449 ff. Pastor XVI/1 31 f. 35 ff. 41 ff. 62 f. 66 ff. 72 ff. 78 ff. 90 ff.

7. Kapitel
Die Jesuitenverfolgung, interner Machtkampf

1 Pastor XVI/1 921. Vgl. ebd. 602

2 Ebd. 218 ff. 269, 319. Seppelt, Das Papsttum in der Neueren Zeit 461

3 LThK V794. Riffel, Die Aufhebung 75 ff. 90 ff. 95 f. Seppelt, Das Papsttum in der Neueren Zeit 462 f. 465 f. Pastor XVI/1 275, 292 f. 339 ff. 342 ff. 345, 349, 594 ff. Vgl. auch 922. Durant, Rousseau 306 ff. 309 ff. 317 f. Bernecker/Pietschmann, Geschichte Portugals 67. Wright, Die Jesuiten 181. Elm, Die Moderne und der Kirchenstaat 32 f. Kiechle, Die Jesuiten 25

4 Riffel, Die Aufhebung 47 f. 152 ff. 155, 166. Knaake VI f. Pastor XVI/1,604 f. 609 f. 630, 642 f. 657 ff. 663 f. 673 ff. 689 ff 921 f. Hartmann, Die Jesuiten 87 ff.

5 Geiss II 293. Pastor XVI/1 697 ff. Leonhard s. ebd. 701. Pastor XVI/1 747. Durant, Rousseau 321 ff. 330 f. Bernecker/Pietschmann, Geschichte Spaniens 217

6 Pierer XVII 236 f. Geiss II 293. Pastor XVI/1 701 ff. 706 f. 718 ff. 723, 730 ff. 745, 854, Demel, Europäische Geschichte 196

7 Theol. Realenzyklop. 1987 Bd. XVI 665. Pastor XVI/1, 730 ff. 740 ff. 744 f. 752 ff. 756 f. 767, 773 ff. 777, 864, 881, 883 ff. Seppelt, Das Papsttum in der Neueren Zeit 472. Bernecker/Pietschmann, Geschichte Spaniens 209 ff. Kiechle, Die Jesuiten 36 ff. auch zu folg. Anm.

8 Wetzer/Welte V 545 ff. 571. Biographisch-Bibliographisches Kirchenlexikon, F. W. Bautz, Bd. I (1990) Sp. 1062 f. Knaake, Das Breve XII ff. Pastor XVI/2, 19 f. 100 ff. bes. 115. Vgl. auch 123, 176. Winter, Der Josefinismus 91

9 Knaake, Das Breve 1 ff. 11 ff.

8. Kapitel
Der Josephinismus – «Revolution von oben»?

1 Karl Vocelka, Glanz und Untergang der höfischen Welt, Wien 2001, S. 39. Zit. nach Barbara Gant, «National-Erziehung» 100

2 Pranzl, Das Verhältnis von Staat und Kirche/Religion 50

3 Näf, Die Epochen der neueren Geschichte 479

4 Cod. Iustin. 1,3,1/42 pr. Der Kleine Pauly III 20. Zippelius, Staat und Kirche 20 ff., 25

5 LMA V 1014. Zippelius, Staat und Kirche 28 ff. 33 ff. 36 ff. 55 ff. 62 ff. Vgl. auch Deschner IV 446 f. 497 ff. 503 f.

6 Pierer XII 442. XIV 434. LThK VIII 1345 f. Zippelius, Staat und Kirche 62 ff. 69, 93 ff. 98 f.

7 Sautter, Biographisches Lexikon 232, 286. HKG V 515 ff. Dillmann, Maria Theresia 7 ff. 31, 37, 39, 47,

58, 71 ff. 91, 101 ff. 135, 145 ff. Neuhaus, Zeitalter des Absolutismus 169 ff. 205, 339 ff. Schieder, Friedrich der Große 148 f. Gestrich, Vom Westfälischen Frieden 244. Winter, Der Josefinismus 22 f. Klueting, Der Josephinismus 9. Vgl. auch die folg. Anm.

8 Schöppner/König 330 f. Winter, Der Josefinismus 23, 42 ff. 86. Dillmann, Maria Theresia 10, 46 f. 56 ff. 101 f. 119, 131 f. 138. Schieder, Friedrich der Große 148. Fenske, Deutsche Geschichte 66 f.

9 HKG V 317. Winter, Der Josefinismus 98. Fenske, Deutsche Geschichte 66. Gestrich, Vom Barock zur Aufklärung 454

10 HKG V 360 ff. Klueting, Der Josephinismus. Ausgewählte Quellen 4 f. Dillmann, Maria Theresia 80. Stollberg-Rilinger, Europa im Jahrhundert der Aufklärung 194 f. Gant, «National-Erziehung» 99 f.

11 Wetzer/Welte V 795 ff. Winter, Der Josefinismus 101 f. 176 ff. 189 f. Baumgart, Joseph II. und Maria Theresia 254, 258 f. 261, 266 f. Gestrich, Vom Westfälischen Frieden bis zum Wiener Kongreß 244 f. Reinalter, Die Sozialreformen Josephs II. 168 f.

12 Pierer II 402. Wetzer/Welte V 794. Sautter, Biographisches Lexikon 223 f. Winter, Der Josefinismus 100 f. Neuhaus, Zeitalter des Absolutismus 213 ff. 216, 219 ff. Baumgart, Joseph II. und Maria Theresia 250 ff. 263. Reinalter, Die Sozialreformen 164 f.

13 Winter, Der Josefinismus 143, 166 ff. Vgl. auch 182. Baumgart, Joseph II. und Maria Theresia 268 f. Gestrich, Vom Barock zur Aufklärung, 455. Kunisch, Absolutismus 34 f. Neuhaus, Zeitalter des Absolutismus 425 ff. Klueting, Der Josephinismus 167, 252. Stollberg-Rilinger, Europa im Jahrhundert der Aufklärung 95 ff. Beales, Joseph II. 35

14 Winter, Der Josefinismus 143, 166 ff. Karniel, Die Toleranzpolitik Kaiser Josephs II. 310. Neuhaus, Zeitalter des Absolutismus 426. Baumgart, Joseph II. und Maria Theresia 264, 267, 269, 272 f. Gestrich, Vom Barock zur Aufklärung 455. Kunisch, Absolutismus 34 f. Fenske, Deutsche Geschichte 67. Klueting, Der Josephinismus 241 f. 251

15 Wetzer/Welte V 800. HKG V 518 f. Winter, Der Josefinismus 114 ff. 119 ff. Baumgart, Joseph II. und Maria Theresia 268 f. Demel, Europäische Geschichte 197. Klueting, Der Josephinismus 11, 147 ff. Vgl. auch 203

16 HKG V 517, Anm. 17, 521. Schöppner/König, Charakterbilder 382. Winter, Der Josefinismus 103, 107. Gontard, Die Päpste. 448. Bernhart, Der Vatikan 183. Neuhaus, Zeitalter des Absolutismus 214. van Dülmen, Die Entdeckung das Individuums 58 f. Stollberg-Rilinger, Europa im Jahrhundert der Aufklärung 94 ff. Reinalter, Einleitung 11 ff. Pranzl, Das Verhältnis von Staat und Kirche, in: Reinalter (Hg.) Josephinismus S. 18

17 Winter, Der Josefinismus 183 ff. Knoll, Kunst und Kultur 296

18 Winter, Der Josefinismus 123 ff. 134 ff. 141, 150 ff. Demel, Europäische Geschichte 197

19 HKG V 517. Winter, Der Josefinismus 113, 151 f. Klueting, Der Josephinismus, Einleitung 14 f.

9. Kapitel
Armut als Massenphänomen im absolutistischen Zeitalter

1 Justi zit. nach Bruckmüller, Sozialgeschichte Österreichs 180
2 Zit. nach Bruckmüller, ebd. 230
3 Abel, Massenarmut 321
4 Ebd., Vorwort
5 Wittmann, Der lesende Landmann 6 ff. Lehmann, Quellen zur Lage 193 f. Proske, Handbuch 16 ff. Deschner, Oben ohne 9 ff. bes. 12 f. 198 f.
6 Eichler, Zucht und Arbeitshäuser 129. Hier zitiert: Jürgen Kuszynski, Die Geschichte der Lage der Arbeiter unter dem Kapitalismus, Bd. 19: Studien zur Geschichte des arbeitenden Kindes in Deutschland von 1700 bis zur Gegenwart, Berlin 1968, 31 f. Tennstedt, Sozialgeschichte der Sozialpolitik 56 f. Bruckmüller, Sozialgeschichte 179 f. 230. Deschner, Opus Diaboli 63 f. Endres, Das Armenproblem 1013 f. Vgl. Langer, Die Hungerjahre, 364
7 Wittmann, Der lesende Landmann 14
8 Lehmann, Quellen zur Lage 136. Tennstedt, Sozialgeschichte der Sozialpolitik 49 ff. Bleiber zit. ebd. Zu G. Büchner: Mahling, Das religiöse und das antireligiöse Moment 193. Deschner, Opus Diaboli 62
9 Bentzien, Bauernarbeit 205 f. Lehmann, Quellen zur Lage 188 f.
10 Endres, Das Armenproblem 1007. Bruckmüller, Sozialgeschichte 230
11 Menzel III 217 f. Vehse, Geschichte der kleinen deutschen Höfe I 162 f. Schwaiger, Die altbayerischen Bistümer 129. F. Lütge, Deutsche Sozial- und Wirtschaftsgeschichte 1952, 274, zit. nach Endres, Das Armenproblem 1007. Kunisch, Absolutismus 64. Vgl. auch Deschner, Dornröschenträume und Stallgeruch, 158. Zur heutigen «Besoldung der Bischöfe und der hohen Geistlichkeit» in Deutschland s. Frerk, Violettbuch 75 ff.
12 Stein, Vom römischen zum byzantinischen Staate 196. Endres, Das Armenproblem 1007. Braudel, Sozialgeschichte 70 ff. Blickle, Unruhen in der ständischen Gesellschaft 91. Abel, Massenarmut 152, 185, 212, 254 ff. Langer, Die Hungerjahre 360, 362, 365 f.
13 Eichler, Zucht- und Arbeitshäuser 131. Endres, Das Armenproblem 1004, 1015 ff. Geremek, Geschichte der Armut 245 ff. 255 ff. 261 ff. 269 f. Abel, Massenarmut 187, Braudel, Sozialgeschichte 71 f. Ulrich von Hutten zitiert nach Ritter, Die Neugestaltung 59.
14 Deschner, Opus Diaboli 72, 122. – Zur Begründung meiner oft kritisierten Geschichts-Perspektive siehe die Einleitung zur «Kriminalgeschichte des Christentums» (I S. 11–70): «Über den Themenkreis, die Methode, das Objektivitätsproblem und die Problematik aller Geschichtsschreibung».

BENUTZTE SEKUNDÄRLITERATUR

Abel, W., Massenarmut und Hungerkrisen im vorindustriellen Europa. Versuch einer Synopsis, 1974

Asche, M., Zentrum und Peripherie in der Geschichte Nordeuropas im Zeitalter der Reformation und Konfessionalisierung. Versuch eines Problemaufrisses, in: Asche, M./Schindling (Hg.), Dänemark, Norwegen und Schweden im Zeitalter der Reformation und Konfessionalisierung, 2003

Asche, M./Schindling, A. (Hg.), Dänemark, Norwegen und Schweden im Zeitalter der Reformation und Konfessionalisierung, Nordische Königreiche und Konfession 1500 bis 1660, 2003

Baumgart, P., Joseph II. und Maria Theresia (1765–1790), in: Schindling, A./Ziegler, W. (Hg.), Die Kaiser der Neuzeit 1519–1918, Heiliges Römisches Reich, Österreich, Deutschland, 1990

Beales, D., Joseph II. und der Josephinismus in: Reinalter, H./Klueting, H. (Hg.). Der aufgeklärte Absolutismus im europäischen Vergleich, 2002

Becker, W./Christ, G./Gestrich, A./Kolmer, L., Die Kirchen in der deutschen Geschichte. Von der Christianisierung der Germanen bis zur Gegenwart, 1996

Bentzien, U., Bauernarbeit im Feudalismus. Landwirtschaftliche Arbeitsgeräte und -verfahren in Deutschland von der Mitte des ersten Jahrtausends u.Z. bis um 1800, 2. verbesserte Aufl. 1900

Bernecker, W. L./Pietschmann, H., Geschichte Portugals bis zur Gegenwart, 2001

Bernecker, W. L./Pietschmann, H., Geschichte Spaniens. Von der frühen Neuzeit bis zur Gegenwart, 4. überarbeitete und aktualisierte Aufl. 2005

Bernhart, J., Der Vatikan als Weltmacht. Geschichte und Gestalt des Papsttums, 19.–23. Tausend, 1951

Bienemann, F., Die Katastrophe der Stadt Dorpat während des Nordischen Krieges. Nebst zeitgenössischen Aufzeichnungen, 1902

Bihlmeyer, K., Kirchengeschichte, Dritter Teil: Die Neuzeit und die neueste Zeit, 15. Aufl. 1956

Bihlmeyer, K., Kirchengeschichte auf Grund des Lehrbuches von F. X. von Funk, Dritter Teil. Die Neuzeit und die neueste Zeit, 10. Aufl. 1938

Bleckwenn, H., Die Montierung und Ausrüstung der Preußischen Armee in der Mitte des 18. Jahrhunderts, in: Kroener, B. R. (Hg.), Europa im Zeitalter Friedrichs des Großen. Wirtschaft, Gesellschaft, Kriege, 1989

Blickle, P., Unruhen in der ständischen Gesellschaft 1300–1800, 1988

Bohn, R., Dänische Geschichte 2001

Brandt, A. v., Die nordischen Länder von der Mitte des 11. Jahrhunderts bis 1448, in: HEG II 1987

Brandt, A. v., Die nordischen Länder von 1448 bis 1654, in: HEG III 4. Aufl. 1994

Braubach, M., Die Geheimdiplomatie

des Prinzen Eugen von Savoyen, 1962
Braubach, M., Prinz Eugen von Savoyen. Eine Biographie. I Aufstieg 1963. II Der Feldherr 1964. III Zum Gipfel der Ruhmes 1964. Der Staatsmann 1965. V Mensch und Schicksal 1965
Braudel, F., Sozialgeschichte des 15.–18. Jahrhunderts, 1985
Bremer, K., Religionsstreitigkeiten. Volkssprachliche Kontroversen zwischen altgläubigen und evangelischen Theologen im 16. Jahrhundert, 2005
Brendle, F./Schindling, A. (Hg.), Geistliche im Krieg, 2009
Bruckmüller, E., Sozialgeschichte Österreichs, 2. A. 2001
Buchholz, W., Schweden mit Finnland, in: Asche M./Schindling A. (Hg.), Dänemark, Norwegen und Schweden im Zeitalter der Reformation und Konfessionalisierung, 2003
Burkhardt, J., Abschied vom Religionskrieg. Der Siebenjährige Krieg und die päpstliche Diplomatie, 1935
Burkhardt, J., Vollendung und Neuorientierung des frühmodernen Reiches 1648–1763, 2006
Cawthorne, N., Das Sexleben der Päpste, die Skandalchronik des Vatikans, 1999
Czermak, G., Christen gegen Juden. Geschichte einer Verfolgung, 1989
Damgaard, P., Kriegsdeutungen der dänischen Geistlichkeit 1611–1660. Ein Überblick, in: Brendle/Schindling (Hg.), Geistliche im Krieg, 2009
Demel, W., Europäische Geschichte des 18. Jahrhunderts. Ständische Gesellschaft und europäisches Mächtesystem im beschleunigten Wandel (1689/1700–1800), 2000
Deschner, K., Dornröschenträume und Stallgeruch. Über Franken, die Landschaft meines Lebens, 1989
Deschner, K., Opus Diaboli. Fünfzehn unversöhnliche Essays über die Arbeit im Weinberg des Herrn, 1987
Deschner, K., Die Politik der Päpste im 20. Jahrhundert, Erweiterte, aktualisierte Neuausgabe von Ein Jahrhundert Heilsgeschichte I und II, 1991
Deschner, K., Oben ohne. Für einen götterlosen Himmel und eine priesterfreie Welt. Zweiundzwanzig Attacken, Repliken und andere starke Stücke, 1999
Deschner, K., Mörder machen Geschichte. Aphorismen, 2003
Deschner, K./Petrovič, M., Weltkrieg der Religionen. Der ewige Kreuzzug auf dem Balkan, 1995
Dillmann, E., Maria Theresia, 2000
Dirlmeier, U., Gestrich, A. u.a., Kleine deutsche Geschichte. Durchgesehene und erweiterte Ausgabe, 2001
Doering-Manteuffel, S., «Da sehet Ihr/welchen der HERR erwählet hat!» Religionspolitik im Spiegel von Dank- und Trauerpredigten über das Haus Habsburg, in: Doering-Manteuffel, A./Nowak, K. (Hg.), Religionspolitik in Deutschland. Von der Frühen Neuzeit bis zur Gegenwart. Martin Greschat zum 65. Geburtstag, 1999
Donnert, E., Rußland (860–1917), Von den Anfängen bis zum Ende der Zarenzeit, 1998
dtv-Lexikon. Ein Konversationslexikon in 20 Bänden, 1968
Duchhardt, H., Altes Reich und euro-

päische Staatenwelt 1648–1806, 1990
Duchhardt, H., Balance of Power und Pentarchie. Internationale Beziehungen 1700–1785, 1997
Duchhardt, H., Europa am Vorabend der Moderne 1650–1800, 2003
Duchhardt, H., Barock und Aufklärung, 4. neu bearbeitete und erweiterte Auflage des Bandes «Das Zeitalter des Absolutismus», 2007
Duffy, Chr., Friedrich der Große und seine Armee, 1978
Dülmen, A. van, Deutsche Geschichte in Daten. Band 1. Von den Anfängen bis 1770, 1979
Dülmen, R. van, Die Entdeckung des Individuums 1500–1800, 1997
Durant, Will und Ariel, Rousseau und die Revolution. Eine Kulturgeschichte Frankreichs, Deutschlands und Englands von 1756 bis 1789 und des übrigen Europa von 1715 bis 1789, 1967
Egghardt, H., Prinz Eugen. Der Philosoph in Kriegsrüstung. Facetten einer außergewöhnlichen Persönlichkeit, 2007
Eichler, H., Zucht- und Arbeitshäuser in den mittleren und östlichen Provinzen Brandenburg-Preußens. Ihr Anteil an der Vorbereitung des Kapitalismus. Eine Untersuchung für die Zeit vom Ende des 17. bis zum Ausgang des 18. Jahrhunderts, in: Jahrbuch für Wirtschaftsgeschichte 1970/1
Elm, V., Die Moderne und der Kirchenstaat. Aufklärung und römisch-katholische Staatlichkeit im Urteil der Geschichtsschreibung vom 18. Jahrhundert bis zur Postmoderne, 2001
Endres, R. Das Armenproblem im Zeitalter des Absolutismus, in: Jahrbuch für fränkische Landesforschung 34/35, Festschrift für Gerhard Pfeiffer, 1975
Erhardt, W. J., Von der Inquisition ins Abseits. Eine Apokalypse der römischen Kirche, 1992
Federmann, R., Popen und Bojaren. Herbersteins Mission im Kreml, 1963
Fenske, H., Deutsche Geschichte. Vom Ausgang des Mittelalters bis heute, 2002
Findeisen, J.-P., Karl XII. von Schweden. Ein König, der zum Mythos wurde, 1992
Findeisen, J.-P., Das Ringen um die Ostseeherrschaft. Schwedens Könige der Großmachtzeit, 1992
Franzen, A., Kleine Kirchengeschichte, 1965
Frerk, C., Violettbuch Kirchenfinanzen. Wie der Staat die Kirchen finanziert, 2010
Fuchs, K./Raab, H., dtv-Wörterbuch zur Geschichte, 2 Bde., 1972
Gant, B., «National-Erziehung»: Überwachung als Prinzip, in: Reinalter, H. (Hg.), Josephinismus als Aufgeklärter Absolutismus, 2008
Garve, Chr., Über Den Charakter Der Bauern Und Ihr Verhältnis Gegen Die Gutsherrn Und Gegen Die Regierung (1786)
Geiss, I., unter Mitarbeit von G. Intemann und M. Sommer, Geschichte griffbereit, 6 Bde., 2002
Gelmi, J., Das Papsttum im Zeitalter der Aufklärung, in: Moser, B. (Hg.), Das Papsttum, Epochen und Gestalten, 1983
Gelmi, J., Das Papsttum der katho-

lischen Reform und Gegenreformation, in: Moser, B. (Hg.), Das Papsttum. Epochen und Gestalten, 1983
Geremek, B., Geschichte der Armut. Elend und Barmherzigkeit in Europa, 1991
Gerhardt, M., Norwegische Geschichte, 1942
Gestrich, A., Vom Barock zur Aufklärung, in: Becker u. a., Die Kirchen in der deutschen Geschichte, 1996
Gestrich, A., Vom Westfälischen Frieden bis zum Wiener Kongreß (1648–1814), in: Dirlmeier, Gestrich u. a., Kleindeutsche Geschichte, 2001
Goldberg, J., Getaufte Juden in Polen-Litauen vom 16. bis zum 18. Jahrhundert. Versuch einer sozialen Integration, in: Martin/Schulin (Hg.), Die Juden als Minderheit in der Geschichte, 1981
Gontard, F., Die Päpste. Regenten zwischen Himmel und Hölle, 1959
Grane, L., Reformationsstudien. Beiträge zu Luther und zur dänischen Reformation, hg. von R. Decot, 1999
Grey, I., Ivan der Schreckliche, 2002
Handbuch der europäischen Geschichte (HEG) Bd. I. Europa im Wandel von der Antike zum Mittelalter, hg. von Th. Schiffer, 3. A. 1992
Handbuch der europäischen Geschichte (HEG) Bd. III. Die Entstehung des neuzeitlichen Europa, hg. von J. Engel, 4. A. 1994
Hartmann, P. C., Die Jesuiten 2001
Heer, F., Sieben Kapitel aus der Geschichte des Schreckens, o. J.
Heine, H., Geschichte Spaniens in der frühen Neuzeit 1400–1800-,1984
Heitz, G./Vogler, G., Bauernbewegungen in Europa vom 16. bis zum 18. Jahrhundert, in: Zeitschrift für Geschichtswissenschaft 1980 Heft 5
Hergenröther, J., Handbuch der allgemeinen Kirchengeschichte, dritter Band, dritte verbesserte Auflage, 1886
Jedin, H. (Hg.), Handbuch der Kirchengeschichte (HKG), Sonderausgabe 1970/1985
Jutikkala, E., in Verbindung mit Pirinen, K., Geschichte Finnlands 1964
Karniel, J., Die Toleranzpolitik Kaiser Josephs II., 1986
Kelly, J. N. D., Reclams Lexikon der Päpste, 1988
Kerchnawe, H., Prinz Eugen von Savoyen. Eine militärbiographische Studie, 1944
Kiechle, St., Die Jesuiten. Wissen, was stimmt, 2009
Kinder, H./Hilgemann, W., dtv-Atlas Weltgeschichte, 2 Bde. 33. A. 1999
Klingenstein, G., Der Aufstieg des Hauses Kaunitz. Studien zur Herkunft und Bildung des Staatskanzlers Wenzel Anton, 1975
Klueting, H. (Hg.), Der Josephinismus. Ausgewählte Quellen zur Geschichte der theresianisch-josephinischen Reformen, 1995
Knaake, D. J. K. F. (Hg.), Das Breve Papst Clemens XIV betreffend Die Aufhebung des Jesuitenordens. Nach dem lateinischen Urdruck und in deutscher Übersetzung herausgegeben und mit einer Einleitung versehen, 1903
Knoll, R., Kunst und Kultur im Josephinismus, in: Reinalter (Hg.), Josephinismus als Aufgeklärter Absolutismus, 2008
Köhler, O., Das Papsttum im Urteil der modernen Gesellschaft, in: B. Moser

(Hg.), Das Papsttum. Epochen und Gestalten, 1983
Krispin, M., Der Bolotnikov-Aufstand 1606–1607, in: H.-D. Löwe (Hg.), Volksaufstände in Rußland, 2006
Kroener, B. R. (Hg.), Europa im Zeitalter Friedrichs des Großen. Wirtschaft, Gesellschaft, Kriege. Im Auftrag des Militärgeschichtlichen Forschungsamtes 1989
Kroener, B. R., Militärischer Professionalismus und soziale Karriere. Der französische Adel in den europäischen Kriegen 1740–1763, in: ders. (Hg.), Europa im Zeitalter Friedrichs des Großen. Wirtschaft, Gesellschaft, Kriege, 1989
Kroener, B. R., Die materiellen Grundlagen österreichischer und preußischer Kriegsanstrengungen 1756–1763, in: ders. (Hg.), Europa im Zeitalter Friedrichs des Großen, 1989
Kroener, B. R., «Das Schwungrad an der Staatsmaschine»? Die Bedeutung der bewaffneten Macht in der europäischen Geschichte der Frühen Neuzeit, in: Kroener/Pröve (Hg.), Krieg und Frieden, 1996
Kroener, B. R./Pröve, R. (Hg.), Krieg und Frieden. Militär und Gesellschaft in der Frühen Neuzeit, 1996
Kühner, H., Das Imperium der Päpste. Kirchengeschichte – Weltgeschichte – Zeitgeschichte. Von Petrus bis heute, 1977
Kunisch, J., Der kleine Krieg, Studien zum Heerwesen des Absolutismus, 1973
Kunisch, J. (Hg.), Prinz Eugen von Savoyen und seine Zeit. Eine Ploetz-Biographie, 1986
Kunisch, J., Absolutismus. Europäische Geschichte vom Westfälischen Frieden bis zur Krise des Anciene Régime, 2. A. 1999
Landmann, K. von, Prinz Eugen, 1905
Langer, C., Die Hungerjahre 1771 und 1772 nach zeitgenössischen Quellen, in: Sächsische Heimatblätter 9/1963
Lehmann, H., Das Zeitalter des Absolutismus. Gottesgnadentum in Kriegsnot, 1980
Lehmann, R., Quellen zur Lage der Privatbauern in der Niederlausitz im Zeitalter des Absolutismus, 1957
Lexikon des Mittelalters (LMA), 9 Bde., München, Zürich 1980/1998
Lexikon für Theologie und Kirche (LThK), 1. Aufl. 1930ff. 3. völlig neu bearb. Aufl. 1993–2001
Löwe, H.-D. (Hg.), Volksaufstände in Rußland. Von der Zeit der Wirren bis zur «Grünen Revolution» gegen die Sowjetherrschaft, 2006
Löwe, H.-D., Aufstände im Russischen Reich von Alt-Moskau bis zum Beginn Sowjetrußlands: Aspekte einer vergleichenden Interpretation, in: Löwe, H.-D. (Hg.), Volksaufstände in Rußland, 2006
Löwe, H.-D., Der Moskauer Kupfergeldaufstand von 1662, in: Löwe, H.-D. (Hg.), Volksaufstände in Rußland, 2006
Löwe, H.-D., Der Strelitzen-Aufstand von 1682 in Moskau, in: Löwe, H.-D. (Hg.), Volksaufstände in Rußland, 2006
Löwe, H.-D., Der Aufstand der Don-Kosaken unter Kondratij Bulavin, 1707–1708, in: Löwe, H.-D. (Hg.), Volksaufstände in Rußland, 2006
Mahling, F., Das religiöse und das antireligiöse Moment in der ersten deut-

schen Arbeiterbewegung, in: Festgabe für A. v. Harnack, 1921
Marcks, E./Müller, K.A. von (Hg.), Meister der Politik. Eine weltgeschichtliche Reihe von Bildnissen, Zweiter Band 1922
Martin, B./Schulin E. (Hg.), Die Juden als Minderheit in der Geschichte, 1981
Matz, K.-J., Die 1000 wichtigsten Daten der Weltgeschichte, 2. A. 2002
Maurer, M., Kirche, Staat und Gesellschaft im 17. und 18. Jahrhundert, 1999
Menzel W., Geschichte der Deutschen. 3 Bde., 1872
Messerschmidt, M., Nachwirkungen Friedrichs II. in Preußen-Deutschland, in: Kroener, B.R. (Hg.), Europa im Zeitalter Friedrichs des Großen. Wirtschaft, Gesellschaft, Kriege, 1989
Moser, B. (Hg.), Das Papsttum. Epochen und Gestalten, 1983
Mouschnik, A., Der «Strelitzen-Aufstand» von 1698, in: Löwe, H.-D. (Hg.), Volksaufstände in Rußland, 2006
Näf, W., Die Epochen der neueren Geschichte. Staat und Staatengemeinschaft vom Ausgang des Mittelalters bis zur Gegenwart, 1970
Natan, A., Graue Eminenzen. Geheime Berater im Schatten der Macht, 1971
Neuhaus, H. (Hg.), Zeitalter des Absolutismus 1648–1789, 1997
Neumann-Hoditz, R., Peter der Große. In Selbstzeugnissen und Bilddokumenten, 1983
Nolte, H.-H., Kleine Geschichte Rußlands. Mit zahlreichen Karten, Schaubildern und Tabellen, 2003
Nyberg, T., Das religiöse Profil des Nordens. Die Entwicklung von Kirchlichkeit und Frömmigkeit in den skandinavischen Ländern vom Späten Mittelalter bis zum Konfessionellen Zeitalter, in: Asche, M./Schindling, A. (Hg.), Dänemark, Norwegen und Schweden im Zeitalter der Reformation und Konfessionalisierung. Nordische Königreiche und Konfession 1500 bis 1660, 2003
Olesen, J.E., Dänemark, Norwegen und Island, in: Asche, M./Schindling, (Hg.), Dänemark, Norwegen und Schweden im Zeitalter der Reformation und Konfessionalisierung. Nordische Königreiche und Konfession 1500 bis 1660, 2003
Oswalt, J., Die inneren Reformen 1700–1725, in: Zernack, K. (Hg.), Handbuch der Geschichte Rußlands, Bd. 2, 1613–1856, I. Halbband, 1936
Pastor, L. von, Geschichte der Päpste seit dem Ausgang des Mittelalters, 1955ff.
Der Kleine Pauly, Lexikon der Antike in fünf Bänden, 1979
Peters, J. (Hg,), Gutsherrschaftsgesellschaften im europäischen Vergleich, 1997
Pierer-Universal-Lexikon der Vergangenheit und Gegenwart oder Neuestes encyclopädisches Wörterbuch der Wissensschaften, Künsten und Gewerbe. Vierte, umgearbeitete und stark vermehrte Auflage. 19 Bde., 1857ff.
Der Große Ploetz. Die Daten-Enzyklopädie der Weltgeschichte. Daten, Fakten, Zusammenhänge, 33. neu bearbeitete Auflage, 1998

Der Kleine Ploetz, Hauptdaten der Weltgeschichte, 33. A. 1980

Pommerin, R., Bündnispolitik und Mächtesystem. Österreich und der Aufstieg Rußlands im 18. Jahrhundert, in: Kunisch, J., Expansion und Gleichgewicht. Studien zur europäischen Mächtepolitik des ancien régime, in: ZHF Beiheft 2, 1986

Pommerin, R./Schilling, L., Denkschrift des Grafen Kaunitz zur mächtepolitischen Konstellation nach dem Aachener Frieden von 1748, in: Kunisch, J., Expansion und Gleichgewicht. Studien zur europäischen Mächtepolitik des ancien régime, in: ZHF Beiheft 2, 1986

Pranzl, K., Das Verhältnis von Staat und Kirche/Religion im theresianisch-josephinischen Zeitalter, in: Reinalter (Hg.), Josephinismus als Aufgeklärter Absolutismus, 2008

Press, V., Kriege und Krisen. Deutschland 1600–1715, 1991

Proske, W. (Hg.), Handbuch für konfessionslose Lehrer, Eltern und Schüler, 1992

Ranke, L. von, Die römischen Päpste in den letzten vier Jahrhunderten. 2. Aufl., o. J.

Reemtsma, J. Ph. u. a. Falun. Reden & Aufsätze, 1992

Reinalter, H. (Hg.), Josephinismus als Aufgeklärter Absolutismus, 2008

Reinalter, H., Einleitung. Josephinismus als Variante des Aufgeklärten Absolutismus und seine Reformkomplexe, in: Reinalter, H. (Hg.), Josephinismus als Aufgeklärter Absolutismus, 2008

Reinalter, H., Die Sozialreformen Josephs II., in: Reinalter, H. Josephinismus als Aufgeklärter Absolutismus, 2008

Reinalter, H./Klueting, H. (Hg.), Der Aufgeklärte Absolutismus im europäischen Vergleich, 2002

Riffel, C., Die Aufhebung des Jesuiten-Ordens. Eine Beleuchtung der alten und neuen Anklagen wider denselben. Dritte, vermehrte Auflage, 1855

Ritter, G., Die Neugestaltung Europas im 16. Jahrhundert, 1950

Roller-Aßfalg, St., Der Moskauer Aufstand von 1648, in: Löwe, H.-D. (Hg.), Volksaufstände in Rußland, 2006

Rosa, Peter de, Gottes erste Diener. Die dunkle Seite des Papsttums, 1989

Salzmann, Chr. G., Carl von Carlsberg oder Über das menschliche Elend, 1797

Sautter, U., Biographisches Lexikon zur deutschen Geschichte, 2002

Schick, E., Kirchengeschichte Rußlands in den Grundzügen. I. Teil: Von den Anfängen bis zur Zeit Peters des Großen, 1945

Schieder, Th. Friedrich der Große. Ein Königtum der Widersprüche, 2002

Schilling, H., Die neue Zeit. Vom Christenheitseuropa zum Europa der Staaten 1250–1750, 1999

Schindling, A., Leopold I. 1658–1705, in: Schilling/Ziegler (Hg.), Die Kaiser der Neuzeit 1519–1918, 1990

Schindling, A./Ziegler, W. (Hg.), Die Kaiser der Neuzeit 1519–1918, Heiliges Römisches Reich, Österreich, Deutschland, 1990

Schleuning, St./Tuchtenhagen, R., Der Kosaken-Aufstand unter Stepan Razin 1667–1671, in: Löwe, H.-D. (Hg.), Volksaufstände in Rußland, 2006

Schmidt, Chr. Russische Geschichte 1547–1917, 2003

Schmidt, H., Joseph I. (1705–1711), in: Schindling, A./Ziegler, W. (Hg.), Die Kaiser der Neuzeit 1519–1918, Heiliges Römisches Reich, Österreich, Deutschland, 1990

Schnürer, G., Katholische Kirche und Kultur in der Barockzeit, 1937

Schöppner, A./König, L., Charakterbilder aus der Geschichte der Apostasie der Völker, 4. A. 1910

Schröter, H. G., Geschichte Skandinaviens, 2007

Schüßler, W., Prinz Eugen, in: Marcks, E. und K. A. von Müller (Hg.), Meister der Politik. Eine weltgeschichtliche Reihe von Bildnissen, Zweiter Band, 1922

Schwaiger, G., Die altbayerischen Bistümer Freising, Passau und Regensburg, 1959.

Schwaiger, G., Die Reformation in den nordischen Ländern, 1962

Schwarz Lausten, M., Die Reformation in Dänemark, 2008

Seppelt, F. X., Das Papsttum in der Neueren Zeit. Geschichte der Päpste vom Regierungsantritt Pauls III. bis zur Französischen Revolution (1534–1789), 1936

Seppelt, F. X., Das Papsttum im Kampf mit Staatsabsolutismus und Aufklärung. Von Paul III. bis zur Französischen Revolution. Neu bearbeitet von Georg Schwaiger. 2. A. 1959

Spindler, M., Handbuch der bayerischen Geschichte, Zweiter Band, Zweite überarbeitete Auflage 1988

Stein, E., Vom römischen zum byzantinischen Staate (284–476 n. Chr.), 1928

Stollberg-Rilinger, B., Europa im Jahrhundert der Aufklärung, 2000

Streminger, G., Gottes Güte und die Übel der Welt. Das Theodizeeproblem, 1992

Taddey, G. (Hg.), Lexikon der deutschen Geschichte. Personen. Ereignisse. Institutionen. Von der Zeitenwende bis zum Ausgang des 2. Weltkrieges, 1979

Tennstedt, F. Sozialgeschichte der Sozialpolitik in Deutschland. Vom 18. Jahrhundert bis zum Ersten Weltkrieg, 1981

Tuchtenhagen, R., Kleine Geschichte Schwedens, 2008

Tuchtenhagen, R., Kleine Geschichte Norwegens, 2009

Ulbert, J., Frankreichs Deutschlandpolitik im zweiten und dritten Jahrzehnt des 18. Jahrhunderts. Zur Reichsperzeption französischer Diplomaten während der Regentschaft Philipps von Orléans (1715–1723), 2004

Vehse, E., Geschichte der kleinen deutschen Höfe. Die geistlichen Höfe, 4 Bde., 1859

Vogler, G., Europas Aufbruch in die Neuzeit 1500–1650, 2003

Voss, J., Geschichte Frankreichs 2. Von der frühneuzeitlichen Monarchie zur Ersten Republik 1500–1800, 1980

Weis, E., Frankreich von 1661 bis 1783, in: HEG IV 3. Aufl. 1996

Wetzer, H. J./Welte, B. (Hg.), Kirchen-Lexikon oder Encyklopädie der katholischen Theologie und ihrer Hilfswissenschaften, 1847 ff.

Winter, E., Rußland und das Papsttum, Teil 2. Von der Aufklärung bis zur Großen Sozialistischen Oktoberrevolution, 1961

Winter, E., Der Josefinismus. Die Geschichte des österreichischen Reformkatholizismus 1740–1848, 1962

Wittmann, R., Der lesende Landmann. Zur Rezeption aufklärerischer Bemühungen durch die bäuerliche Bevölkerung im 18. Jahrhundert, in: D. Berindei/W. Gesemann/A. Hoffmann (Hg.) u. a. Der Bauer Mittel- und Osteuropas im sozioökonomischen Wandel des 18. und 19. Jahrhunderts. Beiträge zu seiner Lage und deren Widerspiegelung in der zeitgenössischen Publizistik und Literatur, 1973

Wright, J., Die Jesuiten. Mythos Macht Mission, 2005/2006

Wührer, K., Die skandinavischen Königreiche, in: HEG I 3. A, 1992

Wührer, K., England unter der Dynastie von Wessex, in: HEG I 3. A. 1992

Wührer, K., Die Wikingerzüge, in: HEG I 3. A. 1992

Zernack, K., Schweden als europäische Großmacht der frühen Neuzeit, in: Hist. Zeitschr. Bd. 232, 1981

Zernack, K., Das Zeitalter der Nordischen Kriege von 1558 bis 1809 als frühneuzeitliche Geschichtsepoche, in: Hist. Zeitschr. 1981

Zernack, K. (Hg.), Handbuch der Geschichte Rußlands, Bd. 2, 1613–1856. Vom Randstaat zur Hegemonialmacht, 1. Halbband, 1986

Zernack, K., Die Expansion des Moskauer Reichs nach Westen, Süden und Osten von 1648 bis 1689, in: Zernack, K., (Hg.), Handbuch der Geschichte Rußlands Bd. 2, 1613–1856. Vom Randstaat zur Hegemonialmacht, I. Halbband.,1986

Zernack, K., Der Große Nordische Krieg, in: Zernack (Hg.), Handbuch der Geschichte Rußlands, Bd. 2, 1613–1856, I. Halbband, 1986

Zippelius, R., Staat und Kirche. Eine Geschichte von der Antike bis zur Gegenwart, 1997

ABKÜRZUNGEN

von Quellen, wissenschaftlichen Zeitschriften und Nachschlagewerken

Cod. Iustin.: Codex Justinianus

HEG: Handbuch der europäischen Geschichte, hg. v. Th. Schieder. Bd. 3 hg. v. J. Engel. 4. Aufl. 1994. Bd. 4 hg. v. F. Wagner, 3. Aufl. 1996

HKG: Handbuch der Kirchengeschichte, hg. v. H. Jedin. 6 Bde.

LMA: Lexikon des Mittelalters, 9 Bde, München, Zürich 1980/1998

LThK: Lexikon für Theologie und Kirche, 11 Bde. Freiburg, Basel, Rom, Wien

ThRE: Theologische Realenzyklopädie, 36 Bde. Berlin

KRIMINALGESCHICHTE DES CHRISTENTUMS

ÜBERSICHT ÜBER BAND 1 BIS 9

BAND 1:
DIE FRÜHZEIT
VON DEN URSPRÜNGEN IM ALTEN TESTAMENT BIS ZUM TOD DES HL. AUGUSTINUS (430)

Einleitung zum Gesamtwerk: Über den Themenkreis, die Methode, das Objektivitätsproblem und die Problematik aller Geschichtsschreibung

1986 erschienen, 544 Seiten, gebunden, €24,- (D) und rororo 19969/€12,90 (D)

Einleitung zum Gesamtwerk:
Über den Themenkreis, die Methode, das Objektivitätsproblem und die Problematik aller Geschichtsschreibung

1. Kapitel: Der Auftakt im Alten Testament
Israel · Die Landnahme und der «liebe Gott» · Todesstrafe und «Heiliger Krieg» · Die Greuel Davids und der modernen Bibelübersetzer · Juda, Israel und «der Schrecken des HERRN» · Klerikale Reaktion und beginnende Priesterherrschaft · Viel Geld für «Gott» – «hl. Geld» · Das makkabäische Sakralkriegertum · Der Jüdische Krieg (66–70 n.Chr.) · «Gottes Endkrieg» unter Bar Kochba (131–136)

2. Kapitel: Der zweitausendjährige Kampf gegen die Juden wird eröffnet
Duldung der jüdischen Religion durch den heidnischen Staat · Interpretatio Christiana · Die Judenfeindschaft des Neuen Testaments · Kirchlicher Antijudaismus vom 2. bis ins 4. Jahrhundert · Kirchenlehrer und Antisemit Ephräm · Kirchenlehrer und Antisemit Johannes Chrysostomos · Die hl. Judenfeinde Hie-

ronymus und Hilarius von Poitiers · Antijüdische Lügen der Kirche und ihr Einfluß auf das staatliche Recht

3. Kapitel: Die Verteufelung von Christen durch Christen beginnt
Am Anfang des Christentums stand keine «Rechtgläubigkeit» · «Verketzerung» im Neuen Testament · Missachtung von Eltern, Kindern, «falschen Märtyrern» um Gottes Willen · Das hohe Lied der Liebe und die «Bestien» des 2. Jahrhundert (Ignatius, Irenäus, Clemens Alexandrinus) · Die «Tiere in Menschengestalt» des 3. Jahrhunderts (Tertullian, Hippolyt, Cyprian) · Der «Gott des Friedens» und die «Söhne des Teufels» im 4. Jahrhundert (Pachomius, Epiphanus, Basilius, Euseb, Johannes Chrysostomos, Ephräm, Hilarius) · Der hl. Hieronymus und sein «Schlachtvieh für die Hölle»

4. Kapitel: Der Angriff auf das Heidentum erfolgt
Die antiheidnische Thematik im frühen Christentum · Kompromisse und Heidenhaß im Neuen Testament · Die Diffamierung des Kosmos, der heidnischen Religion und Kultur (Aristides, Athenagoras, Tatian, Tertullian, Clemens u.a.) · Die Christenverfolgungen im Spiegel kirchlicher Geschichtsschreibung · Die heidnischen Kaiser – retrospektiv · Celsus und Porphyrios – die ersten bedeutenden Gegner des Christentums

5. Kapitel: Der hl. Konstantin, der erste christliche Kaiser. «Signatur von siebzehn Jahrhunderten Kirchengeschichte»
Die edlen Ahnen und der Schrecken am Rhein · Krieg gegen Maxentius · Erste Privilegierung des christlichen Klerus · Krieg gegen Maximinus Daia · Krieg gegen Licinius · Wachsende Begünstigung des katholischen Klerus · Konstantin als Heiland, Erlöser und Stellvertreter Gottes · Von der Kirche der Pazifisten zur Kirche der Feldpfaffen · Ein christliches Familienleben und die Verschärfung des Strafrechts · Konstantins Kampf gegen Juden, «Ketzer», Heiden

6. Kapitel: Persien, Armenien und das Christentum

Der hl. Gregor vernichtet das armenische Heidentum und begründet ein vererbbares Patriarchat · Der erste christliche Staat der Welt – Krieg über Krieg «für Christus» · Konstantinische Offensivpläne und Kirchenvater Afrahats «Unterweisung von den Kriegen»

7. Kapitel: Konstantins christliche Söhne und ihre Nachfolger

Etablierung der ersten christlichen Dynastie durch Verwandtenmassaker · Erste Kriege zwischen frommen Christen · Christlicher Regierungsstil des Konstantius · Ein Kirchenvater predigt Raub und Mord · Erste Tempelstürme, Folter und Justizterror unter Konstantius · Abschlachtungen unter dem rechtgläubigen Gallus · Heidnische Reaktion unter Julian · Christliche Schauermärchen · Jovian, Valentinian I. und Valens · Ströme von Blut unter dem Katholiken Valentinian I. · Furcht und Zittern unter dem Arianer Valens

8. Kapitel: Kirchenlehrer Athanasius (ca. 295–373)

Das komplizierte Wesen Gottes und die Domäne der Finsternis · Nicht Kampf um den Glauben: um die Macht, um Alexandrien · Das Konzil von Nicaea und das «Konstantinische» Glaubensbekenntnis · Charakter und Taktik eines Kirchenlehrers · Weitere Diffamierungen durch Athanasius, Fälschungen und der Tod des Arius · «Schlachtfeld» Alexandrien unter den Patriarchen Athanasius und Gregorios · Antiochien und das meletianische Schisma · Bürgerkriegsähnliche Zustände in Konstantinopel und Kriegsdrohung aus dem katholischen Westen · Rückkehr des Athanasius (346), neue Flucht (356) und sechsjähriger Unterschlupf bei einer zwanzigjährigen Schönheit · Die Synoden von Arles, Mailand, Rimini, Seleukia und das tragikomische Schauspiel der Bischöfe Lucifer von Cagliari und Liberius von Rom · Gewissenlose Konzilsväter und Patriarch Georg, ein arianischer «Wolf», Monopolherr und Märtyrer

9. Kapitel: Kirchenlehrer Ambrosius (um 333 oder 339–397)
Ambrosianische Politik – Vorbild für die Kirche bis heute · Der hl. Ambrosius treibt zur Vernichtung der Goten – und erlebt «Den Untergang der Welt ...» · Kaiser Theodosius «der Große»: Kampf für den Katholizismus und «Blut vergießen wie Wasser» · Die Bekämpfung des Heidentums durch Ambrosius · Ambrosius vernichtet das arianische Christentum des Westens · Funde eines Kirchenlehrers oder «l'elemento soprannaturale» · Das Kesseltreiben gegen Priscillian – die ersten Hinrichtungen von Christen durch Christen · Kirchenlehrer Ambrosius: ein fanatischer Judenfeind. Erstes Niederbrennen von Synagogen mit Billigung und auf Befehl christlicher Bischöfe · Eine zwielichtige diplomatische Mission des Ambrosius und ein Krieg zwischen katholischen Herrschern · Zwei Massaker eines «notorisch christlichen» Kaisers und die Verklärung des Blutbads durch Augustin · Theodosius «des Großen» Kampf gegen die «Ketzer» · Mit Gesetzgebung und Krieg gegen das Heidentum

10. Kapitel: Kirchenlehrer Augustinus (354–430)
«Genie auf allen Gebieten der christlichen Lehre» und Kampf «bis zum letzten Augenblick» · Augustins Feldzug gegen die Donatisten · Die Niederringung des Pelagius · Augustins Angriff auf das Heidentum · Der Bischof von Hippo und die Juden · Augustinus sanktioniert den «gerechten Krieg», den «heiligen Krieg» und gewissen Angriffskriege

Band 2:
Die Spätantike
Von den katholischen «Kinderkaisern» bis zur Ausrottung der arianischen Wandalen und Ostgoten unter Justinian I.

1988 erschienen, 688 Seiten, gebunden, € 24,- (D)
und rororo 60142/€ 12,95 (D)

1. Kapitel: Katholische Kinderkaiser
Die Teilung des Reiches – zwei katholische Zwangsstaaten entstehen · Arcadius, Rufinus, Eutrop · Der «heiße Sommer» · Der hl. Johannes Chrysostomos und das Konstantinopeler Gotenmassaker · Kopfjagden, Heiden- und «Ketzer»verfolgung · Honorius, Stilicho, Alarich und erste Raubzüge germanischer Christen · Der Einfall des Radagais, Stilichos Ermordung und weitere römisch-katholische Gotengemetzel · Der Fall Roms (410) und Augustins Ausflüchte · Kampf des Honorius gegen «Ketzer», Heiden und Juden · Theodosius II. – Erfüller «aller Vorschriften des Christentums» · Aggressive Judenfeindschaft im christlichen Osten · Mord auf Mord im katholischen Westen

2. Kapitel: Der päpstliche Primat oder die «petra scandali». Triumph von Erschleichung und Machtgier
Weder hat Jesus das Papsttum errichtet noch war Petrus Bischof von Rom · Aufenthalt und Tod Petri in Rom sind unbewiesen · Das Märchen vom gefundenen Petrusgrab · Die Entstehung der kirchlichen Ämter, der Metropoliten-, Patriarchensitze und des Papsttums · Die gefälschte römische Bischofsliste · Aufkommende Primatsansprüche · Die ganze alte Kirche kannte keinen durch Jesus gestifteten Ehren- und Rechtsprimat des Bischofs von Rom · Wie Bischöfe und Kirchenväter kannten auch die alten Konzilien keinen Rechtsprimat Roms · Die Apiarius-Affäre · Die Bestreitung des päpstlichen Primats dauerte bis in die Neuzeit fort

3. Kapitel: Erste Rivalitäten und Tumulte um den römischen Bischofssitz
Kampf des hl. Hippolyt gegen den hl. Kallist · Kornelius contra Novatian · Der «Marschall Gottes» und «Patron des Hornviehs» · Aufruhr, Mord und Lügenkränze. Die Päpste Marcellinus, Marcellus, Miltiades, Silvester und andere · Von allerlei Blutvergießen und weiteren Blutzeugen. Das Felizianische Schisma · Mörderpapst Damasus bekämpft Gegenpapst Ursinus und andere Teufel · Wachsende Primatansprüche unter Damasus · Innozenz I., «die Spitze des bischöflichen Amtes», oder lauter Lügen? · Eulalius gegen Bonifaz, «den apostolischen Gipfel»

4. Kapitel: Der Kampf um die Bischofsstühle des Ostens im 5. Jahrhundert bis zum Konzil von Chalkedon
Randalierende Mönche und Theophils Frontwechsel · Kirchenlehrer Hieronymus und Konsorten leisten Theopil «Schergendienste» gegen Kirchenlehrer Johannes · Von der Demut eines Kirchenfürsten · Kirchenvater Epiphanius, die Synode ad Quercum, Mord und Totschlag im Patriarchenpalast · Die Niederbrennung der Hagia Sophia, das Ende des Johannes und der «Johanniter» · Patriarch Kyrill tritt gegen Patriarch Nestorios an · Die antiochenische und alexandrinische Theologenschule · Der Kampf um die «Gottesmutter» beginnt · Das Konzil von Ephesus 431 oder ein Dogma durch Bestechung · Die «Union», ein fast unglaublicher Glaubenshandel, und Kyrills Gaunerstück mit dem Mönch Viktor · Der hl. Kyrill als «Ketzer»-Verfolger und Initiator der ersten «Endlösung» · Schenute von Atripe (ca. 348–466!) als Klostervorsteher · Der hl. Schenute als Heidenbekämpfer – Rauben, Ruinieren und Morden · Der eutychianische Streit · Die «Räubersynode» von Ephesus 449 · Das Konzil von Chalkedon oder: «Wir schreien um der Frömmigkeit willen» · Der 28. Kanon

5. Kapitel: Papst Leo I. (440–461)
Leo I. predigt seinen Vorrang – und den Laien Demut · Wer war dieser Leo? · Der hl. Leo gegen den hl. Hilarius · Papst

Leo spricht dem Kaiser Unfehlbarkeit im Glauben zu und sich die Pflicht, den kaiserlichen Glauben zu verkünden · Dafür: «Kriegsdienst tun unter Christus ...» · Kollaboration zur Vernichtung der «Ketzer» unter «Hervorhebung der Menschenwürde» · Leo I. als Verfolger von Pelagianern, Manichäern und Priscillianisten und als Prediger der Feindesliebe · Leo «der Große» verteufelt die Juden · Die «Sternstunde der Menschheit»

6. Kapitel: Der Krieg in den Kirchen und um die Kirchen bis zu Kaiser Justin (518)
Der Osten steht in hellen Flammen oder: «... der Teufel, du und Leo» · Papst Leo hetzt gegen die christlichen «Teufel» des Ostens · Auch unter Kaiser Leo I. fordert Papst Leo fortgesetzt Gewalt gegen «die Verbrecher» und verwirft jede Verhandlung · Glaubensschlachten zwischen Christen · Papst Hilarius, Kaiser Anthemius und christliche Räuber-Regenten-Grotesken · Papst Simplicius hofiert Thronräuber Basiliskos und Kaiser Zenon · Das Henotikon – ein religiöser Einigungsversuch, durch Rom bekämpft, spaltet Reich und Christenheit noch tiefer · Das Akakianische Schisma beginnt – und kirchlicher Hochverrat · Theoderich erobert Italien oder «Wo ist Gott?» · Kollaboration mit der «ketzerischen» Besatzungsmacht · Kaiser Anastasios und Papst Gelasius treten in den Ring · Die Zwei-Gewalten-Lehre oder der Staat als Büttel der Päpste · Papst Gelasius bekämpft die «Pestilenz» von Schismatikern, «Häretikern» und Heiden · Ein Friedenspapst regiert nicht lang · Das Laurentianische Schisma, Straßenkämpfe und Kirchenschlachten · Die Symmachianischen Fälschungen · «Kampffrontenstellung: Gotenreich und Rom gegen Byzanz»

7. Kapitel: Justinian I. (527–565). Der Theologe auf dem Kaiserthron
Umsturz unter Justin I. (518–527) oder vom Schweinehirten zum katholischen Kaiser · Verfolgung der Monophysiten unter Justin I. · Der libellus Hormisdae · Rom geht von Ravenna zu Byzanz über · Frühe Kreuzzüge oder allerlei arabisch-äthiopi-

sche Heilsgeschichten · Kaiser Justinian – Beherrscher der Kirche · Justinian eifert der Demut Christi nach, ordnet «die Kriege gut und die geistlichen Angelegenheiten ...» · Privilegierung der Bischöfe und Schröpfung der Laien · Theodora – Geliebte von Hausburschen, Patriarchen (?) und Gemahlin des Kaisers · Der Nika-Aufstand · Kaiser Justinian verfolgt andersgläubige Christen, «auf daß sie im Elend erliegen ...» · Für Heiden «eine Art Inquisitionsverfahren» · Für Juden «ein Schicksal der Schande ...» · Justinians Ausrottung der Samaritaner · Die Wandalen oder «Gegen die, denen Gott zürnt ...» · Der Arianer Geiserich verfolgt die Katholiken · Hunerich und der arianische Klerus enteignen, verbannen und massakrieren · Der katholische Klerus will «eine Art Kreuzzug» gegen die Wandalen · «... wir bringen euch Frieden und Freiheit!» · Päpstliche Glückwünsche für die «Ausbreitung des Gottesreiches» oder «Sie alle waren Bettler» · Von der «großen Treibjagd auf die Goten» und mancherlei am Rande · Der große Profiteur des Infernos: die römische Kirche · West-östliche Schmierenstücke oder Mörderpapst Vigilius

Band 3:
Die Alte Kirche
Fälschung, Verdummung, Ausbeutung, Vernichtung

1990 erschienen, 720 Seiten, gebunden, € 24,- (D)
und rororo 60244/€ 12,90 (D)

1. Kapitel: Christliche Fälschungen in der Antike

Fälschungen im vorchristlichen Heidentum · Der Begriff «geistiges Eigentum» ist Jahrtausende alt · Literarische Fälschungen bei den Griechen · Literarische Fälschungen bei den Römern · Fälschungsmotive · Irrtum und Fälschung in frühen Kulten

Fälschungen im Alten Testament und in seinem Umkreis · Bibeln der Welt und einige Besonderheiten der christlichen Bibel · «Charakterbilder der biblischen Frauenwelt» · «Auf diesen Schlamm, auf diesen Schlamm ...» – Opposition zum Alten Testament in Antike und Neuzeit · Die fünf Bücher Mose, die

Moses nicht geschrieben hat · Weitere Fälschungen am Alten Testament (und in seinem Umkreis) · Die jüdische Apokalyptik · Weitere Fälschungen des (Diaspora-)Judentums · Jüdisch-christliche «Kooperation»

Fälschungen im Neuen Testament · Der Irrtum Jesu · Vorboten der Fälscher · Die «Heiligen Schriften» sammeln sich oder Vierhundertjähriges Nachdenken der dritten göttlichen Person · Wie die Forschung den Heiligen Geist respektiert · Die Christen fälschten bewußter als die Juden und noch viel häufiger · Warum und wie fälschte man? · Weder das Matthäus- noch das Johannesevangelium noch die Offenbarung des Johannes (Apokalypse) stammen von den Aposteln, denen sie die Kirche zuschreibt · Sechs gefälschte «Paulusbriefe» stehen im Neuen Testament · Alle «Katholischen Briefe» des Neuen Testaments, immerhin sieben, sind Fälschungen · Beispiele für Interpolationen im Neuen Testament

Fälschungen in der nachneutestamentlichen und altkirchlichen Zeit · Alle Seiten fälschten – am meisten die Priester · Auch in kirchlichen Kreisen waren zeitweise «apokryphe» Evangelien in Gebrauch · Evangelienfälschungen unter dem Namen Jesu · Unter dem Namen eines einzigen Apostels gefälschte Evangelien oder andere Schriften · Fälschungen zu Ehren der Hl. Jungfrau · Fälschungen im Namen der Apostel · Gefälschte Apostelakten · Erschwindelte Briefe und erschwindelte Personen · Fälschungen unter dem Namen von Kirchenvätern · Ein christlicher Fälscher: «für Jahrhunderte der Lehrmeister der westlichen Welt ...» · Fälschungen zur Begründung der Historizität Jesu · Fälschungen zur Hebung des christlichen Ansehens gegenüber Juden und Heiden · Die meisten Märtyrerakten sind gefälscht, galten aber sämtlich als vollwertige historische Urkunden · So gut wie alle Bischofslisten zum Erweis der apostolischen Tradition sind gefälscht · Wie die Apologetik die altchristlichen Fälschungen zu rechtfertigen sucht · Der Zweck heiligt die Mittel – Frommer Betrug ist im Christentum von Anfang an erlaubt

2. Kapitel: Wunder- und Reliquienbetrug

Wunderbetrug · Die meisten Wunder in der Bibel sind so phantastisch wie die meisten anderen Wunder · Jesus bedient sich allbekannter Praktiken · Das evangelische Wunderarsenal – nichts ist originell · Der Schwindel des christlichen «Weissagungsbeweises» · Wunder in den «Apokryphen» oder Ein geräucherter Thunfisch wird wieder lebendig · Alles in den Schatten stellen die Blutzeugen · Die «Erzmärtyrerin» · Mönche und Bischöfe als Wundermänner · Visionen wie Bienenschwärme · Die Legende – «die geistliche Nahrung des Volkes» oder «grosse, unverschempte, feiste, wohlgemeste, erstunckene papistische Lügen» · Vom miraculum sigillum mendacii zu den katholischen Apologeten

Reliquienbetrug · Der christliche Reliquienkult setzt nur den Heroenkult der Griechen fort · Hierarchische Abstufung auch im Reliquienreich: von den Kapitalstücken der Heiligenleiche bis zu Barthaar und Staub · Steigende «Nachfrage» nach toten Heiligen, ihre Auffindung und ihre Wunder · Von den Reichsinsignien bis zum Bärenfett oder «Am Anfang steht die natürliche Pietät ...» · «Berührungsreliquien» und reisende Gerippe · Marienrückstände oder «der Menschheit ganzer Jammer ...» · Raritäten und Proteste

3. Kapitel: Wallfahrtsschwindel

Pilgern – eine Idée fixe schon in vorchristlicher Zeit · Asklepios, der Gott der «milden Hände», und Epidauros, das heidnische Lourdes · Sarapis, Isis und die Jungfrau Maria · Wallfahrt im vorchristlichen Judentum · Der Beginn der christlichen Jerusalem-Wallfahrt – von der «Kreuzerfindung» bis zum hochheiligen Vorhautkult · Die Pilgerin Aetheria – ihre «naive Art ... und leichtgläubige Einfalt ... hat etwas ungemein Anziehendes und Gewinnendes» (Bischof August Bludau von Ermland) · O wunderbares Jerusalem! · Weitere palästinensische Pilgerattraktionen · Vom Grab Abrahams bis zum Misthaufen Jobs · Auf dem Weg zum Gipfel: von den «Maulwurfsheiligen» zu den «Stehern» · Näher, mein Gott, zu dir ... · Die Wallfahrt zu einer Heiligen, die es vermutlich nie gab · Die christlichen Wallfahrtsstätten wurden durch Weihegaben rasch immer reicher · Wallfahrt und Wunder – zum Marketing von «Gnadenstätten» · Das altchristliche Lourdes · Die erschwindelten Heiligen «Kyros» und «Johannes» · Das hl. Ärztepaar Kosmas und Damian – Kerzenwachs, Lampenöl und Potenzsteigerndes · Römische Raritäten

4. Kapitel: Verdummung

Der Ruin der antiken Bildung · Erziehung bei Griechen, Römern und Juden · Das Christentum lehrt – seit Jesus –, *alles* zu hassen, was nicht Gott dient · Das Christentum suchte von Anfang an – und sucht noch heute –, die Kinder durch die Eltern zu beherrschen · Das älteste Christentum ist bildungsfeindlich · Hunger, Dreck und Tränen – durch viele Jahrhunderte ein großes christliches Ideal · Die Bildungsfeindschaft frühchristlicher lateinischer Schriftsteller · Das Theater – «die Kirche des Teufels» · Statt Theater das Theater der Kirche – und ihre Zensur noch im 20. Jahrhundert · Wie man sich alles, was an Vorchristlichem brauchbar war, als «christliche Religion» (Augustinus) unterjubelte · «... unter Verachtung der heiligen Schriften Gottes beschäftigen sie sich mit Geometrie» · «... seines Namen Klang und seines Geistes Frucht». Des hl. Ambrosius Beweise für keusche Witwenschaft: Turteltaube, Jungfraugeburt der Gottesmutter: Geier, Unsterblichkeit: Vogel Phönix und andere Erleuchtungen · Von den Exegesekünsten des hl. Augustinus; was er glaubte und nicht glaubte – und daß alles, was ein Mensch zu wissen brauche, in der Bibel stehe · Die Welt wird immer finsterer

Der Ausbruch des christlichen Geisterwahns · Geisterglaube in vorchristlicher Zeit und im außerchristlichen Bereich · Jesus «trieb viele böse Geister aus ...» · Der Exorzismus gehört zu den Kernstücken des antiken Christentums · Die «bösen Geister» im Glauben und Urteil der Kirchenväter · Die Dämonen und die Mönche · Auch Augustinus lehrte jeden Blödsinn über «böse Geister» und wurde der «Theologe des Hexenwahns» · Christlicher Abwehrzauber gegen «böse Geister»

5. Kapitel: Ausbeutung

Die kirchliche Predigt · Die finanzpolitische Situation vor Konstantin · Ansichten über reich und arm in der vorchristlichen Antike · Die besitzfeindliche Richtung im alten Christentum · Die besitzfreundliche Richtung im alten Christentum und der Beginn des Lavierens · Ein frühchristlicher Bankier wird Papst – und ein Seitenblick auf die Soziallehren der Päpste im 20. Jahrhundert · «Ich mache das große Geld, meine Frau übt Wohltätigkeit ...» – von Klemens von Rom bis zu Gregor von Nyssa · Die «Revolutionäre» retten die Reichen. Die Kirchenlehrer Gregor von Nazianz und Ambrosius von Mailand · Der Fast-Sozialist. Kirchenlehrer Johannes Chrysostomos und sein Jünger Theodoret · Kirchenlehrer Augustin propagiert die «arbeitsreiche Armut»

Die kirchliche Praxis · Geld für die Boten des Evangeliums, insbesonders für die Bischöfe · Der Reichtum der «Kirche der Armen» beginnt · Die Mönche werden zur wichtigsten ökonomischen Kraft der Kirche – «unter dem Vorwand, alles mit den Bettlern zu teilen, in Wahrheit aber, um alle zu Bettlern zu machen» · Methoden geistlichen Geldverdienens · Einige erlaubte Methoden kirchlichen Geldeinnehmens und -ausgebens · Seit Konstantin regieren die «Kirche der Armen» die Reichen · Die Simonie · Der Nepotismus · Erbschleicherei

Die Erhaltung und Festigung der Sklaverei · Sklaverei in vorchristlicher Zeit · Paulus, das Neue Testament, die Kirchenväter und die Kirche treten für die Erhaltung der Sklaverei ein · Apologetische Ausreden und Lügen zur Frage der Sklaverei · Die Ausbildung des Kolonats – eine neue Form der Versklavung · Die Entstehung des christlichen Zwangsstaates – Korruption, Ausbeutung, wachsende Unfreiheit

6. Kapitel: Vernichtung

Christliche Büchervernichtung in der Antike · Vorchristliche Büchervernichtungen · Zerstörung christlicher Literatur durch Christen

Die Vernichtung des Heidentums · Kirchenlehrer Johannes

Chrysostomos ruiniert Tempel · Der hl. Porphyrios predigt das Evangelium «in aller Sanftmuth und Geduld ...» · Wie Patriarch Theophilus von Alexandrien mit Tempeln und Kunstschätzen umgeht und mit den religiösen Gefühlen der Altgläubigen · Kirchliche und staatliche Gewaltaktionen gegen die Altgläubigen · Die «Christianisierung» des Raubes und die Vertreibung der «bösen Geister» · Es war die Kirche, die zur Vernichtung trieb · Eine Woge von Terrorismus überflutet die Länder

BAND 4:
FRÜHMITTELALTER
VON KÖNIG CHLODWIG I. (UM 500) BIS ZUM TODE KARLS «DES GROSSEN» (814)

1994 erschienen, 624 Seiten, gebunden, € 24,- (D)
und rororo 60344/€ 11,50 (D)

Überblick

Von überzeugten Untertanen zu überzeugten Herren

1. Kapitel: Die Einführung des Christentums bei den Germanen

Zur Verbreitung des Christentums im Westen · Konversionsmethoden und -motive · Jesus Christus wird zum germanischen Haudegen oder Vom «Griff ins Leben» · Apologetische Ausflüchte · Von der Altlast · «Demonstrative Zerstörung ...»

2. Kapitel: Chlodwig, der Begründer des fränkischen Großreiches

Die Heraufkunft der Merowinger · Kometenhafter Aufstieg eines Staatsbanditen · Ein großes Blutbad und das erste Datum deutscher Kirchengeschichte · König Chlodwig und zwei «Heilige Gottes» · Chlodwigs Burgunderkrieg (500) – «das Glück des Reiches» und ein hl. Landesverräter · Die Westgoten · Der Krieg gegen die Westgoten · Müssen wir uns frei machen von moralistischer Wertung der Geschichte?

3. Kapitel: Die Chlodwig-Söhne
Reichsteilung und Auvergnatenaufstand · Der Burgunderkrieg 523/524 – von einer Heiligen gefordert, gegen einen Heiligen und Mörder geführt · «Lieber tot als geschoren …» Eine Heilige gibt Order, ihre Enkel zu ermorden · Die Vernichtung des Thüringerreiches und die Ausrottung seines Königshauses · Weitere Kriege gegen Goten und Burgunder · Theudebert I. – «magnus», «religiosus», «christianissimus princeps», «eine Art Gipfel» · Mörderkönige und Mörderpäpste

4. Kapitel: Die Langobardeninvasion
Der Einfall · Kollaboration und Bekehrungseifer

5. Kapitel: Die späten Merowinger
Die Chlodwig-Enkel · «… würdig einer Messalina und Agrippina» · Chilperich I. – Kriegszüge und geistliche Lieder · Prälaten und hoher Adel drängen an die Macht · Gundowalds Revolte und bischöfliche Überläufer · König Guntram beweist seine Heiligkeit · Päpstliche Kriegswünsche

6. Kapitel: Die Westgoten werden katholisch
Die Gründung des spanischen Westgotenreichs · Die Katholisierung der Sueben · Der Arianer Leowigild und die katholische Opposition · Ein Rebell und Verräter wird heilig · «… von der Glut des Glaubens entbrannt» oder «Katholik werde ich niemals»

7. Kapitel: Papst Gregor I. (590–604)
Weltflüchtig und karrieregeil · Der Titelstreit mit dem «Faster», die «Sucht nach eignem Ruhm» · Im Staub irdischer Beschäftigung · Der Mann der doppelten Moral · «Anders zu denken als die Mehrheit … ein fast todeswürdiges Verbrechen» · Gerecht und liebevoll gegen die Juden? · Geschäfte vor dem Weltende oder Vom «Eigentum der Armen» · Sklaven brauchen und verbrauchen wie das Vieh oder «Die Verschiedenheit der Stände» · Manchmal noch mit dem Kaiser, manchmal schon gegen ihn ·

Der Heilige Vater empfiehlt Rückenangriffe, Geiselnahme und Plünderung · Papst Gregor umjubelt einen Kaisermörder · Die päpstliche Propaganda in England beginnt · Bildungsverächter und Weltuntergangsprophet · Von Ochsen, Eseln und Gregors Hiobkommentar · Selbst des Großen größter Stuß weist noch «nach vorne ...» · Reliquien – oder Lügen, daß sich die Balken biegen

8. Kapitel: Brunichild, Chlotar II. und Dagobert I. oder «Die Verchristlichung des Königsgedankens»
Papst Gregor I. hofiert «ein wildes politisches Tier» · Brunichilds Untergang und der erste Höhepunkt in der Verchristlichung des Königsgedankens · Der hl. Hochverräter von Metz · «Angst und Schrecken» und immerwährendes Gebet unter Dagobert I. · Mission und Massaker

9. Kapitel: Die Kirche in der Merowingerzeit
Eine Art heiliges Krebsgeschwür · Unwissend, hochkriminell und gut katholisch · Zwei berühmte Repräsentanten · Machtgeile Speichellecker oder «Sie sind die handelnden Personen ...» · Thron und Altar · «... eher materielle Interessen der Kirche des Merowingerreiches»? · «... ein tiefes Niveau», «... ein barbarisches Niveau» · Kleine Revue der Gottesmänner · Rebellion im Nonnenkloster · «... und begaben sich nach Marseille» oder Ohne Jude bleibt der Christ gesund

10. Kapitel: Die Heraufkunft der Karolinger
Blutiger Auftakt unter Bischof Kunibert, Pippin des Älteren Sohn Grimoald und dem hl. Sigibert · ... und viel Frommes · Die hl. Balthilde tötet neun Bischöfe · Ebroin und Leodegar, Antichrist und Nachfolger Christi · Pippin II., «der immer sogleich auf seine Feinde losstürzte ...» Schwertmission bei den Friesen · Karl Martell «... mit vielen Blutvergießen» und «mit Gottes Hilfe» · Der Aufbruch des Islam

11. Kapitel: Der hl. Bonifatius, «Apostel der Deutschen» und Roms Befreiung von «allem Unflat» bei Hessen, Thüringern und Sachsen – und etwas Blutvergießen · Wiehernde Hengste, heilige Nonnen und ein «so gewinnbringendes Geschäft» · Der «Pfaffenwinkel» entsteht · Der Anfang vom Ende der Agilolfinger oder Bayern gerät ins römische Netz · «Setze den Kampf weiter fort, Geliebtester ...» · Blutiger Krieg um Bayern und päpstliche Winkelzüge

12. Kapitel: Aufstand des Papsttums und Bilderstreit
Die Kirche verflucht einen Papst · Rom rebelliert gegen Byzanz · Bücherverbrennungen und Schlachten – die Katholisierung der Langobarden · Der Bilderstreit beginnt · Eine päpstliche Revolution scheitert

13. Kapitel: Die Entstehung des Kirchenstaates durch Kriege und Raub
Päpstliches Lavieren zwischen Byzanz, Langobarden und Franken · Der zungenflotte Zacharias beschwätzt die Langobarden · Karlmanns Schwabenmassaker und das Bistum Konstanz · Pippin III. – «ein guter Christ» und «ein großer Soldat» · Die «folgenschwerste Tat des Mittelalters» · Offener Rechtsbruch und Trennung von Byzanz · Der Kult und Trick mit St. Peter · Der vom Papst gesalbte Thronräuber und König «von Gottes Gnaden» führt zwei Kriege für den Papst

14. Kapitel: Die «Konstantinische Schenkung»
Das katholische Mittelalter – ein Eldorado klerikaler Fälschung · Einige Beispiele für geistliche Fälschungen von Konzilsakten, Reliquien und Heiligenleben · Beispiele für bischöfliche Fälschungen, vor allem aus macht- und besitzpolitischen Gründen · Entstehung und Bedeutung der «Konstantinischen Schenkung» · Die Aufdeckung der Fälschung

15. Kapitel: Karl I., der sogenannte Große, und die Päpste
Kriminalexzesse am päpstlichen Hof beim Machtwechsel im

Frankenreich · Papst Stephan III. treibt zu einem weiteren Langobardenkrieg · Widerrechtliche Alleinherrschaft Karls und beginnender Krieg für den Papst · Hadrians Besitzgier und Karls Raub des Langobardenreiches · Genug ist nicht genug · «... schickt sogleich ein Kriegsheer» – Papst Hadrian hetzt gegen Benevent · Ein (unechtes) Martyrium und eine (fast echte) Kaiserkrönung

16. Kapitel: Karl «der Große» und seine Kriege
1. Die blutige «Missionierung» der Sachsen (772–804) · Rauben und christianisieren – «ein Stück fränkischer Regierungspolitik» · Beginn karolingischer Kultur bei den «Erzfeinden» oder Mit «christlichen Fahnen nach Sachsen hinein» · Mission nach «den militärischen Stoßlinien ...» · Schlappe in Spanien oder «Hier beginnen die Kreuzzüge» · Der Sachsenschlächter, «ein paar Nullen zuviel» und «die einfache Ruhe einer großen Seele ...» · «Wie nun überall Friede war ...» · Letzte Aufstände, Vernichtungskrieg – und «die stille Hoheit des Krummstabes» · Karls Blutgesetze
2. Die Beraubung und Auslöschung der Awaren (791–803) · Karls kurzer Prozeß mit Tassilo · Ersichtlich ein heiliger Krieg · Wieder einmal: Kriegsgewinnler Kirche · Die systematische Offensive gegen die Slawen beginnt · Eins im Verbrechen – eins in der Heiligkeit

Band 5:
9. und 10. Jahrhundert
Von Ludwig dem Frommen (814) bis zum Tode Ottos III. (1002)

1997 erschienen, 704 Seiten, gebunden, €27,- (D)
und rororo 60556/€12,50 (D)

Editorial – Wes Brot ich ess' oder «Vor jeder Form von Macht auf dem Bauch»

1. Kapitel: Kaiser Ludwig I. der Fromme (814–840)
Töten und beten · «Neuer Anlauf zur Reform ...» – bis zu fünf Liter Wein und vier Liter Bier pro Tag und Kanoniker · Kampf um das «Kirchengut» und gegen die Eigenkirche · Ehereform und Mondfinsternisse oder Vom Aberglauben des Kaisers · «... jenes Mörderspiel, die Jagd» · Säuberung Aachens von «Hochverrätern» und Huren · Der Kaiser, der Klerus und die Reichseinheit · Die Ordination imperii (817) und die Ironie der Geschichte · Ludwig der Fromme läßt Verwandte schinden, scheren und legt ein öffentliches Schuldbekenntnis ab · Die Habgier der Großen und die Habenichtse · Außenpolitik oder «des Sommers liebliche Reize ...» · Krieg gegen Dänen, Sorben und Basken · Krieg gegen die Bretonen · Krieg gegen Abodriten und Basken · Krieg gegen die Kroaten · Krieg in Spanien und gegen die Bretonen · Krieg gegen die Bulgaren · Römische Zustände: Warum man Mörderpapst Leo III. kanonisierte · Schwindel mit Kaiserkrone und -krönung: Stephan IV. (816–817) und Paschalis I. (817–824) · Papst Paschalis blendet und köpft, wird heilig und im Kalender wieder gestrichen · Mitkaiser Lothar I. und die «Constitutio Romana» · Die fränkischen Bischöfe demütigen den Kaiser und wollen selbst von niemandem gerichtet werden · Katholiken unter sich: Der erste Aufstand · Viel schlimmer als Canossa – und alles «nach dem Urteil der Priester» · Das gewissenlose Bischofspack wechselt abermals die Front · Die «Causa Ebonis» · Des Kaisers Kampf für Karl (den Kahlen) und gegen die Enkel oder Für «Ordnung» und wider die «Pest» · Des Kaisers Tod · Fränkisches und Kosmisches · Die Männer des Nordwinds

2. Kapitel: Die Söhne und Enkel
Man war christlich geworden – und vornehm · Stets wechselnde Fronten oder Treueide, wohlfeil «wie Brombeeren» · Die Schlacht von Fontenoy oder «Wohin Gottes Fügung die Sache lenken würde ...» · Kaiser Lothar verbündet sich mit Heiden und raubt Kirchen aus – Ludwig der Deutsche köpft · Die Straßburger Eide (842) sowie Gottes und der Pfaffen Wille · Von einer merkwürdigen Meinung alter und neuer Historiker · Die Verträ-

ge von Verdun (843) und Meersen (870) · Ludwig, von Gottes Gnaden König der Bayern · Karl der Kahle und der Westen · Mord und Totschlag in der Bretagne · Karl der Kahle liquidiert seine Neffen · Ludwig der Deutsche attackiert das westfränkische Reich · Die Slawen sickern ein ... · ... und vom «Recht der Kulturvölker wider die Barbarei» · Slawisches Wurmzeug und fränkisches Gottesvolk · In 400 Jahren 170 Kriege gegen die Slawen · Großmähren · Die Ludwig-Sippe: Milde Arbeit unterm Kreuz und «des Schwertes blutiges Schaffen» · ... und wieder katholische Söhne gegen den katholischen Vater ... · Prinz Karl (Kaiser Karl III. der Dicke) im Kampf mit bösen Geistern

3. Kapitel: Das Papsttum in der Mitte des 9. Jahrhunderts
Sergius II. oder «... so gut wir können» · Der Vatikan wird zum Kastell – ein hl. Papst als Festungsbaumeister · Erstmals garantiert ein Papst für das Krepieren im Krieg das Himmelreich · Kaiser Ludwig II. (850–875) scheitert an der Nachfolgerfrage · Die Pseudoisidorischen Dekretalen –» «die folgenreichsten Fälschungen, die jemals gewagt wurden ...» · a) Umfang und Art · b) Zweck · Anastasius Bibliothecarius oder Ein Gegenpapst debütiert · Nikolaus I. – ein päpstliches Pfauenrad, «... als ob er der Herr des Erdkreises wäre» · Lothars II. Ehestreit: Kaiser Lothar I. teilt sein Reich · Abt Hucbert – «Huren, Hunde und Jagdfalken» und 6600 Märtyrer · Erzbischof Gunthar von Köln verrät ein erlogenes Beichtgeheimnis · Nikolaus I. im Kampf mit dem ostfränkischen Episkopat und dem Kaiser · «Höre, Herr Papst Nikolaus ...» – Gekrönte Aasgeier und päpstlicher Frontwechsel · Vom Familienidyll unter Papst Hadrian bis zum uneigennützigen Tod Kaiser Ludwigs II. «für die Sache Christi» · Ab- und Wiederaufstieg des Anastasius: Tod Lothars II. – ein «Gottesgericht» · Heil und Sieg für Karl den Kahlen – und «Siegheil» der Bischöfe · Kaiser Ludwig II. stirbt erschöpft für Christus, und die Kirche beerbt ihn · Rom verliert Bulgarien · Sex, Seelsorge, kleine Bestechungen und Abstechungen am Hof von Byzanz · Päpstlicher Rat für Bulgarien: nicht mit dem Pferdeschwanz, sondern mit dem Kreuz in die Schlacht! · Rom gewinnt Böhmen und Mähren –

Die «Slawenapostel» kommen · Herzog Ratislaw wird geblendet, Erzbischof Method vom Passauer Bischof mit der Reitpeitsche traktiert · Einfälle im Osten oder «Keiner entrann von dort außer Bischof Embricho ...» · Endgültiges Verbot der slawischen Liturgie und Aufstieg der «Slawenapostel» zu Landespatronen und «Modeheiligen»

4. Kapitel: Johann VIII. (872–882): Ein Papst, wie er im Buch steht
Frische Initiative oder Der erste Papst-Admiral · Johanns Geschäfte mit Karl dem Kahlen, dem «Retter der Welt» · Ludwig der Deutsche stirbt: Abt Reginos Nachruf · Karls des Kahlen Beileid und erste Schlacht der «Erbfeinde» um den Rhein · Johann umwirbt Karl, dessen «Vorzüge die menschliche Zunge nicht auszusprechen vermag ...» · Tod nach 37jähriger Herrschaft «an Durchfall in großem Jammer ...» · Johann preist Karlmann und krönt Ludwig den Stammler · Pfaffenkönig Boso tritt ins Rampenlicht · Den Kaiser will «zuerst und allermeist» Papst Johann berufen · Letzter Appell an Boso: «... jetzt ist der Tag des Heils» oder Johanns vierfaches Spiel · Fränkische Verwandtenkontakte · Gegen Überlassung von Kriegsschiffen u.a. will Johann den zweimal abgesetzten und verfluchten Patriarchen Photios anerkennen · Von Karlmann zu Karl III. dem Dicken · Papst Johann jagt Sarazenen – die Katholiken kollaborieren mit ihnen · Tötung gefangener Moslemführer: päpstliche Bedingung für Wiederaufnahme in die Kirche · Johanneische Spießgesellen und erster Papstmord

5. Kapitel: Normannennot und Kaiser Karl III. der Dicke
Töten «mit Gottes Hilfe» und Besiegtwerden ohne sie · Fürstensterben in Ost- und Westfranken · Karl der Dicke, dem alles zufällt und alles mißlingt · Wenn Christen ertragen müssen, was sie sonst anderen antun · De bellis Parisiacis oder «Nichts was kaiserlicher Majestät würdig gewesen wäre» · Die göttliche Vorsehung operiert meuchlings: Ende der Normannenherrschaft in Friesland · Innenpolitisches – bis zum Abschneiden der Geschlechtsteile, «daß auch keine Spur davon blieb ...» · Bischof

Liutward von Vercelli – gefeiert und gefeuert · 25 Jahre Josephsehe – Feuerprobe bestanden · Arnulfs «Staatsstreich» und Karls schnelles Lebensende

6. Kapitel: Arnulf von Kärnten, ostfränkischer König und Kaiser (887–899)
1. Arnulf von Kärnten: Ostfranken und der Osten · «Heil Arnolf, dem großen König» · Der hl. Emmeram oder «Gott loben ohne Zung, / Macht ja Verwunderung» · «... ein Schlachtgeschrei bis zum Himmel» · Der (deutsche) Drang nach Osten · Verheerende Kriege mit Mähren · Die politische «Schlüsselfigur» der Zeit, Erzbischof Fulco von Reims, dreht sich wie ein Wetterhahn · König Zwentibolds (heiliges) Ende oder So war das Leben nun mal in den gehobenen christlichen Kreisen · 2. Arnulf von Kärnten: Papsttum und Italien · Luxus und Verbrechen · Wido und Berengar – Bürgerkrieg in Italien und päpstliche Schaukelpolitik · Papst Formosus krönt die «Tyrannen» Italiens und ruft Arnulf auf, sie zu bekämpfen · Die Einnahme Bergamos oder Eine Morgenmesse gibt allemal Kraft · Arnulf belagert Rom, köpft dort und wird erster fränkisch-deutscher Gegenkaiser · Kaiser Arnulf und Papst Formosus sterben · Die Leichensynode – ein makabres Schmierenstück papalen Ranges · Formosianer und Antiformosianer · Kaiser Lambert und Kaiser Arnulf sterben, die Ungarn überfluten Norditalien · Wie aus Ludwig III. durch den Bischof von Verona Ludwig der Blinde wurde

7. Kapitel: König Ludwig IV., das Kind (900–911)
Ludwig IV., das Kind, die Marionette des Klerus · Der Ungarnsturm beginnt · «Deutsche christliche Aufbauarbeit im Osten» und «der garstigste Hund» ... · Von «unsteten Räubern und der europäischen Völkerfamilie» · Die Babenberger-Fehde

8. Kapitel: König Konrad I. (911–918)
Die Rückgewinnung Lotharingiens mißlingt · Wie aus «Arnulf von Gottes Gnaden», «dem Gerechten», Arnulf «der Böse» wurde · Mörderbischof Salomo triumphiert

9. Kapitel: Heinrich I., der erste deutsche König
So sorgt man für die Seinen · Profiteure der Sachsenabschlachtung · Der ungesalbte König tritt an · Lukrative Bräute und ein gefügiger Bischof · «Verbrüderungsbewegungen» und Pfaffennähe · Die «Heilige Lanze» · Vom Höllenfrieden der Christen und von ihren «Grundwerten» · Historiker gestern ... · ... und Historiker heute · Heinrichs «Grenzsicherung» oder «... kam keiner davon» · «... weil der Soldat nach Verwesung stinkt» – Bischof Tietmar «auf der Höhe der Bildung seiner Zeit» · «... jahrelange Erziehungsarbeit» · «Bewährungsprobe» · Der hl. Wenzel, die hl. Ludmila und zwei fromme christliche Verwandtenmörder · Der hl. Kollaborateur und Märtyrer wird antideutscher Kriegsheld, Heinrich I. «Gründer und Retter des Deutschen Reiches»

10. Kapitel: Otto I., «der Große» (936–973)
Zuerst das Schwert ... · Schutz der Kirche, Krieg den Heiden · Die Bischöfe – ein profitables Herrschaftsinstrument · Katholische Fürsten- und Familienbande – Bayern und die Königsbrüder rebellieren · «Verwandtenfürsorge» und die Folgen: der Liudolfinische Aufstand · «Christi bonus odor» (Christi angenehmer Wohlgeruch) oder «ein königliches Priestertum» · «Liebliche Perlen» und dreißigjähriger Machtkampf · Die Lechfeldschlacht 955 – eine «große Gabe der göttlichen Liebe» · Bischof Pilgrim von Passau (971–991), ein großer Fälscher vor dem Herrn, setzt sich ein literarisches Denkmal · Ein Sklavenhalter und Krieger wird als erster Katholik feierlich und förmlich kanonisiert · «Patron gegen Ratten und Mäuse», «die Gefahr aus dem Osten» und die 29 Nummern der «heiligen Gebeine» · Begründung der deutschen «Ostkolonisation» oder Die «guten Werke» der Markgrafen Hermann Billung und Gero · Otto eröffnet die Christianisierung der Wenden und macht «hier reinen Tisch» · Otto «der Große» läßt 700 slawischen Kriegsgefangene köpfen und befiehlt die Ausrottung der Redarier · Gunsterweise über Gunsterweise für die «Hauptstadt des deutschen Ostens ...» · Polen vertraut dem Wolf die Schafe an · Die hl. Olga (gest. 969) · Der hl. Vladimir, der «Große und Apostelgleiche» · Skandinavienpo-

litik – Krieg und Geschäft um Gottes willen? · Das «finstere Zeitalter» zieht herauf · Papst Sergius III. – Mörder zweier Päpste · Auftakt des «Römischen Hurenregiments» – Papst Johann X.: im Bett und auf dem Schlachtfeld · Anarchische Zustände in Italien · König Hugo greift durch und bereichert die Seinen · Päpste von Marozias Gnade und König Hugos Hochzeitsnacht · Berengar II. wird König von Italien · Johann XII. macht die Liebe zum Mittelpunkt seines Pontifikats · Johann XII. krönt Otto I. zum Kaiser, und dieser stellt das Privilegium Ottonianum aus · Der Papst konspiriert mit allen Reichsfeinden · Ein «Monstrum» wird vom Papstthron gestürzt und stirbt durch einen «Schlaganfall» · Tumulte und Greuel in Rom und in der Geschichtsschreibung · Hauptstütze und Nutznießer auch in Italien: der Klerus · Der Kaiser erringt «eines der wichtigsten Lebensziele in seinen letzten Regierungsjahren»

11. Kapitel: Kaiser Otto II. (973–983)
Kleriker in Herrschernähe · Kriege um Bayern und Böhmen · Krieg um Lotharingien · Krieg im Norden · Capo di Colonne – die erste große Niederlage der ottonischen Dynastie

12. Kapitel: Kaiser Otto III. (983–1002)
Thronkonflikt durch Heinrich den Zänker und die Bischöfe · In der Hand frommer Frauen und des Klerus · Zwischen zwei Heiligen und einem künftigen Papst · «Unser bist du ...» · Szenen um den Heiligen Stuhl · Erzbischof Giselher besticht, fälscht und kassiert · Vierzehn Jahre Dauerkrieg gegen die Elbslawen · «... die Legionen zu sammeln» – Konzertierte Aktion in Gnesen zum Vorteil Roms · Der Gandersheimer Streit

Band 6:
11. und 12. Jahrhundert
Von Kaiser Heinrich II., dem «Heiligen» (1002), bis zum Ende des Dritten Kreuzzugs (1192)
1999 erschienen, 656 Seiten, gebunden, € 27,- (D)
und rororo 61131/€ 12,90 (D)

1. Kapitel: Kaiser Heinrich II. der Heilige
Kirchenluft und ihre Folgen · Heinrich der Heilige raubt die Reichsinsignien und wird wider jedes Recht König · Blutiger Regierungsantritt · Reformieren – und kassieren · «Gute Schäferhunde» und «heilige Leithammel» · Exkurs: Klerus und Krieg · Militärseelsorge oder «Liebe in fremder Gestalt» · Segnen der Feldzeichen, der Waffen, der Schlächter oder «Christ ist geboren» · Dem Klerus war Kriegsdienst streng verboten · Militärisches Draufgängertum der Bischöfe «geradezu eine Art Voraussetzung der Heiligkeit» · Sie kommandieren ganze Heere, sie morden und fallen in der Schlacht · Das gute Beispiel der Päpste · Auch die Äbte töten · Prälaten- und Kirchenburgen entstehen · Gleich nach Heinrichs Wahl Bürgerkriege in Schwaben und Franken · Heinrichs des Heiligen Kriege im Westen · Das Bistum Bamberg entsteht durch einen königlichen Schurkenstreich · Arduin von Ivrea, der letzte Nationalkönig Italiens vor Viktor Emanuel (1861!), wird niedergerungen · Heinrichs des Heiligen Kriege gegen das katholische Polen · Papst Sergius Schweinsmaul erläßt den ersten Kreuzzugsaufruf · Papst Benedikt VIII., den der hl. Heinrich «verstehen und achten» konnte · Der hl. Kaiser, der Heilige Vater und ihr Feldzug gegen das christliche Byzanz · Die Synode von Pavia 1022 – gnadenloser Kampf gegen den eigenen Klerus aus purer Macht- und Profitsucht

2. Kapitel: Kaiser Konrad II. – Auftakt des salischen Jahrhunderts
Die Salier · Königswahl und Bürgerkriege · Herr seiner Kirche und «Simonist» · Massaker unter südlicher Sonne – Pomp und Komik einer Kaiserkrönung · «Constitutio de feudis» und

Erzbischof Aribert II. von Mailand · Kaiser Konrads «mutiger Angriff» wirft die Franzosen aus Burgund · Christliches Abstechen in und um Polen · Der hl. Stefan I., König von Ungarn und «Stellvertreter Gottes im Lande» · Der Mörderkönig Knud «der Große» und Olaf der Heilige: Streiter für Christus und gegeneinander

3. Kapitel: Kaiser Heinrich III., «der fromme Friedensbringer»
Noch mehr Besitz und Macht für die Prälaten · Der friedliche Krieger · Blutige Kämpfe um Lothringen · Krieg gegen Polen und Böhmen und «das ehrwürdige Zeugnis des Alten Testaments» · Heinrich, «der fromme Friedensbringer», bekriegt das katholische Ungarn · Der «Gottesfrieden» – und wem er nützte

4. Kapitel: «Ein Papst drängt sich neben den anderen …» Die heiligen Väter um die Mitte des 11. Jahrhunderts
Ein Papst geht mit Heiratsplänen um und verkauft das Papsttum · Heilige Väter – «Idioten» oder Opfer? · Heiliger und Feldherr – Papst Leo IX. (1049–1054) · Reform? Revolution! Weltmachtgelüste auf der Basis von purem Lug und Trug · Viktor II. und Stephan IX., die letzten seit Clemens II. regierenden deutschen Päpste · Benedikt X., Nikolaus II. und das neue Papstwahldekret · Nikolaus II. kollaboriert mit den Normannen · Das Cadalus-Schisma beginnt · Der hl. Anno und sein Staatsstreich von Kaiserswerth · Das Ende des Cadalus-Schismas · Vorläufer der Kreuzzüge in Sizilien und Spanien

5. Kapitel: Heinrich IV. (1065–1106) und Gregor VII. (1073–1085)
Regierungsbeginn Heinrichs · Demutsbekundungen des hohen Klerus · Beginnender Bürgerkrieg in Deutschland · Die Schlacht bei Homburg – «aller christlichen Ehrfurcht vergessend, Menschen abschlachteten wie Vieh» · Papst Gregor VII. – der «heilige Satan» tritt an · Wie der hl. Gregor die bisherige Rangordnung verkehrt · Der Papst, der Untergeordnete des Kaisers, macht sich zu dessen Herrn und will die Welt beherrschen · Papst Gre-

gor VII. erstrebt die Königsherrschaft über Frankreich, Ungarn, Spanien u.a. · Ein Kriegsplan nach dem andern, Suche nach Schlachtopfern oder «die Verwirklichung des Gottesreiches auf Erden ...» · Ein Kreuzzug mit zwei Damen fällt ins Wasser · Beginnender Machtkampf und altes metaphysisches Schmierentheater · «Steige herab, steige herab, du ewig Verdammter!» · Canossa · Rudolf von Rheinfelden wird Gegenkönig · Bürgerkrieg in Deutschland · Papst Gregor ergreift offen die Partei des Gegenkönigs · Herrsch- und Besitzgier eines hl. Papstes · Gregors Absetzung, unerfüllte Prophezeiungen und Kriegsträume · Die Schlacht an der Elster, ein neuer Gegenkönig und Heinrichs IV. Sturm auf Rom · Flucht und Ende · Besser Königstreue töten als Heiden · Klerikales Leben im Detail oder «gelebt wie reißende Wölfe» · Gegenpäpste, Gegenbischöfe und Krieg von Deutschland bis Rom · Kaiser Heinrich IV. in den Netzen Papst Urbans II.

6. Kapitel: Der Erste Kreuzzug (1096–1099)
Kreuzzugsmotive · «Die Hunde sind ins Heiligtum gekommen ...» – Papstagitation auf dem Konzil von Clermont · Christliche Kriegshetze · In Deutschland beginnen die Judenmassaker – frühe Präludien der Nazizeit · Der «Bauernkreuzzug» endet, der «Kreuzzug der Fürsten» beginnt · Der «Weg des Kreuzes ...» · ... und der Triumph

7. Kapitel: Das Ende der Salierzeit und des Investiturstreits
Heinrichs IV. letzte Jahre · In den Spuren des verratenen Vaters

8. Kapitel: Lothar von Süpplingenburg – Krieg für Kirche und Papst
Die neue Phase der Ostkolonisation – «wo der Teufel seinen Sitz hatte und alle unreinen Geister wohnten» · Bischof Otto, der Pommernapostel · Erneuter Bürgerkrieg in Deutschland – Staufer, Welfen (und ein Heiliger verketzert den anderen) · Kämpfe der Päpste und Gegenpäpste und Kardinalkanzler Haimerichs Regie · Wie Innozenz II. mit König Lothar umging · Ein zehn-

jähriger Landfriede, ein großer Krieg und die Erbärmlichkeit des Menschengeschicks

9. Kapitel: Der erste Stauferkönig, Kreuzzüge wie vom Fließband und ein heiliger Kirchenlehrer
Der «Staatsstreich von Koblenz» und weitere «Regierungsgeschäfte» · Unruhen, Aufstände und Kriege in Italien · «Die blühenden Lande veröden» oder «wer dort arm war, wurde hier reich durch Gott» · Die Ritterorden – die neue «Herrlichkeit Christi auf Erden» · Kirchenlehrer Bernhard verheißt «einen großen Markt» · Der Kreuzzug der Könige · «Tod oder Taufe» – Der Wendenkreuzzug · Die Reconquista beginnt · «Hie Sankt Jakob!» · Offensivere Phasen und Roms Interesse

10. Kapitel: Barbarossa mildes Antlitz
Zähne – weiß wie Schnee ... · Freuden eines Königs · Barbarossa wird Kaiser – und einige Randerscheinungen · «... und nahm in Frieden seinen Weg» · Pakt mit dem Feind · Wie alles zum allgemeinen Besten ist und zügig und sinnvoll ineinander greift · Die Belagerung von Crema oder «die Milde seines Antlitzes ...» · Der Kampf zwischen Barbarossa und Alexander III. entbrennt · «Gedenke Deiner Milde, o Herr!» · Dritter und vierter Italienzug Barbarossas · St. Peter in Flammen, Barbarossa im Zenit seines Ruhms und «eine wunderbare tödliche pestilentia» · Die Liga der Lombarden und der Friede von Venedig · Das Dritte Lateranum · Alexanders Tod und die Nachfolger

11. Kapitel: Der Dritte Kreuzzug (1189–1192)
Feudale Galgenvögel im «Heiligen Land» · «... wie Gazellen schossen wir sie ab» – Die Schlacht bei den Hörnern von Hattin · Die Päpste blasen zum Angriff · Aufbruch der gekrönten Häupter · Akkon, das Massaker des Richard Löwenherz und die liturgische Errungenschaft des Heiligen Vaters

Band 7:
13. und 14. Jahrhundert
Von Kaiser Heinrich VI. (1190) zu Kaiser Ludwig IV. dem Bayern (1347)

2002 erschienen, 576 Seiten, gebunden, € 29,90 (D)
und rororo 61511/€ 12,90 (D)

1. Kapitel: Kaiser Heinrich VI. (1190–1197) und Papst Coelestin III. (1191–1198)
Heinrich VI. tritt an · Tuskulums Ende, ein deutsch-vatikanisches Gemeinschaftswerk · Heinrichs VI. erster Anlauf auf Sizilien · Regierungskünste – Bestechungen und Mord · «Durch Gottes Gnade ... besitzen wir das ganze Königsreich Sizilien und Apulien in Frieden» · Erbreichsplan und «deutscher» Kreuzzug · Mit Massakern ins Fürstengrab

2. Kapitel: Innozenz III. (1198–1216), der mächtigste Papst der Geschichte
Bestechung und Betrug als Handwerkszeug · Größenwahn · «Rekuperationen» und Nepotismus · Innozenz III. greift auf Sizilien ein · Der Thronstreit zwischen Staufern und Welfen bricht aus und wird vom Papst geschürt · Der Thronkrieg beginnt · Innozenz tritt offen für die Welfen ein · Der Papst, der Klerus und die Fürsten im Fortgang des deutschen Bürgerkriegs · Königsmord im Bamberger Bischofspalast oder Bischof Ekbert «auf der Höhe seiner Zeit»

3. Kapitel: «Das großartigste Epos». Kreuzzug aller Orten. Der Vierte Kreuzzug (1202–1204). Kreuzzüge in Spanien. Der Kinderkreuzzug (1212)
Unrat auf religiösen Duft? · Vorspiel für Konstantinopel: Das christliche Zadar wird zerstört · Byzantinische Geschichten und das Abendland · «... ein unbeschreibliches Morden» und eine dezente Geschichtsschreibung · Reliquien und Kunstschätze wechseln den Besitzer · Eine Nutte auf dem Patriarchenthron, der Aufschrei des Niketas – und das Ganze «nicht einmal so

schlecht» (Jesuit Hertling) · Das kurzlebige Lateinische Kaiserreich und die langlebige «adriatische Kröte» · Innozenz III. und die geistlichen Früchte des Vierten Kreuzzugs · In Spanien: Kriege gegen «Ungläubige» und Gläubige · Der Kinderkreuzzug, der keiner gewesen sein soll

4. Kapitel: Der Kreuzzug gegen die Albigenser
Die ersten mittelalterlichen «Ketzer» werden verbrannt · Die «novi haeretici» – die Heraufkunft der Katharer · Katharische Theologie und Hierarchie · Die Albigenser – Verbrennung nach Gutdünken und ein erster Kreuzzug · Das «heimtückische, verräterische und betrügerische Rom» legt die Maske der Armut an · Die Verfolgung der Waldenser · Der Papst beschwört den «Gott der Rache» und befiehlt, «die Wölfe zu erschlagen» · Die «Sache Christi» · Schlacht- und satirereif

5. Kapitel: Kreuzzüge gegen Balten, Preußen, Stedinger
Ostmission oder «alle Slaven ... sofort zu ergreifen und aufzuknüpfen». «Die Fürsten teilten das Geld unter sich» · Der «Frieden Gottes» kommt nach Livland – «ein unvergängliches Ruhmesblatt» · «Faßt sie, reißt sie, schlagt sie tot!» · Altpreußen oder «das Recht der Inbesitznahme durch Eroberung ...» · Preußenmission oder «... töteten sie alle» · Gregor IX. stürzt die Stedinger «in die Grube der Verdammnis»

6. Kapitel: Kaiser Friedrich II. (1194–1250) und die Päpste Innozenz III., Honorius III., Gregor IX.
Neuauflage der Stauferpolitik · Der Pfaffenkaiser kommt · Geld + Besitz = Ehre, doch genug ist nicht genug · Der deutsche Thronstreit wird in Frankreich entschieden · Das Vierte Lateranum (1215) – gegen die Juden, gegen die «Ketzer» und für einen neuen Krieg · Der «sanftmütige Honorius» und der Beginn des Fünften Kreuzzugs · Wie man dank eines «ungläubigen» Sultans nicht vernichtet wurde · Papst Honorius drängt den Kaiser zum Krieg · Gregor IX. (1227–1241) beginnt und der nächste Kreuzzug · Papst Gregor überfällt das Reich, während der Kaiser auf

einem Kreuzzug weilt · Gregors doppeltes Spiel im Kampf um die Lombardei · Gregor IX. holt zur Vernichtung Friedrichs aus und stirbt

7. Kapitel: Die Inquisition beginnt
Die Anfänge der päpstlichen Inquisition in Deutschland – Konrad von Marburg · Je dreckiger, desto heiliger · Inquisitionsgefängnisse, Orte unausdenkbaren Grauens · Practica Inquisitionis · Die Folter, das beeindruckendste Instrument christlicher Nächstenliebe · «Für die katholische Sache ist es sehr zuträglich, wenn die Inquisition reichlich Geldmittel besitzt»

8. Kapitel: Kaiser Friedrich II. und Papst Innozenz IV.
Die Flucht nach Lyon · Das Konzil von Lyon, die Lügen des Kardinals und die Absetzung des Kaisers · Zwei päpstliche Gegenkönige in Deutschland und ein neuer Bürgerkrieg · Parma – Friedrichs II. größte Niederlage · «... die unnahbar adlige Haltung» · Mordanschläge auf den Kaiser und ungeheurer Papstjubel über seinen Tod · «... und die Sache Gottes»

9. Kapitel: Ende der Staufer, Aufstieg der Anjou
König Ludwig der Heilige – «Muster des katholischen Frankreichs» · Der heilige Krieger und zwei weitere Kreuzzüge · Der Pastorellenaufstand · Der Mongolensturm und die Mission des Johannes von Plano Carpini · Papst Innozenz feilscht um ein Königreich und stirbt · Papst Alexander IV. (1254–1261) sucht die Staufer durch England zu vernichten · «Seht doch, wie sie einander lieben ...» · Papst Urban IV. (1261–1264) und Karl I. von Anjou kommen ins Geschäft · Karl der Retter ist da · Eine Schlacht für das Papsttum ... · ... und ein zweites Gemetzel für das Papsttum nebst Karls Siegesbotschaft

10. Kapitel: Die Habsburger kommen
Rudolf von Habsburg stürzt dem Papst zu Füßen · Nikolaus III. und der Nepotismus · Der «französischste» der Päpste und die Sizilianische Vesper · Pro domo – oder aus Reichsgut mach

Hausgut · Adolf von Nassau wird König, von Gott abgesetzt und umgebracht · Albrecht I. von Habsburg wird König und ermordet

11. Kapitel: «... wie der Erlöser verraten». Papst Coelestin V. (1294) und Papst Bonifaz VIII. (1294–1303)
Ein «Engelpapst» demissioniert · «Der hochgemute Sünder» · Ein Viertel aller Kurialeinnahmen der eigenen Familie zugesteckt · Der Colonnesen-Krieg · Karl II. von Anjou und Papst Bonifaz verlieren Sizilien · König Philipp der Schöne, «Heiliges Jahr» und Bulle «Unam sanctam» · Das Attentat von Anagni oder «wie der Erlöser verraten»

12. Kapitel: Christliches Judenmorden im Mittelalter
Die mittelalterlichen Judenverfolgungen auf der Iberischen Halbinsel · Die mittelalterlichen Judenverfolgungen in Frankreich · Die mittelalterlichen Judenverfolgungen in England · Die mittelalterlichen Judenverfolgungen in Deutschland · Die «Judenfreundlichkeit» gekrönter Häupter und der Nervus rerum

13. Kapitel: Heinrich VII., ein französischer König, ein französischer Papst und die Vernichtung der Templer
Ein Messias aus Luxemburg · Mit Lanzen und Finanzen · Der Templerprozeß, ein monströses Justizverbrechen von Papst und König

14. Kapitel: Kaiser Ludwig IV. der Bayer (um 1281–1347) im Kampf mit Papst Johann XXII. (1316–1334)
Das Finanzgenie der Catholica · Der Armutsstreit · Frühe Konfrontationen · Die Schlacht bei Mühldorf oder «Her öheim, ich sach euch nye so gern» · «Bei Gott, ihre Wut soll meiner Wut ... begegnen!» · Zwei Drittel des Kirchengeldes für den Krieg · Rom – Einzug und Auszug · ... und der Rückzug · Ludwigs Tod oder «Süeze künigin, unser frawe ...»

Band 8:
15. und 16. Jahrhundert
Vom Exil der Päpste in Avignon bis zum Augsburger Religionsfrieden

2004 erschienen, 528 Seiten, gebunden, € 29,90 (D)
und rororo 61670/€ 12,90 (D)

1. Kapitel: Die Anfänge Karls IV. von Luxemburg-Böhmen (1346–1378) und Clemens VI. (1342–1352), ein Vorläufer der Renaissance-Päpste
Ein neuer «Pfaffenkönig»? · Clemens VI. (1342–1352) und die Königin von Neapel · Luxus, Orgien und Torturen · Introitus et Exitus · Weitere Ausbeutungsvarianten oder Alles hat seinen festen Preis · Die Abschöpfmethoden der Bischöfe · Auch der niedere Klerus bediente sich · Nuntii et collectores · «Unsere Vorgänger verstanden es nicht, Papst zu sein» · Marsilius von Padua – «nie ein schlimmerer Ketzer», und Tod von Kaiser und Papst

2. Kapitel: Innozenz VI. (1352–1362) und der Beginn des Hundertjährigen Krieges (1338–1453)
«Ketzer»-Jagden · Kardinal Albornoz – das Genie seiner Heiligkeit · Der Hundertjährige Krieg beginnt · Erbfolgekrieg in der Bretagne · Die Schlacht von Poitiers

3. Kapitel: Christliches Bauernelend und mönchisches Glück
«Seid nicht traurig – wir sind alle Brüder in Christo» · Eine Rechtsnatur wie Vieh · «Jacques Bonhomme à bon dos, il souffre tout» · Hungersnöte: Menschen getötet und in Salz gelegt · Reichtum der Bischofskirchen · Zehnt und Doppel-Zehnt für den armen Klerus · Reichtum der Klöster · «to troste miner selen» oder «rechtmäßige Erben um ihr Erbe bringen» · Der hl. Isidor
«Jeder muß sein eigener Ochse sein»? · Bauernlegen der Zisterzienser · Die sogenannte Freilassung in der Kirche · Das Kirchengut war heilig · Bauernrevolten in der Normandie, in Dänemark,

Norwegen und Ungarn · Der flandrische Bauernkrieg und die Jacquerie

4. Kapitel: Die Päpste Urban V. (1362–1370), Gregor XI. (1370–1378) und das Ende des avignonesischen Exils
Fortgesetzte «Ketzer»-Jagd · Gescheiterte Rückkehr nach Rom und missglückte Kirchenunion · «... ein glücklicher Handstreich» Massenmord in Alexandria · Gregor XI. bekämpft John Wyclif und andere «Ketzer» · Rückkehr nach Rom, Blutbäder und Blumen

5. Kapitel: Das Große Abendländische Schisma (1378–1417 bzw. 1423). Krieg der Päpste gegeneinander
Ein Monstrum und ein Massenmörder werden Papst · Krieg um Neapel. Urban VI. läßt die eignen Kardinäle foltern und ermorden · Papst Bonifaz IX. (1389–1404) läßt Geld und Köpfe rollen · Statt der verruchten Zweiheit eine verfluchte Dreiheit · Papst Johann XXIII. «So werden Füchse gefangen» · Das Konzil von Konstanz (1414–1418) entmachtet drei Päpste

6. Kapitel: Jan Hus und die Hussitenkriege
Ein Reformator entflammt Böhmen · Die katholische Kirche verbrennt Jan Hus · Die hussitische Revolution beginnt · Vier Kreuzzüge gegen das «giftige Gewürm»

7. Kapitel: Das christliche Europa gegen Mitte des 15. Jahrhunderts. Unter besonderer Berücksichtigung Papst Eugens IV., weiterer Judenpogrome und des Deutschen Ritterordens
Konzil contra Papst · Großes Köpferollen unter Kardinal Giovanni Vitelleschi, dem «geliebten Sohn» des Papstes · Eugens Kirchenunion · Die Türken vernichten Byzanz · Der Hundertjährige Krieg (1327–1453) geht zu Ende · Peasants' Revolt · Die Herren unter sich · Eine Hexe wird heilig · Auch ein Judenhetzer wird heilig · Auch ein großer Judenmörder wird heilig · Die «Preußenreise» – der Deutsche Orden bittet zur «Saison» · Tannenberg oder Der Anfang vom Ende

8. Kapitel: Das Renaissance-Papsttum beginnt. Nikolaus V., Kalixt III., Pius II., Paul II., Sixtus IV., Innozenz VIII.
Nikolaus V. (1447–1455), «der liberalste aller Päpste» · Calixtus III. (1455–1458) Türkenkrieg und Nepotismus · Pius II. (1458–1464), ein Pornograph wird Papst · Paul II. (1464–1471), «die fromme Maria» · Sixtus IV. (1471–1484). Krieg und Mord für Nepoten, Beginn der Spanischen Inquisition
Innozenz VIII. (1484–1492). Das «Goldene Zeitalter der Bastarde»

9. Kapitel: Die Anfänge des langen christlichen Hexenwahns
Was kleine und große Kirchenlichter glaubten · «Brennen», «das houbet abslahn», «den wilden tieren fürgeworfen». «Der Vorrang der Initiative lag zunächst bei der geistlichen Gerichtsbarkeit» · «Hexenbulle» und «Hexenhammer» erleuchten die Neuzeit

10. Kapitel: Von Alexander VI. (1492–1503) bis zu Leo X. (1515–1521)
Die heilige Familie · Franzosen- und Türkeninvasion · Savonarola · Drei Romagna-Kriege – und das «weiße Pulver» · «Blutsäufer Julius» tritt an · Julius II. bekriegt Perugia und Bologna · Julius II. bekriegt mit Frankreichs Hilfe die Venezianer und mit Venedigs Hilfe die Franzosen · Papst Leo X. (1513–1521) «Nunc triumphabimus, amici» · Nepotismus und Schulden wie Sand am Meer · Leos blutiges Lavieren für die Medici

11. Kapitel: Der Ablaß. Vom katholischen zum protestantischen Luther
«... eine echte dogmengeschichtliche Neubildung» · Die «Fuggerei» · Ablässe für Lebende und Tote · Fortschritte beim Ablaßbetrug und Folgen · Die Ablaßthesen. Vom «sehr guten Papst» zur «Papstsau»

12. Kapitel: Man nennt es Reformation
Der Reformator läßt die Bauern schlachten oder «Anzaigung

zwayer falschen Zungen des Luthers» · Der «Ketzer» wird zum «Ketzer»-Jäger · Luther fordert Todesstrafe für Zauberer und Hexen · Der Judenstürmer

13. Kapitel: Vom «Sacco di Roma» zum Augsburger Religionsfrieden

Karl V. und Franz I. · Clemens VII. laviert · Il Sacco di Roma – der katholische Kaiser und Schirmvogt der Kirche bekriegt mit Spaniern und Lutheranern den Papst · Papst Paul III. (1534–1549) Türkenkriege, Römische Inquisition und sein Verrat des Kaisers im Schmalkaldischen Krieg · Der Augsburger Religionsfrieden – neues Recht und neues Unrecht

Band 9:
Mitte des 16. bis Anfang des 18. Jahrhunderts
Vom Völkermord in der Neuen Welt bis zum Beginn der Aufklärung

2008 erschienen, 460 Seiten, gebunden, € 29,90 (D)
und rororo 62443/€ 14,00 (D)

1. Kapitel: Amerikanischer Holocaust oder «Missionsfrühling zu Beginn der Neuzeit»

Päpste und Portugiesen greifen Afrika an · Alexander VI. verschenkt einen Kontinent · «... and Columbus Day is a celebration» · Der größte Völkermord der Geschichte beginnt · Hernán Cortes, Missionar und Menschenbestie · Pizarro und die Vernichtung des Inkareiches · Wie Nordamerika christlich wurde oder: «To kill and scalp all, big and little»

2. Kapitel: Die Reformation erfaßt die Schweiz. Zwingli und Calvin

Zwingli kann die Kirche «bloß durch Blut» erneuern · Calvin läßt Michael Servet verbrennen

3. Kapitel: Die Gegenreformation beginnt. Das Konzil von Trient. «Sacrosancta Tridentina synodus (1545–1563)
Ältere Reformansätze · Phasen des Konzils · Einfluß der Jesuiten

4. Kapitel: Ignatius von Loyola (1491–1556). Ein tränenreicher Visionär macht Weltpolitik
«Kriegsdienst für Gott» · «Das Geistliche Tagebuch» oder War Ignatius von Loyola verrückt? · Visionen und «Stimmen» · Der stete «Blick nach oben» oder «Wie mit einem mystischen Fernrohr» · «Blind» gehorchen, als wäre man «ein Leichnam»

5. Kapitel: Der Konfessionalismus beginnt
Die Konfessionalisierung beginnt ... · ... und die lutherische Staatskirche, «Fortsetzung des Bauernkrieges ‹mit anderen Mitteln›» · Cuius regio, eius religio · Was Herr von Pastor meint

6. Kapitel: Weltweite Jesuitenagitation
In Italien und Spanien · In Frankreich und Deutschland · In Polen und Schweden · Die Union von Brest · Ein welthistorisches Schmierentheater. Rom setzt in Moskau einen falschen Zaren auf den Thron · In Südamerika und Indien · In Japan und China · Schein und Sein und erste Anfeindungen · Stete Indoktrination oder: cupido occupandi omnia · Die Beichtväter-Bande

7. Kapitel: Wittelsbacher und Habsburger als Träger der Gegenreformation und der Kölner Krieg
München als «deutsches Rom», Bayern als Polizeistaat · Nichts um «Gottes Lohn» allein · Otto Kardinal Truchseß von Waldburg, Bischof von Augsburg und «Protektor der deutschen Nation» · Julius Echter von Mespelbrunn, Fürstbischof von Würzburg und Herzog von Franken. Porträt eines «hervorragenden Humanisten» (Meisner) · Habsburg rettet Österreich für das Papsttum · Der Kölner Krieg «zur Propagierung des heiligen Evangeliums»

8. Kapitel: Staatsterror im Westen. Die Niederlande, Frankreich, England und Schottland im späteren 16. Jahrhundert
Terror in den Niederlanden · Blutopfer niederländischer Christen unter dem Kaiser · König Philipp II. – «alles unter dem Gesichtswinkel des kirchlichen Interesses ...» · Der Bildersturm · Herzog Alba und sein Schreckensregiment · Terror in Frankreich · Die Bartholomäusnacht oder die sogenannte Pariser Bluthochzeit · Gregorianische Freudengesänge und pures Entsetzen · Terror in England, Schottland und Irland · Heinrich und sein Eheglück · Heinrich VIII. wird «höchstes irdisches Haupt der Kirche von England» · Maria die Katholische, die Blutige (1553–1558) · Elisabeth I. (1558–1603), die «geborene Herrscherin» · Schottland und Maria Stuart · Irland – Kopfpreise auf katholische Priester wie auf den Kopf eines Wolfes

9. Kapitel: Die Schlammschlacht vor dem großen Krieg. Vom publizistischen Schlachtfeld zum militärischen
«... so gräulich ausgekotzte Rotz- und Schmachklumpen» · «... das Reich des Antichristes ... die große Mutter der Hurerei» · «Christus Jesus mit den Christen, / Der Teufel mit den Calvinisten» · «Um Christi Liebe ... kommt mit euren Hellebarden, Kanonen und Büchsen ...» oder: «Deutschland in seinem eigenen Blut ersäufen»

10. Kapitel: Der Dreißigjährige Krieg beginnt
Union und Liga. Die christlichen Brüder formieren sich · Der Prager Fenstersturz (23. Mai 1618) · Der Böhmische Krieg · Das Blutgericht oder: «Sonst ist der ganze Tag schön gewesen» · Der Krieg springt auf das Reich über · Papst Gregor XV. (1621–1623) – «Furcht und Liebe Gottes» und stete Kriegstreiberei · Von der «lust zum kriege» oder: «Sie schonen niemand, wer er auch sei ...»

11. Kapitel: Worum kämpfte man im Dreißigjährigen Krieg?
Der Dänisch-Niedersächsische Krieg (1625–1629) und das Restitutionsedikt (1629) · Wallenstein betritt die Arena · «Des

Schweden Volk ist im Marschieren ...». Magdeburg und Breitenfeld · Religion nur Vorwand für Krieg · Die Päpste und der Krieg

12. Kapitel: Pax Christiana oder «Christliche Lebensführung» nach dem Jahrhundertkrieg
Von der Sehnsucht nach Frieden und stets neuen Kriegsprojekten · Krieg auf Krieg · Zur Zeit des «Sonnenkönigs» · Von der «Freiheit des Glaubens» oder «sterben wie Mücken ...»

REGISTER

Abel, Herzog von Schleswig 19
Abel, Wilhelm 211, 213
Absalom I., Erzbischof von Lund 20
Adam von Bremen 18
Ahrens, Norbert 244
Albani, Alessandro 168
Albani, Annibale 168
Albani, Giovanni Francesco 130, 168
Alberoni, Giulio 169
Albert, Hans 239
Alexander VII., Papst 125, 155–157, 159, 190
Alexander VIII., Papst 166 f., 190
Alexej Michajlovič Romanov, russischer Zar 90 f.
Altomonte, Martino 114
Andrejevič, Vladimir 81
Anna Alexejevna, vierte Ehefrau Ivans IV. 79
Anna von Österreich 157
Apraxin, Fjodor Graf 64
Arason, Jön, Bischof von Hólar 41
Archinto, Alberigo 140
Arcimboldi, Giovanni Angelo 27
Arndt, Ernst Moritz 146
Aubarède, Michel d' 164
August der Starke (Friedrich August I.), Kurfürst von Sachsen 52, 59, 63 f.
August II., König von Polen 52
August III., König von Polen 59
Augustinus 129, 224
Aviano, Marco d' 101

Batthyány, Karl Graf von 202
Baumann, Leopold 231
Bazmanov, Alexej 75
Becket, Thomas 195
Bekeshovede (Bukshövden), Albert von 53
Benedikt XIII., Papst 170
Benedikt XIV., Papst 139 f., 150, 153, 173 f., 177, 190
Birger Jarl, König von Schweden 21
Birger Magnusson, König von Schweden 19 f.
Bischoff, Engelhardt 104
Bjørneboe, Jens 243
Bleckwenn, H. 145
Bolotnikov, Ivan Isayevich 85 f.
Bonneval, Claude Alexander Comte de 118, 134
Borgomaero, Carlo Emanuele d'Este Marchese di 101
Borissowitsch, Fjodor 84
Borromäus, Karl 188
Borromeo, Vitaliano 124
Bräkers, Ulrich 222
Brandt, Ahashver von 11
Brask, Hans 31
Braubach, Max 96, 103, 113 f., 118
Braudel, Fernand 221
Brouwer, Adriaen 113
Bruckmüller, Ernst 211, 219
Buchholz, W. 30, 45
Büchner, Georg 217
Burkhardt, Johannes 123, 136 f., 139
Bussow, Conrad 86

Cano, Melchior 178
Carlsson, Gottfrid 26
Castelldosrius, Manuel 95
Caulet, François 164
Cawthorne, N. 72
Ceram, C.W. 230 f.

Chigi, Fabio 155, 157 → Alexander VII., Papst
Chlodwig I., fränkischer König 194
Christian August von Sachsen 52
Christian I., König von Dänemark 24f.
Christian II., König von Dänemark 24f., 27f., 32, 36, 39
Christian III., König von Dänemark 39–41
Christian IV., König von Dänemark 12
Christine, Königin von Schweden 159, 165
Christoffer, Graf von Oldenburg 39
Christoph I., König von Dänemark 20
Churchill, John 115
Cibo, Alderano 170
Clausewitz, Carl von 51, 146
Condé (Prinz) 126
Conti, Louis Armand 52, 100
Cordara, Giulio Cesare 177
Corsini, Neri 171
Coscia, Niccolò 170
Crequi, Herzog von 159
Crivelli, Ignazio 149f.

D'Alembert (Jean-Baptiste le Rond) 181
Dacke, Niels 32
Davenant, Henry 120
Davia, Giovanni Antonio 52
David, jüdischer König 77
De Quincey, Thomas 113
Dessau, Moritz von 145
Dietz, Johann 114
Dmitri, Sohn Ivans IV. 83
Dos Passos, John 228
Dubois, Guillaume 169f.
Duchhardt, Heinz 13, 94, 114, 119
Duffy, Christopher 138, 145–147
Durant, W. u. A. 178

Eckengrön, Johann Heinrich 56
Effen, Justus van 62
Egghardt, Hanne 93, 103, 115
Elisabeth I., Königin von England 79
Elm, Veit 179
Eltz, Graf von 220
Endres, Rudolf 220
Engelbrektsson, Olav 39
Erasmus von Rotterdam 28
Erik («der Heilige»), König von Schweden 16, 31
Erik I. »Blodöx» (Blutaxt), König von Norwegen 17
Erik I., König von Dänemark 19f.
Erik IV., König von Dänemark 19f.
Erik V., König von Dänemark 20
Erik XIV., König von Schweden 42f.
Eugen Moritz von Savoyen-Carignan 98
Eugen, Prinz von Savoyen-Carignan 13, 93f., 96–121, 132f., 197
Eversmann, Rudolf Wilhelm 121

Farnese, Elisabeth 184
Faulkner, William 229
Fenske, Hans 200
Ferdinand VI., König von Spanien 183
Findeisen, Jörg Peter 46, 49, 62
Fjodor I. Ivanowitsch, russischer Zar 83f.
Frantz (Jesuit) 202
Franz I. Stephan, Kaiser des Heiligen Römischen Reiches 139, 196
Franz I., König von Frankreich 137, 139
Franz Stephan, Herzog von Lothringen 202
Friederike Sophie Wilhelmine, Markgräfin von Bayreuth 121
Friedrich I., König von Dänemark 37–39
Friedrich I., König von Preußen 168

Friedrich II. («der Große»), König von Preußen 14, 52, 59, 96, 112, 120f., 139, 141f., 144–149, 152, 196, 216
Friedrich III., Kaiser des Heiligen Römischen Reiches 73
Friedrich III., König von Preußen 168
Friedrich IV., König von Dänemark 53, 59
Friedrich von Hessen-Kassel 65, 123
Friedrich Wilhelm I., König von Preußen 120
Fürstenberg, Wilhelm Egon von 128

Gadd, Hemming 11
Gelmi, Josef 153, 156
Geremek, Bronisław 224
Ginckel, Baron von 120
Glinskaja, Jelena, zweite Ehefrau Vasilijs III. 73f.
Glinskij, Jurij 74
Glinskij, Michail 74
Goethe, Johann Wolfgang von 228, 244
Goldharald, König von Dänemark 19
Gondy, Jean-François-Paul 158
Gontard, Friedrich 153
Gonzaga, Silvio Vatenti 138, 173
Gorbatyj-Šujskij, Alexander 75
Gormsson, Harald Blauzahn (Blatand) 17
Gottfried, dänischer König 16
Gregor XIII., Papst 189
Gregor XIV., Papst 189
Gregor XV., Papst 189
Grey, Ian 73
Grimaldi, Luigi 126
Grumbkow, Friedrich Wilhelm von 121
Gudonow, Boris 83f.
Gustav I. Eriksson Vasa, König von Schweden 28–31, 33–35, 42f.
Gustav II. Adolf, König von Schweden 44f., 142

Håkon I. («der Gute»), König von Norwegen 17
Håkon II. («Herdebrei»), König von Norwegen 19
Håkon IV. («der Älte»), König von Norwegen 19
Håkonsson, Erlend 17
Hamsun, Knut 143
Hannibal, karthagischer Feldherr 96
Harald der Harte (Hardråde), König von Norwegen 18
Harald I. Schönhaar (Hårfagre), König von Norwegen 17, 23
Harald II. Godwinson, König von England 18
Harald II. Graufell (Gråfell), König von Norwegen 17
Haraldsson, Magnus 31, 34
Hastings, Mary 79
Hedwig Sophia, Schwester Karls XII. 59
Heinrich II., König von England 195
Heinrich VIII., König von England 24, 79
Helgesen, Paul 38
Hemingway, Ernest 229
Hermelin, Olof 60
Herzan, Franz 199
Hildebrand, Johann Lukas von 112
Hitler, Adolf 65, 138, 142, 225
Holbein, Hans 113
Homuth, Jürgen 25
Hornborg, Eirik 65

Innozenz X., Papst 125, 155f., 188, 190
Innozenz XI., Papst 14, 153, 160–163, 165f., 170, 190

Innozenz XII., Papst 52, 125, 167 f., 190
Innozenz XIII., Papst 169 f., 190
Iosif, Patriarch 90
Isabella von Spanien 24
Ivan I. («Geldsack»), russischer Zar 70
Ivan III. («der Große»), russischer Zar 72 f., 76, 83
Ivan IV. («der Schreckliche»), russischer Zar 67, 71–83
Ivov, Erzbischof von Rostov 84

Jakob II., König von England 165
Jann, Hans Henny 243
Jansen, Cornelius 129
Jaroslav der Weise 69
Johann III. Sobieski, König von Polen 161
Johann Kasimir, Pfalzgraf 45
Johann, Erzbischof von Weeze 26
Johann, Herzog von Finnland 42 f.
Johann III., König von Schweden 43
Johann, König von Dänemark und Norwegen 24
Joseph Emanuell I., König von Portugal 178
Joseph Ferdinand von Bayern 95
Joseph I., Kaiser des Heiligen Römischen Reiches 130–134, 168
Joseph II., Kaiser des Heiligen Römischen Reiches 191, 193, 196, 200–209, 220
Julius III., Papst 189
Justi, J. H. G. 211, 215
Justinian I., oströmischer Kaiser 193

Karl («der Große»), römischer Kaiser 194, 237
Karl II., König von Spanien 95
Karl III., König von Spanien 16, 134, 168, 183 f., 186 f.
Karl IV., Kaiser des Heiligen Römischen Reiches 195 f., 200
Karl V., Kaiser des Heiligen Römischen Reiches 24, 26 f., 137, 178
Karl VI., Kaiser des Heiligen Römischen Reiches 106, 119, 198
Karl VII., Kaiser des heiligen Römischen Reiches 174
Karl IX., König von Schweden 43
Karl X. Gustav, König von Schweden 45 f.
Karl XI., König von Schweden 46 f., 55, 60
Karl XII., König von Schweden 49, 53, 58–65, 111, 145
Karl Friedrich, Neffe Karls XII. 65
Karl, Herzog von Södermanland 42–44
Karl Knutsson Bonde, König von Schweden 30
Katharina Vasa, Prinzessin von Schweden 45
Katsch, Frau von 121
Kaunitz, Wenzel Anton Graf von 140 f., 205
Keith, James 145
Kellerhofen (Pater) 136
Kerchnawe, Hugo 96, 111
Khevenhuller, Ludwig Andreas Graf 197
Kinsky, Franz Ulrich Graf 107
Kinsky, Philipp Joseph 197
Kleist, Ewald von 145
Klemens V., Papst 188
Klemens IX., Papst 190
Klemens X., Papst 125, 161, 190
Klemens XI., Papst 126, 130–134, 168 f., 190, 198
Klemens XII., Papst (Lorenzo Corsini) 171, 190
Klemens XIII., Papst 135 f., 139, 151 f., 186, 189
Klemens XIV., Papst 186, 188, 190
Knud II. («der Große»), König von Dänemark 17 f., 20

Knud IV. («der Heilige»), König von Dänemark 16, 19
Knutson, Torgil 19, 21
Königsegg, Graf 120
Konstantin («der Große»), römischer Kaiser 82, 193, 226, 237
Krispin, M. 86
Kroener, Bernhard 13
Kühner, Hans 167, 172
Kunisch, Johannes 220
Kurljatev, Dimitrij 75
Kuszynski, Jürgen 215

La Chaize (Jesuit) 128
Ladejarl, Sigurd 19
Lagni, Paolo da 162
Lamberg, Leopold Joseph von 125, 131
Lambertini, Prospero Lorenzo 173 → Benedikt XIV., Papst
Landmann, Karl Ritter von 115
Lavalette, Antoine 181
Laward, Knud 19
Ledig-Rowohlt, Heinrich Maria 230f., 233, 235
Leibniz, Gottfried Wilhelm 128
Lenin, Wladimir Iljitsch 51
Leo X., Papst 25f.
Leo XI., Papst 189
Leo XIII., Papst 194
Leopold I., Kaiser des Heiligen Römischen Reiches 52, 95, 101, 104f., 107f., 111, 131f., 161, 168
Lercari, Niccòlo Maria 170
Lichtenberg, Georg Christoph 227
Lieselotte von der Pfalz/Orleans 99f., 108
Lionne, Hugues de 158
Lodehat, Peder Jensen 22
Ludwig IV., Herzog von Oberbayern 195
Ludwig Wilhelm von Baden-Baden 110
Ludwig XIII., König von Frankreich 157
Ludwig XIV., König von Frankreich 52, 95, 99f., 103, 126, 128, 131, 133, 153, 157–161, 163–165, 168
Ludwig XV., König von Frankreich 139, 141, 182
Lütge, Friedrich 220
Luther, Martin 26, 28, 35, 39f., 237
Lütkehaus, Ludger 243

Macaulay, Thomas Babington 173
Magnus der Blinde, König von Norwegen 20
Magnus Erlingsson, König von Norwegen 19
Magnus III. «Barfuß», König von Norwegen 19
Maidalchini-Pamfili, Olimpia 155f.
Makarij, Erzbischof von Novgorod 78, 81
Malagrida, Gabriel 180
Mancini, Olympia 99
Manteuffel, Ernst Christoph von 121
Manzador, Pius 140
Marfa, dritte Ehefrau Ivans IV. 75
Margarete I., Königin von Norwegen 22, 30
Maria Amalie von Sachsen, Ehefrau Karls III. 184
Maria Theresia, regierende Erzherzogin von Österreich 95, 139–141, 151f., 174, 196–201, 204
Mariana Victoria, Königin von Portugal 187
Marija Feodorovna, siebte Ehefrau Ivans IV. 79
Marija, zweite Ehefrau Ivans IV. 75
Marsilius von Padua 195
Marx, Gratian 207
Marx, Karl 215
Massa, Isaak 85, 87

Mauthner, Ludwig 215
Max Franz, Kurfürst 220
Mazarin, Julius 13, 99, 126, 157f., 160
Medici, Raffaelo de' 27
Menzel, Wolfgang 220
Merode-Westerloo, Jean-Philippe-Eugène de 109
Metternich, Franz Georg Karl Graf von 59
Mikaelsson, Knut 33
Miller (Pater) 104
Mišurin, Feodor 74
Mocenigo, Alvise 172
Molinos, Miguel de 167
Montesquieu, Charles-Louis de Secondat, Baron de 113, 179
Morozov, Michail 75
Moser, Johann Jacob 136
Munn, Sigurd 19

Näf, Werner 191
Napoleon I., Kaiser von Frankreich 59, 65, 96
Niels, König von Dänemark 19
Nordberg, Jöran 55, 63

Obolenskij-Ovčinin, Dimitrij 74f.
Ockham, Wilhelm von 195
Oddi, Niccolo 149
Odescalchi, Benedetto 161
Olaf I. Tryggvasson, König von Norwegen 17
Olaf II. Haraldsson («der Dicke»), König von Norwegen 18
Oláfsson, Tryggvi, Kleinkönig von Oppland 17
Olav («der Heilige»), König von Norwegen 16, 43
Olesen, Jens E. 39, 42
Olga von Kiew, Heilige 69
Ottade, Isaak von 113
Ottoboni, Antonio 166
Ottoboni, Marco 166f.
Ottoboni, Pietro 166
Oxenstierna, Axel 45
Øystein II., König von Norwegen 19

Palsson, Ögmundur 41
Paolucci, Fabricio 131
Parhamer (Jesuit) 202
Pascal, Blaise 129f.
Pastor, Ludwig von 14, 27, 43, 130, 132, 152, 174f., 179, 187
Patkul, Johann Reinhold 63
Paul II., Papst 72
Paul III., Papst 189
Paul IV., Papst 189
Paul V., Papst 84, 167, 189
Paulus, heiliger 16, 224
Pederson, Anders 33
Peter I., russischer Zar 52f., 64f., 91
Peter III., König von Portugal 207
Petri, Olaus 32
Petrovič, Milan 242
Philipp II., Herzog von Orléans 169
Philipp V., König von Spanien 24, 95, 131, 134, 168, 183
Philipp von Anjou, Herzog 95
Philipp von Savoyen-Carignan 100
Philoteas (Mönch) 71
Pignatelli, Antonio 167
Pimen, Erzbischof von Novgorod 76
Pitt, Jan 173
Pitt, William 173
Pius IV., Papst 189, 223
Pius V., Papst 188f.
Pius XII., Papst 156, 162
Pleščeev, Leontij Stepanovič 90
Pombal, Sebastão José Marquis de (Carvalho e Mello) 178–180
Poolucci, Fabrizio 170
Potenza, Franceso de 27f.
Potter, Paulus 113

Pranzl, Rudolf 191
Prichovský, Antonin Petr Graf 203

Rabenau, Eduard von 218
Racine, Jean 129
Ranke, Leopold von 126, 136, 243
Razin, Stenka 89
Rech, Bernhard 164
Reemstma, Jan Philipp 243
Reichenbach, Benjamin Friedrich von 121
Reni, Guido 113
Retz, Franziskus 177
Rhyzelius, Anders 62
Richelieu, Armand-Jean du Plessis, Premier Duc de 98, 157, 160
Riffel, Caspar 179
Rodt, Franz Konrad von 151
Rohan, Louis-René-Edouard 220
Rosa, Peter de 156
Rota, Antonio 138
Rousseau, Jean-Baptiste 113
Rowohlt, Ernst 229
Rubini, Giambattista 166
Rudolf IV., Erzherzog von Österreich 195

Sabinianus, Papst 87
Saburova, Solomonija 74
Salomo, König von Israel 77
Ščenjatev, Pjotr 76
Schaffgotsch, Philipp Gotthard von 123
Schick, Erich 64
Schilkow, Andreas Jakobowitsch 53
Schilling, Heinz 53
Schlenke, Manfred 148
Schneider, Carl 238
Schnurbein, Gottfried Freiherr von 120
Schönborn, Friedrich Carl von 97, 119
Schopenhauer, Arthur 127
Schröter, Harm G. 11
Schüßler, Wilhelm 93, 96, 114
Schwaiger, Georg 22
Schwarick, Georg 218
Schwarz, Alfred 240f.
Ševyrjov, Dimitrij 76
Seydlitz, Friedrich Wilhelm von 145
Sigurd Jórsalafari («der Jerusalemfahrer»), König von Norwegen 20
Sigurdsson, Håkon 17
Silvester (Priester) 78
Sinelli, Emmerich 101
Sinzendorf, Philipp Ludwig Wenzel von 102, 109
Sixtus V., Papst 189, 224
Skara, Vinzenz 27
Skule, Jarl 19
Slagheck, Dietrich 27f.
Slembe, Sigurd 20
Soissons, Marie Jeanne-Baptiste de 99
Sophia Palaiologina, Ehefrau Ivans III. 72
Sophie, Kurfürstin von Hannover 99
Sparre, Erik 43
Stadler, Pater 136
Stählin, Karl 78
Stainville, Etienne François 141
Stälhammar, Jon 55
Stalin, Joseph 142
Stanislaus I. Lesczyński, König von Polen 63
Steffen, Herbert 240, 242
Stein, Heinrich Friedrich Karl Reichsfreiherr vom und zum 217
Steinmetz, Walter 243
Stenbock, Magnus 57f., 60
Stiernhöök, Johan 54
Stollberg-Rilinger 207
Strennäs, Matthias von 27
Sture, Nils 33, 42
Sture, Sten 11, 22, 24–26, 33
Šujskij, Andrej 75
Šujskij, Vasilij 74
Sunnanväder, Peder Jakobsson 33

Suworow, Alexander 96
Sven Gabelbart, König von Dänemark 17
Swart, Peter, Bischof von Västerås 32
Swift, Jonathan 93, 99 f., 107
Szczesny, Gerhard 232 f.

Tanucci, Bernardo 172, 183–185
Tausen, Hans 38 f.
Temgrjukovic, Michailo 75
Tennstedt, Florian 217
Theodosius («der Große»), oströmischer Kaiser 77
Theognost, Metropolit von Kiew 71
Thomas (schwedischer Bischof) 21
Thomas von Aquin 224
Thun, Leopold Leonhard Graf von 220
Timofej, Erzpriester 81
Torrigiani, Luigi Maria 124, 151
Tour, Emanuel de la 164
Trolle, Gustav 11, 24 f., 39
Tuchtenhagen, Ralph 36
Turuntaj-Pronskij, Ivan 76

Ude, Johannes 213
Ulrike Eleonora, Schwester Karls XII., 58
Urban VIII., Papst 139, 187–190

Vasilij II., russischer Zar 75
Vasilij III., russischer Zar 67, 71, 73
Vasilij, russischer Großfürst, Sohn Ivans III. 83
Vasques, Franz Xaver 178
Vergin, Adrian 56
Vettori, Francesco 27
Viktor Amadeus II., Herzog von Savoyen 168
Vinzent (schwedischer Bischof) 25
Viskovatyj, Ivan 77
Vjazemskij (Fürst) 75
Vladimir, heiliger 69
Vocelka, Karl 191
Voltaire (François Marie Arouet) 51, 113, 142, 173, 179 f.
Voroncov, Ivan 76
Vorotynskij, Michail 75

Waldemar I., «der Große», König von Dänemark 19–21
Waldemar II. Sejr («der Sieger»), König von Dänemark 21
Waldemar IV. Atterdag, König von Dänemark 21 f.
Warnery, Charles-Emmanuel de 146
Weyrauch, Wolfgang 228–231
Wien, Amilius Villio Graf von 120
Wilhelm der Eroberer 18
Wilhelm II., Kaiser von Deutschland 142
Willibert, Erzbischof von Köln 16
Wittmann, Reinhard 214
Wolfe, Thomas 229
Wullenweber, Jürgen 39

Zeccadoro (Brevensekretär) 131
Zedlitz, Karl Abraham von 216
Zeno, Cornelia 167
Zieten, Hans-Joachim von 143

ÜBER DEN AUTOR

Karl Heinrich Leopold Deschner wurde am 23. Mai 1924 in Bamberg geboren. Sein Vater Karl, Förster und Fischzüchter, katholisch, entstammte ärmsten Verhältnissen. Seine Mutter Margarete Karoline, geb. Reischböck, protestantisch, wuchs in den Schlössern ihres Vaters in Franken und Niederbayern auf. Sie konvertierte später zum Katholizismus.

Karlheinz Deschner, das älteste von drei Kindern, ging zur Grundschule in Trossenfurt (Steigerwald) von 1929 bis 1933, danach in das Franziskanerseminar Dettelbach am Main, wo er zunächst extern bei der Familie seines Tauf- und Firmpaten, des Geistlichen Rats Leopold Baumann, wohnte, dann im Franziskanerkloster. Von 1934 bis 1942 besuchte er in Bamberg das Alte, Neue und Deutsche Gymnasium als Internatsschüler bei Karmelitern und Englischen Fräulein. Im März 1942 bestand er die Reifeprüfung. Wie seine ganze Klasse meldete er sich sofort als Kriegsfreiwilliger und war – mehrmals verwundet – bis zur Kapitulation Soldat, zuletzt Fallschirmjäger.

Zunächst fernimmatrikuliert als Student der Forstwissenschaften an der Universität München, hörte Deschner 1946/47 an der Philosophisch-theologischen Hochschule in Bamberg juristische, theologische, philosophische und psychologische Vorlesungen. Von 1947 bis 1951 studierte er an der Universität Würzburg Neue deutsche Literaturwissenschaft, Philosophie und Geschichte und promovierte 1951 mit einer Arbeit über «Lenaus Lyrik als Ausdruck metaphysischer Verzweiflung» zum Dr. phil. Einer im selben Jahr geschlossenen Ehe mit Elfi Tuch entstammen drei Kinder, Katja (1951), Bärbel (1958) und Thomas (1959 bis 1984).

Von 1924 bis 1964 lebte Deschner auf einem früheren Jagdsitz der Würzburger Fürstbischöfe in Tretzendorf (Steigerwald), dann zwei Jahre im Landhaus eines Freundes in Fischbrunn (Hersbrucker Schweiz). Seitdem wohnt er in Haßfurt am Main.

Karlheinz Deschner hat Romane, Literaturkritik, Essays, Aphorismen, vor allem aber religions- und kirchenkritische Geschichtswerke veröffentlicht. Auf über zweitausend Vortragsveranstaltungen hat Deschner im Laufe der Jahre sein Publikum fasziniert und provoziert.

1971 stand er in Nürnberg «wegen Kirchenbeschimpfung» vor Gericht.

Seit 1970 arbeitet Deschner an seiner großangelegten «Kriminalgeschichte des Christentums». Da es für so unruhige und beunruhigende Geister wie ihn keine Posten, Beamtenstellen, Forschungsstipendien, Ehrensolde, Stiftungsgelder gibt, war ihm die ungeheure Forschungsarbeit und Darstellungsleistung nur möglich dank der selbstlosen Hilfe einiger Freunde und Leser, vor allem dank der Förderung durch seinen großherzigen Freund und Mäzen Alfred Schwarz, der das Erscheinen des ersten Bandes im September 1986 noch mitgefeiert, den zweiten

Band aber nicht mehr miterlebt hat, seither des deutschen Unternehmers Herbert Steffen.

Im Sommersemester 1987 nahm Deschner an der Universität Münster einen Lehrauftrag wahr zum Thema «Kriminalgeschichte des Christentums».

Für sein aufklärerisches Engagement und für sein literarisches Werk wurde Karlheinz Deschner 1988 – nach Koeppen, Wollschläger, Rühmkorf – mit dem Arno-Schmidt-Preis ausgezeichnet, im Juni 1993 – nach Walter Jens, Dieter Hildebrandt, Gerhard Zwerenz, Robert Jungk – mit dem Alternativen Büchnerpreis und im Juli 1993 – nach Sacharow und Dubček – als erster Deutscher mit dem International Humanist Award. Im September 2001 erhielt Deschner den Preis des Internationalen Bundes der Konfessionslosen und Atheisten, im November 2001 den Ludwig-Feuerbach-Preis des Bundes für Geistesfreiheit, Augsburg, 2004 den Wolfram-von-Eschenbach-Preis des Bezirks Mittelfranken, 2006 den Premio letterario Giordano Bruno, Milano. Im selben Jahr wurde Deschner als auswärtiges Mitglied in die Serbische Akademie der Wissenschaften und Künste gewählt, 2007 der zu seinem 80. Geburtstag durch die Giordano Bruno Stiftung ins Leben gerufene «Deschner-Preis» erstmals in einem Festakt in der Aula der Universität Frankfurt am Main dem britischen Evolutionstheoretiker und Religionskritiker Richard Dawkins verliehen.

Um die «Kriminalgeschichte des Christenums» geht es – pro und contra – in dem 70minütigen Videofilm von Ricarda Hinz und Jacques Tilly mit dem Titel «Die haßerfüllten Augen des Herrn Deschner». Zu beziehen über: Ricarda Hinz, info@videoteuse.de oder www.denkladen.de. Ein dokumentarisches Porträt des Religions- und Kirchenkritikers Deschner von Peter Kleinert und Marianne Tralau ist als DVD mit dem Titel «Im Grunde bin ich ein aus lauter Zweifeln bestehender gläubiger Mensch» lieferbar. Zu beziehen über Alibridenkladen, Postfach 100361, 63703 Aschaffenburg, Fax +049 06021/5814560; E-Mail: verlag@alibri.de

DAS LITERARISCHE WERK KARLHEINZ DESCHNERS

DIE BUCHVERÖFFENTLICHUNGEN IN ZEITLICHER REIHENFOLGE

1956 Die Nacht steht um mein Haus. Roman
1957 *Was halten Sie vom Christentum? 18 Antworten auf eine Umfrage*
1957 Kitsch, Konvention und Kunst. Eine literarische Streitschrift
1958 Florenz ohne Sonne. Roman
1962 Abermals krähte der Hahn. Eine kritische Kirchengeschichte von den Anfängen bis zu Pius XII.
1964 Talente, Dichter, Dilettanten. Überschätzte und unterschätzte Werke in der deutschen Literatur der Gegenwart
1965 Mit Gott und den Faschisten. Der Vatikan im Bunde mit Mussolini, Franco, Hitler und Pavelić
1966 *Jesusbilder in theologischer Sicht*
1966 *Das Jahrhundert der Barbarei*
1968 *Wer lehrt an deutschen Universitäten?*
1968 Kirche und Faschismus (Neuausgabe: 2013)
1969 *Das Christentum im Urteil seiner Gegner, Band 1*
1970 *Warum ich aus der Kirche ausgetreten bin*
1970 *Kirche und Krieg. Der christliche Weg zum Ewigen Leben*
1971 Der manipulierte Glaube. Eine Kritik der christlichen Dogmen
1971 *Das Christentum im Urteil seiner Gegner, Band 2*
1974 Das Kreuz mit der Kirche. Eine Sexualgeschichte des Christentums
1974 Kirche des Un-Heils. Argumente um Konsequenzen zu ziehen
1977 *Warum ich Christ/Atheist/Agnostiker bin*
1981 Ein Papst reist zum Tatort. Flugschrift
1982 Ein Jahrhundert Heilsgeschichte. Die Politik der Päpste im Zeitalter der Weltkriege, Band 1
1983 Ein Jahrhundert Heilsgeschichte. Die Politik der Päpste im Zeitalter der Weltkriege, Band 2
1985 Nur Lebendiges schwimmt gegen den Strom. Aphorismen
1986 Die beleidigte Kirche oder Wer stört den öffentlichen Frieden? Gutachten im Bochumer § 166-Prozeß

Von Karlheinz Deschner herausgegebene Sammelwerke mit eigenen und Beiträgen anderer Autoren sind gekennzeichnet durch Kursivschrift.

1986 Kriminalgeschichte des Christentums, Band 1: Die Frühzeit – Von den Ursprüngen im Alten Testament bis zum Tod des hl. Augustinus (430)
1987 Opus Diaboli. Fünfzehn unversöhnliche Essays über die Arbeit im Weinberg des Herrn
1988 Kriminalgeschichte des Christentums, Band 2: Die Spätantike – Von den katholischen «Kinderkaisern» bis zur Ausrottung der arianischen Wandalen und Ostgoten unter Justinian I.
1989 Dornröschenträume und Stallgeruch. Über Franken, die Landschaft meines Lebens
1990 *Woran ich glaube*
1990 Kriminalgeschichte des Christentums, Band 3: Die Alte Kirche – Fälschung, Verdummung, Ausbeutung, Vernichtung
1991 Die Politik der Päpste im 20. Jahrhundert (Neuausgabe: 2013)
1991 Der Anti-Katechismus. 200 Gründe gegen die Kirchen und für die Welt (mit Horst Herrmann)
1992 Der Moloch. Zur Amerikanisierung der Welt
1994 Die Vertreter Gottes. Eine Geschichte der Päpste im 20. Jahrhundert
1994 Ärgernisse. Aphorismen
1994 Kriminalgeschichte des Christentums, Band 4: Frühmittelalter – Von König Chlodwig I. (um 500) bis zum Tode Karls «des Großen» (814)
1994 Was ich denke
1995 Weltkrieg der Religionen. Der ewige Kreuzzug auf dem Balkan (mit Milan Petrovič)
1997 Kriminalgeschichte des Christentums, Band 5: 9. und 10. Jahrhundert – Von Ludwig dem Frommen (814) bis zum Tode Ottos III. (1002)
1997 Oben ohne. Für einen götterlosen Himmel und eine priesterfreie Welt. Zweiundzwanzig Attacken, Repliken und andere starke Stücke
1998 Die Rhön. Heidnisches und Heiliges einer einsamen Landschaft
1998 Für einen Bissen Fleisch. Das schwärzeste aller Verbrechen
1999 Kriminalgeschichte des Christentums, Band 6: 11. und 12. Jahrhundert – Von Kaiser Heinrich II., dem «Heiligen» (1002) bis zum Ende des Dritten Kreuzzugs (1192)
1999 Zwischen Kniefall und Verdammung. Robert Mächler – Ein gläubiger Antichrist
1999 Memento! Kleiner Denkzettel zum «Großen Bußakt» des Papstes im Heiligen Jahr 2000
2002 Kriminalgeschichte des Christentums, Band 7: Das 13. und 14. Jahrhundert – Von Kaiser Heinrich VI. (1190) zu Kaiser Ludwig IV. dem Bayern († 1347)
2003 Mörder machen Geschichte. Aphorismen
2003 Musik des Vergessens. Über Landschaft, Leben und Tod im Hauptwerk Hans Henny Jahnns

2004 Kriminalgeschichte des Christentums, Band 8: Das 15. und 16. Jahrhundert – Vom Exil der Päpste in Avignon bis zum Augsburger Religionsfrieden

2007 Poeten und Schaumschläger. Von Jean Paul bis Enzensberger. 24 Aufsätze zur Literatur und Literaturkritik. Mit einem Vorwort von Ludger Lütkehaus

2008 Kriminalgeschichte des Christentums, Band 9: Mitte des 16. bis Anfang des 18. Jahrhunderts – Vom Völkermord in der Neuen Welt bis zum Beginn der Aufklärung

2013 Kriminalgeschichte des Christentums, Band 10: 18. Jahrhundert und Ausblick auf die Folgezeit

2013 Anonym wie der Wind oder Illusionen keine. Alte und neue Aphorismen – eine Auswahl letzter Hand

MIX
Papier aus verantwortungsvollen Quellen
FSC® C019821

Das für dieses Buch verwendete FSC®-zertifizierte Papier *Lux Cream* liefert Stora Enso, Finnland.